SOUVENIRS

D'UN PRISONNIER DE GUERRE

AU MEXIQUE

PARIS. — IMPRIMERIE DE CH. LAHURE ET C.ie
Rue de Fleurus, 9

SOUVENIRS

D'UN PRISONNIER DE GUERRE

AU MEXIQUE

1854-1855

PAR

ERNEST VIGNEAUX

PARIS
LIBRAIRIE DE L. HACHETTE ET Cie
BOULEVARD SAINT-GERMAIN, N° 77
—
1863
Droit de traduction réservé

INTRODUCTION.

Il serait puéril de nier les infirmités sociales du Mexique; on a toujours, d'ailleurs, un intérêt supérieur à dire la vérité. Il faut donc convenir que ce pays est profondément ulcéré.

Et pourtant le Mexique a fait sa révolution. En chassant l'Espagnol, il aurait pu balayer les abus de l'administration espagnole, et ne l'a pas fait. Le Mexique s'est constitué en république et n'a donné au monde depuis lors que le spectacle de la discorde. Loin de prospérer comme sa grande voisine du Nord, il a roulé de dégradation en dégradation jusqu'au fond d'un abime de misères! Eh bien, de tout cela que faut-il conclure? — Les uns concluent à la condamnation du principe républicain. D'autres, plus consciencieux, tenant compte des merveilles de la république anglo-américaine, mais fermant les yeux sur les hideurs de l'empire brésilien, se contentent de vouer la race gréco-latine à la monarchie perpétuelle. — Ne pourrait-on juger la chose de plus haut?

Qu'on ne s'y trompe pas, l'Espagne n'a conquis et dominé les Amériques que pour y laisser l'anathème sous lequel se sont affaissées les républiques hispano-américaines. Elle a joué le rôle du maître de la poule aux œufs d'or, elle a pris la succession de la Rome césarienne conquérant pour pressurer.

Un jour vint où le Mexique, la dernière de ses colonies

continentales, trouva son joug trop lourd et le secoua; mais, dans sa simplicité, il crut qu'être délivré de l'étranger c'était être indépendant, dans sa joie d'enfant, il ne songea pas à détruire les fâcheux errements de la domination étrangère. Sous la bannière de la foi, des hommes respectés ramassèrent le fouet espagnol pour faire marcher le pauvre esclave de l'ignorance. Si grande était cette ignorance que, depuis quarante ans, ses nouveaux maîtres, se disputant *leur part de royauté*, ont pu le pousser à la guerre civile en lui faisant toujours entrevoir la liberté toujours attendue; depuis quarante ans il se débat sous le poids des priviléges spirituels et temporels, s'épuisant, s'appauvrissant, se démoralisant dans cette interminable lutte du sens libéral contre le fait tyrannique. C'est que le mouvement qui arracha ce pays à l'Espagne fut l'œuvre du clergé.

Si les Espagnols avaient eu l'adresse d'excepter le clergé créole de l'état d'incapacité et de dépendance dans lequel ils tenaient les natifs, l'insurrection n'eût peut-être pas éclaté de longtemps; peut-être n'eût-elle pu triompher des censures et foudres ecclésiastiques, mitraille divine bien autrement redoutable pour d'ignorants fanatiques que celle des canons. Mais dans le cloître et la sacristie, comme dans l'armée, les bureaux, les cabinets et les tribunaux, le malheureux Mexicain ne rencontrait que barrières au-dessus desquelles était écrit : *Eres criollo y basta!* Tu es créole, cela suffit! Son intelligence, son habileté, se brisaient sans remède contre les *fueros* réservés aux fils *del Godo*[1], aux purs, aux cousins des demi-dieux de la conquête, arrivant d'Espagne en droite ligne.

Le clergé créole, devenu le plus nombreux, ne put supporter cette infériorité originelle. Sûr de sa suprématie tant que régneraient l'ignorance et le fanatisme — et de cela il faisait son affaire — il ne craignit pas de jeter des germes de révolte.

Il trouva la race indienne mûre pour une réaction contre trois siècles d'oppression insensée, et jalouse de répondre par une vengeance brutale à la plus brutale de toutes les tutelles politiques. Une haine sourde couvait chez les vaincus contre les *gachupines*, les conquérants; à l'heure de la réaction cette

---

1. *Hijo del Godo*, fils du Goth, d'où *hidalgo*.

race déchue fut trop heureuse de trouver la sanction du culte pour ses actes de révolte, et s'asservit d'autant plus à ceux qui lui mettaient la vengeance en main sous absolution.

Au fameux *Eres criollo y basta!* répondit le cri de *Mueran los gachupines!* Mais au lieu de crier : Vive la liberté ! on cria : Vive la religion!

Ce fut une croisade dont la superstition était le principe actif. L'Espagne était alors sous Joseph Bonaparte ; le clergé rebelle représenta au peuple mexicain que les Espagnols, gâtés par leur contact avec les Français, tournaient à l'hérésie et se proposaient d'établir le tolérantisme dans la colonie. Le fantôme du tolérantisme glaça d'horreur la conscience publique.

Comment en eût-il été autrement? Les colonies espagnoles avaient été dirigées depuis des siècles sur les principes exclusifs de la politique chinoise ; l'étranger, honni à l'égal de la science, était soigneusement maintenu hors frontières avec ses livres. Les côtes espagnoles, dans leur immense développement, étaient *tabou* pour lui et, même sous le froc, il n'y pouvait mettre le pied si ce n'est par surprise. Le travail sans profit et les jouissances sans remords de la brute, tel était le lot des colons.

Mais voici qu'au milieu de ce confinement, de ce silence, de cette nuit qu'éclairaient seuls les bûchers du saint-office, un vague écho apporte et du nord et du sud les mots cabalistiques d'indépendance, de république, de souveraineté populaire ! — L'instinct, comme toujours, l'emporta sur l'éducation. En vain l'inquisition formule-t-elle dès 1808 (4 septembre), un édit dans lequel elle transforme en *article de foi le droit divin de la royauté, en hérésie manifeste le dogme philosophique de la souveraineté populaire;* les esprits s'échauffent. Le clergé créole qui souffre, s'agite, conspire, et le 16 septembre 1810 le curé Hidalgo jette le cri de l'indépendance. Il met l'image de la vierge de Guadalupe, la créole, sur l'étendard de l'insurrection ; c'est en son nom vénéré et dans l'intérêt de la religion menacée que l'on va combattre, non point contre l'autorité royale encore, mais contre d'insupportables priviléges ; l'orgueilleuse rigidité castillane amènera seule, après dix ans de lutte, ces hommes qui demandent des libertés à rêver l'indépendance.

Les Espagnols répondent sur le même mode religieux. A la vierge de Guadalupe on oppose la vierge de los Remedios, la *Gachupina*. Le vice-roi Venegas dépose solennellement à ses pieds son bâton de commandement et la proclame généralissime. Les foudres spirituelles éclatent, car le haut clergé était espagnol, et viennent jeter le trouble dans les consciences; mais l'influence du clergeau, naissant d'une intimité de tous les instants avec le peuple, doit l'emporter et, d'ailleurs, le peuple ne sait pas lire. Hidalgo et ses complices sont excommuniés par l'évêque de Michoacan d'abord, par l'archevêque de Mexico ensuite, puis par l'évêque de Oaxaca; ce dernier, dans son édit, s'avise de démontrer à ses ouailles que les insurgés sont des monstres fantastiques, des griffons cruels, avec des ailes, des griffes, des cornes et un bec menaçant, et cela sans le moindre symbolisme. La sainte inquisition ne reste pas en arrière. Toutes ces violences, et bien d'autres qui les suivirent, ne servent qu'à donner des forces à l'insurrection. Néanmoins cette résistance de l'état-major clérical fut longue; en 1826, on voit encore l'évêque de Sonora et Sinaloa revendiquer hautement les droits de la monarchie espagnole répudiés par la nation. A cette même époque (24 septembre 1824) une encyclique de la cour de Rome vint exhorter les évêques et le clergé d'Amérique à « s'unir pour ramener leurs troupeaux dans le sentier des commandements de Dieu, qui place les rois sur leur trône et relie par des liens indissolubles la conservation de leurs droits et de leur autorité au bien-être de la sainte Église. »

Mais le clergeau tint bon et l'opinion publique se gourma. Les journaux de Mexico répondirent à l'encyclique en proclamant que l'autorité temporelle et l'autorité spirituelle étaient incompatibles dans la même personne, et que toute tentative de la part du pape pour s'immiscer dans les affaires temporelles du Mexique aboutirait fatalement à la perte de sa souveraineté spirituelle.

On le voit, la lutte fut surtout religieuse, et l'influence du clergé lui-même pouvait seule conduire aussi loin la résistance de ce peuple aux chefs du clergé.

Un pareil mouvement ne pouvait être libéral : la pureté et l'intégrité de la religion constituèrent une des trois garanties que le *plan d'Iguala*, proclamé par Iturbide le 24 février 1821, offrait à la nation, qui l'accepta, abdiquant ainsi de gaieté de cœur la plus précieuse de toutes les libertés, celle de la conscience. — Pour entrer au Japon, jadis, il fallait marcher sur le crucifix : c'était une mesure douanière; pour entrer au Mexique, il fallut marcher sur Luther ou Voltaire, se reconnaître catholique quand même. On répondra que la conscience reste libre *in petto*. Oui, libre comme un prisonnier qui n'est ni enchaîné ni bâillonné dans un cul de basse-fosse ! La conscience est une force active ; emprisonnée dans le for intérieur, ne dirigeant plus les actes apparents de l'homme, elle n'est plus pour lui qu'un sujet de remords, de douleur, de maladie mentale.

Le régime militaire est une conséquence logique de la théocratie, qui ne se fit pas attendre. Après dix années d'une lutte sanguinaire les chefs du parti révolutionnaire se trouvaient tout naturellement transformés en généraux, les volontaires en soldats ; les uns et les autres avaient perdu la notion pure du civisme.

Faute d'une éducation politique qui lui avait été soigneusement refusée, le peuple mexicain ne vit pas, comme celui des États-Unis à pareil moment de crise, les dangers d'une religion d'État et d'une armée permanente. — Quand je dis religion d'État, j'entends tout culte qui intervient directement ou indirectement dans les affaires publiques et peut se mettre à l'abri de la discussion philosophique derrière les censures gouvernementales. — Il ne vit pas qu'en laissant ces deux engins d'obéissance passive entre les mains d'un président, il transformait de fait en trône le fauteuil présidentiel, et assurait, avec la permanence de l'insurrection, le triomphe sans cesse renouvelé du despotisme, père de la révolte, sur les institutions libérales sans cesse noyées dans le sang des révoltés.

Ainsi le Mexique n'a conquis en chassant l'Espagne que le droit d'avoir des maîtres indigènes ; il ne s'est pas affranchi de la tyrannie, mais de la tyrannie étrangère. Aussi en est-il à sa soixantième commotion politique, tandis que les États-Unis ont eu quatre-vingts ans de paix honorable et de prospérité inouïe, ère glorieuse qui n'eût pas eu de fin, n'était qu'il leur fallait expier tôt ou tard les deux seules souillures antilibérales de leur constitution : le régime restrictif, l'esclavage. — On ne saurait faire le bien à demi, parce que là où le mal conserve un pied, il est fatalement appelé à en prendre quatre.

Si les États-Unis ont eu une aussi longue paix intérieure, c'est que, le gouvernement n'ayant pas d'armée et les citoyens jouissant tous, de par la constitution, du droit de porter des armes, le président n'avait aucun prétexte pour s'élever contre l'hydre symbolique de la révolution et sauver la société menacée par une partie de la nation qualifiée de mal pensante. Dans ces conditions, il cédait devant l'opinion publique, éclairée par une presse et une tribune libres, et tout se passait paisiblement; il n'y avait qu'un changement de noms sur la liste des employés supérieurs de la république, sans qu'il en coûtât la vie à qui que ce fût.

Au Mexique, un président, contrarié par l'opinion, se hâtait de prendre, préventivement quelquefois, les intérêts de l'ordre social; au nom de la partie bien pensante de la nation, qui se composait souvent de lui et de ses créatures, il faisait agir les baïonnettes dociles et déclarait la guerre à ses commettants devenus les ennemis de son intérêt privé. Ceux-ci étaient quelquefois vaincus, quelquefois victorieux, mais le sang avait coulé, la paix s'était envolée avec la liberté devant la loi martiale, les affaires demeuraient paralysées, la misère et tous les maux de la guerre s'abattaient sur l'État comme vautours sur un champ de carnage. — Qui eût osé se plaindre? l'armée n'avait-elle pas sauvé la société en maintenant un ambitieux au pouvoir!

Aux États-Unis, des hommes, religieux jusqu'à la bigoterie parfois et chez lesquels l'esprit philosophique a fait peu de progrès, ont cependant compris que la base de l'ordre dans la liberté était l'indépendance complète de la conscience et que, pour se mettre à l'abri de l'absolutisme, il n'y avait d'autre remède que de se débarrasser de l'absolu. La tolérance religieuse n'est qu'un leurre pernicieux qui ne leur suffisait pas, à eux, les fils des pèlerins de Penn. La liberté des cultes sans la liberté de discuter ces cultes leur parut un atroce abus de mots, couvrant un privilège plus odieux que les autres. Quand on dispose de part et d'autre d'une plume et d'une presse, on est à deux de jeu, et celui qui se prévaut de la force publique par-dessus le marché triche et fait de la persécution; il prépare le martyrologe de l'idée nouvelle.

Les Américains ont voulu se rendre indépendants, en tant que nation, de la religion dont ils demeuraient les fidèles soutiens en tant qu'hommes, et ils ont dit : Le désordre matériel est seul à l'index chez nous; toute opinion religieuse, politique, philosophique ou sociale, peut se produire et chercher des adeptes. En effet, tout se discute, ou du moins se discutait aux États-Unis avant la présidence de M. Lincoln, il n'est pas de *credo* qui n'eût le droit de s'affirmer et de faire sa propagande.

Je n'oublierai jamais, tellement mon admiration en fut provoquée, l'accueil amical, presque enthousiaste que rencontrèrent les Chinois établis à San-Francisco lorsqu'ils voulurent y fonder un temple de leur culte qualifié de païen. La presse leur prêta son concours, les encouragements de toute sorte leur parvinrent de tous côtés, chacun leur eût, je crois, apporté une pierre s'ils l'avaient demandé; il semblait que cette population hardie, entreprenante, tressaillit de joie en sanctionnant ainsi le principe de la liberté par l'agrandissement de la liberté de conscience. Au Mexique, le clergé tolère à grand'peine, dans deux ou trois districts où les Anglais sont en nombre, l'exercice aussi dissimulé que possible du culte réformé, et les protestants n'y puisent de sécurité que dans leur propre énergie et dans l'indifférence du peuple. Aux États-Unis le prêtre a droit comme chacun à la protection de la justice, dont le devoir est de faire respecter l'individualité de tous sans acception d'opinions; le temple est sacré comme toute demeure privée, mais les dogmes qu'on y professe sont livrés à la discussion publique par cela seul qu'on les professe publiquement. — *Deorum offensæ, diis curæ*. Avec cette maxime du sénat romain, les Américains s'épargnent les horreurs d'une inquisition plus ou moins avouée.

Ces hommes ont fait deux parts de leur vie, le temporel d'un côté, le spirituel de l'autre. Ce sont deux courants qui doivent agir parallèlement sans jamais pouvoir se rencontrer; entre les deux chemine l'individu, veillant d'un œil jaloux à ce qu'il n'y ait pas d'empiétement de l'un sur l'autre. Le temporel comprend la politique, les affaires et l'éducation; le spirituel, la religion et les plaisirs. Aussi les plaisirs sont-ils la seule chose quelque peu gênée chez eux; en vertu de quoi des voyageurs superficiels, pour qui les plaisirs sont la grande affaire de la vie, les trouvant enrayés par le préjugé religieux aux États-Unis, se sont empressés de crier qu'on n'était point libre dans ce pays de liberté; ils n'ont pas remarqué, ce dont ils se souciaient peu sans doute, l'affranchissement réel de l'homme vis-à-vis de l'employé divin dans ce qui constitue réellement son essence virile.

Le ministre de la religion, tout en jouissant de ses droits de citoyen, n'a rien à voir là-bas aux affaires publiques; on pense qu'il ne saurait s'immiscer dans la politique sans y introduire l'élément divin et, avec lui, l'absolutisme, car toute discussion cesse là où l'absolu apparaît.

Il n'a rien à voir dans les affaires privées; ces hommes pratiques savent fort bien que ce n'est pas avec les bénédictions d'un pasteur qu'on fait réussir une opération, pas plus qu'on ne ruine un concurrent avec des malédictions de la même source. Le prêtre ne dispose pas de Dieu, il l'explique à son idée, libre à chacun de l'écouter ou non, mais en fait de transactions commerciales, ce qu'il faut c'est de l'intelligence, de l'activité, de l'énergie et de l'indépendance.

Il n'a rien à voir non plus dans l'éducation, et là est le triomphe de l'esprit américain. L'enseignement est libre; ils n'ont pas voulu installer au milieu d'eux une université tyrannique et impuissante à la fois, statue de Nabuchodonosor voltairienne à la tête, bigote aux extrémités inférieures. Tout le monde, même le ministre du culte, peut ouvrir école, mais les écoles communales, celles où les neuf dixièmes de la population viennent chercher une éducation primaire gratuite et forte, celles où l'on transforme les enfants en citoyens, sont complétement neutralisées. La liberté de conscience ne serait qu'un mensonge ironique à leurs yeux, si elle n'était respectée surtout chez l'enfant, cette augmentation momentanée de l'individualité du père. A celui-ci, mais à lui seul, revient le droit de donner en dehors de l'école la tendance religieuse qui lui convient. A l'État, dont le devoir est d'imposer cette éducation, revient le droit de veiller à ce qu'elle soit dégagée de toute influence de secte. Pourrait-on sans un arbitraire odieux forcer un père à envoyer son fils à un enseignement qui détruirait pièce à pièce l'éducation religieuse ou philosophique qu'il lui donnerait en dehors?

Au Mexique il n'y a pas d'université non plus, mais le soin de l'éducation, comme celui de favoriser de ses bénédictions les entreprises privées ou publiques, est commis au prêtre. Le clergé a agi là, comme partout où il est maître, d'après les principes que M. de Lamartine, en privilégié de l'intelligence, a ingénieusement résumés ainsi un jour : « Une belle, bonne et divine religion, voilà la politique à l'usage des masses ! » Le clergé, agissant au nom d'un peuple pétri par lui (comme si un tuteur pouvait jamais se prévaloir des caprices du mineur qu'il dirige) prétend avoir à maintenir avant tout la pureté et l'intégrité de la religion. En conséquence, le prêtre est partout : il dirige, il inspire, il inspecte, il tolère, il défend, il assure, il protège, il condamne, il absout. Le schisme, l'hérésie, la philosophie sont arrêtés par lui aux frontières et, en même temps, la science, l'industrie, le bienêtre. En paralysant l'activité humaine il la force à se replier sur les sens, et les passions, avec lesquelles il faut toujours compter, deviennent alors des vices qu'il peut bien se donner la fantaisie d'absoudre, mais qu'il est du tout impuissant à corriger.

Les Mexicains ont été des esclaves pour avoir méconnu ces principes, assises fondamentales de la liberté. La liberté, en effet, ne peut être, comme le voudraient les fanatiques, protestante ici, catholique là, mahométane plus loin, parce qu'il ne reste plus alors qu'à proclamer la croisade en permanence dans le monde, la guerre sainte et ses atrocités impies, les persécutions, les échafauds, les fortifications, les armées, les sbires, l'inquisition, au lieu des chemins de fer, des paquebots, des lignes électriques, de la fraternité internationale, de la paix universelle. La liberté est sourde, muette et aveugle sur tout ce qui ne viole pas la loi, et la loi doit être indifférente en matière religieuse sous peine de violer la liberté.

Le jour où les Américains cesseraient de voir ainsi la chose, le jour où ils mettraient, de par les prétendus droits de majorité de quelque secte, des restrictions à la liberté de la presse et de la parole en faveur du culte dominant; le jour où ils imposeraient des aumôniers aux écoles communales, aux hôpitaux, aux prisons, aux casernes ; ce jour-là la liberté de conscience expirerait chez eux. Elle morte, les autres sont à l'agonie. Il est vrai qu'il y a d'autres moyens de les tuer, et les gens du Nord nous en donnent aujourd'hui la preuve, mais cela n'infirme en rien le principe, au contraire.

Les priviléges religieux maintenus, tous les autres devaient l'être au Mexique, et, pendant que les États-Unis s'enrichissaient en liberté et enrichissaient nos pauvres par leur industrie, les Mexicains s'enfonçaient dans la misère sous le poids du monopole. Quelques seigneurs, clercs et laïques, continuèrent à accaparer la terre et à tenir le travailleur dans un servage odieux. Mais, — *tous les mangeurs de gens ne sont pas grands seigneurs*—, et dans un pareil ordre de choses les traitants, financiers, maltôtiers, fermiers généraux, sont de rigueur. Ils arrivèrent bientôt avec l'aristocratie de l'émigration étrangère. — Si peu chauvin que je sois, ce m'est un sujet de satisfaction de pouvoir trier de cette ivraie la majeure partie de mes compatriotes et, surtout, les hommes auxquels me lie une reconnaissance dont j'eusse fait bon marché cependant en face des exigences de la vérité.

Cette aristocratie, que ses capitaux et ses relations extérieures rendent toute-puissante, pourrait faire beaucoup de bien. Elle tient le gouvernement en tutelle et, loin de profiter de cette influence pour obtenir des améliorations, elle ne s'en sert que pour pousser à la corruption.

Le système de ces négociants (pardon pour la profanation du titre) est bien simple : — des priviléges, des monopoles, des concessions, des fermages. La douane, réseau à mailles serrées qui couvre tout le pays et préside aux moindres échanges de province à province, les tabacs, les salines, l'importation des matières de grande consommation, l'exportation des produits principaux, tout ce qui serait une source de revenus sérieux pour l'État, tout ce qui serait une source de richesse pour la nation, est entre leurs mains. Le clergé et les seigneurs ont accaparé la propriété foncière, quelques vampires étrangers ont pris le reste.

Le peuple, comprenant que ses sueurs ne peuvent servir qu'à engraisser ces gens, ne travaille pas et augmente ainsi sa misère. Le peuple à la mendicité ne rapporte rien à l'État qui, pour faire face à des dépenses obligatoires, est forcé d'engager ses ressources les plus claires. Les banquiers étrangers sont là pour faire les fonds. Mais les risques sont grands dans un pays enfiévré où le gouvernement n'est pas stable ; il faut aux prêteurs des intérêts usuraires — passe encore. Il leur faut des garanties — les fermages. Il leur faut des pots de vin — les priviléges, les concessions, les monopoles, l'élévation des droits de douane à l'entrée et à la sortie, afin de décourager le commerce étranger et d'annihiler la concurrence à l'intérieur. Maîtres après Dieu de l'importation et de l'exportation, ils achèteront pour rien les produits du pays et vendront au peuple ceux de l'étranger à trois ou quatre cent pour cent du prix apparent de revient. Je dis *apparent*, car ils ont encore soin d'éluder par la contrebande les droits onéreux qu'ils imposent et perçoivent, ce qui leur assure de nouveaux bénéfices pudiquement voilés sous les aveux de la facture.

Voler le peuple pour mieux rançonner l'État, — voler l'État pour mieux rançonner le peuple. — Quels abstracteurs de quintessence !

Ils sont banquiers et font la petite semaine en grand. Ils sont commerçants et arrêtent arbitrairement le développement de l'industrie et du commerce afin de sauvegarder leurs priviléges. Ils sont douaniers et font la contrebande. Pourquoi pas? moins un fermage rapporte, plus longtemps ils le conserveront[1].

Pour en arriver là ces habiles ont usé de toutes les séductions, de toutes les menaces, ont favorisé la concussion, entretenu la vénalité, propagé la corruption. Il est vrai que le commerce languit, que l'industrie est étiolée, que la con-

---

1. La moitié des intérêts de la dette mexicaine, environ, est due à l'étranger et surtout à l'Angleterre, dont les vaisseaux de guerre font pourtant la contrebande pour leurs nationaux avec une bonhomie sans égale. *L'Écho du Pacifique* du 21 mai 1860 dénonçait la présence de la frégate *Amethyst* dans les eaux de Mazatlan et de San-Blas comme suspecte à tous à cet égard ; le bruit courait qu'elle avait reçu furtivement un envoi considérable d'espèces venant de Guadalajara. — J'ignore ce qu'a fait là, à cette

sommation diminue à mesure que grandit la misère ; que leur importe? Les spéculateurs de ce genre ne se préoccupent pas plus des intérêts de leurs successeurs que de ceux de leurs aïeux. Quand le mouton sera mort, c'est qu'ils auront pris toute sa laine ; ils seront riches, ils le sont déjà. Ils jouissent du présent et après eux le déluge!

Quel gouvernement pourrait se soustraire à leur influence? ne sont-ils pas ses créanciers! — Qu'un homme intelligent prenne des mesures d'intérêt général, il les froisse dans le vif de leurs intérêts ; ils crient, ils se démènent, réclament leur dû, favorisent les révoltes, enrayent le progrès. N'est-ce pas leur droit? Celui qui vous demande la bourse ou la vie au coin d'un bois n'a-t-il pas tout droit à l'une puisqu'il vous laisse l'autre quand les deux sont à sa merci?

Je doute qu'il y ait en aucun lieu du monde des hommes occupés à réaliser de plus gros bénéfices par des voies plus honteuses.

Ils sont indépendants et ne relèvent d'aucune justice, sauf peut-être de cette justice sommaire qui se traduit par la mystérieuse *cuchillada* d'un *lepero*, ou les fureurs accidentelles d'une populace qui les abhorre.

A quel degré la trop juste haine de nos aïeux pour les fermiers généraux aurait-elle pu monter si ces exploiteurs avaient été des étrangers? Plus heureux que nos traitants, auxquels les rois faisaient suer périodiquement les profits du monopole, plus heureux que les juifs du moyen âge, auxquels empereurs, ducs et hauts barons faisaient regorger de temps en temps les profits de l'usure, les financiers du Mexique, peuvent placer leurs droits monstrueux sous l'égide d'un pavillon étranger. Ils mettent une nation en coupe réglée sans cœur ni conscience, avec la dignité cynique et la hautaine placidité de gens qui ont pris leurs précautions. Et

époque, la frégate de Sa Majesté Britannique, mais je sais qu'au Mexique, comme au Pérou, comme au Chili, comme dans toutes les anciennes colonies espagnoles, il est avéré que les croiseurs anglais font cette contrebande. La faiblesse du Mexique ne saurait justifier toutes les injustices que l'on commet à son égard, surtout quand ces injustices engendrent chez lui des maux dont on voudrait le rendre seul comptable.

quand le Mexique, arrivé au point où il faut qu'un peuple fasse son 89 ou disparaisse, montre assez de vitalité pour soutenir le parti libéral dans une œuvre de réorganisation; quand, épuisé d'argent et désireux de se ménager désormais des ressources pour l'avenir, il demande un peu de crédit aux principaux artisans de sa ruine; ces odieux et faux représentants d'une civilisation plus avancée répondent : qu'il n'y a pas de droit contre leur droit, que leur patrie a des canons rayés, et que, pour être venus exercer à l'étranger des métiers flétris chez eux, ils n'en ont pas moins conservé leur qualité de citoyen, qu'ils eussent perdue sans retour s'ils s'étaient contentés de prendre honorablement du service dans une armée étrangère.

De cet ordre de choses il résulte des abus analogues à ceux qui ont conduit dernièrement les anciens gouvernements italiens à leur perte. On a vu au Mexique des prêtres, des soldats, des financiers, des propriétaires vivant sur le peuple, mais la vie civile n'y a jamais existé. Il n'y a pas eu d'hommes d'État avant la dernière crise, mais des lansquenets politiques cherchant à vendre leurs voix au pouvoir et désolés quand, pendant une lutte, ils avaient été assez mal inspirés pour s'attacher au plus faible. Le paupérisme ronge et, sans les libéralités de la nature sous un climat béni, les sangsues du privilége seraient mortes de faim déjà, elles-mêmes, sur le cadavre de la nation.

Ainsi un mouvement national, qui fut magnifique, aboutit au despotisme. La guerre de l'indépendance au Mexique fut ce qu'avait été pour la France et l'Espagne, en d'autres temps, l'expulsion des Anglais et des Maures, pour l'Italie aujourd'hui celle des Autrichiens, et rien de plus. Depuis, le Mexique aspire à 89. Prêtres et soldats y contrarièrent bien vite l'œuvre de quelques hommes libéraux qui avaient institué le fédéralisme, gage de la souveraineté populaire, et centralisèrent le pays au profit de l'absolutisme. La lutte entre ces deux principes n'a pas cessé depuis.

La centralisation, à part sa valeur d'instrument de despotisme, a quelque chose de sinistre. A mesure que la circonférence s'agrandit, la faculté de résorption du centre diminue d'autant plus qu'augmente sa faculté d'absorption. Plus il lui faut tirer de séve du pays pour qu'il en profite un peu, moins apte il est à la lui rendre en sécurité, en bien-être, en lumières, en bonne et saine justice. Les sommes énormes qu'il est obligé d'extorquer suffisent à peine à ses propres besoins, à ses plaisirs, à ses nécessités d'apparat; à l'entretien d'une armée d'employés avides, dont le nombre augmente de jour en jour à mesure qu'augmente la misère du peuple, parce qu'alors il n'y a plus d'existence assurée qu'autour du centre et dans sa dépendance; à l'entretien d'une armée de soldats qui doit augmenter sans cesse également, moins parce que les frontières s'étendent, que parce que le mécontentement du peuple croît en raison directe de sa misère.— De telle sorte que, plus grande est la circonférence, moins le centre reçoit, et moins il reçoit, plus il faut que le peuple rende.

Bientôt arrive le moment où ce peuple ne peut plus rien rendre régulièrement; alors il est abandonné en pâture aux employés et à l'armée comme un pays conquis, et le centre, trône ou fauteuil présidentiel, vit d'emprunts. Tel est le résultat inévitable de la centralisation. Son action est d'autant plus prompte, d'autant plus délétère, que le corps est plus grand. Tout corps centralisé est plus ou moins affecté d'hydropisie. Dans les petits États l'affection est locale, elle est au centre, le reste est affaibli, mais sain; dans un vaste gouvernement elle est générale et la dissolution est toujours imminente. Le Mexique en serait à lui seul une preuve suffisante à défaut de la Chine, de la Turquie, du Brésil, de la Russie surtout, le modèle du genre. Comparez les progrès de la Russie, sous une centralisation autocratique, et ceux des États-Unis, sous un régime de décentralisation démocratique, depuis le règne de la grande Catherine ici, la présidence de Washington là-bas!

Voilà ce que j'ai appris en étudiant et de près et de loin un pays mal connu en Europe, car il a eu l'infortune d'y être révélé surtout par ces touristes officieux, toujours recommandés en haut lieu, qui, dans les salles à manger d'ambassade où la teinte européenne se conserve immaculée, n'ont recueilli que les aperçus philosophiques et historiques de diplomates bien dressés et les aspirations sentimentales de traitants millionnaires. Ce sont eux qui prétendent que la nation, ou mieux la partie bien pensante de la nation, n'aspire qu'à se dénationaliser! — *Et in Arcadia ego.* Je fus touriste aussi au Mexique, mais dans d'autres conditions. Cosmopolite par tempérament autant que par raison, j'ai voyagé à mes risques et périls. J'ai peu été dans les salons où l'on regrette sans cesse l'Europe, où l'on condamne irrémissiblement le Mexique, mais j'ai hanté le peuple mexicain, j'ai été peuple avec lui, et je connais ses plaies que je n'ai point essayé de dissimuler, parce que je crois que, sous cette lèpre, il y a un corps vivace et sain. C'est cette conviction, bien plus que le désir de raconter des aventures, qui m'a poussé à écrire ce livre.

Ern. Vigneaux.

SOUVENIRS
d'un
PRISONNIER DE GUERRE
AU MEXIQUE.

PREMIÈRE PARTIE.
PAR MER.

CHAPITRE I.

San-Francisco. — Comment je fis la connaissance de M. de Raousset-Boulbon et ce qu'il en advint. — Notions préliminaires. — Le colonel Walker. — Le *Challenge*. — Procès du consul mexicain. — Le *Porter*. — L'*Alerta*. — *La Belle*.

Le 5 décembre de l'an de grâce 1853, me trouvant à San-Francisco, je fus présenté à M. de Raousset-Boulbon par un de nos amis communs, le docteur J. B. Pigné-Dupuytren. Je désirais être initié aux projets ultérieurs du vainqueur d'Hermosillo, et, si ma conscience ne les condamnait pas, mon intention était de m'attacher à sa fortune. M. de Raousset avait besoin d'un secrétaire et cherchait, pour tenir ce poste, un homme sûr, parlant l'espagnol et l'anglais; prévenu en ma faveur par les recommandations du docteur et, aussi, par un certain renom de chercheur d'aventures que plusieurs années de pérégrinations dans les montagnes de la Californie m'avaient acquis auprès de mes amis, il me l'offrit et je l'acceptai, avec toutes ses conséquences, sans aucune restriction.

Il revenait alors de Mexico où Santa-Anna, à son dernier avénement à la présidence, l'avait fait appeler par l'intermédiaire de la légation française. Mais ces deux hommes n'avaient pu s'entendre, et le voyage de M. de Raousset n'avait eu d'autres résultats que de lui procurer des relations avec quelques-uns des chefs du parti libéral, trop opprimé pour ne pas saisir toutes les occasions de conspirer. Dans les États libres, à côté du parti qui conduit les affaires publiques, il y a nécessairement un parti d'opposition, contre-poids indispensable à l'harmonie politique. Au Mexique, où le gouvernement était alors un despotisme militaire, il n'y avait pas d'opposition, mais bien des conspirateurs : c'était logique. M. de Raousset avait pris l'engagement de seconder un soulèvement des libéraux en pénétrant en Sonora à la tête d'une troupe d'hommes résolus. Il s'agissait donc maintenant de réunir les éléments de cette expédition, et la plus grande célérité était d'urgence.

La Sonora se trouvait à ce moment-là sous le coup d'une menace terrible. Le célèbre aventurier américain William Walker venait d'envahir la basse Californie. Parti de San-Francisco dans le courant d'octobre, sur la barque *Caroline*, avec cent quarante hommes, il était arrivé le 3 novembre à la Paz, chef-lieu de la péninsule, et ses intentions à l'égard de la Sonora n'étaient un mystère pour personne. S'il réussissait à devancer M. de Raousset, celui-ci se voyait forcé de remettre à d'autres temps la réalisation de ses projets, sauf à aller à Acapulco se joindre au général Alvarez, qui tenait campagne contre le dictateur dans le sud de la province de Mexico. Ce n'était là qu'un triste pis aller. Bon chef de *guerillas*, mais politique médiocre, Indien à peine dégrossi et furieusement entêté, Alvarez faisait la guerre des montagnes un peu pour l'amour de l'art, beaucoup en haine de Santa-Anna, mais sans autre idée bien arrêtée. Il était douteux que M. de Raousset pût prendre sur lui un ascendant suffisant pour conserver sa propre initiative.

Malheureusement, si la nécessité de se hâter devenait de jour en jour plus impérieuse, les difficultés croissaient aussi en proportion autour nous. Le cabinet de Washington venait d'envoyer à San-Francisco, en qualité de commandant de la force militaire, le général Wool, chargé d'instructions spéciales à l'article des entrepreneurs d'expéditions militaires. Les pouvoirs dont il était investi outrepassant quelque peu la limite assignée par des lois libérales à l'autorité militaire, il en résulta un antagonisme sérieux entre le général et l'autorité civile, jalouse à bon droit de ses prérogatives. Ce fut une bonne fortune pour les aventuriers américains qui bénéficièrent des tiraillements occasionnés par cette jalousie. Le 13 décembre, deux cent cinquante d'entre eux purent s'embarquer sur la barque *Anita* pour aller rejoindre Walker. Le général Wool, furieux d'avoir été joué, doubla les précautions d'une vigilance qui portait principalement, dès lors, sur M. de Raousset; un cutter de la marine fédérale s'établit en croisière sur la côte. Les bailleurs de fonds sur lesquels nous comptions, effrayés de tant d'obstacles, retirèrent momentanément leurs promesses.

Vers cette époque, Walker entama des négociations avec M. de Raousset par l'intermédiaire du colonel Emory, qui venait opérer à San-Francisco des levées d'hommes et d'argent. Il s'agissait d'une ligue offensive et défensive entre les deux chefs. Le colonel fut éconduit; entre Walker et Raousset il n'y avait pas d'alliance possible, car ni l'un ni l'autre n'eût consenti à occuper le second rang.

Tous deux, d'ailleurs, avaient des vues secrètes impossibles à concilier. A cette même époque aussi, des ouvertures nous furent faites par des capitalistes américains. Chez ce peuple pionnier qui a pris *go ahead* pour devise, tout homme entreprenant est sûr d'éveiller l'intérêt d'abord, en attendant l'enthousiasme : M. de Raousset en était à l'intérêt. Il refusa encore les propositions qui lui furent faites de ce côté. Il est vrai qu'il entrait dans son programme avoué de ne travailler qu'au profit et avec le concours de la race latine ; mais, qui veut la fin veut les moyens, et les moyens n'avaient ici rien de radicalement antipathique au but, rien de coupable si le but ne l'était pas lui-même. Il faut chercher la cause de ce refus impolitique dans certaines négociations mystérieuses, entamées, à notre insu, avec l'Europe, et sur lesquelles je reviendrai plus tard, aussi bien que sur maint autre détail écourté à dessein dans ce chapitre préparatoire. Nous demeurâmes donc dans un *statu quo* pénible et inquiétant.

Santa-Anna se chargea fort heureusement de venir lui-même à notre aide. Le señor don Luis del Valle, consul du Mexique à San-Francisco, reçut inopinément l'ordre d'enrôler, pour le service de la république mexicaine, tous les Français sur le concours desquels M. de Raousset pouvait compter, et de les expédier par détachements de cinquante hommes au maximum, à des époques et sur des navires différents, à Manzanillo, San-Blas, Mazatlan et Guaymas. Les gouverneurs militaires des provinces occidentales recevaient en même temps l'injonction formelle d'interner ces étrangers dès leur arrivée aux ports susmentionnés.

Ces instructions portaient bien que l'affaire demandait à être menée avec la plus grande habileté, mais il y a loin de la lettre à l'esprit, et en pareille matière la volonté du gouvernement le plus despotique ne saurait suppléer à l'intelligence d'un employé. Vieillard avide et fonctionnaire peu payé, don Luis del Valle ne vit dans tout cela que l'avantage de pouvoir prendre aux cheveux l'occasion de tirer à vue sur le trésor mexicain. Après s'être entendu avec le consul de France, afin que celui-ci autorisât ses nationaux à prendre du service à l'étranger, il ouvrit bureau de recrutement. Les Français y accoururent en foule et, en tête, tous les partisans de M. de Raousset qui se trouvaient à San-Francisco.

Il avait mené les choses trop rondement, par malheur, pour nous donner le temps de faire un choix. C'était, en effet, la rude population des mines, et non celle que la paresse ou l'insouciance retenaient dans la misère des villes, qui devait nous fournir les éléments essentiels de l'entreprise. Ce n'est pas qu'il n'y eût à San-Francisco un grand nombre de travailleurs honorables et, parmi eux, un noyau d'hommes intrépides, disposés à s'attacher à M. de Raousset; plusieurs se laissèrent tenter, mais la plupart refusèrent de courir les premiers hasards, attendant un succès pour abandonner des positions assurées. Nous en étions donc réduits à la partie qu'il aurait été bon d'éliminer. M. de Raousset ne regretta pas assez des conditions aussi fâcheuses, qu'il eût peut-être pu modifier sans cela. Mais il avait sur l'homme de très-fausses notions et le malheur seul parvint à l'éclairer à cet égard, alors qu'il était trop tard. Il entrait dans sa politique de n'agir qu'avec les *enragés de la misère*, selon son expression. Sans doute, c'est de ceux-là que l'on peut attendre la plus grande somme d'efforts, mais il faut avoir soin de distinguer entre la misère qui provient de la rigueur des circonstances ou des temps, et celle qui est le fruit de la lâcheté devant le travail, la misère de l'honneur et celle de la honte en un mot. Pour un chef surtout la distinction est à faire; car, dans le dernier cas, il ne peut que le mal avec des hommes sans conscience, instruments aveugles de qui les guide dans le sentier de leurs passions et rebelles à toute autre influence ; dans le premier il ne peut que le bien avec des hommes dont la conscience parlera plus haut que toute autre considération humaine. Heureux le chef qui peut être sûr d'être désobéi au moment où il donnera un ordre qui froisse la justice !

M. de Raousset ne sut pas faire cette distinction. Il ne connaissait pas le cœur de l'homme ; aussi l'avons-nous vu maintes fois, dans le cours de nos aventures, s'étonner de rencontrer la bravoure là où, de parti pris, il ne l'avait pas admise, et la lâcheté là où il la soupçonnait le moins. Ce qu'il déplora le plus, dans la circonstance, fut de ne pouvoir choisir surtout les hommes les plus habitués au maniement des armes. Mais le consul parlait de porter à trois mille le chiffre des enrôlements, et cela devait demander des délais assez longs pour permettre aux placers d'envoyer leurs contingents à temps. Pour le moment, don Luis voulait faire un premier envoi de mille hommes, en un bloc, à l'un des ports désignés. Il lui fallait un navire. Deux commerçants français, MM. E. Cavallier et Hector Chauviteau, venaient de mettre le navire *Challenge* en charge pour Guaymas ; le consul trouva Guaymas bon et nolisa le *Challenge*.

Les choses en étaient là quand la clairvoyance des autorités américaines vint susciter de graves difficultés. M. del Valle fut poursuivi sous inculpation d'avoir violé les lois de la république en enrôlant sur son territoire pour le compte d'un gouvernement étranger. L'arrestation du consul de France vint donner à ce procès un retentissement prodigieux. M. Dillon était considéré comme le témoin le plus important dans l'affaire ; témoin à charge, s'il était vrai qu'il pût produire des pièces dans lesquelles le consul mexicain lui demandait son concours pour l'enrôlement projeté ; témoin à décharge, s'il pouvait affirmer que ces pièces n'existaient pas. Or, les pièces existaient, et M. Dillon, qui ne pouvait les nier sans se compromettre, ne pouvait que se compromettre en les produisant ; c'était avouer sa complicité avec le consul mexicain à des hommes qui poursuivaient Raousset dans la personne de l'étourdi don Luis, et demeuraient bien persuadés *in petto* qu'il existait une connivence secrète entre Raousset et M. Dillon. La conviction que ce dernier n'avait autorisé ses nationaux à prendre du service à l'étranger que dans le but de servir les intérêts de l'aventurier était, en effet, dans tous les esprits ; ce fut cette conviction seule qui, déroutant un instant l'opinion de la population française, valut à un consul peu aimé les sympathies qu'il recueillit à un moment où sa conduite, quelque légale qu'elle fût, n'était rien moins que conforme à la saine justice.

Le dilemme dans lequel se trouvait M. Dillon était assez pressant ; il ne vit d'autre moyen de l'éluder que de se prévaloir, avec une opiniâtreté toute romaine, de l'article 11 d'une convention passée le 23 février 1853 entre la France et les États-Unis, en vertu duquel les consuls ne peuvent être *contraints* à comparaître en personne comme témoins. Le droit que cet article confère est évidemment facultatif, et il n'est pas douteux qu'en toute autre circonstance M. Dillon n'eût pas songé à en user. Ce refus, compliqué de celui de produire l'original des pièces demandées, irrita le tribunal, qui se voyait réduit à l'impuissance, dans un cas aussi important, par la mauvaise volonté d'un consul, et qui, devant l'abus de la légalité, eut le tort de se laisser emporter jusqu'à l'illégalité. M. Dillon, personnage faillible mais inviolable, fut arrêté au mépris du droit des gens. On n'y gagna rien. Le consul de France demeura plus que jamais passif, ce qui était alors de son devoir, et il eut même les jouissances d'un petit triomphe dont il aurait dû conserver une grande reconnaissance à M. de Raousset. Les autorités californiennes furent jouées et durent, par dessus le marché, faire réparation au pavillon français.

L'initiative du consul mexicain dans l'affaire du *Challenge* interdisant de considérer comme aventuriers des hommes régulièrement enrôlés et, par conséquent, de mettre obstacle à leur départ, on chercha quelque moyen de l'entraver ; faute de mieux, on ressuscita une loi qui règle le nombre des passagers proportionnellement au tonnage du navire, loi frappée de désuétude depuis longtemps. En vertu de sa teneur le *Challenge*, qui devait emporter huit à neuf cents hommes, ne fut jugé propre à en recevoir que quatre cents. Tout cela était légal et de très-bonne guerre ; quoiqu'il nous en ait coûté, je ne puis moins faire que de tenir compte à ces républicains d'avoir été rechercher si loin une vieille loi pour nous rogner les griffes, quand, avec un peu d'arbitraire, il leur aurait été si facile de couper tout.

Le 2 avril (1854) le *Challenge* mit à la voile. Sur les quatre cents hommes qui le montaient, trois cent cinquante seulement étaient Français, le reste se composait d'Allemands, de Chiliens et d'Irlandais. Parmi ces passagers se trouvaient MM. Léonce Lebourgeois-Desmarais, Laval et Guilhot ; aux deux premiers M. de Raousset avait délégué son autorité et confié ses instructions, au troisième, qui était un homme intelligent et dévoué, il n'avait malheureusement accordé qu'un rôle officieux, ce dont il eut lieu de se repentir plus tard, quand il commença à ouvrir les yeux sur la valeur respective de ses adhérents.

Les révélations que provoqua indirectement le procès du consul del Valle avaient fini par dessiller les yeux de ce pauvre diable, qui, épouvanté des conséquences de ses actes, écrivait maintenant à son gouvernement, de la manière la plus pressante, d'avoir à se tenir en garde contre les hommes du *Challenge* et à protéger les côtes de la

Sonora contre l'arrivée de leur chef, M. de Raousset. Il n'y avait donc plus à compter sur lui pour augmenter nos forces, et M. de Raousset ne songea plus qu'à partir. Il voulait acheter un brig-goëlette nommé *Porter*, fin voilier de 35 à 40 tonneaux, et s'y embarquer avec une cinquantaine d'hommes d'élite, des canons, des fusils et des munitions. Il fallait six mille dollars pour cela. La tournure que prenait l'affaire del Valle, dans laquelle les autorités cherchaient évidemment à faire intervenir M. de Raousset, afin d'avoir le droit de le retenir aussi longtemps que possible à San-Francisco, paralysa les bonnes intentions de quelques hommes qui s'étaient engagés à lui fournir au moins pareille somme.

Dans les premiers jours de mai, M. de Raousset se décida à prendre passage, avec le docteur Pigné-Dupuytren et moi, sur la barque mexicaine *Alerta*, en charge pour Guaymas. Le capitaine se montrait dévoué ; au dernier moment il eut des scrupules et refusa de prendre les armes et les munitions. M. de Raousset renonça à partir, mais il expédia un homme auquel il accordait de la confiance, M. le docteur Canton, avec de nouvelles instructions pour MM. Desmarais et Laval.

Enfin, vers le 15 du même mois, deux mille dollars nous tombèrent du ciel par l'intermédiaire d'un banquier italien, M. Argenti. M. de Raousset en consacra douze cents à l'achat d'une petite goëlette de dix tonneaux, qui avait nom *la Belle* et le méritait bien. Comme il ne pouvait paraître en cette affaire et que, d'ailleurs, la loi exige un patron américain à toute embarcation américaine, l'acquisition fut faite au nom du caissier de M. Argenti, M. Bowen, citoyen des États-Unis, lequel devait faire le voyage avec nous. Deux marins français s'occupèrent activement des préparatifs du départ, que rien dès lors ne pouvait nous engager à différer. MM. Perseval et Simon, notre équipage futur, conduisirent *la Belle* dans la baie de la Mission où, perdue au milieu d'une flottille de barques de pêcheurs et d'embarcations de plaisance, elle devait beaucoup moins attirer l'attention que dans la rade.

La Belle jaugeait dix tonneaux, mais n'en portait que sept à la mer. C'était peu, trop peu pour songer à se charger des canons, ce qui était un contre-temps réel, mais on ne pouvait s'exposer aux dangers d'un surcroît de charge. Avec une pareille coquille de noix, il fallait bien tenir compte du poids des passagers et nous étions sept : M. de Raousset, M. Bowen, le docteur Pigné-Dupuytren, les deux marins, un certain Albert, admis sur ses instances en qualité de cuisinier, et moi septième. Cent quatre-vingts carabines suisses à canon rayé, avec sabre-baïonnette, des munitions, les vivres, l'eau, le charbon, en quantités suffisantes pour un voyage qui pouvait se prolonger au delà du terme ordinaire, et enfin notre bagage personnel, si restreint qu'il fût, complétaient le chargement.

Sur ces entrefaites, le colonel Walker revint à San-Francisco, sur le steamer de San-Diego, avec trente-trois hommes, tristes débris de son expédition avortée. Nous eûmes vent alors que les ports de la basse Californie et ceux de la Sonora se garnissaient de troupes, et qu'un brig de guerre mexicain, la *Suerte*, était en croisière dans la mer Vermeille. Chaque jour de retard devint pour nous un siècle d'angoisse; il était à redouter que le gouvernement de Mexico ne mît le comble à ces mesures en dispersant la troupe du *Challenge*.

Le 22, on apprit que M. de Raousset allait être appelé en témoignage dans le procès del Valle. Il se cacha; les marins reçurent l'ordre de se hâter. Mais le meilleur navire, après un long séjour dans le port, exige toujours des réparations et notre barque s'était trouvée dans ce cas. Néanmoins elle devait être prête à appareiller le dimanche 24.

La crainte d'éveiller les soupçons en mettant à la voile un jour où le repos est d'observance rigoureuse chez les peuples du culte réformé, fit remettre le départ au lundi. Mais, dans la matinée du 24, M. de Raousset ayant reçu secrètement avis qu'un *sub pœna* ou sommation judiciaire devait être lancé contre lui dès le lendemain matin, il fut décidé qu'on partirait le soir même. Chacun dut se rendre de son côté, à la chute du jour, sur la falaise de Rincon-Point.

CHAPITRE II.

Rincon-Point. — Panorama de la baie de San-Francisco. — Appareillage. — Le *Golden gate*. — Moment critique. — Retraite. — Le mal de mer. — Une journée à terre. — Inquiétudes. — Renforts. — Départ.

Rincon-Point est un promontoire élevé qui sépare la baie de la Mission de celle de Yerba-Buena au fond de laquelle, en face de l'île du même nom, était situé jadis le petit pueblo ou village de San-Francisco de Asis. Autour de ce contre-fort règne une plage étroite à laquelle donnent accès d'alpestres sentiers, qui serpentent de rochers en rochers entre des touffes de sauge et de bruyères. Le côté qui regarde la baie de Yerba-Buena offre des pentes assez douces, sur lesquelles la ville nouvelle a jeté un de ses faubourgs; celui qui regarde la Mission, très-escarpé au contraire, est dominé par un plateau, et n'avait alors d'autre couronnement que des fours à chaux et les sordides habitations de pêcheurs, Chinois pour la plupart. A l'extrême pointe, la falaise, à peu près inaccessible, surplombe des chantiers de construction maritime.

J'étais le premier au rendez-vous. Seul sur le plateau en face de cette baie, une des plus belles du monde, je m'étendis sur un tertre gazonné afin de jouir à mon aise du brillant panorama qui, pour la dernière fois, s'offrait à mes yeux. Tout était calme autour de moi ; calme parce que ce jour-là était celui du repos, calme parce que cette heure était celle du repas du soir, calme parce que le soleil se couchait et que le crépuscule jetait sur cette belle nature ses teintes mélancoliques. A travers une atmosphère d'une pureté virginale, ses pâles lueurs me rendaient les détails de la scène grandiose avec le fini délicat d'une chambre obscure.

Au delà du golfe, dans l'orient, derrière l'île de Yerba-Buena, s'étendent les fertiles plateaux de Contra-Costa, parsemés d'habitations à demi noyées dans la verdure des chênes verts, et terminés par un horizon de montagnes irrégulièrement boisées. Dans un lointain à peine vaporeux se dresse le pic du mont Diablo, dont les derniers rayons du soleil caché pour moi caressent chaudement encore les neiges empourprées. Le *Steamboat* ou *Ferry*, qui fait le service de Contra-Costa à San-Francisco, vient de se détacher du *wharf* d'Oakland et s'avance silencieusement en fumant à outrance.

Vers le nord, à mes pieds, s'étale San-Francisco, cette ville sortie du pauvre pueblo mexicain comme le chêne du gland, mais subitement, miraculeusement, pour témoigner bien moins du merveilleux pouvoir de l'or que de l'irrésistible et féconde expansion d'un peuple se mouvant dans sa liberté. L'anse de Yerba-Buena n'existe plus ; quelques hauteurs voisines ont servi à la combler pour faciliter l'extension de la ville, que gênent les collines du côté de l'ouest. La pointe North, corne opposée du croissant, est réunie à celle del Rincon par une ligne de quais, hérissée de *wharves* ou débarcadères gigantesques qui prolongent chaque rue. Une foule de navires, les plus beaux, les plus fins de la marine universelle, y sont amarrés dans toute leur longueur.

Vers le sud, la scène est d'une autre nature. A terre, des marécages et des plaines verdoyantes montent en boulingrin jusqu'aux premiers versants de l'austère Sierra de San-Bruno. Au milieu de la plaine s'élève le petit village de la Mission, avec son vieux clocher massif qui rappelle d'autres temps et une autre civilisation. La Mission de Dolores, fondée en 1776, formait autrefois, avec le pueblo de San-Francisco de Asis et le *presidio*, le blockhaus, situé à deux lieues au nord, près du goulet, le triptyque obligé de tout établissement espagnol : symbole ingénieux d'un ordre social où les délégués de la puissance divine et de la puissance royale veillaient par procuration sur le peuple désarmé, comme les chiens sur le mouton. Au milieu de la baie, où les eaux dorment en paix, quelques *store-ships*, pontons servants d'entrepôts, dominent de leur masse noire et de leurs bas mâts blanchis, une flottille de barques à l'ancre.

A droite et à gauche, au nord comme au sud, le regard, qui glisse sur l'immensité du golfe, se perd dans un horizon lointain en suivant les dentelures capricieuses de la côte. Tout cela est splendide et comme le vieux Faust j'aurais volontiers dit au moment présent : « Attarde-toi, tu es si beau ! »

Là-bas était notre frêle barque, et ce fut pour moi un surcroît de satisfaction intime de remarquer combien elle se distinguait de la foule de ses pareilles par le menu et l'élégance de ses formes, l'audacieuse hauteur de ses mâts et leur inclinaison vers l'arrière. *La Belle* était effectivement une des plus gracieuses constructions maritimes que j'aie vues. Sa voilure consistait simplement en deux voiles auriques enverguées à des cornes mobiles, plus un grand et un petit foc. Nulle élévation de muraille ne protégeait son pont, aussi avec son chargement s'élevait-elle à peine au-dessus de l'eau. Sa longueur de tête en tête ne dépassait pas neuf mètres.

Les feux s'allumaient de tous côtés sur la terre en même temps que les étoiles au ciel, quand je fus rejoint par mes compagnons. Une demi-heure après nous étions sous voiles.

Nous doublons Rincon-Point et venons ranger l'île de Yerba-Buena, afin d'éviter la foule des navires agglomérés dans le port. La nuit était arrivée, un spectacle aussi inattendu que saisissant s'offrit tout à coup à nos yeux. De la pointe du Rincon à la pointe North, San-Francisco se développe sur des collines en amphithéâtre; au sein de l'obscurité, elle nous apparut alors enveloppée de cette vapeur lumineuse particulière aux grandes cités modernes, fond glorieux, éblouissant, sur lequel se découpaient en noir les mâts de deux mille navires.

La brise qui passait sur cette ruche humaine nous apporta de vagues bourdonnements de vie, puis la vision féerique disparut derrière les hauteurs abruptes de North-Point et de la montagne du Télégraphe. A ce moment-là mon cœur se serra. Il me revint d'abord que ce jour était un anniversaire : le 24 mai 1849 j'avais quitté la France. Maintenant, j'abandonnais une terre où venaient de s'écouler quatre années de ma jeunesse, et je l'abandonnais furtivement, sans lui dire adieu en quelque sorte. J'aimais la Californie d'un amour qui s'est partagé depuis sans pour cela s'affaiblir. Un navire m'avait déposé à vingt ans, tout frais éclos de ma province, sur ce sol vierge où se reconstruisait hardiment la tour de Babel; j'y avais fait dans la liberté l'apprentissage de la vie; j'y laissais des amis sincères; une barque, un joujou, m'emportait vers l'inconnu.

Aventureux par instinct, je n'ai jamais reculé devant l'occasion de changer de place, et le désir de voir le Mexique avait été pour beaucoup, je crois, dans ma détermination de m'attacher à M. de Raousset; cependant, en dépit de cet irrésistible attrait du mouvement, ce n'est jamais sans un serrement de cœur que j'ai quitté un rivage où j'avais séjourné quelque temps. Jamais encore je n'ai secoué la poussière de mes pieds au départ. Mon cœur et mon tempérament sont en désaccord sur ce point : l'un me retient, l'autre m'entraîne. J'ai toujours cédé à celui-ci, sans jamais étouffer la voix de l'autre.

Mais la mélancolie du souvenir dut se dissiper bientôt devant les exigences de la réalité. Il entrait dans mes attributions de secrétaire de prêter au besoin la main à la manœuvre, et j'allais en avoir l'occasion. Ce n'était le lieu de rêver à la lune. Nous nous trouvions à la hauteur de l'îlot des *Alcatrazes;* en face de nous s'ouvrait le goulet, le *Golden gate,* la porte d'or, que dérobaient à nos regards des ténèbres croissantes. Depuis quelques instants le ciel se chargeait de lourds nuages noirs qui, dans leur course insensée présage d'une bourrasque, ne tardèrent pas à intercepter jusqu'à la lueur des étoiles. La brise nous était contraire et son souffle menaçant prenait plus de force de minute en minute; il nous obligea bientôt à diminuer notre toile. La mer baissait et créait par conséquent un courant qui eût favorisé notre sortie en d'autres circonstances, mais, contrariée dans son mouvement par le vent qui la tourmentait, elle était clapoteuse et fatigante. *La Belle* craquait de tous ses joints en labourant ces flots rebelles. Nous étions trop de monde sur le pont; le docteur, Bowen et Albert se réfugièrent dans la cabine sans trop se faire prier, car la curiosité qui les avait retenus jusqu'alors n'avait plus d'aliment puisque nous allions à tâtons. D'ailleurs, le vent était de bise et la vague qui brisait sans relâche sur la hanche de la barque nous couvrait insolemment de ses embruns glacés.

A minuit nous étions au milieu du goulet. La nuit rendait ici notre situation critique et nos bordées se raccourcirent. La mer s'acharne avec fureur contre le pied des falaises qui nous enserrent, et ses mugissements, bien que lointains, ont à notre oreille une apparence de menace. La brise semble redoubler de violence dans ce défilé, et ses hurlements sinistres résonnent dans les gorges voisines comme des caprices d'orgues infernales, dominés à intervalles par les sinistres détonations que jette aux échos la vague s'engouffrant follement dans quelque cavité du roc.

Le goulet franchi, nous nous trouvâmes en face de la barre. La mer faisait rage sur ce haut-fond mobile qu'elle entraîne avec elle dans ses crises périodiques; le flot, qui commençait alors à monter, luttait déjà contre le courant chassant de la baie. *La Belle*, accablée par le vent, incapable de s'enlever sur chacune de ces vagues courtes, désordonnées, marbrées d'une écume phosphorescente, passait en frissonnant au travers, et nous avec. Nous dûmes nous attacher aux mâts pour n'être pas emportés.

Il fallait changer d'amures au milieu de cette zone tourmentée. Indocile à sa barre, *la Belle* refusa de venir dans le vent. Les marins déclarèrent qu'ils renonçaient à tenter plus longtemps l'aventure par un temps pareil, au milieu de la nuit, sans pilote : ni l'un ni l'autre ne connaissait la passe. Ils laissèrent arriver, et nous revînmes sur nos pas, vent arrière et sans encombre.

M. de Raousset s'opposa à ce que l'on rentrât au port et nous vînmes chercher un mouillage pour la nuit sur la côte septentrionale. Nous trouvâmes dans les parages de la pointe del Diablo, en face de celle du Presidio, une petite anse abritée par les rochers ; l'ancre tomba, les voiles humides se couchèrent sur le gui. Chacun de nous dévorait son humeur en silence. Notre début était malheureux, et le dépit que nous causait l'insuccès se compliquait des tourments de la fatigue, de la froidure, de l'humidité, de la faim et de la soif.

Je me souviendrai longtemps, je le crains, du spectacle que m'offrit la cabine lorsque je fis glisser le panneau à coulisse qui y donnait accès. Les trois hôtes de cet antre resserré, dont un quinquet fumeux viciait l'atmosphère, étaient livrés sans merci ni remords aux horreurs du mal de mer. Des senteurs nauséabondes et pénétrantes, apportées par un courant d'air tiède, s'en exhalèrent et me communiquèrent instantanément ce mal, le plus pitoyable de tous ceux que je connaisse, dont le travail, la préoccupation et le grand air m'avaient préservé jusqu'à cet instant. Le temps ne permettant pas de coucher sur le pont, il fallut bien se résigner à entrer dans cette bonbonnière. Le sommeil vint heureusement à mon aide.

Le lendemain il y eut conseil au point du jour; le vent n'avait rien perdu de sa violence, nos marins refusèrent positivement de sortir sans un pratique. Bowen, qui paraissait n'avoir en eux qu'une médiocre confiance, proposa de se rendre seul à San-Francisco pour en chercher un sans éveiller les soupçons. Il obtint facilement l'agrément de M. de Raousset et se dirigea vers le petit village de Saucelito, dont nous n'étions pas éloignés; là, il prit le *ferry-boat* qui, plusieurs fois par jour, fait le trajet de San-Francisco à cette partie de la baie.

La journée s'écoula tristement sur ce rivage désert dont il était interdit de s'éloigner. Vers midi cependant nous eûmes un instant d'émotion en dînant. Un cutter de la marine américaine était mouillé de l'autre côté du goulet, sous les canons du fort. Deux kilomètres environ nous séparaient, le temps était brumeux, et c'était à peine si nous le distinguions, à l'œil nu, sur le fond de grisaille de la falaise; il était donc probable qu'avec un tonnage bien inférieur et tapie comme elle l'était à l'ombre des rochers, *la Belle* devait échapper à la remarque de ceux qui le montaient. Toutefois, en l'observant par hasard avec nos lunettes, nous y remarquâmes à ce moment-là une agitation qui nous devint suspecte. Un canot s'en détacha et parut se diriger de notre côté : Le *sub pœna* nous revint en mémoire. M. de Raousset se préparait déjà à s'enfoncer dans la montagne quand, après quelques évolutions dont nous ne saisîmes ni la portée ni le but, le canot vira soudain et prit le chemin de la rade.

La nuit arriva et, Bowen ne paraissant pas, nous nous couchâmes. Un choc violent nous arracha au sommeil, je ne sais trop à quelle heure, et nous sautâmes sur le pont tout émus encore de la pensée du *sub pœna*. C'était notre émissaire, qui revenait sur une barque louée à grands frais vu l'heure et l'état menaçant de l'atmosphère. Après nous avoir cherché longtemps de crique en crique, de rocher en rocher, au milieu d'une brume intense, il venait de nous rencontrer par hasard en se jetant sur nous. Il ramenait trois hommes, nouvel arrangement auquel personne ne fit objection bien qu'il fût onéreux à plus d'un point de vue; mais le travail de la nuit précédente avait suffisamment démontré l'insuffisance de deux hommes du métier pour un voyage comme celui que nous allions entreprendre.

Ces hommes avaient été embauchés le soir même dans différentes tavernes du port et ne se connaissaient pas. Ils étaient prévenus que le voyage pourrait être périlleux, mais consentaient à en ignorer le but et la durée. Arrivés à destination, ils étaient libres de se séparer de nous et nous libres de les congédier, à notre convenance réciproque.

L'un d'eux, nommé Spinks, était engagé comme patron à raison de quarante dollars par mois. C'était un vigoureux compère de quarante-cinq à cinquante ans, Anglais de naissance, ayant pêché la baleine, chassé le phoque et couru le cabotage sur les côtes des deux Californie pendant longues années, disait-il. En sa qualité de *bosseman* ou maître d'équipage, il était capable de diriger la navigation et de faire le point. Les autres, Américains tous deux, n'étaient que des matelots à vingt dollars de haute paye. Les hommes de mer valaient alors leur pesant d'or à San-Francisco.

Spinks ayant déclaré que nous ne mettrions pas à la voile avant sept heures du matin, nous reprîmes notre sommeil interrompu.

Le 26, au point du jour, la brise faiblit et passa au sud. Nous appareillons à l'heure dite et franchissons, sans peine cette fois, avec le jusant, la barre peu agitée. La première bordée nous conduit jusqu'aux abords des *Farallones*, grands rochers de formation volcanique, situés à 8 ou 10 milles au sud-ouest du goulet : ils indiquent l'atterrage aux bâtiments qui viennent du large.

Spinks fut averti d'avoir à se tenir en vue de terre, notre dessein étant, pour des raisons qu'il connaîtra plus tard, de passer en dedans de toutes les îles que l'on rencontre sur la côte, ce que notre faible tirant nous permettait de faire. Notre but était de nous soustraire aux croiseurs américains et mexicains.

Le temps est clair et nous jouissons de la vue du rivage, qui présente une ligne de hauteurs gazonnées dont les revers onduleux descendent en pente douce jusqu'à la mer.

CHAPITRE III.

Discorde. — L'existence à bord de *la Belle*. — Caractères et portraits. — L'île Cedros et M. Limantour. — Ile Guadalupe. — San-Benito. — Émotion. — Un souper et une nuit à terre.

Les premiers jours de notre navigation ne furent rien moins qu'agréables : vent debout, brise carabinée, brouillard épais qui nous voilait et le soleil et les côtes, de telle sorte que nous allions à l'aventure. De temps en temps on découvrait cependant, au bout d'une bordée de terre, des falaises escarpées, promontoires menaçants dont le sommet se perdait dans la brume. Spinks prétendait les reconnaître et, le doigt sur la carte, les baptisait du nom de pointe Concepcion, pointe San-Buenaventura, pointe San-Vicente, etc. Nos marins se croyaient beaucoup plus au large, et la teinte glauque de l'eau semblait leur donner raison ; d'ailleurs, de la pointe Concepcion à la pointe Loma, au nord de San-Diego, on rencontre, disséminées le long de la côte sur une échelle de cinquante lieues environ, plusieurs îles assez importantes. Si le calcul de notre pilote avait été juste, nous ne pouvions manquer, en dépit de la brume, d'apercevoir quelquefois la terre, soit dans le sud, soit dans l'ouest, ce qui n'arriva point. Il était donc probable que c'étaient ces îles elles-mêmes qui nous montraient à l'est leurs flancs pierreux. Ce raisonnement donna lieu à des altercations sans nombre et souvent assez aigres.

Une antipathie marquée s'était révélée dès le départ entre les marins des deux langues, et menaçait de devenir une source d'ennuis sérieux. Elle divisa bientôt l'équipage en deux partis, entre lesquels je servais d'intermédiaire en ma qualité de trucheman, et le poste n'était point une sinécure. *Traduttore traditore*, dit un proverbe dont je ne crains pas de reconnaître la haute vérité, tellement il dépend peu du traducteur qu'il en soit autrement. C'est toujours une fâcheuse affaire quand des hommes destinés à vivre et à travailler ensemble ne peuvent s'entendre directement. Mieux leur vaudrait s'expliquer comme les muets, au niveau desquels ils se trouvent accidentellement, que d'avoir recours à l'interprète le plus consciencieux, juré ou non. A l'interprète, terrain neutre, on dit ce que l'on se garderait de dire à la partie adverse; avec lui on ne songe point à modérer les intempérances de sa langue, et la parole entraîne la pensée dans des emportements. Il n'est plus question de raisonner, de faire des concessions, de chercher à se mettre d'accord à la satisfaction de tous; on a raison, on dicte des arrêts, on les impose, on se fâche, on insulte. Il arrivait fréquemment qu'après avoir dégagé les communications qui m'étaient faites des jurons et des invectives, il ne me restait plus rien à traduire, ce qui constituait pour un trucheman la position la plus saugrenue du monde.

Il y avait deux capitaines à bord, pas d'autorité par conséquent. Perseval, futur amiral des flottes mexicaines, préparé depuis longtemps à l'honneur de conduire *la Belle* à destination, se trouvait, j'en conviens, depuis l'arrivée des Américains, dans une situation très-fausse, qu'il devait accepter franchement toutefois, comme conséquence logique d'une mesure à laquelle il n'avait pas fait opposition. Avec moins d'amour-propre il l'eût acceptée mais l'amour-propre le dévorait et avait d'autant plus de prise sur lui qu'il était d'une faiblesse de caractère insigne. Ex-enseigne de vaisseau, ayant encore à sa capote bleue les boutons de la marine française, il ne pouvait se faire à l'idée de se soumettre à un bosseman anglais, qui, lui, de son côté, n'eût pour rien au monde consenti à n'être qu'un simple matelot : à celui qui avait la meilleure éducation il appartenait de montrer le plus de tact. Perseval était très-bon au fond, doux comme un mouton, mais un mouton peut devenir enragé. L'entêtement remplaçait chez lui l'énergie. Il était blond, et le regard de son œil bleu et pâle trahissait perpétuellement l'irrémédiable indécision de son esprit; le dépit seul agitait quelquefois, de contractions nerveuses, ses traits mous, que le sang empourprait outre mesure à ces moments-là.

Spinks, engagé pour conduire le navire, et ne voulant accepter la responsabilité de la manœuvre qu'à condition de la commander, s'irritait, à bon droit, souvent de l'opposition que Perseval lui faisait au moyen de l'influence qu'il exerçait sur M. de Raousset. Spinks avait pour lui ses compatriotes, y compris Bowen; Simon, qui, en sa qualité de marin breton, confondait dans une même aversion tout ce qui procédait d'origine saxonne, faisait cause commune avec Perseval. Il faut convenir, cependant, qu'il ne prenait part aux discussions qu'autant que les torts étaient du côté de Spinks, ce qui n'était pas toutes les fois. Dans le cas contraire, il passait sa rage en silence sur une chique plus volumineuse qu'à l'ordinaire. Un sentiment de patriotisme faux et coupable lui dictait cette conduite contre laquelle sa raison protestait, car, au fond, il faisait peu d'état du faible Perseval. Insouciant du reste, quoiqu'un peu rageur, il cherchait rarement à donner son avis, et, quand les choses n'allaient pas à sa guise, il se contentait de hausser les épaules et d'aller se coucher s'il le pouvait, sauf à déployer une activité indomptable dans les situations critiques. C'était un rude mais bon compagnon, dans la force de l'âge comme Perseval, sec et robuste, ayant sur le visage un cachet d'énergie sauvage; Spinks avait en lui une grande confiance, et, en dépit de tout, il ne pouvait moins faire que de la lui rendre. Sans la présence ou sans l'orgueil de Perseval, je crois qu'ils eussent fait bon ménage.

Pour trancher ce différend d'amour-propre, compliqué d'un point de chauvinisme, il eût fallu que le chef suprême eût été marin lui-même, ou bien qu'il eût été apte à servir lui-même de trucheman, ou bien encore qu'il eût eu l'énergie nécessaire pour donner autorité définitive soit à l'un soit à l'autre. Malheureusement, M. de Raousset voulait ménager à la fois Spinks, dont il comprenait l'utilité actuelle, et Perseval, sur lequel il fondait pour l'avenir des espérances mal justifiées par celui-ci. M. de Raousset agissait avec les hommes, comme les jeunes romanciers avec les idées. Quand on débute dans la carrière des lettres, une des grandes préoccupations est celle de ne jamais manquer de situations et, quand on en tient une, si mauvaise qu'on la juge, on hésite à la jeter au panier dans la crainte d'appauvrir son sac. On n'est écrivain que le jour où l'on a vu s'évanouir cette crainte chimérique; on n'est à la hauteur du commandement que lorsqu'on connaît assez les hommes pour ne s'attacher ni trop ni trop peu aux individus.

Pour ne pas sacrifier l'un des deux marins en donnant le commandement à l'autre, M. de Raousset se le réserva, s'exposant ainsi, soit à mécontenter chacun et à ne faire que des contresens, soit à subir l'influence de l'un d'eux sans satisfaire personne. C'est dans ce dernier cas qu'il se mit. En somme, il ne prenait jamais de décision que sous les inspirations de Perseval dont il reconnaissait comme tous la faiblesse et le mauvais vouloir, mais qui avait toujours raison en fin de compte parce qu'il parlait le premier et le dernier, s'adressait directement à lui et, grâce à son indécision, ne paraissait pas chercher à imposer une volonté qu'il n'avait pas. Dans ces conditions il devenait difficile d'arriver à bon port.

Si l'on songe à l'exiguité de l'espace dans lequel nous étions confinés, on comprendra sans peine que *la Belle* devint bientôt un petit enfer. Cependant, on n'eût pas trouvé une goutte de fiel, un grain de malice, dans le cœur des dix hommes qui la montaient pris isolément. Jamais, avant cette époque, je n'avais mieux compris le mythe ingénieux qui fait naître la guerre au pied de la tour de Babel; jamais je n'avais désiré aussi ardemment de voir dissiper par l'étude, la fréquentation, la communion d'intérêts matériels, cette confusion des langues, source de tous les préjugés à l'aide desquels on est parvenu à faire croire aux hommes qu'ils n'étaient pas frères parce qu'ils ne parlaient pas le même jargon; jamais, dans ma répulsion instinctive pour le grec et le latin, je n'avais aussi bien vu la portée de l'enseignement des langues vivantes au point de vue de la morale publique. Jamais aussi ne s'étaient révélée si clairement à moi, avec les dangers de l'autoritée basée sur le fait brutal et pouvant opprimer la raison, l'importance de l'autorité de la raison et du savoir dominant le fait brutal. Je reçus de bonnes leçons à cet égard à bord de *la Belle*, où je souffris plus que d'autres à cause de mon rôle d'interprète, qui me laissait voir le mal sans que j'eusse la faculté d'y remédier. Je ne pouvais agir que par persuasion; causant avec chacun, j'étais dans des termes affectueux avec tous et j'en profitais pour maintenir la bonne harmonie, ce qui n'était pas bien difficile aussi longtemps qu'il ne s'agissait pas de manœuvres, mais sur ce chapitre tout le monde devenait sourd; l'amitié s'envolait avec l'harmonie, je demeurais une machine à traduction au milieu d'hommes haineux.

Et cependant, je le répète, il n'y avait pas un méchant homme sur *la Belle*. En dehors des conditions exceptionnelles que je viens d'esquisser, l'union aurait été aussi parfaite que possible à bord d'un navive, car les inconvénients d'une cohabitation trop intime et trop prolongée ne peuvent guère être complétement éludés.

Les deux acolytes de Spinks étaient des types bien opposés, mais aussi peu dangereux l'un que l'autre. Tommy, petit loup de mer de vingt-cinq ans à peine, actif, industrieux, doué du meilleur caractère du monde et porteur d'un visage ouvert, était aimé de tous, voire de nos marins, qui appréciaient ses capacités de matelot. Il connaissait son affaire et gouvernait surtout d'une main sûre, aussi aimait-on à lui confier la barre dans les gros temps. Tom, garçon de vingt ans, natif du Connecticut et yankee en diable, était de grande taille et n'avait pas terminé sa croissance, aussi, bien qu'il fût solidement bâti, n'avait-il pas encore toute sa force. Il abusait de ce prétexte pour être le plus grand fainéant et le plus intrépide dormeur qu'on pût rencontrer, bayant aux corneilles quand il ne dormait pas, gourmand et hâbleur avec cela, au demeurant le meilleur fils du monde.

Il était perruquier de son état et venait d'arriver en Californie, par voie de terre, attaché à un convoi d'émigrants en qualité de *teamster* ou garçon bouvier. Dénué de ressource, ne trouvant pas d'ouvrage à San-Francisco et sentant ses dents s'allonger, il était entré un certain soir dans une taverne du port où il avait précisément rencontré Bowen qui venait recruter. Maître Tom le perruquier s'était enrôlé avec cet aplomb yankee, basé sur une confiance sublime en la puissance de la volonté et, aussi, sur la conviction que le premier devoir de l'homme est de ne pas se laisser mourir de faim sous l'influence d'un préjugé. Je voudrais que tout le monde fût yankee sur ce point. Il était intelligent et fut rapidement au courant de sa besogne, mais il en mettait volontiers à nonchaloir les détails les plus urgents. Sa négligence à la barre, notamment, faillit nous causer plus d'une fois des avaries et lui attira maintes bourrades.

L'enrôlement de Tom est un trait caractéristique auquel peut servir de pendant la manière dont M. Bowen nous avait été affilié.

Bowen était un homme de trente-huit à quarante ans, faible de constitution et de peu de santé, roidi par vingt et quelques années d'écritures en partie double autant que par les rhumatismes, ayant des lunettes d'or en croix sur un visage long et rouge, à l'expression grave et placide, encadré de poils blonds.

Un jour, M. Argenti l'avait prié confidentiellement d'acheter un schooner de dix tonneaux et d'aller chercher aventure sur les côtes du Mexique, en compagnie de six Français qu'il ne lui nomma pas d'abord, avec la perspective d'être traité de Turc à More si l'on tombait entre les mains des Mexicains. Bowen, qui était un gentleman, s'informa tranquillement si, parmi ses futurs *shipmates*, il y avait quelques gentlemen. Sur la réponse affirmative de M. Argenti il s'engagea purement et simplement. Il continua de s'occuper de sa caisse jusqu'au samedi 23, sans plus s'inquiéter de rien, si ce n'est de l'heure du départ, et voici comme il se trouvait avec nous. Il souffrit beaucoup durant ce voyage et je ne pense pas l'avoir entendu, je ne dis pas se plaindre, mais se demander ce que diable il était venu faire sur cette galère! C'était un excellent homme, plein de bon sens et de bonne volonté, parlant peu, mais aimable avec tout le monde, et dont j'ai conservé le meilleur souvenir.

Il y avait à bord un homme à cheveux gris, capable de rendre des points à Tom pour la mollesse, c'était Albert, comte de Courcy ni plus ni moins. En lui se retrouvaient les mêmes dispositions au sommeil et à la grande chère, la même tendance à s'inutiliser. Grand, gros, lourd dans sa démarche et dans sa conversation, Albert ne parlait guère que de ses relations nobiliaires et de ses exploits de chasseur en France : il prétendait avoir été louvetier de son canton. Quoi qu'il en fût, il n'avait jamais exercé à San-Francisco d'autres fonctions que celles de coq, et coq il était à bord de *la Belle*, en dépit qu'il en eût. A peine étions-nous en mer, il entreprit de nous démontrer par A plus B l'impossibilité de faire la cuisine dans de pareilles conditions. Impossible ou non, il fallait que cela se fît. On le lui laissa clairement entendre, mais l'enfant était opiniâtre et ne se décidait à faire son devoir que contraint et forcé : c'était une scène à chaque repas. On avait pourtant des égards pour lui, et dans les gros temps on l'autorisait à n'allumer son fourneau qu'une fois le jour ; nous allâmes un moment jusqu'à nous condamner pendant quarante-huit heures à vivre de fromage, de sardines et d'eau claire, alors que des aliments chauds nous eussent paru un grand comfort.

Loin d'être reconnaissant de ces concessions, maître Albert les tenait pour forcées et irrévocables et entrait en fureur dès qu'on les révoquait. Il était incapable de trouver sans chandelle, dans la cale, les provisions dont il avait besoin et il fallait que quelqu'un les lui procurât à peine d'un retard de plusieurs heures pour nos estomacs. Cependant on le suspectait avec quelque raison d'avoir relevé très-exactement la position de la pièce d'eau-de-vie en perce, à côté de laquelle son lit se trouvait placé, par hasard. Son travail fini, il disparaissait immédiatement dans les profondeurs du navire, où il passait habituellement dix-huit heures sur les vingt-quatre.

Ainsi Tom et Albert, le plus jeune et l'aîné de la bande, étaient en somme les seuls obstacles réels à une entente cordiale universelle.

Le 29, l'inclémence du temps nous contraignit à mettre à la cape ; nous y demeurâmes jusqu'au 31. Un vaisseau n'eut peut-être pas renoncé à porter sa toile à notre place, mais tout nous était aquilon. *La Belle* se comportait admirablement bien, du reste, à sec de voiles, dansant sur la houle comme un liége.

Nous étions alors en vue d'un haut promontoire que Spinks affirmait être la pointe Loma ou le cap San-Miguel. La pointe Loma ferme la baie de San-Diego, ancienne mission, la première fondée en Californie, en 1769, aujourd'hui petite cité florissante. Le cap San-Miguel, à quelques lieues plus au sud, appartient au territoire mexicain de la basse Californie. Il forme la partie septentrionale de la baie de Todos Santos, où le colonel Walker était venu se réfugier le 1er décembre 1853 après avoir abandonné la Paz.

Suivant l'estime de nos marins, ce n'était ni l'un ni l'autre de ces points que nous avions sous les yeux, mais bien une des îles dont j'ai parlé plus haut. Ces trois jours néfastes se passèrent en aigres et interminables discussions à ce sujet, d'où chacun sortait bredouille naturellement, auxquelles faisaient diversion quelques récriminations contre Tom et contre Albert. L'inaction, qui augmentait nos ennuis, augmentait aussi notre humeur.

Notre existence n'était pas de roses. Il faisait froid, très-froid même, et le brouillard, qui restreignait l'horizon autour de nous à quelques encablures, se résolvait de temps en temps en averses épouvantables, mêlées de grêle souvent. Malgré cela nous ne pouvions nous tenir que sur le pont. Faute d'espace pour s'y promener, nous demeurions accroupis du matin au soir sur le petit rouf de la cabine, serrés les uns contre les autres, dans le silence et l'impassibilité apparente du mohican. Un coup d'œil jeté dans l'intérieur de la barque justifiera cette obstination à demeurer au grand air.

La cabine, où l'on ne pouvait se tenir debout vu le peu d'élévation du plafond, renfermait deux couchettes, réservées à MM. de Raousset et Bowen, et un vaste fourneau en fonte qui laissait à peine à trois personnes la place d'y être fort mal à leur aise. La température en était très-élevée, et l'air qu'on y respirait était un composé d'acide carbonique, d'émanations culinaires et de fumée de tabac ; aux heures des repas le séjour en était insoutenable.

Dans la cale, qui avait tous les désagréments d'un entrepont, doublés de ceux d'une cambuse et multipliés par l'exiguité de l'espace, les choses étaient pires. Le grand panneau étant condamné, on n'y pénétrait que par la cabine et au moyen d'une gymnastique sévère des pieds et des mains sur les flancs du poële, par dessus les ustensiles de cuisine. Quand ce meuble aussi indispensable qu'incommode était en activité de service, la nécessité d'éviter le contact de ses parois brûlantes compliquait singulièrement la difficulté.

Une fois dans l'antre, il fallait se tenir horizontalement, sans remission ; pas moyen de se mettre sur son séant seulement. L'avant, jusqu'au mât de misaine, était réservé à Sainte-Barbe ; sous le panneau, peu hermétique, il pleuvait presque continuellement. C'était donc autour du grand mât que nous prenions notre repos sur un sommier des moins élastiques : barils, caisses, malles, sabres et fusils. Les angles en étaient heureusement tempérés par une couche de vieilles voiles, dont les ralingues seules nous gênaient un peu.

Personne, excepté Albert, ne se décidait à pénétrer dans ce royaume du mal de mer qu'à la dernière extrémité, j'entends vaincu par le sommeil. Au point du jour, les hommes de quart transis appelaient le coq pour avoir du café chaud. Le tapage qu'il fallait faire pour arracher Albert à un sommeil réel ou feint éveillait infailliblement toute la communauté. Faute d'un tirant d'air suffisant, le fourneau fumait jusqu'à ce que le charbon fût en ignition ; cette fumée, grasse et suffocante, nous envahissait lentement et nous forçait à prendre la fuite.

Le 1er juin nous faisons route, la tempête s'étant apaisée dans le courant de la nuit précédente. Le brouillard ne cède pas toutefois, et nous ne pouvons apprécier à quelle distance nous sommes de la côte. Tout porte à croire que nous en sommes éloignés, et c'est un nouveau motif d'altercation ; les esprits s'aigrissant dans la souffrance, elles deviennent de plus en plus acerbes. Cependant je suis convaincu que personne n'était fâché intérieurement de se savoir au large par un temps aussi brumeux. D'ailleurs, Spinks ignorant les raisons qui nous faisaient désirer de demeurer dans des eaux peu profondes, en avait d'excellentes à donner pour excuser sa tendance à gagner la pleine mer, sans parler des dangers ordinaires du cabotage. Nous luttions depuis notre départ contre le vent du sud, tandis qu'à cette époque de l'année, de mai à novembre, le vent de N. O. règne assez régulièrement dans ces parages. Spinks espérait rencontrer ce souffle favorable à quelques lieues de la côte, ce qui était plausible. On lui avait dit maintes fois qu'on avait hâte d'arriver ; il pensait servir cette envie, et peut-être eussions-nous évité bien des malheurs en nous laissant guider par lui. Le vieux marin souffrait beaucoup de toutes ces tracasseries, aussi commençait-il à partager avec Albert les consolations de la dame-jeane.

M. de Raousset annonce l'intention de faire escale à l'île Cedros ; cette île appartient à M. Limantour, un de nos compatriotes, depuis longtemps établi au Mexique où il a fait une grande fortune. Son nom a eu du retentissement, il y a quelques années, à cause de ses prétentions à la propriété de terrains immenses dans la haute Californie, comprenant une partie de la ville et du port de San-Francisco ; les tribunaux américains l'ont débouté de sa demande en 1860, à la suite de débats qui ont duré plusieurs années.

M. Limantour et M. de Raousset s'étaient rencontrés

souvent, tant à San-Francisco qu'à Mexico, et le propriétaire avait invité l'aventurier à visiter son île à l'occasion ; l'occasion ne pouvait être meilleure. Au dire de M. Limantour elle avait d'excellents mouillages, de bonnes aiguades, de magnifiques bois de cèdres d'où elle tirait son nom, et ses hauteurs escarpées nourrissaient des troupeaux de chèvres sauvages. Nous avions besoin de repos, d'eau et de viande fraîche ; il fut arrêté que l'on y passerait deux jours, ce qui n'était pas trop pour boucaner quelques chèvres, remplir les barils vides et nettoyer les carabines que la rouille attaquait. Spinks met le cap à terre.

Le temps s'étant éclairci le lendemain, nous apercevons à l'ouest un pic très-élevé dans lequel nous n'avons pas de peine à reconnaître celui de l'île Guadalupe dont le sommet mesure mille mètres. Cette île, aride et inhabitée, est située à 75 ou 80 lieues de la côte et la position que nous occupons par rapport à elle nous permet de conjecturer que nous sommes furieusement éloignés de l'île Cedros, ce qui est une admirable cause de dispute. Néanmoins la brise est forte et, si elle se soutient, nous pouvons y arriver en vingt-quatre heures d'une seule bordée. Pour ce faire, nous torchons de la toile toute la journée du lendemain au risque de fatiguer un peu *la Belle* qui, naviguant de bout à la lame, vole au milieu de flocons d'écume et rend beaucoup d'eau à la pompe. Dès midi, le 3, on découvrit à l'avant un point élevé que nos marins nous donnèrent pour l'île Cedros, après avoir pris hauteur.

Vers quatre heures de l'après-midi, nous nous trouvâmes en face d'un groupe de rochers de cinq à six milles de circonférence, formé de trois îlots très-rapprochés, dont le plus considérable, celui que nous prenions en confiance pour l'île demandée, pouvait avoir 250 mètres d'élévation ; il était situé au sud des deux autres. A gauche, la terre ferme était voilée d'un faible rideau de brume, que déchirait une pointe hardie dans laquelle les marins voulurent voir le cap San-Eugenio, ou tout au moins l'île Natividad. Son éloignement et sa position auraient dû les éclairer sur leur erreur, mais les cartes étaient depuis longtemps réputées mal faites, ce qui s'était trouvé vrai bien des fois. On n'y voyait, à l'ouest de l'île Cedros, que les rochers de San-Benito, qui ne figurent pas sur la plupart des cartes terrestres, et auxquels on n'avait donné sur les nôtres que l'importance d'un écueil à éviter. Il demeura donc constant que nous étions en possession de l'île Cedros.

La côte occidentale du groupe paraissant hérissée de brisants, nous cherchâmes un port sur le bord opposé. Parvenus en louvoyant jusqu'à l'extrémité la plus méridionale, nous demeurâmes convaincus que le mouillage, s'il en existait un, ne pouvait se trouver que dans le bassin intérieur formé par les trois îlots. *La Belle* vira de bord en conséquence et vint ranger d'assez près une côte saine et accore, sombre muraille de rochers dont la base se perdait à pic dans une eau profonde.

A peu de distance de l'entrée, le vent nous manqua soudain. Nous étions à une demi-encablure de la falaise, et c'était elle qui nous masquait. Jamais il n'y eut de sujet de querelle si bien trouvé; on en profita. Nos hommes se rejetèrent mutuellement la responsabilité d'une faute qui n'était celle de personne, ou qui était celle de tous, dans le cas où l'accident pouvait être prévu, ce qui n'est pas douteux. Simon le fit très-bien sentir plus tard; malheureusement à ce moment-là il dormait après son quart.

Cependant le flot nous affalait à la côte, au pied de laquelle il venait se ruer avec assez de force pour nous détruire sans merci du premier choc. L'imminence du danger coupa broche à toutes récriminations, et l'on courut aux avirons. Nous avions quatre grandes rames qui se bordaient sur de hauts chandeliers mobiles à fourches; elles avaient été achetées à l'instigation de Simon et nous furent plusieurs fois d'une utilité majeure dans des circonstances analogues, notre canot, où l'on ne se plaçait trois qu'avec les plus grandes précautions et qui ne se manœuvrait qu'à la godille, étant trop léger pour servir de remorqueur. Ce jour-là, les avirons nous sauvèrent d'une perte certaine.

Nous sortîmes donc de ce mauvais pas, tout le monde ayant mis la main à la chiourme, y compris Simon, que l'on avait éveillé, Albert et Tom, les deux adeptes du *far niente*, et Bowen, dont les forces trahissaient malheureusement l'énergique volonté. Enfin nous pénétrâmes dans l'intérieur du triangle, et l'ancre tomba dans une petite anse de l'île bien protégée par des contreforts de rochers. Au fond, une plage étroite et roide régnait au pied d'un talus de quelque trois mètres de hauteur, au-dessus duquel s'étendait un plateau. Albert fut expédié à terre avec la batterie de cuisine, afin de nous préparer à souper. Les voiles serrées, nous nous y transportâmes tous à la brune avec nos couvertures, nous faisant une fête d'y passer la nuit. Spinks demeura seul à bord pour la garde du navire.

CHAPITRE IV.

Les œufs de goëlands. — Un merveilleux *aquarium*. — Perspective d'un festin de Lucullus. — Désappointement. — Incartades et punition d'Albert et de Tom. — Les phoques. — Départ. — Attérage de Santa-Margarita. — Encore des querelles et du désenchantement.

4 *juin*. — Dès le point du jour, M. de Raousset part avec Simon pour la recherche des chèvres et de l'aiguade. Simon était un terrible buveur d'eau en toute occasion, et n'appréhendait rien tant que la perspective d'être mis à la ration : c'était donc affaire à lui de nous en procurer.

Nous nous répandons sur le plateau, qui forme un triangle de peu de superficie, découvert au nord et à l'ouest, protégé du côté de l'orient par les hauteurs auxquelles il sert de base. Ces hauteurs présentent des revers très-roides et d'un navrant spectacle : roches calcinées, de couleur roussâtre ici, bleuâtre plus loin ; çà et là quelques aloès, quelques palmiers nains en groupes de deux ou trois généralement, suspendus à une corniche ou dans le repli d'une étroite ravine. D'ombre, nulle part, d'humidité, encore moins.

La présence inusitée d'êtres humains sur ce roc effarouche une nuée de goëlands dont il est le sanctuaire inviolé. Nous sommes entourés de leurs nids, et la vue de ces gros œufs verdâtres et mouchetés nous procure des réminiscences d'omelette au lard sous l'influence desquelles nous en récoltons une centaine.

Sur cette aubaine, nous revenons à bord où chacun a quelque chose à faire, qui des réparations au gréement, qui l'inspection des carabines. Chemin faisant, Tom nous fausse compagnie, ce qui provoque quelques murmures menaçants.

On se mit à l'œuvre de la meilleure humeur du monde. Le temps était magnifique, le ciel pur, le soleil radieux et ardent ; depuis la veille, la température s'était singulièrement élevée, et nous nous réjouissions de ce changement sans penser à ses conséquences futures.

Rien de plus original que l'anse secrète où notre gentille embarcation dormait sur une eau paisible comme celle d'un lac. Je ne pus résister au désir de juger à distance de l'effet que nous devions y produire, et, prenant le canot, je me rendis à l'ilot voisin. Le tableau qui de là s'offrit à mes yeux eut fait la joie d'un peintre de genre. La bizarre conformation de ce nid de pirates, la placidité de ces eaux opposée aux fureurs de l'Océan qui étreint et bat en brèche de toutes parts leur formidable ceinture de pierres, cette petite barque à la mine provocante, le nombre et l'apparence singulière de ceux qui la montent, tout cela captive et séduit. L'imagination surexcitée se représente sans effort une halte des *conquistadores*. Ces hommes, entre les mains desquels brille de l'acier, sont peut-être les compagnons de Cabrillo ou d'Ulloa.

L'ilot sur lequel je me trouve, celui du nord-est, est le plus important. Il présente en diminutif la même configuration que l'île : une crête élevée, accore à l'extérieur, appuyée sur un petit plateau à l'intérieur. Le second n'est qu'un rocher bas et semble un morceau détaché du plateau des deux autres, avec lequel il est de niveau. Il est présumable que le tout ne faisait qu'un jadis; le travail incessant de la mer aura, au long aller, déblayé les issues de ce bassin. Une zone de récifs rend inabordable, comme nous l'avions conjecturé la veille, la partie occidentale du groupe, et les passages du nord et de l'ouest, bordés de roches noyées dans des flots d'écume, paraissent dangereux; celui par lequel nous sommes arrivés est sain et profond, aussi bien que le reste du bassin.

À l'endroit où la barque est mouillée, sur trois brasses environ, l'eau est si bien endormie que nous distinguons parfaitement le fond, vers lequel l'admiration attire sans cesse nos regards. Nous flottons au-dessus d'un *aquarium* immense, pavé d'une admirable mosaïque; le safran, l'émeraude, l'écarlate et l'azur s'y marient, grâce à l'effet des tons intermédiaires, des ombres et des reliefs, avec une harmonie que ne saurait avoir la mosaïque, composée de corps de même nature et de même poli sur la même surface. Ici les trois règnes confondus étalent leurs nuances variées, tour à tour métalliques, mates ou veloutées, sous l'éclat d'une lumière tropicale irisée aux prismes de l'eau. Des roches moussues, violacées, rouges ou jaunes, aux aspérités diamantées, formant des montagnes, des bassins, des arches et des cavernes, servent de piédestal à ces nobles murex épineux, dont l'intérieur carminé éveille l'idée d'une gigantesque feuille de rose repliée sur elle-même. Des zoophytes, trait d'union de la vie animale à la vie végétale, épanouies comme les étamines d'une fleur fantastique, mêlent leurs trompes déliées aux longs rubans des algues, qui, dans leurs ondulations capricieuses, semblent animées d'une vie supérieure à celle du polype. L'oursin et l'étoile de mer s'accrochent au granit, et dans les cavités s'agitent de colossales écrevisses, des langoustes géantes; leur carapace, d'un rouge obscur, enrichie d'arabesques en relief, est mouchetée de pointes d'une teinte perse. Quelques poissons à l'écaille argentée planent au-dessus de ce fond merveilleux comme des oiseaux au-dessus d'un jardin féerique.

Nous jetons des lignes à leur adresse, heureux que nous serions de les admirer de très-près; mais ils ne s'en montrent ni curieux ni friands et nous les laissons aux goujats sans nous plaindre : la perspective de l'omelette et du rôti de chevreau ne laisse place à aucun regret.

Pendant que nous admirions, tout en travaillant, ces splendeurs perdues, Albert, peu sensible aux charmes de la nature, avait profité de l'absence de M. de Raousset pour noyer sa raison dans un certain tonneau. Les fumées du troix-six aidant, il devint insolent et nous signifia qu'il était décidé à ne faire de cuisine qu'une fois le jour à l'avenir ; il ajouta que si nous n'étions pas contents il n'en ferait plus du tout, et une foule d'arguments de ce genre. Quelques observations qu'on lui adressa le mirent en fureur et, s'armant d'un sabre-baïonnette, il fit mine de vouloir établir ses droits de la manière la moins discutable à coup sûr. Mal lui en prit. Saisi et désarmé par des mains robustes, il reçut une correction des plus vertes, à la suite de laquelle il fut jeté, par le panneau ouvert, dans la cale où il demeura coi.

Nos explorateurs revinrent vers midi, n'ayant trouvé ni eau ni chèvres et maudissant M. Limantour, qui n'en pouvait mais. Ils étaient affamés, et furent fort surpris de trouver le dîner en retard. Quand M. de Raousset eut appris ce qui s'était passé, il déclara qu'Albert ne ferait plus de cuisine, puisque tel était son bon plaisir, mais qu'il ne mangerait à l'avenir que du biscuit et serait mis à terre au premier port où nous relâcherions pour faire de l'eau. Le malheureux dormait ou feignait de dormir ; il ne prit part ni au dîner ni au souper et ne reparût que le lendemain.

Sur ces entrefaites, Tom arriva. Son absence, commentée de toutes façons, nous étonnait à bon droit, et nous avions même eu la bonté de concevoir des inquiétudes : il pouvait s'être laissé tomber dans quelque précipice en essayant de gravir les hauteurs. Quand il se présenta, flegmatique à son ordinaire, les yeux bouffis, portant sur lui les preuves accusatrices d'une méridienne consommée à l'ombre d'un rocher, sur un lit de mousse et d'herbages desséchés, on ne vit plus en lui qu'un homme qui s'était soustrait au travail de la matinée. Tom n'évita une ration de coups de garcettes, dont Spinks voulait lui faire fête, que pour se voir condamné à ne pas dîner. C'était la journée aux exécutions.

La viande fraîche nous faisant défaut comme le poisson, nous vîmes dans les œufs de goëlands une fiche de consolation qui avait bien son mérite pour des gens vivant de lard salé. Hélas ! il était dit que nous devions nous en tenir à notre ordinaire. Sur cent œufs, un, un seul, se trouva frais ! On en fit une omelette néanmoins et elle me fut adjugée à l'unanimité, circonstance que je mentionne avec plaisir, quelque futile qu'elle soit en apparence, parce que je dus y voir une démonstration d'estime à laquelle je fus sensible. Je m'étais attaché à demeurer indépendant entre deux partis hostiles et à faire tourner au profit de l'union mon influence officieuse d'interprète ; je compris qu'on m'en savait gré.

Nous étions munis de deux paniers de champagne, cadeau d'un négociant de San-Francisco : on en ouvrit un afin de faire un extra et, aussi, de boire à la santé de ce pauvre Limantour, propriétaire mystifié de ce roc aride. En d'autres termes, nous arrosâmes notre propre mystification.

Les deux explorateurs avaient en vain essayé le matin de parvenir au sommet de l'île. M. de Raousset me propose après dîner de faire avec lui une nouvelle tentative et nous partons la carabine sur l'épaule. Les revers sont très-roides, les rochers aigus, le soleil darde du feu ; l'ascension n'est point impraticable, mais les fatigues sont suffisamment grandes pour nous faire renoncer à un triomphe purement honorifique. Un petit sentier, battu sans doute par quelque chasseur de phoques, nous conduit à la pointe méridionale de l'île. Là, au pied de la falaise, règne un lambeau de plage semi-circulaire auquel le sentier vient aboutir. Cette plage borde un bassin assez vaste, défendu du côté de l'Océan par une formidable ligne de brisants qui s'étendent bien loin au large; roches noyées, aiguilles bizarres, arches audacieuses, masses brutes capricieusement entassées, véritable chaos sur lequel la mer déferle avec acharnement. Après avoir bondi, tourbillonné, mugi en lançant vers le ciel sa base impuissante, après s'être épuisée en prodigieux efforts contre les pointes noires qui déchirent ses vagues blanches d'écume, elle vient, caressante, lécher paisiblement à nos pieds cette grève ignorée. Sur le sable gît le corps d'un loup marin tué dans la matinée par M. de Raousset; il mesure deux mètres et demi environ.

Tout à coup une troupe nombreuse de ces animaux parut dans les brisants, s'y jouant avec une aisance qui nous donna une haute idée de leur force. Il semble incroyable qu'aucun être vivant puisse se hasarder impunément dans cette région de désordre et se mettre en tiers dans la lutte de deux puissances comme l'eau irrésistible, le roc immuable; les phoques y prenaient plaisir. Quelques-uns s'avancent jusque dans le bassin où l'eau est à peine houleuse. Réunis en un groupe paisible, ils agitent à la surface leur tête arrondie, poussent de petits cris de joie, plongent et offrent de loin à s'y méprendre l'aspect de créatures humaines dans les ébats familiers du bain.

On ne doit pas s'étonner que les anciens, dans leur naïveté relative, aient bâti les fables gracieuses des syrènes, des tritons et des néréides sur la première observation de cet animal au regard humain, doux et courageux à la fois comme le chien, et dont l'intelligence supérieure se révèle par l'instinct de l'inviolabilité du domicile. Le moyen âge plus grave, réfugié dans d'autres doctrines religieuses sous d'autres latitudes, les prit candidement pour les moines et les évêques des royaumes sous-marins. Au reste, le mâle du phoque capucin est porteur d'une sorte de capuchon qu'il peut à volonté rabattre sur ses yeux et son museau délicat. Ce caprice de la nature aurait induit en erreur des générations moins enfroquées, mais aussi ignorantes, que celles du quinzième et du seizième siècle.

Aujourd'hui moines et évêques amphibies ont été rejoindre syrènes et tritons, mais certaines analogies de conformation ont amené des rapprochements de noms et l'on a le lion marin, le léopard, le loup, l'ours, le chien, le veau, l'éléphant, le lièvre, le cochon, le capucin, etc.

Nous leur adressâmes plusieurs balles sans effet. Ils plongeaient à chaque détonation et reparaissaient au même instant. Il est probable que partout ailleurs qu'à la tête, le plomb glisse sur cette peau huileuse, au poil lisse et serré, recouvrant une épaisse couche de lard, surtout si, avant d'arriver, il a brisé sa course dans l'eau.

L'un d'eux fut atteint cependant. Il pousse un mugissement terrible, bondit, se tord et soulève dans ses efforts puissants des montagnes d'eau. Les autres, épouvantés, prennent la fuite, franchissent les récifs, gagnent la haute mer. Le malheureux cherche en vain à les suivre; affaibli par le sang qu'il perd, il ne peut plus vaincre la redoutable opposition des vagues déchaînées. Longtemps il lutta contre elles avec une énergie farouche, impitoyablement roulé sur les pointes du roc, et mêlant de lamentables gémissements aux ironiques mugissements de la mer qui semblait savourer une vengeance.

Vingt fois repoussé, jamais dompté, il revint vingt fois à la charge. Son sang s'épanchait à torrents et teignait dans un vaste rayon cette eau si violemment agitée; l'écume était de pourpre et partout nos yeux éblouis ne voyaient que du sang. Plus d'une heure nous demeurâmes là immobiles, haletants, fascinés, admirant sans savoir s'il fallait admirer davantage l'être qui se roidissait ainsi contre la nature, ou la nature qui, sans effort, usait ainsi le noble animal. C'était beau à voir, beau de ce charme effroyable des grands combats du cirque romain, alors que bêtes et gens par hécatombes mouraient en défendant avec fureur une vie condamnée.

Victorieuses enfin dans leur immuable destinée, les vagues le rejetèrent dédaigneusement, sans retour, en deçà des rochers. Il résistait encore, mais faiblement, par crises convulsives auxquelles succédait l'atonie. Impuissant bientôt devant l'impulsion languissante de la houle elle-même, il finit par arriver, poussé par elle, jusqu'au rivage où il demeura à sec. Là, frappant le sable de ses nageoires et tournant vers nous sa tête intelligente, il nous lança des regards touchants accompagnés de tristes plaintes. Une balle dans l'œil mit un terme à ses souffrances et à notre anxiété croissante ; son agonie nous faisait mal, et pourtant nous ne pouvions nous arracher au spectacle émouvant de cette vitalité exubérante aux prises avec la mort.

Un plomb lui avait traversé le cou de part en part. Il gisait là, vaincu, et la mer, qui déjà avait effacé la souillure imprimée par le sang à son écume immaculée, grondait et bondissait comme avant sans qu'un effort de plus de sa part attestât l'exaltation du triomphe, sans qu'un effort de moins témoignât de lassitude après le combat. Nous regagnâmes silencieusement la barque.

L'heure du souper approchant, l'absence du coq se fit sentir. Tom, stimulé par un long jeûne, s'offrit à remplir ce poste important, à condition d'être exempté désormais de tout service sur le pont. Tom n'était rien moins qu'indispensable à la manœuvre ; il dormait tant qu'il n'était pas à la barre et souvent même, étant de quart, il abandonnait son poste pour aller se coucher, au risque de recevoir des coups ; aussi n'eut-on pas de peine à accéder à sa demande, ce qui le remplit de joie. Il triomphait dans ces deux vices favoris, la paresse et la gourmandise; il triomphait aussi de la disgrâce d'Albert, car ces deux rivaux nourrissaient une profonde antipathie l'un pour l'autre.

Nous soupâmes sur le plateau à l'heure où le soleil approchait du terme de sa course ; bientôt nous pûmes fixer nos regards sur son disque rougeâtre dépouillé de ses rayons et, quand il effleura l'horizon, nous le vîmes plonger soudain et disparaître comme une goutte de vin qui se détache d'une coupe trop pleine. L'harmonie la plus parfaite régnait parmi nous à ce moment là. Le beau temps, la chaleur, le séjour à terre nous avaient mis en belle humeur et, pour fêter dignement ce premier jour serein, nous achevâmes le panier de champagne. Une heure après nous disions adieu à la prétendue île Cedros.

Cette escale n'avait nullement rempli notre but qui était de faire de l'eau et des vivres. L'eau était d'urgence; à peine à moitié route, nous en étions déjà à notre quatrième baril sur six. Le vent contraire avait singulièrement allongé le chemin sous nos pas et pouvait l'allonger encore; d'ailleurs il fallait prévoir l'éventualité d'une longue croisière dans le golfe. Quant aux vivres, nous en avions assez à la rigueur, mais des raisons d'hygiène nous engageaient à profiter de l'aiguade pour en prendre de frais.

M. de Raousset ne voulait toucher à aucun des ports du golfe où, depuis l'expédition de Walker, il y avait des garnisons; nos papiers n'étaient pas en règle, les soupçons pouvaient être facilement éveillés, et, s'il était reconnu, lui, hors la loi sur le territoire mexicain, son affaire et la nôtre étaient des plus claires. Le danger était moindre sur la côte occidentale de la péninsule, où il n'y a aucun centre de population important. Il fut question d'aller à l'ancienne mission de Todos-Santos, près du cap San-Lucas, havre forain qu'il ne faut pas confondre avec la baie du même nom dont j'ai déjà parlé.

Spinks proposa alors d'entrer dans la baie de la Magdalena où il connaissait, disait-il, sur l'île Santa-Margarita, une aiguade fréquentée des baleiniers. Le souvenir d'un désastre récent vint pour notre malheur corroborer cette assertion. Le 16 février précédent, le steamer *Indépendance*, allant de San-Francisco à San-Juan-de-Nicaragua, avait été surpris par une tempête dans les parages de la Magdalena. Un incendie s'étant déclaré à bord au même moment, il était venu faire côte sur des récifs à la pointe méridionale de l'île Santa-Margarita. Il y av quatre cents passagers à bord. Cent cinquante personnes, femmes et enfants principalement, avaient péri dans les flots durant le sauvetage péniblement tenté aux sinistres lueurs du feu. Les survivants de cet horrible drame ayant traversé l'île, avaient trouvé dans la baie des baleiniers, qui les avaient recueillis à demi morts de soif et de faim.

La présence de ces navires n'impliquait pas précisément l'existence d'une aiguade sur l'île, mais plutôt celle des baleines dans la baie. Toutefois la confusion se fit dans nos esprits d'autant plus facilement que le témoignage de Spinks l'avait préparée. Le lieu étant désert, nous devions renoncer aux vivres, mais le sacrifice était bien avantageusement compensé par le bénéfice de sécurité. D'un autre côté, la question de temps, importante aussi, présentait la chose en sens inverse. L'escale de la Magdalena nous coûtera un jour entier; celle de Todos-Santos quelques heures seulement. Le vent fait mine de passer à l'ouest, il serait fâcheux de n'en pas profiter aussi longtemps qu'il veut nous être favorable. Le pour et le contre s'équilibrant à peu près dans ces diverses considérations, on convient de s'en remettre à dame fortune : si le vent se maintient bon, nous pousserons jusqu'à Todos-Santos; dans le cas contraire, nous entrerons dans la baie de la Magdalena.

Or, dame fortune n'était pas disposée à nous servir et, même les petites faveurs dont nous crûmes devoir la remercier durant ce malencontreux voyage, furent autant de piéges qu'elle nous tendit. Il est vrai que nous y aidâmes. Dès le lendemain de cette décision, elle nous envoya vent debout et grosse mer, si bien que, lorsque nous nous trouvâmes, le 6, en face du goulet de la Magdalena, nous ne vîmes rien de mieux à faire que d'y entrer.

A ce moment-là on s'aperçut qu'on était à quinze milles au large, ce qui amena des récriminations interminables, d'autant plus amères que la brise parut mollir à mesure que nous avancions et nous donna lieu de redouter un calme. Quelle besogne on me tailla là ! Je lis sur mon journal, à cette date, cette remarque significative que je dégage de quelques accessoires énergiques : « Ce poste de trucheman me vaudra bien des cheveux blancs ! »

Cependant nous approchions de cette entrée qui, formée par les falaises du *Morro-Redondo* et de la pointe *Delgada*, rappelle, par son grandiose, celle de San-Francisco. Elle a deux milles et demi d'ouverture, soit quatre kilomètres environ. La *punta Delgada*, au nord, se rattache aux hauteurs du cap San-Lazaro par une étroite langue de terre basse. Le *Morro-Redondo*, au sud, appartient à l'île Santa-Margarita. Cette île, située entre 24° et 25° de lat. N, par 114° long., court du nord-ouest au sud-est, dans une direction parallèle à la côte dont la sépare un étroit canal au sud. Sa longueur est de quinze à dix-huit lieues sur une largeur qui n'excède probablement pas quatre lieues au maximum. Elle est haute et escarpée, surtout dans sa partie méridionale où se trouve un sommet de 600 mètres. La vaste étendue d'eau qu'elle enserre est divisée par une pointe de la terre ferme en deux baies, celle de la Magdalena au nord, celle de Almejas au sud.

A deux milles du goulet nous ne rencontrâmes plus que des risées capricieuses qui nous poussaient par saccades ; dans le goulet le vent nous manqua complétement et le courant nous drossa d'une manière sensible vers les récifs de la pointe Delgada. Alors éclata l'orage qui grondait sourdement, et comme, depuis quelques jours, blasés sur les invectives, nos gens s'étaient habitués aux menaces, il ne fut plus question que de se jeter aux requins. Ce fut une seconde édition de l'arrivée à San-Benito et le résultat fut le même : nous bordâmes les avirons.

Le soleil était ardent, le courant fort, la distance longue ; nous eûmes beaucoup de mal. On mouilla à l'abri de l'île et à quelques milles de l'entrée. Spinks disait que l'aiguade était dans le voisinage ; le fait est qu'il n'en savait rien.

Le rivage de la terre ferme est bas et bordé de dunes d'une blancheur éblouissante ; il est inhabité. Depuis le P. Guillen qui le visita en 1719, jusqu'à Dupetit-Thouars qui y vint en 1837, tous les explorateurs s'accordent à le représenter comme aride et désolatif au suprême degré. Ce n'est que la stricte vérité, et j'en dirais volontiers pire. L'aspect de l'île n'est guère plus récréatif, si ce n'est que les rochers sont toujours d'un effet moins désespérant que les sables.

Une excursion à terre nous laissa convaincus qu'il n'y avait pas d'eau dans cette partie de l'île. Le jour tirait à sa fin, nous étions harassés de fatigue, meurtris par les épines et les rochers, on se décida à passer la nuit là.

4

Pendant le souper la barque chasse et gagne le large avec le reflux ; nous étions sur un fond de coquilles de mauvaise tenue. On mouilla la seconde ancre qui était fort petite et cela parut suffire ; néanmoins on jugea prudent de mettre un homme de garde sur le pont pendant la nuit et comme les marins avaient grand besoin de repos, on confia ce poste à Tom, qui se délassait beaucoup depuis qu'il était cuisinier. Il protesta, mais on n'en tint compte.

CHAPITRE V.

Perte d'une ancre. — La baie de Almejas. — Les deux passages et les deux cartes marines. — Indécisions. — Le dîner à la mer. — Hauts fonds. — Angoisses. — Naufrage. — Sauvetage. — Comment on fait du feu. — Un souper au champagne.

7 *juin*. — Nous appareillons avec une petite brise du nord dans la matinée de ce jour mémorable. Le malheur voulut que nous perdions là notre maîtresse ancre, qui demeura engagée au fond. C'était un contre-temps sérieux, celle qui nous restait étant trop légère pour nous permettre de mouiller en sûreté désormais dans des parages découverts ou sur des courants. On passa plusieurs heures à draguer avec un grapin, mais sans succès et il fallut y renoncer.

Notre intention était de côtoyer l'île pour y chercher l'aiguade, et de sortir par la passe du sud après avoir traversé la baie de Almejas, dans laquelle nous pénétrâmes vers dix heures sans avoir encore aperçu trace d'humidité sur l'île. On ne songea plus à chercher cette aiguade fantastique, mais bien à gagner la haute mer pour nous rendre le plus vite possible à Todos-Santos.

Le baie de Almejas ressemble à celle de la Magdalena.

A notre droite se prolongeait l'île dont les hauteurs étaient plus escarpées. A gauche fuyaient dans un lointain vague à force d'être lumineux, les dunes de la terre ferme. En face, à longue distance, un plateau bas qui semblait s'étendre fort loin dans l'intérieur, traçait en travers de notre route une ligne blanche miroitant au soleil. Il fallait trouver la sortie.

Ici se présentait une grave difficulté. Nous avions deux cartes; l'une, celle de M. de Raousset, ne portait qu'une issue, l'autre, celle de Spinks, en portait deux et transformait en île le plateau que nous avions devant nous. L'auteur de cette bienheureuse carte avait poussé le soin jusqu'à y marquer des sondages, et, suivant lui, le canal le plus voisin de l'île Santa-Margarita avait trois brasses de fond, l'autre sept. Spinks penchait pour ce dernier, Simon pour l'autre dont l'existence, constatée par les deux cartes, lui paraissait plus certaine. Perseval était indécis à son ordinaire. Pressé d'émettre son opinion par M. de Raousset qui l'attendait pour former la sienne, il conseilla d'avancer en ligne droite vers le plateau jusqu'à ce qu'on pût, à l'aide des lunettes, étudier les abords des deux passes et choisir *de visu*.

Ce subterfuge ingénieux, qui laissait jouir du bénéfice d'inventaire, fut adopté et Tommy, qui tenait la barre, gouverna en conséquence tout en faisant la moue ; Simon haussa les épaules et alla se coucher, en attendant le dîner que Spinks préparait lui-même flegmatiquement sans paraître s'intéresser à autre chose. Or, voici à quelle occasion le vieux marin vaquait à pareille occupation.

Tom, garçon à lubies et indépendant si jamais yankee le fut, furieux d'avoir été de garde la nuit précédente au mépris des conventions, avait senti naître en lui dès le matin une aversion insurmontable pour la pratique culinaire; il avait fallu recourir aux grands moyens pour obtenir de lui le café au point du jour. L'heure du dîner approchant, il avait déclaré net qu'engagé comme matelot, matelot il entendait être. Il n'y avait rien à dire. Le gros Albert faisait la sourde oreille, se réjouissant intérieurement d'un incident qui semblait donner raison à ses théories touchant l'impossibilité radicale de cuisiner à bord de *la Belle*. Albert n'avait pas d'amour-propre en dépit de son orgueil de caste. Il était réduit à l'ilotisme depuis deux jours, mais comme il mangeait en secret aussi bien que les autres, fumait sa pipe et dormait tout son saoul, il se trouvait fort heureux.

Sur la déclaration de Tom, Spinks déclara en jurant que les deux marmitons étaient une paire de *good for nothing*, et qu'il se chargeait, lui, de nous faire faire un bon dîner. On fut un peu étonné de cela, mais on le laissa faire.

M. de Raousset et Perseval tenaient leurs lunettes braquées vers l'horizon. Du plus loin que se dessina l'ouverture du canal qui sépare l'île du plateau, il parut hérissé d'une si formidable ligne de brisants que l'on renonça à s'y engager, d'autant plus que la brise fraîchissait de manière à nous faire redouter une bourrasque; la mer devenait mauvaise. Le canal de sept brasses fut proclamé le meilleur, on donna raison à Spinks, et je fus chargé de lui annoncer que, vu les circonstances, il devenait notre pilote et restait jusqu'à nouvel ordre maître absolu à bord.

Spinks avait bien d'autres chats à fouetter. — « Ça va bien, répondit-il négligemment. » Il ne modifia point la route et continua à soigner son ragoût en fredonnant des gaudrioles, à notre grand ébahissement, car jamais encore il n'avait donné de son gosier une seule note de musique. Le fait est que le vieux marin était ivre; ennuyé des contrariétés sans fin qu'il éprouvait, il visitait souvent le baril de cognac et, ce jour-là, les visites avaient été plus fréquentes et plus longues, à la faveur des obligations de la cuisine.

A midi, il servit sur le rouf de la cabine, théâtre ordinaire de nos réfections, le menu le plus soigné qui eût figuré devant nos seigneuries depuis le départ. Simon parut alors et se frottant les yeux : — « Ne remarquez-vous pas, dit-il avec une exclamation de surprise, la singulière couleur de l'eau! »

A peine achevait-il ces mots, une rude secousse ébranla *la Belle* qui s'arrêta brusquement et se coucha sur sa hanche de sous le vent. Nous venions de toucher. Il y eut un moment de désordre inexprimable; tout équilibre était rompu et la mer, qui déferlait sur nous avec violence, s'adjugea sommairement tous les menus objets épars sur le pont, y compris le diner et ses accessoires. Ce fut miracle que personne ne suivit le matériel. Heureusement nous étions sur un fond de vase qui céda; le gouvernail, manœuvré par Tommy qui ne perdit point la tête, releva la barque et la remit en route.

Notre satisfaction en nous voyant hors de ce mauvais pas fut de courte durée, car nous comprimes alors d'un coup d'œil ce que notre situation avait de critique. Depuis longtemps déjà nous naviguions sur des hauts-fonds sans nous en apercevoir. Aussi loin que la vue put s'étendre, l'eau paraissait saturée de vase; les vagues, courtes faute de fond, mais furieuses et désordonnées, avaient une pesanteur qui pouvait devenir fatale à notre frêle embarcation. La tourmente se déchaînait. Cependant le ciel était pur, seulement le soleil au zénith voilait sa face resplendissante d'un gros nuage en haillons, que transfixaient glorieusement de larges et brûlants rayons.

Sur l'invitation des marins je descendis dans la cale pour reconnaître si l'arrimage n'avait subi aucune altération. Je frémis en me trouvant vis-à-vis du poêle embrasé, auquel personne ne songeait en ce moment. Mon inspection, qui ne me révéla aucun désordre, fut abrégée par la préoccupation du feu. Comme je me glissais avec précaution, au retour, le long de la fonte brûlante qu'effleurait ma joue, la barque toucha de nouveau et se coucha précisément du côté où je me trouvais. J'eus le frisson, j'en conviens. Par bonheur le poêle tint bon, mais un grand vase où bouillait de l'eau, qui avait résisté par miracle au choc précédent, se renversa cette fois fort mal à propos et j'eus le bras droit horriblement échaudé. Je ne m'aperçus toutefois de cette brûlure que le lendemain, au moment où nous pûmes prendre quelque repos et de corps et d'esprit ; elle me fit beaucoup souffrir durant les jours critiques qui suivirent.

Cependant la barque s'était de nouveau redressée. Le cri de, *laisse arriver !* m'apprit qu'on virait de bord et quand je reparus sur le pont nous tournions déjà le dos au plateau. On renonce à chercher un passage au sud. Nous allons revenir sur nos pas en louvoyant sur des hauts-fonds, avec un gros temps, avec une barque qui gouverne mal depuis le matin et vient de se refuser à virer vent devant, dans les plus mauvaises conditions en somme. Le docteur, Bowen, Albert et Tom descendent dans la cabine et sont chargés de s'occuper du feu. Tommy tient encore la barre. Spinks, dégrisé par le danger, montre du sangfroid. Simon, amarré aux grands haubans, jette la sonde. Les autres, accrochés aux manœuvres pour résister à l'eau qui étale sans cesse sur le pont, se tiennent prêts à exécuter les changements d'amures.

Il ne s'éleva pas un mot de récrimination. La faute était commune à tous, du moins à tous les hommes de mer auxquels la couleur et le clapotis de l'eau auraient dû signaler le danger ; et puis personne n'était disposé à perdre son temps en paroles. Il s'agissait avant tout de sauver la coque, le meilleur nageur d'entre nous se sentant incapable d'affronter la colère de ces vagues boueuses.

La voix de Simon annonçait de minute en minute des sauts de sonde variant de une à quatre brasses; de minute en minute cette voix nous faisait passer brusquement de l'espoir à l'inquiétude, et nous l'attendions comme on doit attendre la sentence d'un juge. Le chiffre du sondage réglait la longueur des bordées, mais la violence du vent et de la mer ne nous permettait ni de chercher, ni de suivre un chenal dont l'existence paraissait certaine. Le navire refuse toujours de venir dans le vent pour virer, circonstance aggravante à laquelle nous cherchons vainement une explication. A plusieurs reprises nous labourâmes le fond, mais sans secousses sérieuses. Cette situation pleine d'anxiété se prolongea jusqu'à trois heures.

A partir de ce moment-là le plomb de sonde donna cinq brasses au moins, régulièrement, et l'apparence de l'eau devint rassurante. Cependant, la tourmente ne mollissant pas, nous songeons à gagner un mouillage pour y passer la nuit en repos. Il est hors de question de rallier la terre ferme, aride désert de sable dont les abords doivent être partout aussi dangereux que ceux du plateau, et qui, d'ailleurs, n'offre aucune protection contre le vent. En face de nous la côte de l'île paraît propice et l'on veut aller la reconnaître. Spinks combat cette décision, sans motif plausible et probablement dans le seul but de faire de l'opposition à Perseval; il veut, lui, retourner à l'endroit où nous avons passé la nuit précédente, lieu découvert, ancrage détestable, trop éloigné, du reste, pour que nous y arrivions avant la nuit. N'obtenant rien, il s'emporta; Tommy se rangea de son côté, par esprit de parti, Simon entra en fureur, et peu s'en fallut qu'on ne jouât des gantelets. M. de Raousset se décida à faire acte d'énergie; il se déclara maître absolu à bord et intima l'ordre de mettre le cap sur l'île. Les marins étrangers cédèrent, mais ils abandonnèrent la manœuvre en jurant qu'ils ne s'en mêleraient plus dorénavant et en rejetant sur les nôtres la responsabilité de l'avenir comme celle du passé. M. de Raousset ne devait pas souffrir cette désertion; c'est dans un cas pareil, ou jamais, qu'un chef doit maintenir, coûte que coûte, son autorité au profit du salut public. S'il hésita à le faire, c'est qu'il sentit probablement que ces hommes n'avaient pas tous les torts. Il se tût. Perseval prit la barre et le silence le plus complet succéda au tumulte.

Nous ne tardons pas à reconnaître, en approchant de l'île, une large baie, bien protégée du côté du nord par un promontoire de rochers, et dont la plage paraît saine. Une langue de terre basse la divise en deux anses. A partir de ses points extrêmes, la chaîne haute et escarpée du littoral forme un angle rentrant au sein duquel se développe, jusqu'au rivage, un plateau bas et verdoyant. Cette végétation, dont nous ne pouvons encore apprécier la nature, nous enchante et nous fait espérer de l'eau, d'autant plus qu'une brèche au sommet de l'angle semble devoir être l'issue d'un ruisseau.

La lame, obéissant à un courant constant, du moins à cette époque de l'année, chassait du nord et venait briser avec un fort ressac sur la plage, au-dessous de la baie; ce courant était assez fort pour qu'en dedans de la ligne qu'il traçait en rasant les pointes, l'eau fût à peine agitée. Notre course nous portait vers l'anse méridionale. Spinks fit alors observer avec raison que dans l'autre, à l'abri immédiat de l'éperon du nord, le vent paraissait nul, l'eau plus calme, la plage meilleure. Le bon sens disait que là était le mouillage, et pour y aller il ne s'agissait que de serrer d'un peu plus près le vent que nous avions largue. Perseval ne répondit rien, mais ne changea pas de route; il n'en eût changé pour rien au monde du moment où l'avis venait de la partie adverse. L'esprit de contradiction soufflait plus fort que la brise et nous causa, aussi, plus de mal.

Au bout d'un instant le vieux marin renouvela ses instances. « A quoi bon, disait-il, aller reconnaître d'abord l'anse qui paraissait la moins sûre, quand, pour revenir dans l'autre, il faudrait changer deux fois d'amures avec une barque gouvernant aussi mal! » La justesse de ces observations fut reconnue généralement, mais Perseval imposa silence en remarquant aigrement qu'il savait ce qu'il avait à faire.

Enfin M. de Raousset et Simon que l'évidence ralliait à Spinks protestèrent à leur tour, mais alors qu'il était trop tard déjà pour demeurer sur le même bord ; il fallait doubler la pointe. Perseval lança enfin le *pare à virer*, et l'évolution commença. Tout à coup, au moment où nous présentions nos grandes voiles au plein du vent, une raffale engagea la barque qui chavira avant qu'on ait eu le temps de penser seulement à filer les écoutes. Nous étions pic, repic et capots.

L'eau envahit la cabine d'où partent des vociférations; le gros Albert en obstrue l'entrée et crie plus fort que les autres sans faire mine d'aller ni de l'avant ni de l'arrière. On l'aide, un peu brutalement peut-être, à prendre un parti et nos compagnons délivrés viennent se ranger auprès de nous à chevauchons sur la hanche de *la Belle*. Le péril n'est pas imminent du reste; soutenus par notre toile nous ne coulons que lentement et la mer qui monte nous rapproche peu à peu du rivage. Nous ne tardons pas à nous trouver dans une eau à peine houleuse à l'abri de la pointe basse. Il était quatre heures environ.

En un clin-d'œil le youyou fut à flot. M. de Raousset y monta le premier avec Perseval et Simon, circonstance qui blessa les uns et toucha péniblement les autres. Il s'était dépouillé de ses vêtements, il était excellent nageur, le rivage était à deux cents mètres à peine, l'eau était calme, mieux qu'aucun autre il pouvait attendre et compter sur lui-même, en admettant que son devoir ne fût pas de ne quitter l'épave que le dernier. Il fut sévèrement puni de cet oubli des convenances. Nous le retrouvâmes quelques heures plus tard sur la grève, nu, grelottant pitoyablement, dans une situation peu digne d'un capitaine en un mot, et le prestige de son autorité en souffrit. Il n'avait, dans sa précipitation à se déshabiller, pris souci ni de ses vêtements, ni même de sa montre qu'il perdit ainsi, et chacun dut se priver d'une pièce de son harnais pour le couvrir. J'ai hâte de dire qu'il n'y avait pas lieu à rattacher à un sentiment de crainte cet acte d'un homme très-brave ; je crois même que si le danger eût été réel il aurait agi différemment ; mais il est certain qu'il oublia là qu'il était chef et l'on en prit note.

Le sauvetage fut long. Notre frêle canot, pesamment chargé avec trois personnes, était irrésistiblement emporté par le courant vers le sud et ce fut inutilement qu'on tenta de vaincre cette opposition au retour. Il fallait donc, à chaque voyage, le tirer à sec et le transporter à bras jusqu'à l'extrémité de la pointe, l'espace de deux kilomètres environ, pour revenir de là avec ce courant. C'était l'affaire d'une heure. Il eût été facile à plusieurs d'entre nous de gagner la rive à la nage, mais le souvenir de certains grands requins que nous avions aperçus dans la matinée, nous en ôta l'envie. La barque avait sombré et reposait sur le fond ; nous étions dans l'eau jusqu'à la ceinture, jusqu'au cou parfois, la houle aidant, mais cette eau était tiède et le bain n'avait rien de désagréable.

A sept heures je m'embarquai à mon tour, ne laissant derrière moi que Spinks et Tommy occupés à dégréer la mature ; ils refusèrent de venir à terre avant d'avoir terminé cette opération importante. Seuls, au milieu de la confusion générale, ces matelots avaient conservé cette présence d'esprit de l'homme pratique qui le pousse à travailler pour l'avenir alors même qu'il est des plus incertains. Spinks avait fixé à la tête de chaque mât une longue amarre dont nous emportâmes l'extrémité opposée, avec ordre de l'attacher solidement à quelque pied de bruyère afin que le jusant n'emportât pas l'épave. Personne n'avait songé à cette simple précaution à laquelle nous dûmes simplement notre salut.

Le soleil ne tarda pas à disparaître derrière les hauteurs, et la température baissa brusquement. La brise du soir nous fait frissonner sous nos habits mouillés ; à notre lassitude viennent se joindre les tiraillements d'estomacs à jeun depuis le point du jour. En nous faisant part de nos ennuis, nous ne pouvons nous empêcher de faire sur notre sort des réflexions peu consolantes. Le navire paraissait, il est vrai, avoir peu souffert ; il était retenu au rivage dans une situation à pouvoir être visité et déchargé à mer basse. Mais nous nous demandions s'il nous serait possible de le renflouer, si nos vivres et surtout notre eau, ne seraient pas perdus.

Nous étions sur une île déserte et l'aspect du plateau et des hauteurs voisines nous ôtait toute illusion au sujet de l'eau douce. Là où il n'y a pas d'eau le gibier manque ; d'ailleurs trouverions-nous de la poudre sèche à bord ? Pour ne pas mourir de soif et de faim, il faudrait passer sur le continent, or, en face de nous, le continent n'était qu'un désert aride de plusieurs lieues d'étendue ; et puis, comment nous y rendre ?

En descendant à des considérations d'un ordre moins élevé mais plus immédiat, nous nous trouvons fort empêchés pour allumer du feu, nous sécher et nous réchauffer. Personne n'ignore, théoriquement, qu'en frottant deux morceaux de bois l'un contre l'autre on obtient le feu ; on sait aussi, sur la foi du poëte, que le premier qui s'avisa d'en faire le tira *des veines d'un caillou;* mais ce que peu de gens savent c'est que la pratique de ces deux recettes, les plus simples du monde, présente parfois des difficultés, qui peuvent devenir insurmontables dans le cas, par exemple, où l'on manque de silex ou de bois convenable : c'était précisément le nôtre.

Une exclamation joyeuse de Bowen nous arracha à ces tristes pensées ; sous les nombreuses couches de vêtements qui le protégeaient, il venait de rencontrer fortuitement une boîte en métal renfermant des allumettes en bon état. Un quart d'heure après nous nous séchions à un feu brillant d'épaves et de broussailles. La nuit ramena Spinks et Tommy avec la voilure et le gréement. Ils prirent place autour du brasier, et là, serrés les uns contre les autres, rôtis par devant, gelés par derrière, nous cherchâmes dans un somnolent engourdissement l'oubli momentané de nos maux.

A onze heures, la voix de Spinks nous appelle au travail. — La tempête s'est apaisée et la mer est basse. A travers l'obscurité diaphane d'une nuit ruisselante d'étoiles, nous apercevons *la Belle* à demi hors de l'eau qui caresse sans bruit maintenant ses flancs et le rivage. Mais la mer en baissant a laissé à découvert une zone hérissée des fragments d'une roche aux arêtes vives. Il y a trente pas à faire sur ce champ de ruines où le pied endolori ne trouve nulle part la place de se poser à plat ; la nécessité de tourner ou de franchir à chaque pas un nouvel obstacle constitue pour nous un pénible surcroît de souffrance.

Les marins se rendirent à bord. Ils trouvèrent le grand panneau défoncé, et furent assez heureux pour mettre d'abord la main sur un baril de biscuit, du porc et quelques ustensiles de cuisine. Albert, sommé de reprendre ses fonctions de coq, se rendit avec un empressement qui témoignait de son appétit, et aussi de son horreur pour le travail rebutant du sauvetage.

Trois ou quatre brasses nous séparaient de *la Belle* et le canot servait de trait d'union. Mais la faiblesse de construction de celui-ci nous prescrivant les plus grandes précautions, il fallait, pour lui éviter le choc meurtrier des rocs, aller à sa rencontre en entrant dans l'eau jusqu'à mi-corps, soutenir les assauts de la houle, et venir en trébuchant déposer son fardeau sur le plateau. L'eau nous paraissait glacée et la brise amère comme un souffle polaire.

Le flux interrompit ce travail vers deux heures du matin. Nous avions retiré entre autres choses des armes et de la poudre, le dernier panier de champagne et les deux barils d'eau-de-vie, dont l'un, celui qui était en perce, se trouva perdu. Le biscuit était mouillé, mais il avait formé extérieurement une croûte sous laquelle une partie s'était conservée saine.

L'eau douce ayant échappé aux recherches, le champagne dut arroser un souper auquel nous nous préparions à faire honneur après un jeûne de vingt heures. Sur douze bouteilles que contenait le panier, deux étant cassées, on distribua les autres; chacun eut la sienne et fut invité à en ménager le contenu d'abord, à conserver soigneusement le verre ensuite, pour le cas où nous nous mettrions à la ration d'eau. L'aï mousseux contribua beaucoup plus à augmenter notre lassitude qu'à égayer notre repas.

Le flot nous créa bientôt une nouvelle occupation, celle de touer la barque; nous diminuâmes considérablement la distance qui la séparait de nous. A mer étale, nous aurions eu le loisir de prendre du repos, mais la froidure nous en empêcha; il ne fallait pas y songer avant que le soleil eût séché nos couvertures. Cette heure de désœuvrement fut remplie par les inquiétudes que nous causa *la Belle*. Sensiblement allégée et redressée à demi, elle était le jouet de la houle qui la soulevait pour la laisser retomber après. A chaque secousse les mâts vibrent à nous faire croire qu'ils vont se briser; nous redoutons aussi de voir la coque s'éventrer sur les pierres. Il n'y eut pas d'avaries cependant, le fond étant uni et sain à l'endroit où se trouvait la barque.

CHAPITRE VI.

Pas d'eau. — Sauvetage. — Les huîtres. — A la ration. — Insignes du sommelier. — Perspectives futures. — La barque à flot. — Excentricités de Tom. — Inquiétudes et discordes. — Sacrifice du cognac. — Halage de *la Belle*.

8 *juin*. — Un soleil dévorant inonde de ses feux le paysage volcanique qui nous environne, et nous fait souvenir que nous nous trouvons par la latitude du Sahara. Le sol pierreux qui le réverbère devient brûlant sous nos pieds; nul moyen de se soustraire à sa redoutable influence. La végétation, qui de loin nous avait séduits, se compose surtout de cactus et d'euphorbes, et, sur la lisière du plateau, du côté de la mer, de quelques arbrisseaux rabougris dont le maigre feuillage tamise la lumière aux dépens de l'ombre. La soif, qu'entretiennent la viande salée et le travail forcé, que le champagne ne peut apaiser, devient intolérable. Le champagne nous semble répugnant; nous échangerions volontiers contre son équivalent d'eau cette infernale boisson de luxe, à laquelle mon estomac a gardé depuis ce jour une sorte de rancune. M. de Raousset, après avoir mis sa carabine en état, s'enfonce dans l'île en quête d'eau et de gibier; les autres vaquent aux soins minutieux que réclament les objets sauvés.

A l'heure du sauvetage, nous eûmes les raisons de notre inconcevable naufrage. D'abord le gouvernail était cassé à l'endroit de la mèche qui passe dans la jaumière.

La barre était encore à sa place, mais la partie inférieure avait été emportée par la mer. Il était évident que la rupture avait eu lieu au moment même où nous virions de bord pour la dernière fois, et c'en était assez pour capeler. Sans doute aussi il était endommagé avant, et sa faiblesse devait justifier l'indocilité de *la Belle* à une barre qui ne lui fournissait plus un appui suffisant. En outre, la position des carabines nous parut entrer en ligne de compte parmi les causes de notre mésaventure. Après leur nettoyage à San-Benito, elles avaient imprudemment été attachées en faisceaux au corps de pompe et au grand mât, ras le pont. Leur poids, ainsi suspendu, donnait beaucoup trop de bricole à une barque puissamment mâtée, qui, avec des formes très-fines aux extrémités, avait des fonds plats, très-peu de creux et pas assez de quille. Nous devions nous estimer fort heureux que le gouvernail eût résisté aussi longtemps et pas davantage : nous avions naufragé à point.

Pendant l'étale de pleine mer, affolés par la soif, nous nous dispersâmes dans l'île. Les hauteurs calcinées qui nous entourent présentent des pentes roides d'ascension pénible ; mes compagnons la tentèrent toutefois pour aller sonder les crevasses et les gorges de la montagne. Pour moi, je me dirigeai vers cette brèche qui, de loin, la veille, nous avait fait croire à l'existence d'un cours d'eau. Traçant mon chemin à travers le plateau, au milieu d'une forêt de cactus cylindriques ou candélabres, de taille colossale, affectant à distance des formes d'arbres morts, je ne tardai pas à m'engager dans un défilé encaissé entre deux murailles de granit. C'était bien le lit d'une rivière, importante jadis, desséchée, hélas, maintenant jusqu'à la dernière goutte. Je suivis son lit, en revenant, jusqu'à l'embouchure, qui se trouvait au fond de l'anse septentrionale. A cet endroit, la végétation était plus vivace ; les arbrisseaux, serrés et touffus, offraient quelque ombrage et un campement plus agréable en tout que le nôtre. L'anse était parfaitement abritée des vents et du courant; le flot y mourait sans effort sur la grève allongée. Je pris un bain pour amortir un peu les ardeurs de la soif, et constatai sans peine que le fond était de beaucoup préférable à celui de notre mouillage. La zone rocailleuse n'avait que quelques pas d'étendue, et les fragments étaient moins volumineux; au delà, fond de sable uni. Tout concourait pour jeter un blâme sévère sur l'opiniâtreté de Perseval, qui nous avait jetés sur une plage ingrate à quelques pas de là.

Je regagnai le camp en longeant le rivage. Une sorte de chaussée en dos d'âne, assez élevée, séparait la plage du terrain végétal. Le sol, mélange mouvant de gravier, de cailloux, de coquillages, en est fort désagréable au pied. Il est vrai que l'œil est ravi de l'éclat et du travail merveilleux de certaines de ces coquilles, fraîchement déposées là et encore entières. Ce sont les grandes valves de l'haliotide et de l'avicule, la splendide conque rameuse du rocher ou murex, qui donnait jadis sa pourpre au manteau des empereurs, et les innombrables variétés de petits univalves avec leurs dentelures, leurs vis, leurs rugosités bizarres ou leurs stries régulières, leurs belles teintes unies ou tigrées, tout le luxe des mers enfin. La contemplation m'arrête longtemps, et ce m'est un grand regret de penser qu'il m'est interdit de collectionner.

Le souper nous réunit de nouveau. Chacun apportait la triste conviction qu'il ne pouvait y avoir d'eau douce dans l'île. Le diagnostic le plus certain était l'absence bien constatée de toute trace de vie animale. Le repas fut sec : le champagne avait tari.

La nuit nous ramena les mêmes sensations de froidure. Le travail fut repris plus tôt et prolongé plus tard qu'aux marées précédentes, à cause de la situation de la barque; nous étions parvenus à la rapprocher au point que le canot était inutile à mer basse. La boussole, les cartes et instruments nautiques furent recueillis. Au dernier moment on mit la main sur les pièces à eau. La mer avait souillé celle qui était entamée; les deux autres étaient intactes. On but à discrétion, et ce soulagement à notre plus cruelle souffrance dérida un moment les fronts. Nous nous accordâmes alors, au point du jour, quelques instants d'un sommeil que quarante-huit heures de travail et de fortes émotions avaient rendu indispensable. L'épuisement dans lequel de pareilles secousses nous avaient jetés en si peu de temps était tel que nous éprouvâmes tous au réveil les effets de l'ivresse, ou plutôt ceux du vertige causé par un mouvement de rotation trop prolongé : l'horizon tournoyait en ondulant, les montagnes dansaient *sicut agni ovium*, le sol se dérobait sous nos pas. Plusieurs firent de lourdes chutes pour avoir essayé de se dresser brusquement et sans point d'appui. Ce phénomène se produisit aussi longtemps que dura notre séjour sur l'île.

Le programme de cette première journée fut à peu près celui des jours suivants jusqu'au parfait renflouement de *la Belle*. Glacés la nuit, grillés le jour, nous travaillions au sauvetage à mer basse ; dans l'intervalle, il fallait sécher et mettre en ordre. Trois heures de sommeil la nuit, pendant la haute mer.

La journée du 9 fut presque totalement perdue. Tom, désireux de colorer d'un prétexte honorable une violente envie de passer son temps dans l'eau, s'était mis à plonger dans le liquide attiédi que contenait la coque, afin d'en retirer une foule de menus objets qui s'y trouvaient encore. Nous venions de dîner et Tom mangeait gaillardement. A la troisième immersion, il ne reparut pas, nous le repêchâmes à demi asphyxié. Les soins du docteur le rappelèrent à la vie, mais il demeura dans un état de fièvre et de délire inquiétant; une saignée lui rendit du calme et il s'endormit.

Alors, et comme nous nous disposions à nous remettre au travail, le hasard fit faire à l'un de nous une précieuse trouvaille qui acheva de nous dérouter. Les roches qui couvraient la laisse et dont nous avions tant maudit les propriétés incisives, étaient tapissées d'huîtres exquises. Leurs formes bizarres, la mousse qui les couvrait, leur couleur analogue à celle de la pierre, et sans doute aussi nos préoccupations, nous avaient empêchés de les remarquer. Certains de n'en pas manquer de longtemps, nous en fîmes une moisson abondante; M. de Raousset, au retour d'une battue, nous trouva fort affairés à les manger, opération à laquelle il prit lui-même le plus grand intérêt. Il avait découvert de son côté, à la pointe méridionale de l'île, un marécage qui n'était point d'eau douce, mais que hantaient du moins les oiseaux de mer en bandes innombrables, et il rapportait une brochette de ces animaux. Nous étions désormais assurés contre la faim.

Entre autres choses curieuses retirées du navire ce jour-là se trouva, à notre grand étonnement, la montre de M. de Raousset. Dans sa chute, elle avait rencontré le courant d'eau qui s'engouffrait dans la cale et y avait été entraînée. Elle n'avait plus, du reste, que la valeur intrinsèque de l'or ajoutée à celle d'un souvenir.

Nous prenons à souper la cruelle détermination de nous mettre à la ration d'eau. Nous avons absorbé déjà la moitié d'une de nos pièces, simples barils de la contenance de vingt et quelques gallons soit quatre-vingts litres à peu près. Sur ce pied-là, il nous en reste tout juste pour trois jours. Après, que deviendrons-nous? Qui veut voyager loin ménage sa monture. D'ailleurs, l'idée de ration évoque celle d'une égalité que la plupart appellent de tous leurs vœux. Si le rude Simon est le plus altéré de la troupe, c'est aussi celui qui ménage le moins ses forces à l'heure du travail, et personne ne songerait à lui reprocher ce qu'il absorbe ; mais, après lui, les plus terribles consommateurs sont précisément ceux qu'inutilise la paresse ou l'impuissance. Simon est le premier à réclamer la mesure égalitaire, qui doit être un gage de paix parmi nous : il y a de sourds murmures déjà autour des pièces à eau.

Je suis nommé sommelier d'un commun accord ; en vue de la responsabilité qui dès lors pèse sur moi, on convient que le meilleur insigne de ma charge doit être mon revolver chargé. — Personne ne doit, sans mon congé, approcher des barils, devant lesquels j'établis mon lit et mon petit bagage. — Chaque matin, au point du jour, je ferai la distribution. Nous avons dix bouteilles à champagne vides ; chacun en prend une et la marque : ce doit être la ration journalière. Pour qui n'aura suffisamment de sa part, la perspective est sombre. — Tout cela est réglé paisiblement, gravement, comme s'il s'agissait de mesures banales. L'homme s'identifie aisément avec toute réalité, et ne s'étonne que plus tard, à la longue, au ressouvenir de ses épreuves. Quoi de plus naturel, pour le moment, que de tuer un homme qui faiblira devant la souffrance au point de toucher au fruit défendu ?

C'est bien peu, sous un ciel embrasé, que cette bouteille d'eau tiède s'égouttant en vingt-quatre heures sur nos lèvres desséchées. Mais, à ce taux-là même, nous ne sommes approvisionnés que pour quinze jours. Ce laps de temps suffira-t-il pour achever le sauvetage, renflouer la barque, gagner le port le plus voisin ? — Question qui tient singulièrement du *to be or not*.

Ces considérations nous conduisent à d'autres non moins inquiétantes. La mer peut, cette nuit, demain, anéantir *la Belle* dans un moment de colère ; alors que ferons-nous ? Construire un radeau, traverser la baie ?

Mais la côte opposée n'est qu'un affreux désert, où nous pouvons errer plusieurs jours avant que le hasard nous conduise à un lieu habité. La sécheresse toujours croissante de cette région devait être d'autant plus grande à cette époque qu'il n'était pas tombé une goutte d'eau du ciel depuis plusieurs années. Aussi loin que le regard pût s'étendre sur cette côte sablonneuse et basse, près de laquelle nous avions été bénévolement chercher un second passage, et que nous désignions depuis sous le nom de *plateau de Spinks,* il ne découvrait qu'efflorescences salines, avec quelques rares échantillons d'une maigre végétation maritime. Tenter une excursion à pied dans ce pays sauvage, avec quelques livres de biscuit moisi et une bouteille d'eau, seule provision dont on pût se charger, équivalait à nos yeux à une condamnation à mort après torture extraordinaire : c'était la question par l'eau retournée.

Les chances de salut sont donc si aléatoires de ce côté, que nous cherchons à nous exagérer, si faire se peut, ces sombres perspectives, afin d'aiguillonner notre énergie et de concentrer sur *la Belle* tous nos efforts avec tout notre espoir. Nous contemplons avec une sorte d'effroi ces dunes blanches que le mirage nous montre suspendues entre ciel et terre à l'horizon de l'est. Aussi apportons-nous au travail une ardeur sans égale, que ne partagent pas toutefois messieurs Albert et Tom. Ce dernier, en dépit des menaces, passe la majeure partie du jour à dormir à l'écart ; l'autre, toujours ivre depuis que le cognac est à terre, fait effrontément valoir ses fonctions de cuisinier pour s'exempter de toute autre besogne. Le pauvre Bowen, trahi complétement par ses forces, n'en fait guère plus qu'eux malgré une bonne volonté qui ne se dément pas. Spinks abuse, comme Albert, du fil-en-quatre.

Dans la nuit du 9 au 10 le déchargement fut achevé.

La coque n'avait subi aucune avarie sérieuse, ce qui nous transporta de joie. Nous résolûmes aussitôt de ne prendre aucun repos que *la Belle* ne fût vidée, et nous nous y employâmes avec enthousiasme ; la pompe ne cessa de fonctionner, les marmites et vases de tous genres furent mis en réquisition. A l'aube, *la Belle* était à flot.

Spinks et Tommy s'y établirent. Le poêle est installé d'abord ; ils doivent entretenir du feu pour chasser l'humidité, tout en procédant aux réparations de détail. Simon et Perseval partent avec M. de Raousset pour explorer le rivage dans la direction du sud, dans l'espoir que le courant y aura jeté le gouvernail et le panneau, ou quelque épave qui puisse consoler de leur perte. La difficulté de trouver du bois propre à faire un gouvernail, et surtout de remplacer les ferrures, nous rend fort inquiets à ce sujet. Bowen va rejoindre à bord les marins américains, qui paraissent peu enclins au travail, Albert cuisine, Tom, le docteur et moi, nous occupons à nettoyer les carabines qui sont dans un triste état.

Les excentricités de Tom firent diversion à la monotonie de notre travail. A dix heures, sa bouteille étant vide, il vint avec le plus grand sang-froid me demander de l'eau ; c'eût été établir un fâcheux précédent, et je dus refuser. Après avoir rôdé sournoisement un instant autour du baril que je ne perdais pas de vue, il revint à la charge, pria, supplia et commença à larmoyer, ce dont je n'eus cure. Alors il organisa une petite comédie : il prit une de ses couvertures, s'arma d'un sabre-baïonnette, nous annonça qu'il allait nous quitter et gagner la terre ferme ; il ne demandait pour cela qu'une bouteille d'eau. La ruse était transparente et je n'y donnai point. Il se mit en marche ; à midi, il était de retour pour dîner.

Après le repas, décidé à suivre sa pointe, il songea à perfectionner la mise en scène du matin en lui donnant une teinte dramatique. Il roula avec soin quelques hardes et une petite quantité de biscuit dans sa couverture qu'il passa en sautoir sur son épaule, suspendit sa bouteille à son flanc, reprit son sabre et nous fit ses adieux avec des larmes dans l'œil et dans la voix. Il m'assura personnellement qu'il ne m'en voulait pas, et que, s'il succombait faute d'eau, il aurait soin de prier Dieu de me pardonner comme il me pardonnerait lui-même, etc. Je lui ris au nez et lui promis, s'il était sage, de lui donner quelques gouttes de ma ration à souper. Il s'éloigna sans répondre. Simon et Perseval, en revenant de leur excursion, le soir, le trouvèrent endormi dans le creux d'un rocher, à un mille du camp. Ils le réveillèrent un peu brusquement et le remirent dans la bonne voie. A souper, je partageai mes dernières gouttes avec lui, bien qu'il ne l'eût pas mérité.

Nos marins rapportaient le panneau, mais point le gouvernail; il fallait en faire un, et le cas était grave. M. de Raousset assura qu'au marécage où il allait chasser se trouvaient des arbustes rabougris assez forts pour qu'on pût en tirer parti.

Bowen apportait de son côté de désagréables nouvelles : les Américains ne voulaient point travailler; disposés à nous quitter à la première occasion, ils croyaient avoir assez fait pour nous en nous aidant à renflouer *la Belle*. Après une explosion de murmures et de menaces, on dut se calmer; le concours de ces hommes nous était indispensable, chacun le sentait ainsi, et Bowen fut chargé d'user de son influence pour les retenir. On prit l'engagement solennel de reconnaître désormais à Spinks l'autorité qu'il réclamait à tort ou à raison. Cette concession arracha des larmes à l'amour-propre de Perseval.

Nous nous couchons avec la douce espérance de dormir enfin la grasse nuit, mais le sort en décide autrement. Un vent violent se lève et l'inquiétude nous tient éveillés.

La mer grossit, *la Belle* chasse et vient talonner sur la plage. Chaque coup qu'elle donne nous cause un saisissement douloureux. Spinks et Tommy étaient à bord et ne bougeaient. En vain nous les hélons, les mugissements de la tempête engloutissent nos faibles voix. L'idée que ces hommes ont pu se sauver avec le canot et passer sur le continent, naît, se propage, nous préoccupe et finit par nous absorber. Nous errons jusqu'au jour sur la plage comme des âmes en peine, en attendant un malheur que nous n'aurions pu éviter et qui n'arriva pas.

L'aurore dissipa une partie de nos soucis : le canot était amarré à l'arrière de *la Belle,* que le reflux ne tarda pas à éloigner du rivage. Tommy vint à terre pour la ration et dut essuyer une avalanche de reproches qui parurent l'étonner fort ; il jura ses grands dieux qu'il ne s'était aperçu de rien, et Tommy n'était pas menteur, mais il avait le sommeil dur certainement. Bowen retourna à bord avec lui afin de sermonner Spinks, et chacun reprit ses occupations. Les marins français partirent pour le marais avec des outils ; M. de Raousset les accompagna pour chasser comme à l'ordinaire. Sa carabine nous entretenait d'oiseaux de mer ; ce supplément de victuailles nous permettait de réserver pour l'avenir notre provision de porc salé. La baie est très-poissonneuse et la pêche eût pu fournir amplement à notre alimentation sans la perte que nous fîmes, je ne sais comme et je ne sais quand, de notre sac d'hameçons. Nous n'aperçûmes pas une seule chélonnée sur cette partie de l'île, bien qu'il soit avéré qu'il y en ait dans la baie.

Les oiseaux de mer étaient donc les bienvenus ; après tout, c'était de la viande fraîche. Leur chair, noire et coriace, a, il est vrai, une saveur huileuse et une odeur de poisson très-prononcée, mais, à cheval donné on ne regarde pas la bouche, et nous y avions pris goût. Avec leurs membres dépecés, du biscuit avarié, un peu de porc, des huîtres, du beurre et de l'eau de mer, on faisait des ragoûts dont je ne veux point me donner le genre de médire maintenant, puisqu'il est certain que je les trouvais délicieux alors. Nous consommions notre biscuit mouillé le premier; son aspect moussu et son goût de moisi nous répugnant, on le faisait frire dans du beurre avant de le manger. Un mot en passant sur notre beurre qui, deux fois par vingt-quatre heures, régulièrement, se transformait du tout, se liquéfiant aux ardeurs de midi, se coagulant de nouveau à l'air vif de la nuit; je suppose qu'il devait être rance.

Tel était notre ordinaire. Nous avions du café, mais l'installation des rations nous enleva ce raffinement qui consommait trop d'eau douce. Quant au sucre, inutile de dire que nous n'avions retiré du navire que le sac où il avait été enfermé.

La barque talonna quelque peu dans la journée. On tint conseil le soir à ce sujet, et Simon proposa de la conduire dans l'anse du nord, où elle serait parfaitement en sûreté et où nous pourrions d'ailleurs l'abattre en carène, ce qui était impraticable à l'endroit où nous nous trouvions. Tout cela était juste, mais l'entreprise présentait de graves difficultés. Le courant contraire était tellement violent à la pointe qu'on ne pouvait songer à le vaincre avec les avirons seulement; sans lest et sans gouvernail, *la Belle* ne pouvait porter de la toile; il ne nous restait donc qu'une ressource, celle de la haler. Or, cette opération ardue nous présageait un surcroît de travail effrayant devant lequel nous reculâmes. Ce n'était pas un jeu d'enfant, en effet, que de transporter tout le matériel en face du nouveau mouillage, sur nos épaules; et cependant il n'y avait pas moyen de faire différemment une fois la barque là-bas, car il était inutile de songer à se servir du youyou.

La nuit fut calme, mais l'inquiétude ne nous permit de dormir que d'un œil.

Perseval fut pris de vomissements, de faiblesses et de frissons dans la matinée du lendemain et Simon retourna seul au marais avec M. de Raousset. Vers midi le navire chasse de nouveau et vient talonner rudement. Spinks est complétement ivre, Tommy lui-même ne paraît pas à jeun, ni l'un ni l'autre ne s'inquiète de ce qui se passe. L'imminence du danger fait trouver à Perseval une énergie que soutient un sentiment d'émulation et, aussi, d'amour-propre froissé. En face de la nécessité de changer de mouillage, il ne pouvait se dissimuler que son entêtement, cause du naufrage, le rendait responsable de toutes les conséquences qui en découlaient ; il sentait que tout le monde rejetait sur lui, sans le lui dire, cette responsabilité, et comprenait qu'il devait payer de sa personne. Dans la circonstance, il ne s'agissait que de rappeler le navire à la mer au moyen d'une ancre de touée, et de remplacer celle qui nous manquait par un sac de pierres, ainsi que cela se pratique en pareil cas. Nous en confectionnons un à la hâte avec une forte couverture, nous le chargeons, non sans peine, dans le canot qui semble prêt à sombrer sous le poids, et Perseval s'éloigne. Au moment de lancer à l'eau la lourde masse, ses forces lui font défaut, il perd l'équilibre, le canot chavire à une demi-encablure au large environ. Affaibli par la fatigue et l'indisposition, lourdement vêtu, chaussé de grosses bottes, préoccupé enfin de la crainte des requins, il a quelque peine à regagner la rive. — Messieurs les requins enlevaient habituellement tout le charme des bains que nous prenions plusieurs fois par jour pour calmer les ardeurs de la soif. — Nous jugeons le canot perdu, et c'est un grand deuil ; le courant le drosse rapidement vers le sud, mais au bout d'une heure il vient échouer sur la plage à une couple de milles au-dessous du mouillage. Il nous faut aller le chercher et le transporter à bras.

Cependant, *la Belle* s'était louée sur le sac et le stratagème faisait merveille en apparence ; mais il était écrit sans doute qu'il devait toujours y avoir quelque chose qui allât de biais chez nous : Bowen nous annonça en soupant que les deux matelots n'étaient rien moins que décidés à demeurer avec nous.

Ici doit se placer une de ces scènes terribles que j'ai si souvent esquissées, et qui, depuis que nous étions sur l'île, portaient une empreinte de férocité sauvage. Les caractères ne s'étaient point adoucis au régime que nous suivions, et, quand on parlait maintenant de se défaire d'un homme, on comprenait que ce n'étaient plus des mots jetés en l'air au hasard de la colère. Ces scènes devenaient de plus en plus fréquentes ; c'était tantôt la gourmandise de celui-ci, tantôt la paresse de celui-là qui en donnaient le motif. M. de Raousset avait seul faculté pour les prévenir, mais s'il n'avait pas su le faire avant le naufrage, depuis, il ne l'aurait pas pu alors même qu'il l'eût voulu. Des plaintes aigres s'élevaient contre lui-même ; on l'accusait de ne jamais faire œuvre plébéienne de ses dix doigts au mépris des exigences de notre position, croyant avoir assez fait pour la communauté quand il avait chassé tout le jour, à l'affût peut-être. La plupart des naufragés eussent préféré qu'il allât moins souvent à la chasse ou que chacun y allât à son tour, ce qui eût été plus raisonnable, car ce gibier nous était précieux.

Peut-être avait-il conscience de ce mécontentement, car jamais il ne s'arrogea le droit de faire directement des remontrances qui devaient venir de lui cependant, mais qu'il redoutait de voir mal accueillir. Il est certain que pendant notre séjour à Sainte-Marguerite, la bonne harmonie eût pu être plus complète si M. de Raousset avait su conserver plus d'autorité; mais ses irrésolutions pendant le voyage, irrésolutions qui nous avaient peut-être été fatales, sa conduite au moment du naufrage, et jusqu'à ses absences journalières pendant lesquelles on s'habituait à se passer de chef, lui avaient momentanément enlevé tout ascendant. On peut dire qu'il s'effaça complétement pendant les premiers jours, et ne reprit un peu la main qu'à partir du moment où la fatigue eut si bien dompté tout le monde autour de lui qu'il se trouva naturellement le plus dispos. D'ailleurs à ce moment-là il n'allait plus chasser, et sa présence et son concours au travail exerçaient toujours une certaine influence.

Cette scène se termina heureusement comme les précédentes par un retour au bon sens, et l'on en vint à discuter froidement la communication de Bowen. Nous avions besoin des Américains, c'était un fait acquis; Tommy, faible et bon, était sous l'influence de Spinks; Spinks, lui, était évidemment sous l'influence de l'alcool : le baril de cognac apparut à l'horizon comme le bouc émissaire de la crise actuelle. Ce n'était pas sans raison qu'on lui attribuait une grande part dans les embarras du moment, l'ivresse ayant été l'état normal d'Albert et de Spinks depuis quelques jours — circonstance dont Bowen ne s'était pas rendu compte, en dépit de ses lunettes d'or. — Tommy lui-même était suspecté d'avoir fait trêve à sa sobriété habituelle. Que faire cependant du baril de cognac? Quelqu'un parla de le mettre, avec l'eau, sous la garde du sommelier. Sur cette motion, je commençai, comme on le pense, à chauvir de l'oreille; heureusement pour moi, Simon émit énergiquement l'idée de le défoncer afin qu'il n'en fût plus question. Bien que l'usage modéré que la plupart d'entre nous faisaient de cette liqueur en la mélangeant à l'eau fût salutaire et agréable, la proposition parut sensée, et d'un vote unanime, séance tenante, nous nous condamnâmes à la tempérance. Les

Américains, qui étaient à terre, ne furent point consultés, il est vrai, non plus qu'Albert.

La sentence fut immédiatement exécutée, et le sable du rivage eût bientôt englouti la malencontreuse liqueur. Nous redoutions de l'opposition de la part des buveurs; il n'en fut rien, mais cette appréhension fit de l'événement un véritable coup de théâtre qui absorba entièrement notre attention. Tout à coup une bruyant exclamation de Simon nous fit lever la tête, et, du baril épuisé, nos regards se portèrent instinctivement vers *la Belle*, objet de nos constantes préoccupations. C'était bien elle qui avait motivé ce cri de surprise auquel nous répondîmes en nous élançant vers la plage. La barque, drossée par le courant, dérivait rapidement dans la direction du sud. Il n'y avait plus à hésiter, la résolution de la haler dans l'autre anse fut prise sur-le-champ.

Spinks, Tommy et Perseval sautent dans le canot et nous les suivons en longeant la plage ; ils emportent une longue amarre dont nous conservons une extrémité. La fugitive n'est rattrapée qu'à un mille environ au-dessous de son mouillage ; le sac de pierres s'était effondré. L'amarre frappée à la tête du mât de misaine, nous nous y attelons ; les trois hommes qui sont à bord maintiennent le navire dans une direction parallèle à la rive avec les avirons.

Il était huit heures ; nous ne nous arrêtâmes qu'à minuit exténués, haletants, ruisselants de sueur. Le courant qui rasait la pointe basse nous avait tenus là en échec un moment ; quatre d'entre nous seulement, il est vrai, faisaient des efforts efficaces ; les noms des trois autres se devinent.

La soif nous dévorait ; mais une soif torride dont les ardeurs de la fièvre peuvent à peine donner une idée. Quand la langue gonflée froisse douloureusement les parois de la bouche desséchée, quand la poitrine s'embrase et que le délire gagne le cerveau, alors on comprend combien la mort pure et simple est peu de chose auprès de la douleur. A chaque instant un de nous, se détachant de la grappe, allait humecter d'eau salée ses lèvres qu'une bave sèche et tenace collait ensemble. Le rude Simon avait les larmes aux yeux; maigre et nerveux, faible de poitrine peut-être, prodigue de ses forces et grand buveur en tout temps, il souffrait évidemment plus qu'aucun de nous.

Au reste, nous en étions à un degré d'épuisement où la soif est chronique et notre ration n'y remédiait plus. Tom n'était pas le seul à cette époque dont la bouteille fût vide à midi, et plus d'un homme fort et raisonnable attendait l'œil humide, à l'heure du souper, qu'un voisin prévoyant voulût bien lui faire l'aumône de quelques gouttes. Instruit par une expérience péniblement acquise en Californie, je m'étais fait une loi de me priver le jour durant, afin qu'il me restât, au moment de me coucher le soir, une provision suffisante pour me désaltérer à peu près; sans cette précaution, la nuit s'écoulait pour moi dans un état de fièvre et d'insomnie intolérable. Cela me permettait, en outre, de faire quelques largesses. Quand les tourments devenaient trop violents dans la journée, un bain court et quelques huîtres fraîches y apportaient un allégement momentané.

Nous nous octroyons ce soir-là une demi-ration supplémentaire, concession indispensable. Bowen va coucher à bord avec les matelots dont nous nous méfions; les autres reviennent au camp, et, pour la première fois depuis que nous sommes sur cette plage maudite, nous goûtons sans interruption les douceurs du sommeil et faisons nuit complète.

CHAPITRE VII.

Déménagement. — Le chant des tourterelles. — Orgie. — La rivière de Simon. — Un puits dans le désert. — Fatigue et découragement. — Tom court de grands dangers. — Aspect général de l'île. — Départ.

13 *juin*. — Nous n'avons qu'à nous féliciter de notre double besogne de la veille. *La Belle* ne craint plus rien de vents ni de marées; les buveurs dégrisés se montrent de la meilleure humeur. Spinks et Tommy abattent la barque en carène sur une plage unie pour en inspecter les fonds et les radouber. Simon et Perseval s'occupent du gouvernail; ils en assemblent les pièces à l'aide des cercles de fer d'un de nos barils vides. La ferrure seule les embarrasse. Les aiguillots, qui, fixés au gouvernail, s'emboîtent comme des gonds dans les œils ou femelots de l'étambot, nous font défaut et il est impossible d'en forger d'autres. Le hasard nous fait rencontrer sur le rivage un clou énorme, qui provient de notre coffre de charpentier et que l'on croyait perdu; chauffé et recourbé, il fera l'office de l'aiguillot inférieur; un amarrage en filin remplacera l'autre. Nous espérons que cela nous conduira jusqu'à Guaymas.

Pendant que les marins étaient ainsi occupés, nous avions commencé le déménagement du matériel. Bowen se chargea de ce qui lui appartenait, et c'était tout ce que nous pouvions exiger de lui. Albert se borna au transport des vivres et ustensiles culinaires. M. de Raousset étant à la chasse, le travail retombait sur le docteur et sur moi. Je ne parle pas de Tom, qui continuait à faire l'école buissonnière et amoncelait des orages sur sa tête. Ses compatriotes se montraient les plus irrités contre lui et proposèrent, en fin de compte, de ne lui donner à manger désormais qu'en récompense de son travail. Cette motion ayant été adoptée d'urgence le 14, signification en fut faite au délinquant dès le matin : il ne devait désormais faire qu'un repas, le souper, et encore à la condition *sine quâ non* de l'avoir gagné. Le procédé fit merveille. Tom se conduisit vaillamment durant la première partie du jour. Midi arrive, on sert le dîner; il réclame avec instance la faveur d'y participer et fait pour l'avenir les plus belles promesses, corroborées des plus énergiques serments. Nous eûmes la faiblesse de les prendre pour argent comptant. Il s'empiffra magistralement, en homme qui ne doit pas souper, et disparut après.

Nous trouvons commode, le docteur et moi, de réunir nos efforts. Quatre fusils forment une civière sur laquelle nous transportons la poudre, les armes, nos effets et une foule d'objets de menu volume. Les broussailles, qui embarrassent le plateau, nous obligent à suivre la plage, chemin long et fatigant. Le gravier mouvant s'enfonce sous nos pas; les débris tranchants des coquilles coupent bientôt le cuir de nos bottes, déjà usées par les rochers, brûlées par l'action alternée du soleil et de l'eau salée ; elles se remplissent de ce gravier, qui blesse nos pieds et entrave notre marche, déjà alourdie par la fatigue. Notre admiration pour les beaux coquillages s'est singulièrement refroidie, et nous pensons pour le moment que le moindre sentier battu ferait bien mieux notre affaire. De l'ancien camp au nouveau, établi à l'embouchure même de la rivière, la distance est d'un mille environ ; chaque voyage nous coûte plus d'une heure, encore ne nous chargeons-nous que modérément.

Le soir, nous allons chercher tous ensemble les objets les plus lourds, la voilure, les barils; nous les portons à quatre en nous relayant, suspendus à des avirons, comme le baudet de la fable. Le 13 et le 14 furent ainsi employés.

Le soir de cette dernière journée, le radoubage étant terminé et le gouvernail installé, *la Belle* fut définitivement renflouée. Le lendemain devait être consacré au gréement de la mâture et à la fin du déménagement, le surlendemain à l'arrimage à bord.

Ce même soir aussi le baril d'eau en perce rendit le dernier soupir; il ne nous restait plus que dix jours de ration pour gagner le port le plus voisin. Il n'y avait pas de temps à perdre. Après souper, Simon, qui s'était éloigné, revint en assurant d'un ton animé qu'il avait entendu roucouler des tourterelles dans la montagne. Là où il y a des tourterelles, la nuit, il doit y avoir de l'eau; Simon proposa à M. de Raousset de faire ensemble une nouvelle battue le lendemain.

Jamais mythe ne fut accueilli avec plus de ferveur que celui de ces tourterelles; c'était une baie cependant. M. de Raousset, en remontant le matin le lit de la rivière, plus avant qu'il n'était encore allé, avait rencontré un bouquet de joncs verts et vigoureux, présage d'humidité. Il me fit part de ses conjectures, et nous mîmes dans la confidence le plus altéré et le plus énergique de nos compagnons, Simon. En creusant au pied des joncs, on devait trouver de l'eau; mais il s'agissait d'amener chacun à voter ce travail supplémentaire, basé sur une hypothèse : là était l'enclouure. La proposition, faite à brûle-pourpoint, eût été accueillie par un refus péremptoire; il fallait ruser : d'où les tourterelles et ce qui s'ensuivit.

Nos explorateurs s'éloignèrent au point du jour, emportant une pioche, une pelle et leur ration. A midi, ils étaient de retour. Ils nous abordent avec des cris de triomphe et nous montrent leurs bouteilles pleines encore, mais d'un liquide couleur d'opale, exhalant une odeur d'œufs pourris très-accentuée. Tel quel, ce n'en était pas moins de l'eau, et de l'eau douce; il y avait moyen d'en avoir à discrétion, avec beaucoup de peine, il est vrai, mais qu'importe! on ne songe pas à la peine! J'abdiquai mes fonctions de sommelier et me ruai comme les autres sur le dernier tonneau, qui, de la première accolade, demeura vide à moitié, de plein qu'il était. Il ne fut plus question que de boire. Les plus altérés se hâtèrent de dîner et partirent, sous la conduite de Simon, pour la montagne, d'où ils ne revinrent que le soir. En dépit des recommandations du docteur, qui ne cessait de prédire les plus fâcheux résultats d'un excès pareil, la quantité d'eau bue ce jour-là fut estimée à douze litres par homme, et je crois l'estimation atténuée.

L'orgie finie, on parla raison. Nous avions brûlé nos vaisseaux; le baril était presque à sec, il fallait nous approvisionner. Le puits creusé par Simon et M. de Raousset était à cinq ou six milles dans l'intérieur, le chemin, de l'avis de tous, infernal. Nous convînmes néanmoins de remplir quatre barils.

Nous partons en caravane, le lendemain matin, au nombre de huit, emportant des outils pour agrandir le trou, les marmites pour puiser l'eau, deux pièces vides suspendues aux avirons. Bowen demeure au camp avec le docteur qui est indisposé; ils se chargent de la cuisine. Nous suivons le lit de la rivière, à laquelle nous donnons le nom de rivière de *Simon*. La baie où nous avons échoué porte depuis longtemps le nom de baie de *Raousset-Boulbon;* la pointe basse celui de pointe de *la Belle*.

J'ai déjà dit qu'à l'entrée du ravin le fond était plat et sablonneux; le parcours en était aisé. Nous marchâmes quelque temps entre deux rives escarpées, ayant un écartement moyen de vingt à trente mètres; il régnait une chaleur étouffante dans ce col sinueux où nulle brise ne venait tempérer les ardeurs concentrées du soleil. Ce n'était pas le seul désagrément du lieu : les cactus que nous frôlions laissaient de longues épines plantées, à notre grand ennui, dans le cuir de nos bottes ou l'étoffe de nos pantalons. L'horizon s'élargit bientôt et le lit du ruisseau en même temps; le paysage prend un aspect de désordre grandiose et désolant à la fois. Il est évident qu'à une époque peu reculée, qui peut-être ne remonte pas au delà de la dernière saison pluvieuse, des masses d'eau redoutables ont dû rouler sur ces roches polies et nettoyées par un furieux lavage. Nous traversons un plateau de grès tourmenté comme une mer pétrifiée, où le travail des eaux n'a pas laissé un angle, puis un plateau d'une roche stratifiée diagonalement, présentant une série d'arêtes vives, semblables à de petites lames chassées par le vent. Ici nous errons sur des galets entre d'énormes blocs détachés à cassures récentes; plus loin le canal se resserre entre deux falaises à pic. Çà et là des crevasses à franchir ou à tourner, des pentes à gravir, indiquant des chutes ou des rapides.

Après une demi-heure d'une marche ascensionnelle, nous fîmes halte, au tiers du chemin environ, dans un petit bassin circulaire très-encaissé. Le fond était de sable; au milieu s'élevait ce même bouquet de joncs qui avait inspiré primitivement à M. de Raousset l'idée de trouver de l'eau. Bien qu'ils mesurassent de quatre à cinq mètres, ils étaient moins hauts, moins touffus et moins verts que ceux au pied desquels Simon et lui avaient creusé. A partir de ce point la route devient plus mauvaise, et quelqu'un propose de sonder là; la tentative présente, il est vrai, plus de difficultés à cause du sable, mais les probabilités de succès sont les mêmes, et la différence du trajet à faire avec les barils pleins sera une compensation. On se mit à l'œuvre.

La besogne était rude, surtout pour des hommes aussi éprouvés déjà. Les travailleurs se relayaient de quart en quart d'heure; les autres se couchaient haletants sur le sable. La scène ne manquait pas de caractère. Au fond de ce trou calciné, sous des torrents de lumière que découpait à l'emporte-pièce l'ombre des joncs ou celle de roches menaçantes festonnées de plantes grasses, nos haillons, nos longs cheveux, nos barbes incultes, nos visages amaigris, bronzés par le soleil et vernis par la sueur, jetaient ce cachet de sauvagerie que Salvator Rosa a saisi et préféré.

Quand vint le tour de Tom de prendre la pioche, on s'aperçut qu'il était absent, et il fut très-sérieusement question de se défaire de lui.

A midi, la nécessité d'aller chercher le dîner des travailleurs me ramène au camp. Chemin faisant, je rencontre Bowen; il ne se hasarde dans le désert qu'avec une bouteille d'eau de chaque main, et me demande quelques instructions sur la route à suivre. J'arrive à la plage. Tom est assis à l'ombre et se plaint d'être malade; il demeure sourd aux exhortations paternelles du docteur, qui lui présente une vaste gamelle en fer-blanc contenant le dîner de la bande. Je lui fais part, à mon tour, des motions inquiétantes qui ont été faites à son égard; ceci paraît faire impression sur lui, et il se décide à obéir.

Je dîne avec le docteur et me remets en route; mais arrivé à l'endroit où j'ai laissé mes compagnons, je trouve la place vide; ils se sont rebutés de fouiller dans ce sable mouvant. Le trou a la forme d'un entonnoir au fond duquel il semble qu'un fourmi-lion monstrueux soit tapis, attendant sa proie. Je poursuis ma route et perds la piste dans un endroit très-découvert, sorte de carrefour où viennent aboutir plusieurs ravines qui sillonnent un vaste plateau. Je ne sais lequel de ces chemins est le bon, et c'est en vain que je cherche sur le sol pierreux la trace des pas de ceux qui m'ont précédé; les fureurs de l'eau n'ont pas laissé un grain de sable ici. Cependant, après quelques instants d'une perquisition minutieuse, j'aperçois l'empreinte d'un pied, et bientôt j'ai la satisfaction de voir briller un point rouge sur le revers de la montagne d'où descend le ruisseau dans le lit duquel je me suis engagé : c'est la chemise de laine d'un de nos hommes, et je suis dans la bonne voie.

Je monte, j'approche. Les sinuosités de la route et la hauteur des parois me dérobent le but. Enfin, au détour d'un rocher, je vois distinctement, à quelques mètres au-dessus de moi, l'homme à la chemise rouge. Quelle désillusion! Je m'assis à terre pour rire à mon aise en m'essuyant le front.

Le personnage en question était seul. Parvenu à la limite de l'accessible sur le flanc abrupt de la montagne, il paraissait chercher une issue impossible, palpant délicatement l'obstacle qui l'arrêtait, avec la calme obstination de l'aveugle ou la machinale persistance de l'aliéné. C'était Bowen, égaré lui aussi, mais ayant complètement perdu la carte, et toujours impassible, malgré son ahurissement.

J'ignore combien de temps encore il serait resté là si je ne l'avais appelé, et je n'oublierai de ma vie l'expression de surprise profonde avec laquelle il me contempla alors au travers de ses lunettes d'or. Il ne parut pas me remettre d'abord puis, tout à coup, une interjection aussi énergique qu'hétérodoxe me prouva qu'il revenait à lui. « Je suis égaré, me cria-t-il. — Je le vois bien. — Je vous serai même obligé de venir me chercher jusqu'ici ; je ne sais si je suis ensorcelé, mais il est certain que je ne vois pas moyen d'en sortir. »

Je rompis le charme et l'aidai à descendre de son perchoir. « A propos, reprit-il en s'étendant épuisé à l'ombre d'un rocher, je meurs de soif, n'avez-vous pas rencontré mes deux bouteilles? — Nullement. Auraient-elles donc pris un autre chemin que vous? — Oh! non, répliqua-t-il en riant franchement au souvenir de sa mésaventure; mais je les ai déposées quelque part, non loin d'ici, je ne sais plus où, avant de me hasarder plus haut. »

Les bouteilles retrouvées, non sans peine, car il avait eu la précaution de les bien cacher, nous en vidâmes une et je me donnai la satisfaction de la laisser dans ce lieu désert, huchée dans une anfractuosité du roc comme un saint dans sa niche, pour le plus grand ébahissement du prochain malheureux que sa mauvaise étoile conduira là.

Du point élevé où j'avais trouvé notre ami, il m'avait été facile de reconnaître le parcours exact de la rivière de *Simon*, dont le canal encaissé était fort large, du reste, et je ne m'expliquais pas comment j'avais pu le laisser de côté pour une ravine étroite.

Je voulus en avoir le cœur net en arrivant au carrefour. Là je vis que le lit de la rivière était coupé par une haute muraille de grès, qui devait former une chute magnifique, et devant laquelle j'avais passé sans songer seulement à en étudier les abords. Une fissure de peu de largeur, sans issue apparente, la divisait de haut en bas, et j'avais négligé de l'explorer. Je jugeai cette fois que ce devait être la seule voie par laquelle nos compagnons avaient dû franchir l'obstacle. Je ne me trompais pas; c'était un boyau tortueux, au delà duquel je retrouvai, sur le sable, la marque de leurs pas. — Le jour étant sur son déclin, nous revînmes directement au camp, où nous ne précédâmes les travailleurs que de quelques minutes. Ils étaient silencieux, maussades, exténués. A l'excès du travail était venue se joindre, depuis le matin, une nouvelle cause d'épuisement: nous étions tous atteints d'une affection gastrique, due à la nature de l'eau nouvelle aussi bien qu'à l'abus que nous en faisions, et que le docteur appréhendait de voir dégénérer en dyssenterie. La dyssenterie échéant, nos comptes étaient réglés. Nous regrettions vivement alors l'eau-de-vie sacrifiée.

Les hommes ne rapportent qu'un baril et paraissent très-peu enclins à aller chercher l'autre ; c'est une ingrate et pénible tâche que de transporter ces barils pleins par d'aussi affreux sentiers. On parle d'achever le chargement en toute hâte le jour suivant, et de partir ensuite. Après souper, on revient sur cette détermination, prise sous l'influence démoralisante de la fatigue, et le programme suivant est arrêté pour le lendemain.

— Bowen se charge de la cuisine. Le docteur et moi, nous achèverons le déménagement. Les autres iront chercher le deuxième baril. Le soir on procédera à l'arrimage ; le surlendemain on mettra à la voile. Nous commencions tous à prendre en horreur cette plage désolée, et nous aspirions au moment de la quitter.

La mauvaise humeur générale, cherchant un déversoir, retomba d'aplomb sur Tom qui fut condamné, pour la seconde fois, à ne recevoir à manger qu'en échange de son travail. Il se prit à geindre et nous fit l'aveu d'un mal secret, qui s'était déclaré, dit-il, depuis notre départ de San-Francisco, empirait faute de soins et usait graduellement ses forces. Cela nous arriva avec tant de naturel que nous y fûmes pipés, ma foi, et que, saisis de pitié, nous devînmes aussi affectueux envers lui que nous pensions avoir été cruels. On le blâma d'avoir tant tardé à se plaindre et, comme il faisait nuit, le docteur lui promit ses soins pour le lendemain.

Il fit jour le lendemain, et nous apprîmes que Tom nous avait conté une maîtresse bourde. Cette nouvelle faillit lui coûter cher ; il s'en tira encore heureusement à l'aide de promesses et partit avec les autres. Nous reprîmes, le docteur et moi, notre travail de déménagement. Chacun de nos voyages ne durait pas moins de deux heures maintenant, encore nous chargions-nous moins ; mais, le bénéfice de nature nous enlevant celui de la surexcitation nerveuse qui nous avait soutenus jusque-là, il ne nous restait plus que l'énergie morale. En dépit d'elle, il fallait faire halte toutes les cinq minutes, déposer notre civière et attendre, les yeux fermés, la fin d'un étourdissement. J'avais renoncé à m'asseoir, ayant constaté que je n'avais plus le courage, c'est-à-dire la force, de me relever.

Une fureur bien naturelle s'empara de nous quand, en arrivant au camp, vers onze heures, attelés à notre brancard, nous trouvâmes Tom nonchalamment étendu à l'ombre, non loin du foyer où se préparait le dîner. Le docteur et Bowen, ayant épuisé avec lui les moyens de persuasion, étaient disposés à l'abandonner à lui-même, de peur d'être entraînés par la logique des choses au rôle de justiciers. Ne me sentant pas capable de m'élever à ce degré de vertu, je m'approchai de lui à mon tour et lui déclarai en deux mots que, si je le retrouvais là à mon prochain voyage, il le payerait cher. « Je suis malade, » me répondit-il d'un ton bourru. Tom était frais et rose, et n'ayant eu d'autre occupation que de manger, boire et dormir depuis notre naufrage, il avait moins qu'aucun de nous droit de crier fatigue et de se reposer. « Vous êtes prévenu, lui dis-je, faites-en votre affaire. — Le dîner va être prêt, interrompit Bowen ; il ira le porter aux hommes. »

Du plus loin qu'il était possible de distinguer les objets au retour, nous aperçûmes Bowen gesticulant avec chaleur en face de Tom toujours étendu à la même place. J'avoue qu'il me passa alors de féroces inspirations. Tuer Tom purement et simplement me paraissait ridiculement insuffisant. Après avoir fouillé de mémoire le répertoire des tortures de la très-sainte Inquisition, je m'arrêtai à l'idée d'épousseter le délinquant avec la pesante baguette de fer de ma carabine, jusqu'à ce que mort s'ensuivît. Le docteur nourrissant de son côté des pensées analogues, nous trouvâmes dans notre indignation la force de doubler le pas et de gagner le camp tout d'une traite. Là, en face de l'exécution projetée, je découvris bien vite qu'elle dépassait du tout la mesure de mes forces, et, faisant bon marché de mes prétentions au raffinement, je saisis simplement mon revolver, l'armai et marchai sur Tom. Il blêmit à cette vue, se leva d'un bond électrique, prit les gamelles et s'éloigna, roide comme Loth au sortir de Gomorrhe. Il fit bien, et je lui en sais gré aujourd'hui.

Le soir ramena les gens de l'aiguade avec le deuxième baril. Cette fois, à bout d'énergie, ils déclarent, en se laissant tomber sur le sable, que rien ne les décidera à retourner là-bas. M. de Raousset avait résolu d'emporter quatre pièces d'eau, ce qui était prudent; il parut se conformer néanmoins au vœu général, mais, quand le souper eut rendu quelque prise au courage et à la raison, il éleva la voix comme la veille et proposa le compromis suivant. — Quatre hommes de bonne volonté retourneront le lendemain à l'aiguade, emportant deux barils vides qu'ils déposeront en deçà de la roche percée, c'est-à-dire à l'endroit où la route cesse d'être praticable. Armés des marmites, ils iront puiser l'eau et viendront emplir les pièces, que l'équipage entier ira chercher après souper. Les marins procéderont à l'arrimage durant le jour; nous serons prêts à partir le soir même. — Cet avis fut goûté. Je m'inscrivis le premier pour la corvée de l'eau; Simon m'imita. On nous adjoignit d'office MM. Albert et Tom.

Nous partons au lever du soleil, le 18. Je ne connaissais pas la route au delà du rocher percé, elle est affreuse: nous ne montons plus, nous grimpons. Je m'explique comment il a fallu les trois quarts d'une journée pour rapporter un baril plein, quand une heure et demie, deux heures au plus, suffisent pour aller au puits. — Nous n'avons que quatre vases à puiser de l'eau, et chacun de nous trouve plus commode d'en porter deux à la fois qu'un seul : c'est un fait d'expérience banal. Nous nous divisons en deux escouades, disposition qui nous assure une alternative de repos indispensable et une grande économie de temps. J'ai Tom pour partenaire ; la courte-paille donne à nos deux compagnons la première corvée. Ils partent, et je me mets à examiner le pays.

Le point où nous nous trouvons est culminant, c'est le sommet de l'arête principale de l'île ; quelques mamelons de rochers et le piton de Santa-Margarita le dominent seuls. Le lit du torrent, réduit ici aux dimensions d'un ruisseau, a fort peu de creux et une pente insensible. Sa source n'est peut-être pas éloignée, et peut-être aussi y eussions-nous trouvé l'eau à fleur de terre, mais, à quelque cent mètres au delà du puits, un fourré d'herbes sèches obstrue le canal, dont les bords tourmentés sont impraticables. Je gravis un mamelon pierreux ; de son sommet ma vue embrasse un horizon vaste mais navrant. Le torrent est le seul défilé accessible à l'homme. Autour, ce ne sont que revers abrupts, roches pelées, mornes festonnées de plantes bizarres et de feuillages jaunis qui jettent au vent des bruissements funèbres. Ravins, gorges, vallons, sont autant de crevasses et d'abîmes ; ainsi doit être l'Arabie pétrée. C'est le chaos, ou plutôt un squelette dont les ossements gigantesques soutiennent encore, comme une ironie macabre, les débris fanés des parures de ses jours éteints. Nul bruit de vie ne m'arrache à de vagues idées d'anéantissement, et mon cœur se serre. La vue de cette nature momifiée par la sécheresse fait naître cette pénible impression du sein de la femme, quand, flétri par le temps, il ne recèle plus la vie des trois âges : le lait pour l'enfant, l'amour pour l'homme, la souvenance pour le vieillard.

Las de cette contemplation douloureuse, je ramène mon regard ivre de lumière vers le bouquet de joncs qui abrite la source. Leur teinte d'émeraude me sourit : c'est comme une parcelle d'oasis restée debout au milieu des ruines d'un désert; ils se balancent au moindre frissonnement de l'air en secouant leur verte chevelure, et semblent, dans leurs ondulations lentes et gracieuses, me faire fête et me convier à leur fraîche hospitalité. La vie m'attire et, tapi sous leur couvert, je m'endors bientôt à leur doux murmure, sur la margelle du puits, sans crainte d'être éveillé par la fortune.

Mon repos fut interrompu par l'arrivée de Simon et d'Albert; leur expédition avait duré près de deux heures. Où est Tom? — Qu'en savais-je? Nous nous égosillons à l'appeler, nous battons les environs : maître Tom avait fait Gille. Simon repartit avec moi, Albert après lui, puis vint mon tour de repos; ainsi de suite. Ce n'était pas une faible tâche que de marcher avec deux vases, pleins d'une eau précieuse, dans ces sentiers où il fallait choisir la place de son pied. Le soleil du cancer dardant ses rayons dans le ravin en faisait une fournaise, les haltes se multipliaient; exténués et toujours altérés, nous n'apaisions les ardeurs de la soif qu'au prix d'une autre souffrance qui nous usait de plus en plus. Et pourtant il fallait boire.

A quatre heures du soir, après une longue pose et le coup de l'étrier, nous nous préparions à prendre à jamais congé du puits solitaire, dont le souvenir est encore un cauchemar pour les survivants de ce drame, quand Tom parut en se frottant les yeux. Il s'était, nous dit-il, endormi à quelques pas de là, dans les herbes sèches, et manifesta le plus naïf étonnement en voyant le soleil si près de l'horizon.

Heureusement pour lui nous n'étions pas armés. Simon lui mit la main sur le collet et, surexcité par la colère, trouva la force de lui administrer la plus verte écourgée qu'homme du monde ait jamais reçue. Le patient poussait des hurlements sinistres que répercutaient sardoniquement les mille échos des gorges environnantes. J'étais jaloux de Simon. Quand il fut épuisé il s'arrêta et lança Tom dans le puits.

Le soir nous revînmes tous chercher les deux pièces; à dix heures elles étaient arrimées, tout était à bord.

Le lendemain, 19 juin, nous abandonnâmes enfin ce rivage maudit où nous venions de passer douze longues et tristes journées. Je ne souhaite à personne de l'explorer dans des circonstances analogues. Cependant, si l'occasion de visiter l'île Sainte-Marguerite se présentait à moi, je sens qu'un attrait irritant, que je n'ose qualifier de jouissance, me porterait à la saisir. Balzac a formulé une grande vérité dans les lignes suivantes, que ne saurait lire froidement nul homme ayant expérimenté les deux faces de la vie. « Il vient des pays malsains ou de ceux où l'on a le plus souffert, des bouffées qui ressemblent aux senteurs du paradis. Dans une vie tiède, le souvenir des souffrances est comme une jouissance indéfinissable. »

CHAPITRE VIII.

Todos-Santos — La Palmilla. — Les ognons d'Égypte. — Notions rétrospectives sur l'île Cedros. — Une nuit sur l'Océan des tropiques. — Débarquement scabreux. — Don Miguel l'alcade de San-José. — Perspective de jeûne.

19 juin. — Il est convenu de longue main que nous ne tenterons pas une seconde fois la sortie par le passage méridional dont on s'est fait un fantôme, et nous nous dirigeons vers le nord en louvoyant devant une petite brise debout.

A trois heures nous doublons de nouveau le Morro-Redondo et nous lançons dans l'Océan avec une satisfaction que je n'essayerai pas de rendre, et qui se traduisit spontanément par de bruyantes exclamations. Joie d'enfant échappé de la classe, joie d'homme qui sort de prison, joie de convalescent qui sent revenir la vie ou de joueur qui vient de gagner. Nous respirions à pleins poumons, nous nous sentions dégagés de tout le poids de cette île au profil sévère, le long de laquelle nous glissions maintenant vent arrière en la narguant. La côte occidentale est, comme l'autre, bordée d'une étroite plage, mais le revers de la chaîne nous parut plus escarpé. Même sécheresse, du reste, et même aspect repoussant, bien que sous des teintes plus variées et souvent très-tranchées, indiquant probablement des dépôts d'ocres.

La question maintenant était d'aller nous ravitailler quelque part. Nous avons grand besoin de vivres frais; en face du biscuit moisi et du lard salé qu'il nous fallait ménager, nous en étions réduits à regretter les huîtres et les goëlands de Santa-Margarita. Quant à l'eau, la nécessité de la renouveler devenait de plus en plus urgente.

Todos-Santos se présentait comme notre prochaine escale; après être entrés dans la baie de la Magdalena pour éviter ce port, nous allions y revenir, meurtris de notre tentative première. Le 20, à midi, nous étions par le travers des *mesas* ou tables de Narvaez, promontoire couronné de trois pics à sommets déprimés; à neuf heures du soir nous arrivions à la hauteur de Todos-Santos. Une brise magnifique nous poussait et nous continuâmes sans hésitation, espérant arriver le lendemain matin à San-Jose du Cap et mettre ainsi à profit la nuit qu'il fallait perdre à l'ancre ici. D'ailleurs, le mouillage de San-Jose est plus sûr et la ville offre plus de ressources ; du côté des hommes les dangers ne sont guère plus grands pour nous.

Tout cela était fort bien, mais le vent dégénéra en bourrasque durant la nuit et nous obligea à chercher le large, puis à perdre notre temps à la cape sèche.

Dans la matinée du 21 la brise devint maniable et nous nous rapprochâmes de la côte que borde la Sierra del Carmel. Nous reconnûmes bientôt le cap San-Lucas. La brise continuant à mollir, nous doublons lentement cette pointe en rasant le groupe isolé de *los Frailes*, les moines, trois grands rochers encapuchonnés qui répondent assez bien à cette appellation. A l'abri de la côte règne un calme plat, et nous passons quelques heures à rouler péniblement sur place, devant la baie de San-Lucas qu'environnent et dominent des hauteurs à versants allongés et verdoyants. Quelques habitations s'y montrent éparses. Ce spectacle nous réjouit ; les escales de San-Benito et de Santa-Margarita, l'aspect de la côte depuis Monterey, dernier point où nous ayons relevé, un mois avant, des traces de l'humanité, nous ont tellement identifiés avec l'idée du désert, que la vue de ces demeures nous frappe comme si elle apportait à notre esprit une notion nouvelle. Cette sensation est très-forte, et je demeure convaincu en y réfléchissant qu'au bout de quelques années de la vie de Robinson, hermétiquement séquestré au sein d'une nature vierge, un homme doit arriver à se persuader qu'il s'appelle Adam et qu'il est seul dans l'univers.

Le calme continuant, il fallut bien se résigner à faire métier de galériens ; nous bordons des avirons en soupirant. Au crépuscule *la Belle* mouille dans l'anse de la Palmilla, à l'extrémité occidentale de la baie de San-Jose, entre un brick et deux goëlettes de tonnage bien supérieur au sien.

Une barque se détache du brick et vient nous accoster ; un des deux matelots qui la monte est Français et la reconnaissance est cordiale. Comme nous ne pouvions aller à terre à cause de l'heure avancée, nous le priâmes de nous procurer, à prix d'argent, tous les vivres frais dont son capitaine pourrait disposer. Il revint bientôt, nous portant cent livres d'excellent biscuit américain, une dizaine de livres d'ognons frais et autant de *panoches*, petits pains de sucre brut, commun et très-chargé de sirop.

Quels trésors ! et quel souper nous fîmes ! Le biscuit à lui seul eût suffi à notre bonheur ce soir-là, mais le sucre ne gâtait rien et, par-dessus tout, mordre à un bel ognon rose, doux comme le sont ceux du Mexique, c'était, ma foi, du raffinement. Il n'y a rien d'absolu en ce monde, l'axiome est banal. Cependant bien des gens souriront en m'entendant affirmer que nul de nous n'eût échangé ces ognons contre des truffes ou toute autre fine bouchée. Il est vrai qu'une haleine empreignée de cette odeur répugne à bien des gens ; je comprends cette faiblesse et la respecte aujourd'hui plus que je ne l'eusse respectée ce jour-là ; le fait est que nous tombâmes tous dans le péché de gourmandise. Il faut avoir passé par certaines traverses pour s'expliquer le rôle que joue ce tubercule dans l'histoire des Hébreux, avant et après leur sortie d'Égypte.

Notre compatriote était d'humeur joviale et cosmopolite ; quoique jeune encore, il avait servi sous bien des pavillons. Il nous apprit, entre autres choses, que les trois navires mouillés auprès de nous étaient des caboteurs faisant le service entre San-Jose, Mazatlan et San-Blas. Nous sûmes aussi de lui qu'il y avait garnison à San-Jose. En réponse à ses questions, nous jugeâmes à propos de lui dire simplement que nous nous dirigions vers le rio Colorado, dans l'intention de l'explorer. Le récit de nos aventures l'intéressa, mais, quand il fut question de l'île Cedros, il nous rit au nez le plus franchement du monde et nous annonça, à la grande mortification de quelques-uns, que nous avions visité les rochers arides de San-Benito.

Il avait autorité à trancher la question, car il arrivait lui-même en droite ligne de cette île, et nous assura qu'elle était telle que M. Limantour l'avait dépeinte : de l'eau, du bois, des pâturages, des chèvres sauvages. Il y avait été laissé en compagnie d'un autre matelot pour chasser le phoque. Leur campagne avait eu un dénoûment assez original et malheureusement aussi assez commun; le navire, qui devait revenir les prendre au bout de deux mois, s'était perdu sans doute, car il n'avait pas reparu. Six mois s'étaient écoulés ainsi; les munitions tirant à fin, ils s'étaient décidés à tenter la fortune de la mer sur leur baleinière. Après avoir pratiqué une *cache* dans la montagne pour y serrer leur butin, ils s'étaient rendus à San-Jose où ils venaient de s'engager à bord du brick.

Le témoignage de cet homme ne laissait place à aucun doute et il ne nous resta plus qu'à rectifier le journal à la date du 3 juin.

La présence d'un corps de troupes à San-Jose nous imposant une grande circonspection, il fut convenu que j'irais seul à la ville le lendemain ; puis, à la réflexion, on m'adjoignit Simon en cas d'événement. Enfin Bowen ayant insisté pour nous accompagner, comme il ne pouvait manquer de donner à notre expédition un cachet américain que nous tenions à conserver, M. de Raousset y consentit. Le digne homme n'avait d'autre but, en allant à terre, que de jouir un moment des avantages que présente toujours une ville, et surtout un port de mer, dans les pays civilisés. Il comptait sans son hôte. Nous fûmes officiellement invités à déjeuner avec lui, à la meilleure cuisine de l'endroit, restaurant ou auberge. Je lui ai toujours su gré de l'intention.

Je passai cette nuit à causer avec M. de Raousset sur le pont. Le temps était magnifique, l'atmosphère tiède, pas un nuage ne faisait tache sur ce ciel étoilé dont la sérénité durant la saison sèche est proverbiale. La barque nous berçait mollement sur une eau paisible, dont les graves murmures n'étaient troublés que par ces craquements plaintifs particuliers au navire qui dort sur son fer. Cette noble création de l'homme devient alors un être animé, qui semble tressaillir au plus fort du sommeil en rêvant à ses fatigues passées. Il y a de la vie dans un navire, aussi s'y attache-t-on comme à un chien, comme à un cheval. Pouvions-nous n'être pas attachés à *la Belle ?*

Étendu sur son plancher nous savourions ce calme enchanteur, ce retour à l'existence après tant de secousses dans l'isolement. Nous interrogions du regard cette côte habitée qui se dessinait pittoresquement dans la transparence de la nuit, et ces barques dont les mâts se profilaient en noir sur l'horizon, et cet Océan qui jouait avec nous maintenant, le bon prince. Comment lui en vouloir du mal qu'il nous avait fait? La mer est une belle et noble partie de la nature ; elle tient le milieu entre le désert luxuriant et fertile qui attend la colonisation, et le désert aride et sablonneux qui la repousse. Sous quel aspect qu'on la surprenne, rieuse ou sombre, frémissante ou ironique, menaçante ou flatteuse, languissante et semblant mendier les caresses du vent, son royal époux, ou se tordant sous son étreinte comme une tigresse amoureuse, terne et grise aux reflets des glaces polaires resplendissante et dorée aux feux du midi, glauque, ici, verte et fleurie là, déserte ou coquettement parée de quelques blanches voiles, houleuse et lisse ou bien moutonneuse et pétillante d'écume, encadrée de nuages capricieux d'or et de pourpre ou fondant à l'horizon son indigo pâli avec l'azur du ciel, la mer présente toujours un spectacle saisissant, sublime, entraînant par sa variété infinie et son immensité, deux conditions essentielles du beau. Les ardeurs du tropique surtout la font valoir dans toute sa gloire, et quand elle s'étale attiédie et somnolente sur une grève parsemée de coraux et d'étranges coquilles, au pied de rochers bronzés par le soleil, effleurée par quelque brise rafraîchissante qui s'imprègne de ses âcres senteurs, alors, dans ses irrésistibles chatteries de créole, elle a des attractions effrayantes. Elle vit, elle parle, elle se fait aimer.

De temps en temps, sous les flancs de *la Belle*, les profondeurs de l'eau s'illuminaient d'une trace phosphorescente, semblable au serpenteau de feu qui déchire le voile noir d'un ciel d'orage. C'était une *tintorera*, un *tiburon* ou une *mantaraya* en croisière. La mantaraya est une raie colossale et dangereuse; le tiburon est le requin ordinaire, la tintorera est une variété de la même espèce, moins commune heureusement, car sa souplesse et sa férocité en font un objet de terreur pour les plus intrépides plongeurs des pêcheries de perles, qui méprisent et défient le tiburon. Sans le voisinage de ces redoutables écumeurs de mer, un bain eût été le comble de la jouissance. On ne peut tout avoir en une fois.

Le jour nous surprit parlant encore de bien des choses sérieuses, et nous éveillâmes nos compagnons. La ville est à quelques kilomètres de la Palmilla, et je tenais à me mettre en route le plus tôt possible afin de profiter de la fraîcheur du matin.

San-Jose, ancienne mission fondée en 1730, est un pueblo de trois à quatre cents âmes, assis sur la rive gauche d'une petite rivière, à un mille environ de son embouchure qui se trouve dans la partie orientale de la baie. La baie, faible échancrure de 7 à 8 milles de développement du sud au nord, ne présente qu'une rade foraine où les navires ne sont pas en sûreté par tous les temps; quand le vent souffle de la mer, ou qu'il est très-violent, ils sont obligés d'appareiller et de gagner le large.

On mouille à l'embouchure du Rio pendant l'hivernage, la saison des pluies, et dans l'anse de la Palmilla, à l'extrémité opposée de la baie, durant l'été, la saison sèche ; un ressac violent rend alternativement, suivant la saison, ces deux parages inabordables.

Simon me conduisit à terre. Tel quel, et dans le moment favorable, le mouillage de la Palmilla nous parut peu engageant. Le ressac y est encore assez fort pour en rendre l'abord très-malaisé. Notre léger canot, court et ventru, nous échoua magnifiquement et nous prîmes un bain, qui n'avait rien de bien désagréable, du reste. Le peu de souplesse de Bowen compliqua les difficultés au voyage suivant, d'autant plus que Tom venait avec eux pour ramener l'embarcation à bord. Cependant nous nous trouvâmes bientôt sains et saufs, tous trois, sur cette rive ingrate, site agreste, entouré de rochers, où je cherchai vainement la trace d'une habitation. Nous nous disposions à nous éloigner, quand un incident inattendu nous cloua sur place.

Tom retournait à bord, godillant mollement et bayant aux corneilles à son habitude, sans s'apercevoir que le flot le drossait vers la ligne de récifs qui ferme la baie au sud-ouest. Nous lui fîmes des signaux énergiques auxquels il ne comprit rien, et Simon voulait que je lui envoyasse une balle de revolver pour lui ouvrir l'intelligence, fantaisie de luxe dont je m'abstins. Nous le jugions perdu. Cependant le bruit des brisants l'éclaira à la fin sur le danger qu'il courait, et, l'instinct de la conservation aidant, il sortit de ce mauvais pas après une lutte acharnée. En mettant le pied à bord, il fut accueilli par une venue de coups de garcettes dont Spinks le régala, pour lui apprendre à ne plus mettre le canot en aussi grand estrif.

Le soleil avait séché nos vêtements quand nous partîmes. Après avoir gravi un talus escarpé, nous nous trouvâmes sur un plateau et dans un *chaparral*, c'est-à-dire un fourré d'arbres ou plutôt d'arbustes rabougris ; le mot est dérivé du qualificatif *chaparro*, qui signifie court, ramassé, trapu : un jeune taillis est un chaparral. Un sentier étroit et poudreux y serpentait en obéissant aux capricieuses dispositions des massifs. Bowen se traînait péniblement et la nécessité de rester unis nous coûta beaucoup de temps. De grands lièvres bondissaient autour de nous et leurs apparitions ironiques contribuaient à nous rappeler que nous étions encore à jeun ; dans l'espérance d'un bon repas en ville, nous avions dédaigné le matin les ressources du bord. Nous fûmes distraits suffisamment toutefois de ces préoccupations mesquines par la foule de serpents à sonnettes qu'il nous fut donné de voir et d'ouïr, voire de tuer.

L'aspect de San-Jose nous désenchanta singulièrement. Les premières constructions que nous rencontrâmes étaient en torchis ou en bambous à toiture de chaume ; les faubourgs présentaient une ceinture de ruines qui attristait l'œil. Sur une place irrégulière, où s'élevaient quelques maisons blanchies à la chaux, on nous désigna, à l'angle d'une rue, une *tienda* ou boutique, d'assez triste apparence, comme étant la demeure de l'alcade ; nous comparûmes à l'instant devant ce négociant fonctionnaire. Le seigneur don Miguel était un vieux Manilien égaré sur ces bords depuis son jeune âge, édenté, grimaçant, chauve, olivâtre et desséché. Il nous fit entrer dans une pièce immense attenante à sa boutique ; cinq ou six lits qui attestaient la fortune du maître de céans, des bancs, quelques coffres, quelques chaises et divers ustensiles de ménage, meublaient ce caravansérail où travaillaient une demi-douzaine de femmes de tout âge et de tout pelage, depuis la vieille Indienne grisonnante, jusqu'à la *china* de quinze ans, aux noires tresses et au teint mat. Était-ce une famille ou un harem? Je n'en pus juger, et la question peut se poser en basse Californie. Don Miguel, ayant ajusté ses besicles, s'assit devant une table écloppée où gisaient en désordre les archives de la municipalité, de la douane et de la marine, car le vieux singe cumulait les fonctions d'alcade, de commissaire des douanes et de capitaine du port : d'un air solennel il nous demanda nos papiers.

Je me hâtai de lui expliquer pourquoi nous n'en avions pas : ils étaient restés au fond de la baie de *Almejas*, naturellement. Je fis alors le récit de notre naufrage en termes propres à toucher un cœur sensible, et j'eus la satisfaction d'éveiller la pitié la plus expansive au sein de l'aréopage féminin qui nous entourait. J'assurai que nous étions venus à San-José à notre corps défendant, mais, ayant un long trajet à faire et nous rendant dans un pays dénué de toutes ressources, la région du Colorado, il était urgent de nous ravitailler. Cela dit, et sans donner à don Miguel le temps de rien objecter, je lui fis d'un ton dégagé la nomenclature des objets dont nous avions besoin, en manifestant l'intention de traiter avec lui pour le tout.

L'alcade s'abîma dans le négociant. Il ne songea plus à nous chercher chicane ; d'ailleurs je me sentais fort de la sympathie des *señoras* et *señoritas* qui me parurent devoir juger en dernier ressort. L'élément domestique avait une large part dans le gouvernement du débonnaire don Miguel, lequel, en dépit de sa triple autorité, ne put parvenir, durant tout ce colloque, à débarrasser son intérieur d'un picotin de moutards peu vêtus qui, attirés par la curiosité, faisaient à voix haute de bizarres réflexions sur notre compte.

Le digne homme nous avoua que, dès l'abord, il avait reconnu en nous des *caballeros;* cette assertion prouvait, je le déclare sans honte, une grande finesse d'observation chez lui et j'en augurai bien. Pour ne pas demeurer en reste avec un vieillard aussi judicieux, je lui donnai de l'Excellence, ce qui lui porta le dernier coup. Il m'avertit alors, tout bas et d'un ton paternel, que nous étions doublement en contravention, d'abord pour nous présenter sans papiers, ensuite pour avoir communiqué la veille avec un des navires en rade avant l'inspection du capitaine de port; mais il m'assura en même temps qu'il était disposé à passer sur ces irrégularités, à nous fournir même ce dont nous avions besoin, à la condition expresse que nous serions prêts à repartir au coucher du soleil. J'en pris l'engagement formel. Mes compagnons qui, n'entendant mot à ce que nous disions, avaient tout loisir de songer à autre chose, me rappelaient tout bas, depuis un instant, la question importante du déjeuner. Je demandai à don Miguel le chemin de la *fonda* la plus convenable. Hélas! — Il n'y avait pas de *fonda* à San-Jose.

Je lui fis observer que nous ne pouvions cependant nous passer de déjeuner, en appuyant à dessein sur le mot *desayuno,* qui implique essentiellement l'action de rompre le jeûne. Les Espagnols ont quatre repas réglés : le *desayuno,* l'*almuerzo* ou second déjeuner, la *comida,* le dîner, et la *cena,* le souper; cela sans préjudice de collations de fruits, de gâteaux, de glaces et de chocolat. Malgré cette liste formidable, les Hispano-Américains sont très-sobres, et tout ce qu'un Mexicain consomme dans ces quatre ou cinq stations gastronomiques suffirait à peine au dîner d'un Yankee ou d'un Européen.

Don Miguel se retourna en riant vers les gamins qui assiégeaient la porte et les expédia vers leurs mères respectives, avec injonction de revenir au plus vite dans le cas où elles seraient disposées à nous assister en notre besoin, moyennant rétribution généreuse ; le bonhomme fit sonner cette considération. Je redoutai un moment de voir à nos trousses toutes les ménagères de la ville, se disputant l'honneur de servir des señores si bien en fonds, mais cette crainte extravagante ne tarda pas à se dissiper. Une demi-heure s'écoula, et je compris que Don Miguel avait tout simplement trouvé un excellent moyen de se débarrasser de l'impudente marmaille. L'un d'eux revint pourtant à pas lents, et le fripon d'enfant — *cet âge est sans pitié* — nous débita de l'air le plus indifférent du monde l'homélie suivante : — « *Mi mama* fera à dîner à midi pour la famille, et les señores étrangers seront les bienvenus s'ils veulent en prendre leur part. » A midi ! Il était huit heures et nous mourions de faim.

« C'est l'usage ici, me dit l'alcade en haussant placidement les épaules comme s'il n'eût vu là rien que de fort naturel. On déjeune matin, on dîne à midi. Personne n'aime à déroger à ses habitudes. Voyez, cherchez, peut-être trouverez-vous quelqu'un plus accommodant. Après dîner vous reviendrez et nous réglerons nos affaires. »

CHAPITRE IX.

Philippe Montreuil. — Souvenirs de Walker. — Nouvelles de Guaymas. — Promenade en ville. — Appréhensions. — Gentillesses de don Miguel. — La mère de Reyes. — Le voltigeur Jose. — Le douanier de la Palmilla.

Nous demeurâmes fort embarrassés de nous sur le pavé de San-Jose. Comme nous étions à chercher des expédients, nous fûmes accostés par un homme entre deux âges qui nous adressa la parole en français. C'était, par bonheur pour nous, un compatriote, un marin breton qui, après avoir divorcé avec le pavillon français, avait amassé un petit pécule en faisant le cabotage sur les côtes du Mexique, et, depuis quinze ans environ, s'était fixé au Cap, où il avait pris femme et levé boutique. Philippe Montreuil nous offrit amicalement son ordinaire et nous introduisit chez lui, où sa femme se mit de la meilleure grâce du monde en devoir de nous satisfaire. Quelques instants après nous étions attablés avec nos hôtes devant un quartier de chevreau grillé, une prodigieuse omelette, des *camotes* ou patates douces, et les classiques *tortillas* de maïs en guise de pain ; la *tortilla* est une crêpe de maïs, très-mince, très-sèche et d'un goût fade. Deux bouteilles de vin flanquaient le tout ; ce n'était pas du *Saint-Julien-Médoc*, ainsi que le prétendait l'étiquette dorée, mais, vu les circonstances, il nous parut supérieur aux produits authentiques de ce cru.

Tout en faisant honneur au repas nous parlâmes de nos affaires, et nous exprimâmes nos regrets d'avoir conclu un marché avec don Miguel ; il nous eût été très-agréable de traiter avec notre bienveillant compatriote. Don Felipe leva nos scrupules à cet égard ; il nous affirma que, dans les conditions équivoques où nous nous trouvions, il était du dernier à propos de mettre l'alcade dans nos intérêts en lui achetant tout ce qu'il voudrait nous vendre aux prix qu'il lui conviendrait de fixer. Le moindre mécontentement pourrait faire naître le soupçon et, avec le moindre soupçon, on pouvait nous retenir indéfiniment dans ce pays des temporisations. La péninsule était à peine remise de la secousse de Walker, les autorités avaient l'œil ouvert, et il n'était pas prudent à des gens sous pavillon américain d'avoir tort là où ils n'étaient pas les plus forts. Nous causâmes alors de Walker, afin d'amener Montreuil à parler de ce qui nous intéressait. L'expédition du célèbre Américain n'avait été, nous dit-il, qu'une incursion de pirate ; on estimait que chaque homme de sa bande avait, en moins de six mois, crevé dix chevaux ; fourrage, grains, bétail à l'avenant.

A son arrivée à la Paz, Walker s'était hâté de lancer une proclamation, dans laquelle il déclarait que la basse Californie se séparait à jamais de l'Union mexicaine pour former une république indépendante dont il était le président. Deux étoiles brillaient sur le drapeau rouge et blanc de la nouvelle république : basse Californie, Sonora ! Un décret du président annonça bientôt l'abolition du régime douanier ; mais, comme correctif à cette velléité libérale, un second soumit le pays, jusqu'à nouvel ordre, au code civil et au code coutumier de la Louisiane, ce qui était, en termes voilés, l'établissement de l'esclavage.

A la fin de novembre, Walker ne recevant pas de renforts, se décida à abandonner la Paz où il ne se trouvait pas en sûreté ; il s'embarqua et vint établir son quartier général à *Ensenada*, dans la baie de *Todos-Santos*. Là, à trois lieues de San-Diego, il comptait grossir bientôt son armée suffisamment pour pouvoir se jeter sur la Sonora par le Colorado. Bloqué hermétiquement tout l'hiver par les bandes de volontaires californiens, il avait vu sa troupe s'éclaircir peu à peu, et c'était avec trente-trois hommes seulement, ainsi que je l'ai déjà dit, qu'il était venu, le 8 mai, se constituer prisonnier, à San-Diego, au commandant d'un détachement de l'armée des États-Unis.

L'impression produite par ces événements était encore vivace ; la femme de Montreuil nous en parla d'un ton ému. On redoutait beaucoup ces rudes aventuriers yankees que les Californiens avaient combattus avec une énergie émanant bien moins d'un sentiment patriotique que de l'instinct de la propriété, mais, on ne redoutait qu'eux, et l'annexion aux États-Unis, accomplie par des voies plus régulières, était généralement désirée, au pis aller, dans cette malheureuse province que l'incurie du gouvernement de Mexico livrait alors à la barbarie ; on eût préféré toutefois que M. de Raousset-Boulbon réussît dans ses projets sur la Sonora. Montreuil nous accabla de questions à son sujet ; malgré la confiance qu'il nous inspirait, nous ne jugeâmes pas à propos de lui livrer un secret qui, après tout, n'était pas le nôtre. Nous répondîmes que M. de Raousset était à San-Francisco, fort empêché par le manque d'argent.

Ces nouvelles, qu'il qualifia de fâcheuses, ne concordaient pas parfaitement, nous dit-il, avec celles que recevaient les autorités, et l'on savait à San-Jose que la goëlette de guerre *la Suerte* croisait à l'entrée du golfe par considération pour M. de Raousset expressément. Nous ne l'ignorions pas. Les détails donnés par les journaux officiels de Mexico sur cette malheureuse affaire prouvent qu'à cette époque le consul del Valle, écrivant à son gouvernement qu'il avait été joué, avisait qu'on eût à se défier des passagers du *Challenge* et à surveiller la côte de Sonora, afin d'empêcher leur chef d'y débarquer. Aussi était-on sur le qui-vive, mais néanmoins la crainte de Walker paraissait encore dominer toutes les autres, et l'on venait de renforcer les garnisons de la basse Californie. Il y avait à San-Jose cent hommes avec une pièce d'artillerie. Les dernières nouvelles de Guaymas remontaient à un mois à peine ; à cette date, les hommes du *Challenge* étaient enregimentés dans ce port, ce que nous apprîmes avec satisfaction. Nous changeâmes alors de conversation.

Parmi les provisions dont nous voulions faire emplète figuraient la viande et l'eau que l'alcade ne pouvait nous fournir. J'appris bientôt qu'il n'y avait pas de boucher à San-Jose, et ensuite que, y en eût-il un, nous ne serions pas plus avancés, attendu que, selon toutes probabilités, son étal serait en chômage. Le gouvernement venait de frapper d'une taxe de quatre réaux (50 sous ou une demi-piastre) chaque tête de bétail à son entrée en ville, en vertu de quoi on ne tuait plus pour faire pièce au gouvernement, et la viande que nous mangions était de contrebande. L'éloignement des pâturages et l'élévation de la température ne permettant pas de transporter la chair et le lait en ville autrement que sur pied, les habitants de San-Jose se privaient héroïquement de ces deux ressources précieuses, plutôt que de payer un tribut considéré comme onéreux et illégal dans ce pays pauvre et indépendant. Si donc nous voulions avoir de la viande fraîche, il nous fallait envoyer chercher un bœuf et le tuer avant de l'embarquer, ce qui demandait plus de temps que nous n'en avions à dépenser. Je dus y renoncer et me rabattre sur le *tasajo*. On appelle ainsi de la viande séchée au soleil et découpée en longues et minces lanières. Le *tasajo* lui-même était rare sur place. Montreuil en avait une provision pour sa consommation particulière ; fait sous ses yeux, avec des animaux à lui, il était de fort belle qualité ; il nous en céda deux *arobas*, c'est-à-dire vingt-cinq kilos. Cette rareté provenait de la diminution des bestiaux, décimés par la faim et la soif; car, depuis trois ans, le ciel de la péninsule avait été d'airain et la terre était calcinée. Les animaux survivants étaient d'une maigreur effrayante et ne reproduisaient pas.

Il ne restait plus qu'à nous procurer de l'eau. Nous n'avions pas le temps non plus d'envoyer chercher nos barils à la Palmilla, il fallait en acheter, et comme il n'y a point de tonnelier à San-Jose, attendu qu'il n'y en a point au Mexique, il importait de trouver des pièces de trois-six vides, entreprise que j'aurais eu grand'peine à mener à fin sans le concours de Montreuil. Nous parcourûmes la ville ensemble, frappant à toutes les portes. Mon *cicerone* me parut universellement aimé, aussi trouvai-je un bon accueil partout, mais, en somme, plus de compliments que de barils vides. Je reçus plusieurs avis mystérieux qui me mirent fort la puce à l'oreille : il était question en haut lieu de nous arrêter préventivement comme suspects. Les autorités militaires, d'où partait la motion, était heureusement en désaccord à ce sujet avec l'alcade qui nous couvrait de sa garantie. Il n'y avait rien à faire qu'à se dépêcher, et nous nous y faisions de notre mieux.

La plus grande pauvreté régnait dans toutes les maisons où nous entrâmes. C'était toujours une vaste pièce servant de vestibule, de salon et de salle à manger, sur laquelle ouvraient les chambres à coucher. Une table, des bancs, quelques chaises ou fauteuils en rotin ou en bois, foncés d'un cuir cru tendu comme la peau d'un tambour, meuble connu sous le nom d'*equipal*, des selles, des harnais, des amas de grains en vrac dans les encoignures, d'indiscrètes volailles venant y picorer, tel était l'aspect de cet appartement. Les chambres à coucher n'étaient pas moins dénuées; le lit me parut un objet de luxe, suppléé chez le commun des martyrs par le *petate*, natte formée des pétioles du palmier. Une ou plusieurs malles faisant l'office des bahuts du moyen âge, montées sur de petits tréteaux le long de la muraille, complétaient l'ameublement. Les murailles étaient blanchies à la chaux.

La ville semble dépeuplée; la sombre teinte des murs d'*adobes*, larges briques ou blocs de pisé séchés au soleil qui conservent la couleur de la terre, ne contribue pas peu à l'attrister. Les fenêtres sont rares et fermées, derrière leurs grilles, d'épais volets de bois à peine entr'ouverts le jour; de vitrages nulle part. Il y a en outre beaucoup de maisons abandonnées, plus ou moins affectées de délabrement, et c'est là un des caractères frappant des villes mexicaines.

Après deux heures de recherches actives nous parvînmes à réunir quatre barils en bon état; il ne nous manquait plus qu'un *ariero* ou muletier, nous en trouvâmes un. Je fis marché avec lui pour qu'il se chargeât de remplir mes barils et les transportât, ainsi que le reste de mes provisions, à la Palmilla, avant le coucher du soleil; il me demanda quatre réaux par charge de mule, je lui en promis six afin de le stimuler.

Je me rendis alors chez l'alcade; il venait de faire sa méridienne et se trouvait en belle humeur. Il m'apprit que le douanier de la Palmilla, après une visite à bord de *la Belle*, avait fait sur nous un rapport des plus favorables et des plus touchants; mais le digne fonctionnaire n'avait pas besoin de tout cela pour savoir à qui il avait affaire. Il m'offrit une cigarette, m'appela son ami, me força d'accepter un verre d'une furieuse *chicha de maïs*, eau-de-vie de grain, et me parla politique. Ces cajoleries avaient leur à-propos, et je m'aperçus, sans pouvoir y remédier, que l'œil du maître n'eût pas été de trop alors que l'on pesait mes provisions et qu'on les mettait en sac. Je me consolai en pensant que, dans la circonstance, l'amitié d'un alcade était un bienfait des dieux. Je constatai aussi, en vérifiant ma facture, un tel enchérissement des denrées depuis le matin et une telle fertilité d'imagination à l'endroit des frais, que je me hâtai de payer de peur que l'honnête don Miguel ne découvrît encore quelque erreur à son préjudice. Le vieux scélérat m'embarassa fort sur le chapitre de la politique. Il me parla plus qu'irrévérencieusement du *diablo cojuelo*, le diable boiteux; il ne s'agissait point de l'ami de don Cleophas, mais bien du président de la république, Son Altesse Sérénissime don Antonio Lopez de Santa-Anna. C'est, en effet, le titre sous lequel le désignent ses ennemis; ses sectateurs l'appellent simplement don Antonio. On sait que Santa-Anna a perdu une jambe à la Vera-Cruz lors de la prise de cette ville par les Français en 1838. Il eut la faiblesse de faire rendre à cette jambe des honneurs funèbres, ni plus ni moins que s'il se fût agi de toute sa personne, et les Mexicains, qui sont les Gaulois de l'Amérique espagnole, ont ridiculisé de toutes manières et chansonné sur tous les tons la *patte* du *diable boiteux*. Je crus prudent de me tenir avec don Miguel sur une certaine réserve et, mes affaires terminées, je me hâtai de me retirer.

En traversant la place pour gagner la demeure de Montreuil, je fus accosté par une jeune et jolie fille de seize ans à peine, au teint cuivré, n'ayant d'autres atours qu'une chemise et un simple jupon d'indienne à fleurs roses assez court; sa tête et ses pieds étaient nus. Elle me pria, en baissant les yeux, de vouloir bien venir voir sa mère qui désirait me parler; je la suivis fort intrigué. Il me revint, chemin faisant, que, dans ces contrées reculées, tout étranger étant considéré comme médecin, ce devait être en cette qualité que j'étais appelé. L'idée me parut bouffonne car, si je devais, sur ma mine, être pris pour ce que je n'étais pas, à coup sûr ce ne pouvait être pour un médecin, surtout à côté de Bowen ; avec son air grave, son costume semi-bourgeois et ses lunettes d'or, notre ami représentait autrement que moi dans mes souquenilles de matelot. Néanmoins, ceci n'étant qu'une affaire d'appréciation, mon hypothèse pouvait être valable et je voulus m'en éclaircir avec ma conductrice : la mignonne m'assura d'un air ébahi qu'il n'y avait personne de malade chez elle. Nous étions arrivés devant une très-modeste cabane en bambous, située à l'autre extrémité de la place; j'entrai et fus reçu avec les plus grandes démonstrations de respect par une vieille *mestiza*, vêtue aussi légèrement que sa fille, analogie que la force de certains contrastes me fit observer malgré moi. La métisse cuisinait en fumant sa cigarette.

La case était nue, le sol était celui de la rue et, sauf le petit fourneau en terre qui supportait la casserole de la vieille, je ne vis aucun vestige d'ameublement; aussi demeurai-je embarrassé quand mon hôtesse m'invita à m'asseoir en me donnant le titre de *señor americano*. Dans le nord du Mexique, tout étranger qui mérite la qualification de *güero*, blanc, est un Américain. Je commençai par redresser les idées de la brave femme à cet égard, du moins en ce qui me concernait, et, quand elle eut appris que j'étais Français, elle me fit doublement fête. Cruz, la fillette, reçut ordre de m'aller quérir un siège; elle passa dans une pièce voisine dont je pus inspecter l'intérieur par la porte entre-bâillée. Sur un *petate*, qui servait de lit aux deux femmes, se roulait un soldat de la garnison; il me parut, au premier coup d'œil, en bons termes avec Cruz et, la porte s'étant refermée, je n'en vis pas plus long. Cruz ne revenant pas, la mère haussa la voix pour l'appeler et somma par la même occasion le señor Jose, le voltigeur, d'avoir à vider les lieux au plus vite. Le bruit d'un baiser parvint à mes oreilles et Cruz revint portant un escabeau boiteux qu'elle m'offrit gracieusement. Jose la suivit de près; c'était un grand garçon, vêtu du pantalon et de la veste de toile blanche du soldat mexicain et chaussé de sandales. Il me toisa d'un air insolent et alla s'asseoir en sifflant sur le seuil de la porte.

Cependant le temps s'écoulait et j'ignorais encore ce qu'on attendait de moi. Enfin la vieille en vint au point. Après s'être bien assurée que j'arrivais, ainsi qu'on le lui avait dit, de la haute Californie, du pays où l'on ramassait tant d'or, de la terre des prodiges en un mot, elle me demanda sérieusement si je ne pouvais pas lui donner des nouvelles de son fils Reyes.

La pauvre femme n'était pas folle. La question fut posée avec tant de candeur, dans ses yeux se peignit un si vif intérêt, un si ardent désir d'entendre parler de ce fils parti pour l'Eldorado depuis quatre ans, que je n'eus pas le courage de sourire et encore moins celui de la désillusionner. C'était bien là cette naïveté, cette ignorance des choses de la vie, qui caractérisent la race. A San-José on est beaucoup plus éloigné de San-Francisco qu'à Paris ; rien ne pouvait donner à cette femme une idée exacte de la Californie du nord depuis que l'émigration en avait fait un État puissant. Elle savait qu'il y avait de l'or, voilà tout ; en en parlant elle se représentait sans doute un *placer*, un *mineral* comme le réal de San-Antonio, près de la Paz, où tout le monde devait se connaître.

Reyes ! L'indication était peu précise. J'avais rencontré plusieurs Mexicains de ce nom en Californie ; l'un d'eux, en particulier, avait été quelque temps à mon service. Je ne sais pourquoi je songeai à lui, et je donnai son signalement à la vieille dont le visage resplendit de joie. L'amour maternel est un fard sous lequel disparaît toute laideur ; je le conseille aux femmes. La pauvre mère, enthousiasmée, était convaincue que j'avais vu son fils. Était-ce vrai ? je n'en sais rien, je n'en crois rien, mais pourquoi aurais-je troublé sa joie en y laissant tomber un doute ?

Elle voulut des détails ; j'en donnai et des meilleurs. Il me fallait subir les conséquences de ma bonne œuvre. Après tout je ne fis que raconter ce que je savais du Reyes en question, qui était un garçon vaillant et rangé. Si j'ai menti, ma foi, que celui qui a servi sans mentir une meilleure cause me jette la première pierre : je sais bien que pas une mère ne me la jettera.

Je dus me laisser embrasser. Quand vint le tour de Cruz d'acquitter cette dette de reconnaissance, le voltigeur, qui me tenait vraisemblablement en lui-même pour un maître imposteur, se leva d'un air de mauvaise humeur et s'éloigna ; on n'y prit garde. La jeune fille roula ensuite une cigarette dans un fétu de paille de maïs, l'alluma et me la présenta après en avoir tiré, selon l'usage, deux ou trois bouffées. Il n'y avait rien à offrir dans la cabane en excluant les hôtes, on me l'offrit tout entière y compris les hôtes, et, en particulier, le ragoût au *chile*, qui brûlait en ce moment, de dépit, sans doute, d'avoir été négligé. Je ne voulus pas vendre ce qui m'avait coûté si peu et, comme j'étais pressé d'ailleurs, je refusai tout, hors la cigarette, un dernier baiser de Cruz et les bénédictions de la vieille mère.

Je trouvai les mules chargées et mes compagnons qui m'attendaient avec inquiétude. Nous prîmes congé du brave Montreuil, auquel nous eûmes grand mal à faire accepter une rémunération pour son déjeuner. Nous restâmes lui devoir beaucoup encore pour ses peines et soins, et ce n'est point en manière d'acquit que je l'atteste ici, car, en vérité, je doute que ces lignes passent jamais sous ses yeux.

Il me fallut retourner chez l'alcade pour avoir une *licencia*, permis d'embarquement indispensable. Don Miguel me dit qu'il l'avait expédiée au douanier de la Palmilla; il me serra la main avec mille souhaits aimables et mille assurances de dévouement, et me recommanda de nouveau d'être à bord avant la nuit. La mer étant basse à ce moment, nous nous rendîmes à la Palmilla en suivant la plage, chemin plus direct et plus agréable que celui du chaparral.

Le douanier n'avait point la *licencia*, mais il m'assura qu'elle ne tarderait pas à arriver; les difficultés, s'il y en avait, devaient venir de l'autorité militaire. Cet homme avait l'air simple et doux, et nous entrâmes en conversation. Sa visite à bord dans la matinée l'avait vivement impressionné; ce n'était pas sans une certaine appréhension, que justifiaient nos mines, qu'il s'était aventuré dans la chambre. Là il avait vu, étendu sur un lit et enveloppé de couvertures, un homme qu'on lui avait dit être fort malade : c'était M. de Raousset, qui était bien aise de ne pas montrer son visage. L'aspect désolé de cet intérieur, les traces évidentes d'un naufrage, l'odeur de moisi qu'exhalait la cale, l'eau de Santa-Margarita, et tant d'autres détails, l'avaient tellement frappé, il admirait si fort l'audace d'hommes affrontant la *grande mer* sur une pareille coquille, qu'entre son admiration et sa pitié il s'était pris de belle passion pour nous. Il n'avait, de sa vie, fait d'autre traversée que celle de Mazatlan à San-Jose, sur un brick de l'État. Ce voyage avait duré cinq ou six jours au plus, mais le brick avait essuyé une tempête dont le pauvre douanier gardait un terrible souvenir. Il me parla du mal de mer, de la fureur des flots, du vent, du tonnerre et de la frayeur de ses compagnons en termes vifs et pleins d'harmonie imitative. Pour plus de détails sur cet événement, je ne puis mieux faire que de renvoyer le lecteur au quatrième livre des faits et prouesses du grand Pantagruel, et à la mirifique description de la tempête durant laquelle Panurge le veau, Panurge le plourart, Panurge le criard, se conduisit d'une manière si piteuse. Le bon douanier, si je ne me trompe, n'avait fait ni mieux ni pis que le châtelain du Salmigondinois, « restant de cul sur le tillac, plourant et lamentant. » Il me fit ensuite quelques questions sur la navigation, sur les pays que j'avais visités, questions enfantines, mais qui prouvaient chez lui un désir de s'instruire égal à son ignorance.

Cependant le soleil se couchait et me laissait dans un bizarre dilemme : il fallait que tout fût à bord avant la nuit, et cependant nous ne pouvions toucher à rien avant d'avoir la *licencia*, qui n'arrivait pas. Je commençai à croire que don Miguel était un vieux gredin de beaucoup plus d'étoffe que je ne l'aurais soupçonné ; en dépit de la fatigue et de la perspective d'être arrêté, je me décidai à retourner à la ville. Au détour d'un rocher en saillie qui ferme à l'est la petite anse de la Palmilla, je me trouvai nez à nez avec le voltigeur Jose, qui arrivait à pas comptés, un papier à la main.— « *Aqui esta la licencia*, » me dit-il. Voilà le permis. Il prit alors la fuite en ricanant ; parvenu à distance respectueuse, il me lança quelques mots dont le sens m'échappa. Le nom de Cruz me frappa seulement, accouplé à des invectives d'une légèreté pantagruélique.

La nuit et le ressac multipliaient singulièrement les difficultés de l'embarquement ; la chose était du reste impraticable avec notre pauvre petit youyou. Il y avait heureusement sur la berge deux grandes pirogues d'une seule pièce, dont le douanier nous autorisa à nous servir. Un Indien, employé au déchargement d'un des navires en rade, nous vint en aide de tout cœur, sans en être prié. A neuf heures, après plusieurs voyages, nous regagnâmes le bord pour la dernière fois, trempés jusqu'aux os et accablés de lassitude. Un bon souper, arrosé de l'eau cristalline du rio San-Jose, clôtura la journée, et nous nous couchâmes sur le pont par un calme plat, en attendant la brise du matin.

CHAPITRE X.

Golfe de Cortez. — La Paz et les pêcheries de perles. — Loreto. — Morro Colorado. — Un fâcheux augure. — Les Tetas de Cabra. — Chemin de Guaymas. — Un ranchero hospitalier. — Quatre hommes et un caporal. — Sous les verrous.

23 *juin*. — Nous appareillons à l'aube, et la baie de San-Jose ne tarde pas à disparaître derrière les rochers du cap Porfia, au delà duquel s'ouvre celle de San-Barnabe. Toute cette côte, jusqu'au cap Palmo, a un aspect désolé ; des collines de peu d'élévation s'appuient sur

des massifs de pierre contre lesquels la mer brise. Enfin nous doublons le cap et pénétrons dans la mer de Cortez ; devant nous le sommet de l'île Cerralvo se détache déjà de la brume qui flotte sur le golfe et nous dérobe l'horizon.

Ce golfe fut primitivement désigné sous le nom de mer Vermeille, en souvenir du golfe Arabique. Les premiers navigateurs avaient puisé le motif de ce rapprochement dans sa configuration d'abord, bien qu'il présente en réalité plus d'analogie avec l'Adriatique, et ensuite dans la teinte de ses eaux, qui prennent accidentellement des reflets jaunâtres. Plus tard on l'appela mer de Cortez, en l'honneur du conquérant, et enfin golfe de Californie. Il a 300 lieues de long sur une largeur qui varie de 15 à 65. Les rives de cette mer intérieure sont généralement mornes et desséchées.

La Suerte surveillant les atterrages de la Sonora à notre intention, le soin de notre sûreté nous faisait plus que jamais un devoir de serrer la côte de la péninsule et de nous tenir en dedans des nombreuses îles qui la bordent. Afin que Spinks comprît bien cette fois l'importance d'une pareille décision, nous l'instruisîmes en détail de nos affaires. Sachant qu'il était comme nous un *outlaw* dans les eaux du Mexique, il devait, par égard pour sa propre personne, prendre ses précautions en conséquence. Malheureusement, depuis notre départ de la baie de Raousset-Boulbon, le vieux marin paraissait se défier grandement de la barque, et non sans raison, il faut le dire, la coque s'étant imprégnée d'eau durant le séjour qu'elle y avait fait, au point que nous calions autant alors avec cinq tonneaux qu'avec sept à notre départ de San-Francisco. Le gouvernail, trop faible et mal suspendu, n'avait que peu d'action, et *la Belle* portait difficilement toute sa toile.

L'île de Cerralvo, avec ses pics aigus, ses revers déchiquetés et sa base de rochers, présente une silhouette pittoresque, mais, à mesure que nous approchons, toute illusion s'évanouit : la sécheresse et l'aridité y trônent. La nuit nous surprit dans le canal qui la sépare de la terre ferme. La brise devenait capricieuse; elle tourna bientôt au nord-nord-ouest et dégénéra en bourrasque; il nous fallut diminuer de voilure, et nous passâmes la nuit à louvoyer péniblement dans les parages de la Paz.

La Paz, siége du gouvernement de la basse Californie, est la ville la plus importante de la province, non-seulement sous le rapport de sa population, qui est, dit-on, de 1200 habitants, mais aussi sous celui du commerce. La baie immense au fond de laquelle elle se trouve est admirablement protégée, et la pêche des perles sur la côte voisine a été de tout temps une source de fortune pour cet établissement, bien que cette industrie languisse quelque peu aujourd'hui.

Les *buceos* ou pêcheries des îles de Cerralvo et del Espiritu-Santo sont, avec ceux de l'île Carmen près de Loreto, les plus renommés pour leur richesse et la beauté de leurs produits. Les limites extrêmes de la région habitée par la mère-perle sont, au nord, la pointe Santa-Teresa, au sud, la pointe *de Arenas*, en face l'île Cerralvo ; on n'en trouve ni dans la baie de las Palmas, ni dans celle de Moleje. Cette aristocratie du mollusque se plaît dans les eaux tranquilles et sur les hauts-fonds abrités des canaux formés par ces îles.

Le vent se calme et passe au sud-ouest dans la matinée du 24 ; nous faisons bonne route. L'île San-Jose et les îlots de Santa-Cruz, Monserate et Catalana nous montrent leurs profils aigus et tourmentés, leurs flancs calcinés. Spinks nous tient encore au large, mais il échappe aux remontrances à la faveur de cette brise qui nous pousse rapidement vers un but ardemment désiré. Nous venons toutefois serrer d'assez près la grande île Carmen, et vers la fin du jour nous reconnûmes le mouillage de Loreto, qu'indiquent un bouquet de palmiers près du rivage et le *Cerro de la Giganta* à l'intérieur. Le mont de la Géante est réputé le point le plus élevé de la péninsule. Humboldt lui donne 1388 mètres. Loreto est la troisième ville de la province. La mission fut fondée le 19 octobre 1697, par le P. Salvatierra, et ce fut le premier établissement sérieux sur cette côte.

Nous avons gros temps toute la nuit et demeurons à la cape; l'atmosphère se charge de vapeurs. Le 25, au point du jour, nous apercevons en face de nous l'île de *la Tortuga*, située à une dizaine de lieues nord-nord-est de la pointe *Concepcion* qui forme la baie de Moleje.

Vingt et quelques lieues nous séparaient de Guaymas. Nous touchions enfin au terme de ce voyage commencé sous de si tristes auspices. Cependant il n'était point encore temps de se réjouir : la perspective n'était ni de rose ni d'émeraude du côté de la Sonora, et, par égard pour nous-mêmes, il convenait de redoubler de circonspection.

L'intention de M. de Raousset n'était point de se rendre directement à Guaymas, mais bien d'aller chercher quelque mouillage discret dans le voisinage des hauteurs connues sous le nom de *Tetas de Cabra* ; de là, un émissaire devait se rendre mystérieusement à la ville, afin de s'assurer de la présence et des dispositions des passagers du *Challenge :* c'était à moi qu'incombait la mission.

Nous mettons le cap sur les *Tetas*; le vent a passé à l'est et commence à disperser les vapeurs avec une violence menaçante; la lame, courte et désordonnée, chasse du sud-est : il fallait que le voyage se terminât comme il avait commencé. L'île San-Pedro-Nolasco se trouve sur notre route et nous masque les *Tetas*; il s'agissait de la doubler soit au nord, soit au sud. — « Que faut-il faire ? me demanda Spinks ; mon avis est que nous devons passer au vent de l'île, afin de prendre la lame de biais. »

Je transmets la demande et l'avis ; M. de Raousset attend la décision de Perseval qui attend, à l'ordinaire, les inspirations du ciel, et Spinks reçoit l'ordre de tenir le cap sur l'île jusqu'à ce que le ciel nous ait éclairé. — « Soit, dit le vieux marin, mais nous n'irons pas aux *Tetas* aujourd'hui ; la mer nous mangera, si nous essayons de la prendre en travers. » Perseval répond qu'il en sait aussi long que Spinks et nous poursuivons en silence, emportés au milieu de montagnes d'écume, par une brise carabinée qui fait craquer les mâts.

Il arriva alors ce qui était arrivé le jour du naufrage et en mainte autre occasion. Perseval se décida trop tard. L'ouragan était dans toute sa violence quand il fit signe au timonier de venir dans le vent pour doubler l'île au sud, et la mer attaquant notre flanc avec frénésie menaça très-sérieusement de nous manger, ainsi que l'avait prédit Spinks. Le temps n'était plus où *la Belle*, légère et robuste, pouvait braver au milieu de la tempête le choc de ces masses d'eau ; le gouvernail n'était rien moins que solide, la charpente était ébranlée par le naufrage et alourdie par l'humidité, qui en était le résultat ; une vague pouvait nous défoncer, la suivante nous faire couler. Il fallut renoncer au plus tôt à une tentative insensée en même temps qu'au projet de mouiller aux *Tetas*. Fuyant devant la mer, nous nous dirigeâmes grand largue vers le *Morro-Colorado*, le Morne rouge, promontoire à falaises menaçantes situé à quelque vingt lieues au nord de Guaymas.

Cet incident amena d'amères récriminations. Les torts, s'il y en avait, étaient tous du côté de Perseval, aussi le mécontentement des Américains se traduisit-il avec beaucoup d'énergie. Cependant nous approchions de la côte ; des contre-forts gigantesques dont le pied se perdait verticalement dans les flots, divisaient le rivage en une série de culs de sac profonds, si bien couverts que l'eau y paraissait endormie. Nous en avisâmes un au fond duquel venait aboutir, des flancs de la montagne aride et calcinée, une gorge encombrée de végétation tropicale ; ordre fut donné d'y entrer. Spinks tenta, je ne sais pourquoi, de s'y opposer; il voulait aller mouiller au nord du *Morro*. On passa outre, mais les Américains, prédisant à haute voix un second naufrage, abandonnèrent de nouveau la manœuvre, ce que M. de Raousset devait encore moins tolérer que la première fois, car rien alors ne justifiait cette boutade. Le vent nous manqua complétement à l'entrée de ce port privilégié, mais il n'y avait ni houle ni courant, et, bordant les avirons, nous vînmes paisiblement mouiller au ras d'une des falaises. Devant nous s'étendait une plage de gravier et de coquilles assez roide mais très-accessible; comme à San-Benito, nous distinguions parfaitement, à plusieurs brasses au-dessous de nous, un fond de roches métalliques et moussues, de madrépores et de coraux.

Enfin notre ancre mordait le sol de la Sonora! Ce jour était le 25 juin. Un mois, un mois bien employé, s'était écoulé depuis notre départ de San-Francisco. Une émotion toute naturelle s'empara de nous : cette terre brûlait sous nos pieds!

La distance qui nous séparait de Guaymas pouvait être de quinze à vingt lieues, hors de tout chemin frayé, dans un pays affreux, néanmoins je fis sur l'heure mes préparatifs de départ tellement j'avais hâte de quitter *la Belle*. M. de Raousset me remit les instructions suivantes, écrites de sa main sur une parcelle de papier facile à cacher ou à détruire. — Si les passagers du *Challenge* sont à Guaymas et montrent les mêmes dispositions qu'à leur départ, expédier immédiatement un homme sûr, dans un canot, à la rencontre de *la Belle* afin de la piloter. S'emparer de la ville par surprise dès la nuit suivante, désarmer la troupe, la consigner dans les casernes, séparer les officiers, bien traiter les uns et les autres. Réunir des armes et des munitions. S'assurer de la personne de Messieurs Cayetano Navarro, Pancho Aguilar, Jose Calvo, Manuel Maria Gandara, Espriu et Cuvillas, si toutefois ils sont en ville. — Ces six noms représentaient la tyrannie féodale de la province et l'antagonisme le plus sérieux que nous eussions à redouter.

M. de Raousset ne voulut pas me laisser partir seul ; il me donna pour acolyte Albert qui, en sa qualité d'ex-louvetier, devait avoir bon pied, bon œil. Munis d'une petite boussole, de nos armes et de quelques livres de biscuit, nous nous mîmes en route à quatre heures. Les hauteurs abruptes et tourmentées de la côte forment un boulevard menaçant qui semble interdire à l'homme l'accès de l'intérieur; il n'y avait d'autre issue à la plage isolée où nous étions venus atterrir que la gorge dont j'ai parlé plus haut. C'était le lit d'un cours d'eau desséché et profondément encaissé, dans le genre de la rivière de Simon; une puissante végétation épineuse l'encombrait et rendait parfois notre marche fort pénible. Çà et là s'élevaient des bouquets de palmiers. Le sol était inégal, montueux, sec et semé de pierres ; des traces nombreuses de cerfs, de chevreuils, de lièvres et même de *pumas* ou ocelots, estampaient le sentier en maints endroits. Nous ne rencontrâmes aucun de ces animaux, mais, en revanche, serpents à sonnettes et scorpions à foison. Des lacertiens hideux, de toutes tailles et de toutes nuances, gravissaient lourdement les pentes rocailleuses de la montagne, ou, couchés au soleil dans une répugnante apathie, nous regardaient stupidement passer sans prendre la peine de fuir à notre approche.

Je m'aperçus bien vite que mon compagnon, loin de m'être utile, allait me devenir un grave sujet d'embarras.

Il criait la soif et la fatigue, faisait d'interminables poses qui se multipliaient à mesure que nous avancions, restait à longue distance derrière, m'appelait si je m'éloignais trop, ralentissait ma marche, en un mot, d'une manière inquiétante alors que, aiguillonné par les difficultés, j'aurais voulu aller comme le vent. J'en vins à calculer les chances que j'avais de gagner, sinon une habitation, du moins un endroit favorable pour camper : elles me parurent plus qu'aléatoires. Au bout de deux heures nous n'avions encore fait que fort peu de chemin; nos pieds, que protégeaient mal des bottes béantes, étaient ensanglantés ainsi que nos mains, nous étions bardés d'épines. Les symptômes d'épuisement que nous avions constatés à Santa-Margarita se reproduisaient déjà; soif intolérable, feu intérieur, atonie générale. Je compris que l'entreprise était au-dessus de nos forces et que, du train dont nous allions surtout, nous courions grand risque de succomber à la peine avant d'avoir atteint un lieu habité. Je me décidai brusquement à rebrousser chemin et Albert n'y fit aucune opposition.

La nuit était obscure déjà quand nous arrivâmes au rivage; le vent avait cédé, le calme régnait sur le golfe. Une idée cruelle s'empara subitement de notre imagination affaiblie : si *la Belle* avait pris la mer pour se rendre aux *Tetas de Cabra*? L'anse était là, déserte en apparence; rien n'y trahissait la présence de la barque dans l'ombre opaque que projetait sur les eaux l'altière muraille au pied de laquelle nous l'avions laissée. J'avoue que mon cœur battit violemment. Je déchargeai ma carabine. La seconde qui s'écoula ensuite me parut longue comme un jour sans pain. Un cri retentit, une lueur brilla, le cauchemar se dissipa comme par enchantement. Une réception cordiale nous attendait, car on ne nous avait vus partir qu'avec regret.

La tourmente se réveilla avec la même rage avant l'aube

et ne s'apaisa qu'à la chute du jour, le lendemain, pour reprendre de nouveau dans la matinée du 27.

Notre situation prenait de la gravité. Nous étions condamnés à tenir notre mouillage jusqu'à entière pacification des éléments. En inspectant le gouvernail on s'était aperçu que le clou de fer forgé qui le soutenait, usé par le frottement contre le cuivre du femelot, était réduit au tiers de son volume et ne promettait ni de durer longtemps ni de résister à une grosse mer. Nous ne pouvions donc nous hasarder dehors sans un temps sûr. Or, nous entrions dans la saison des pluies, toujours signalée sur ces côtes par des orages et des coups de vents en tourbillon d'une violence redoutable ; ils sont fort expressivement qualifiés de *cordonazos*, coups de cordon ou coups de fouet.

Je me disposais à me remettre en route dès l'aube du 26, mais M. de Raousset ne voulut point entendre parler de cela avant d'avoir fait, lui-même en personne, une reconnaissance du pays voisin. Il me pria de l'accompagner. Nous partîmes tous deux après le déjeuner, armés jusqu'aux dents, et marchâmes longtemps sans rencontrer ni plaine, ni chemin tracé, ni vestige d'habitation. En vain essayâmes-nous de gravir quelque sommet du haut duquel il nous fût possible de nous orienter, partout des revers assez roides étaient couronnés de talus rébarbatifs. Notre intention était de chasser ; les vivres diminuaient rapidement et quelques chevreuils seraient venus fort à point, mais nous ne vîmes rien, si ce n'est un splendide mais timide *puma*, auquel le sifflement de deux balles maladroites donna des ailes pour s'éloigner de nous.

Après une dernière tentative d'ascension, nous nous étions assis, haletants et meurtris, dans une gorge étroite, à l'ombre d'une arche naturelle que formait le rocher au-dessus de nos têtes. Nos voix ne troublaient point le silence de ces lieux déserts; nous avions, chemin faisant, lancé quelques exclamations ayant trait à la chaleur, à la soif, à la fatigue, et peut-être aussi quelques jurons arrachés par la douleur au contact d'une épine ou d'une roche aiguë, mais la perspective de tomber sans cesse dans des redites décourageantes nous avait promptement rendus muets. J'étais donc là, les coudes sur mes genoux, la tête dans mes mains, regardant les gouttes de sueur que distillait mon front choir sur le sol pour s'y vaporiser, quand un mouvement bien léger, mais inusité, appela mon attention vers un angle de la ravine distant de quelques mètres.

Je vis alors un crotale de belle venue ramassant ses anneaux au-dessus de l'orifice étroit d'un conduit souterrain que je jugeai d'abord devoir être sa demeure. Mais l'éclat dont ses yeux flamboyaient, l'inquiétude de sa tête, le gonflement de son cou, la disposition de son corps autour du trou, la sourde et fébrile émotion qui en agitait la partie supérieure, tandis que la queue aux grelots dénonciateurs était immobile et comme rivée au sol, tous ces symptômes d'anxiété enfin me firent changer d'idée; je compris qu'il attendait sa proie et, mieux, qu'elle approchait.

En effet, à la sombre ouverture s'agita bientôt le second personnage de ce drame. Un petit museau pointu, roux, circonspect sous de majestueuses moustaches grises et couronné d'oreilles en cornet, sortit en flairant le vent; un corps suivit la tête. J'avais à peine eu le temps de reconnaître un rat de terre que le malheureux animal, saisi à la nuque par les robustes mâchoires de son ennemi, enlacé de vingt nœuds entre-croisés, poussait en se défendant des gémissements d'agonie. Que pouvait-il faire? ses ongles et ses dents étaient inutilisés; comme Samson dans les liens des Philistins, il se roidissait convulsivement sous l'étreinte et cherchait à rompre le réseau élastique qui l'oppressait, mais à chaque effort violent et saccadé du pauvre ronge-mailles le reptile répondait par un de ces efforts calmes, harmonieux comme le va-et-vient de la houle, irrésistible aussi comme elle, et courant comme un frisson de sa tête à sa queue.

Il est des gens assez heureux pour avoir vu dans les jungles de l'Inde ou de l'Afrique, une panthère ou un lion se tordre ainsi sous l'étreinte d'un constrictor; je n'ai vu, hélas, la chose qu'en raccourci, mais je ne l'oublierai point.

Bientôt la résistance devint moins forte; un à un les os du rat avaient craqué en maint endroit; ses cris s'éteignaient dans sa gorge comprimée sans relâche par les crochets du serpent. Un quart d'heure plus tard, son cadavre, pétri dans le sang et la bave, avait perdu toute forme, et nous vîmes le reptile, dénouant ses replis, s'allonger avec une satisfaction révoltante, hideuse préméditation d'une hideuse jouissance.

Alors commença pour nous un spectacle non moins curieux mais plus révoltant. Avec quelle volupté lascive l'odieux animal détendait maintenant les ressorts de sa souple machine ! Avec quel laisser aller créole il ruminait les joies à venir de son estomac ! Sa gueule s'ouvrit effroyablement, son cou se dilata au diamètre de l'écartement de ses mâchoires, et dans ce gouffre commença à disparaître le mets préparé, lentement, par saccades, par un effort du gosier qui envoyait chaque fois d'anneau en anneau jusqu'aux grelots de la queue un ondoiement plein de sensualité. Jamais la gloutonnerie ne s'était révélée à moi avec ce cachet de débauche infecte. Durant la lutte précédente, cet animal rampant avait pu paraître beau d'énergie comme un sauvage conquérant; vautré maintenant dans un crapuleux oubli de toute autre chose que de lui-même, il était répugnant comme un Néron qui s'endort sur le ventre de la liberté étouffée.

A moitié festin, il s'arrêta, ses paupières se fermèrent, la torpeur succéda aux frissonnements de la gourmandise. Je me levai alors ; j'étais en proie à un sentiment violent que je qualifierais volontiers d'indignation, n'était que l'indignation eût été puérile en pareil cas, car enfin il faut bien que tout le monde vive, pour vivre il faut manger, et chacun mange comme il peut; je pense que c'était plutôt un sentiment de dégoût très-exalté. Armé de la baguette de fer de ma carabine, je m'avançai vers lui. Ses yeux s'ouvrirent au bruit de mes pas et des torrents de fureur haineuse en jaillirent soudain, mais le corps demeura inerte, vaincu par une terrible réaction des muscles après des efforts trop passionnés. Cependant je m'aperçus en le considérant qu'il reprenait insensiblement de la vie, l'engourdissement de la digestion n'était pas complet encore et une imperceptible contraction du gosier en chassait peu à peu la proie déjà engloutie. La tige de fer s'abattit à temps sur lui et vengea le rat. Je coupai les sonnettes qui étaient au nombre de douze.

« Avouez, me dit en souriant M. de Raousset à qui je les offris, que si nous avions ici quelque aruspice intéressé à nous renvoyer chez nous, il aurait un beau texte à noirs présages ! »

La présence de ce rat nous laissa supposer qu'il devait y avoir de l'eau dans le voisinage, mais nous n'en vîmes point. Sur ce, nous regagnâmes la plage en causant du projet d'aller à Guaymas par terre ; M. de Raousset le proclama insensé de la part d'hommes aussi épuisés que nous l'étions, et obligés d'ailleurs à une grande circonspection dans ce pays plein de dangers de toutes sortes. Il demeura donc convenu que nous repartirions tous sur *la Belle*, à la première risée favorable, pour nous rendre aux *Tetas de Cabra*.

Nous fûmes retenus deux jours au Morro-Colorado.

A quelque chose malheur est bon : grâce à ce contretemps nous échappâmes à la surveillance de *la Suerte*, qui, cédant elle-même à la violence de l'ouragan, était allée chercher un refuge dans l'*ensenada de Lobos*, à l'abri de l'île de ce nom, au sud de Guaymas. Nous avions dû nous croiser avec elle dans le courant de la journée brumeuse du 25. Ce fut notre première bonne fortune durant ce voyage, si tant est qu'on puisse qualifier de fortuné le sort de la souris qui parvient à se glisser dans la souricière sans être aperçue du chat.

J'avais fait provision d'ustensiles de pêche à San-Jose, et nous passâmes ces deux jours au milieu des rochers, dans une eau dormante, occupés à tendre des lignes aux poissons et à poursuivre dans leurs retraites moussues d'énormes langoustes, jouissant à la fois et des plaisirs du bain et des splendeurs d'un paysage sous-marin non moins riche et plus grandiose qu'à San-Benito. Là-bas la lumière inondait sans obstacle le fond du bassin; ici l'eau était plus profonde et de lourdes masses de roches noires y jetaient de grands partis-pris d'ombre d'un effet prestigieux. Nous ne prenions pas la peine de nous dévêtir pour nous livrer à ces jeux, et quelques minutes d'exposition au soleil suffisaient pour nous sécher. La température était si élevée que jamais le moindre frisson ne passait sous nos vêtements humides en sortant de l'eau; nous n'éprouvions en y entrant aucun saisissement; le milieu était plus agréable, mais la transition était à peine sensible.

Une petite brise du nord s'élève pendant la nuit du 27 au 28, et, la mer s'étant apaisée, nous mettons à la voile au jour naissant. L'aspect de la côte montagneuse que nous suivons nous remet en mémoire celle de l'île Santa-Margarita. Elle se prolonge ainsi jusqu'à la baie de *los Algodones*, au milieu de laquelle s'élève un groupe d'îlots du même nom. En face de nous se dessinent les *Tetas de Cabra*, deux mamelons jumeaux auxquels leur conformation bizarre a valu ce nom très-mérité de mamelles de chèvre; ils sont un des points marquants de l'atterrage de Guaymas. La chaîne du littoral s'abaisse graduellement en arrivant au fond de la baie, et se détourne brusquement devant un plateau bas qui isole les *Tetas*. La brise a été molle toute la matinée; elle fait mine de nous abandonner complétement près des îlots, cependant quelques risées intermittentes nous poussent par saccades jusque dans une petite anse de la *Punta-Tordilla*, véritable nid de pirate bien couvert par des rochers à l'ombre desquels nous demeurons tapis.

Il était trois heures de l'après-midi. Après un bon repas, j'entends un repas substantiel, je pris aussitôt congé de *la Belle*. M. de Raousset, que j'avais éclairé sur le compte d'Albert, me donna cette fois pour compagnon de route mon ami le Dr Pigné-Dupuytren. Il nous enjoignit de faire diligence afin d'arriver le soir même à Guaymas, ce qui était rigoureusement possible.

Un long circuit sur le plateau pierreux et aride dont j'ai parlé, nous amena au pied des *Tetas de Cabra* et sur le bord d'un *estero*, sorte de lagune communiquant avec la mer. Les hauteurs qui l'entouraient nous barrant le passage, nous ne vîmes là encore d'autre chemin à suivre que le lit d'une rivière absente, qui s'ouvrait devant nous encaissé entre des parois escarpées. La voie était large et bien nettoyée, d'une pente presque insensible, quelque peu sablonneuse pour tout inconvénient. Malheureusement elle nous éloignait du but, ce qui était un vice rédhibitoire.

Après deux longues heures de marche, elle nous conduisit dans une plaine rocailleuse d'un aspect désolatif, déserte comme tout le pays que nous avions parcouru déjà, maigrement parée de pieds de *mesquite*, de cactus cylindriques ou candélabres et de maguey sauvage, qui, se faisant repoussoir les uns aux autres, servaient à faire ressortir la navrante étendue du paysage sans en rompre la monotonie.

Là nous nous consultâmes. La boussole dont nous étions munis nous disant clairement que nous étions dévoyés, force nous fut de rebrousser chemin. Un examen plus minutieux nous fit découvrir, non loin des mornes connus sous le nom d'*Altos-Picachos*, dans le flanc des collines basses mais accores placées à l'orient du ravin, un sentier de chèvres qui avait échappé à nos premières investigations. Il nous permit de gagner leur sommet. Dans le repli d'un étroit vallon qu'il traversait s'élevait une misérable hutte de berger; malgré son apparence déserte, l'espoir d'y trouver de l'eau nous y poussa et il n'y avait point de serrure à forcer pour y pénétrer, mais elle ne contenait, hélas ! que quelques poteries ébréchées et poudreuses, aussi sèches que notre gosier. A la chute du jour, nous descendîmes dans une plaine que bordait la mer à notre droite; le sentier se dirigeait vers la plage en serpentant à travers un triste chaparral émacié par la sécheresse, et ne rappelant à l'esprit, par ses teintes poudreuses, aucune idée de végétation.

Nous marchâmes tant qu'une clarté suffisante nous permit de reconnaître le sentier sur cette terre durcie jusqu'à la sonorité, où le pied de l'homme ne marquait pas. La nuit nous arrêta enfin au bord de la mer, au pied d'un mamelon pierreux, bizarrement posé là comme les ruines d'une pyramide, en face de la petite île *Chapatona*. Mourants de fatigue et de soif, nous songeâmes à prendre du repos et nous nous étendîmes sur le sable de la rive, seul endroit où nous pensions être en sûreté du côté des reptiles. Nous nous étions dépouillés de nos vêtements de laine pour nous en faire une couche, et, malgré la légèreté de notre costume, nous n'éprouvâmes pas un seul instant, même au point du jour, cette sensation de fraîcheur qui accompagne dans nos climats les nuits les plus chaudes, et dont nous avions souffert même à l'île Santa-Margarita par une latitude plus basse ; la brise de la mer, s'échauffant en passant sur la péninsule, donne aux côtes de la Sonora une température beaucoup plus élevée ; cette température varie de 30° à 40° centigrades à l'ombre dans la saison sèche.

L'aurore nous trouva en marche. Le sentier s'éloigne du rivage et pénètre de nouveau dans le chaparral où la chaleur devient accablante dès les premiers rayons du soleil. Une soif qui datait de la veille, une soif de Santa-Margarita, en un mot, nous prit à la gorge. A l'*estero del Soldado*, nous essayâmes de prendre un bain, mais cette lagune n'a pas de fond et la plage s'allongeait si doucement qu'il eût fallu faire un quart de mille pour avoir de l'eau jusqu'à la ceinture ; des nuées de moustiques, les terribles *sancudos*, s'abattirent sur nous dès qu'ils nous virent sans défense, pendant que des légions d'écrevisses menaçaient nos pieds ; nous nous tînmes pour battus sans en demander davantage. Tout autour de la lagune le sol était couvert d'une croûte saline qui criait sous nos pas ; à partir de ce point, le sentier s'enfonçait dans l'intérieur. Un ruisseau nous barra bientôt le passage ; l'eau en était si limpide, si séduisante, que nous nous penchâmes pour en boire. Hélas ! elle était salée ; c'était un bras de l'*estero*.

Un homme à cheval parut sur le bord opposé qui était un talus élevé ; boire étant désormais notre seule préoccupation, je le hélai pour m'informer de lui s'il n'y avait pas d'eau douce dans le voisinage, mais à notre vue il tourna bride et disparut au galop. Cette conduite nous démontra combien notre mine était peu prévenante. Les raisons qui avaient fait découvrir à l'alcade de San-Jose que nous étions des *caballeros*, n'existant plus, nous tombions dans la loi commune, et des vêtements de marins en lambeaux, des bottes rougies et éventrées, de longs cheveux, des barbes incultes, des visages hâves, des yeux brillants d'une animation fébrile, des revolvers, des coutelas, des carabines, ne constituent, je pense, en aucun pays, des titres à la sympathie et à la confiance publiques.

La soif nous terrassait, et cependant il fallait marcher ; mettre une balle de plomb dans sa bouche pour y entretenir l'humidité est une de ces mystifications de romanciers qui n'a pas cours dans la vie réelle : nous le savions depuis longtemps. A Guaymas seulement nous espérions trouver l'adoucissement de notre souffrance, et Guaymas ne pouvait être bien éloigné. Nous avancions péniblement dans un silence qui tenait de l'hébétement ; je sais bien que je ne jouissais pas à ce moment de la plénitude de mes facultés mentales. Tout à coup un murmure confus vint frapper mes oreilles ; il n'y avait pas à s'y méprendre, c'était le tumulte des troupeaux. Les mugissements des taureaux dominèrent bientôt l'ensemble, nous doublâmes le pas. Un peu plus loin, nous distinguâmes le bêlement plaintif des moutons, puis le chant du coq ; nous approchions sans doute d'un *rancho*, dont l'épaisseur du chaparral dérobait la vue.

Un spectacle magique se déroula enfin à nos yeux éblouis.

« De l'eau ! de l'eau ! » nous écriâmes-nous en même temps.

Sur une vaste citerne dont les murs blanchis réverbéraient les feux du soleil, se penchait un balancier colossal, supportant le sceau de cuir destiné à alimenter des abreuvoirs autour desquels se pressaient les animaux. Un nuage passa devant mes yeux, et je ne sais comment cela se fit, mais je me trouvai agenouillé devant une auge de pierre, à côté du docteur, disputant aux chèvres et aux brebis étonnées une eau tiède et bourbeuse.

Une main se plaça sur mon épaule, je n'en fis cas ; elle me secoua rudement, je me retournai furieux : que me voulait ce trouble-fête ?

« Señores, nous dit l'étranger d'un air compatissant, cette eau n'est pas faite pour des hommes. Venez avec moi, vous en trouverez de meilleure ; je vous donnerai aussi de l'eau-de-vie, du lait, ce que vous voudrez enfin. » Nous le suivîmes.

Alors seulement nous apparut, à peu de distance de la citerne, un bâtiment en construction, dont les murs en *adobes* attendaient la charpente ; devant nous s'élevait un *jacal*, vaste cabane en bambous et en feuillage dans laquelle nous entrâmes. C'était une cuisine, et des mieux installées ; il y régnait une apparence d'ordre et de comfort qui me surprit. Notre hôte nous offrit des siéges et donna l'ordre à une *moza*, une servante, de nous préparer du *pinole*. Le pinole est une boisson rafraîchissante fort en usage au Mexique. Sa préparation consiste à délayer dans de l'eau, avec du sucre et de la cannelle en poudre, une mouture de maïs ou de froment, dont le grain a été, au préalable, grillé comme du café. Là ne se bornèrent pas les prévenances du Mexicain, qui était évidemment le maître de céans. Il plaça devant nous une bouteille de cognac d'importation française, nous offrit du café au lait, nous fit faire des tortillas. Nous usâmes de tout, je crois.

Cet homme pouvait avoir de trente-cinq à trente-huit ans ; il était bien de sa personne et portait en citadin un costume de campagnard aisé ; chapeau de Panama, chemise fine, *calzonera* de cuir jaune, large et trèssouple, ouverte du haut en bas sur la hanche et retenue avec de gros boutons d'argent bombés, bottes de peau de daim, ceinture de soie rouge. Il m'interrogea longuement et avec une autorité qui, mieux encore que sa tournure, me prouva que nous étions entre les mains de quelque personnage important et soupçonneux. Je lui dis que nous étions Français, déserteurs d'une goëlette américaine qui se rendait au *rio Colorado* et qui, surprise par le *temporal* de l'avant-veille, avait été chercher un abri au *Morro Colorado*, où nous l'avions laissée.

« Au *Morro Colorado !* s'écria-t-il, vous vous trompez, c'est aux *Tetas-de-Cabra*. »

J'affirmai que je ne pouvais faire erreur, attendu que nous avions relevé les *Tetas* en passant, la veille du *temporal*.

« Cependant, reprit-il, il y avait, hier soir, une petite barque de dix à douze tonneaux au plus, mouillée au pied des *Tetas*. Je l'ai observée moi-même, avec cette lunette, du haut des *Altos-Picachos*. »

Je fis l'ignorant et l'assurai que, dans tous les cas, notre goëlette était d'un tonnage beaucoup plus fort.

Il s'enquit de ce que nous pensions faire à Guaymas. Nous allions nous joindre aux passagers du *Challenge*, dont plusieurs nous étaient connus : je citai MM. Guilhot, Laval, Desmarais, ainsi que le docteur Canton. Il nous apprit que l'on avait formé un bataillon français, dont M. Desmarais avait le commandement.

Nous nous levâmes alors pour nous remettre en route, mais notre hôte mit une insistance affectée à nous retenir. Un quartier de chevreau qui rôtissait dans un coin nous était destiné ; nous devions avoir grand'faim. — Ce n'était que trop vrai. — Il ne souffrirait pas que des hommes dans notre position quittassent sa demeure avec l'estomac vide. Il n'y avait aucun à-propos à résister,

nous cédâmes. Pendant que nous mangions, il sortit, je le vis parler à un *peon*, qui monta à cheval et partit à fond de train. Après le déjeuner vint le café, et nous fûmes enfin libres de quitter ce toit hospitalier. Nous remerciâmes cordialement le *ranchero*, qui refusa avec dignité la rétribution que nous crûmes devoir lui offrir. Il me souvint plus tard qu'il m'avait dit d'un ton expressif :
— « Gardez votre argent, señores, il pourra vous être plus utile qu'à moi. »

A peine avions-nous fait deux cents pas, je m'aperçus que nous étions suivis par un homme à pied ; je crus le reconnaître pour l'avoir vu rôder autour du *jacal*. Cela sonnait mal. Pour vérifier le fait, je proposai à mon compagnon de nous asseoir ; l'individu en question nous dépassa et s'assit lui-même à quelques pas plus loin. Nous nous remîmes en marche ; il se leva et marcha.

En approchant du massif de montagnes dont Guaymas est environné le chemin s'élève graduellement. Devant nous, entre les hauteurs *del rancho* et celles de *Bacochivampu*, s'ouvrait le défilé étroit qui conduit à la ville. Nous laissâmes à notre gauche le *rancho*, vaste bâtiment carré qui commande le défilé ; il sert d'ouvrage avancé et sa possession est très-importante pour la défense de Guaymas du côté de la terre. M. de Raousset avait particulièrement recommandé qu'on l'occupât immédiatement, si l'on s'emparait de la ville avant son arrivée.

Nous nous engageâmes dans la gorge et les premières maisons de Guaymas ne tardèrent pas à s'offrir à nos regards. C'était un triste spectacle : des masures et des ruines, ainsi qu'à San-José. Sur le fond gris des *adobes* se dessinaient dans le lointain quelques figures blanches ; une conviction invincible s'établit en moi à l'instant.

« Ce sont des soldats, dis-je à mon compagnon, et, qui mieux est, des soldats chargés de nous arrêter. »

Le docteur, à qui je n'avais pu faire partager ma manière de voir au sujet de l'homme qui nous suivait, rejeta bien loin mes sombres pronostics. Pour moi, j'aurais volontiers tenu un pari sérieux sur un simple pressentiment. Cependant notre satellite s'était rapproché de nous et marchait sur nos talons. Bientôt nous distinguâmes cinq soldats — les quatre hommes et le caporal classiques — qui cherchaient un peu d'ombre au pied d'un mur en ruine. Le *peon* nous dépassa et se dirigea vers le caporal, avec lequel il entra en conversation. Le docteur commença à penser que mes pressentiments méritaient d'être pris en considération.

« Halte! » nous cria le caporal au moment où nous passions fièrement devant lui.

Au même instant nous fûmes entourés, saisis, désarmés. Nous n'opposâmes aucune résistance impolitique, ce qui nous valut les éloges de l'honnête troupier et la promesse de conserver le libre usage de nos mains, si nous voulions nous laisser conduire en paix.

Un quart d'heure plus tard, nous étions dûment incarcérés au *calabozo* de Guaymas.

CHAPITRE XI.

Un *calabozo* mexicain. — Effet que nous y produisons. — Physionomies. — Arrivée de M. Guilhot et de quelques officiers français. — Interrogatoire. — Le colonel Campusano. — Une nuit orageuse. — La diane. — Le général Yañez. — Don Jose Calvo. — Liberté.

Depuis le cachot du collége, où ma mauvaise tête et mon aversion pour le grec m'avaient accidentellement conduit jadis, c'était la première fois que je franchissais le seuil d'une prison, du moins en qualité de pensionnaire. Mes débuts dans le genre m'ont laissé, j'en conviens, une vive impression, car le *calabozo* de Guaymas n'était pas dépourvu d'originalité.

Je me vis donc logé dans une vaste pièce, une grange, aux murs d'*adobes* non récrépis, détériorés par le temps et les locataires; sous les pieds, la terre nue; au plafond, des solives en troncs de palmiers non équarris; pour tout ameublement, une cruche fêlée. Une porte étroite et basse, flanquée de deux petites fenêtres grillées percées à cinq pieds du sol, ouvrait sur le *patio* ou cour intérieure. Dans ce paradis, où l'on ne pouvait établir de courant d'air vu la disposition des ouvertures, l'atmosphère était étouffante, bien que les fenêtres n'eussent pas de volets et que la porte fût ouverte tout le jour; il y régnait, en outre, une odeur méphitique, amplement justifiée par les habitudes des commensaux qui, pour n'avoir pas à demander trop souvent la faveur de traverser le *patio*, avaient consacré un des coins de l'appartement aux usages d'une vespasienne. Ces messieurs étaient au nombre de douze ou quinze, vieux et jeunes, Indiens et métis, sales, dépenaillés et porteurs de mines plus que suspectes. Leur costume consistait invariablement en une chemise de cotonnade, blanche en principe et passant à l'état de charpie brute, et un large pantalon de même étoffe. Je remarquai même que la chemise n'était pas absolument de rigueur. Plusieurs avaient la tête et les pieds nus, d'autres portaient des sandales et de grossiers chapeaux de paille. Nonchalamment étendus sur le sol, autour d'un lambeau de *fresada*, couverture commune qui remplace la cape des mendiants espagnols, ils manipulaient d'ignobles tarots et se disputaient quelques cigarettes au hasard du *monte*.

La cour était petite; le *saguan*, allée cochère des maisons mexicaines, fermé d'une grille à chaque extrémité, servait de corps de garde aux hommes du poste. Comme nos compagnons de chambre, les soldats se roulaient par terre sur leurs *fresadas* et jouaient au *monte*, le jeu favori de tous les gens de la langue d'Espagne. De temps en temps, l'un deux échappait à la surveillance négligeante du sergent, et, se glissant dans notre logis, venait familièrement tailler un *albur* ou deux avec les prisonniers ; *albur* est le nom que l'on donne aux passes du *monte*. Costume à part, les deux troupes différaient peu, du reste, et je ne sais trop laquelle j'eusse préféré rencontrer dans un endroit désert. Quand le sergent se montrait sur le seuil, les cartes disparaissaient, mais soldats et prisonniers avaient l'air d'agir en cela beaucoup plus par considération pour un chef qui a des ordres entraînant une responsabilité, que par crainte de les lui voir exécuter, et lui, de son côté, mettait à n'y pas voir clair une complaisance sans égale. La vie des gens du peuple au Mexique est un brelan perpétuel ; il n'est si pauvre d'entre eux qui n'ait sa *baraja*, son jeu de cartes en poche ; aussi la tolérance pour ce péché mignon est-elle grande, et le *sota* règne en paix dans les lieux où il est le plus sévèrement prohibé.

Notre arrivée au milieu de cette société hétéroclite fit sensation. Malgré notre apparence misérable nous n'en appartenions pas moins par nos manières, notre langage et la teinte de notre peau, à la caste des *señores*, à la *gente de razon*, la gent de raison, titre dont s'affuble la partie de la nation qui tient entre ses mains la fortune ou le pouvoir. Rencontrer des gens de cette classe au fond d'un *calabozo* n'est pas chose commune dans un pays où l'esprit de caste est vivace et où, d'ailleurs, avec de l'argent, on allait alors rarement en prison, aussi ces pauvres parias se réjouissaient-ils de nous voir à leur niveau. Eux les *indios*, les *negros*, qui hors de cette enceinte devaient nous adresser la parole à la troisième personne, chapeau bas, nous céder le pas et le haut du trottoir, eux que nous eussions tutoyés familièrement, allaient de pair avec nous maintenant. Comme je n'ignorais point que j'avais affaire à de francs chenapans et que je ne me sentais nullement mission d'apostolat, je ne jugeai pas que ce fût le lieu de faire de la philanthropie pratique ; je me tins avec eux sur une réserve de glace et me gardai de me mêler à leur conversation, ce qui nous eût conduit de plain-pied à une douce intimité, mais j'y prêtai l'oreille et ne tardai pas à apprendre des choses curieuses. Nous passions tout bonnement pour des déserteurs du bataillon français qui, après avoir commis un assassinat, s'étaient réfugiés dans les montagnes ; la faim et la soif, qui font sortir le loup du bois, nous avaient forcés de nous rapprocher des habitations et nous avions été pris : voilà l'histoire.

Je me hâtai d'appeler le sergent de garde, qui se promenait gravement dans la cour armé de la longue baguette, insigne de son grade, dont il se sert à l'occasion pour dauber les épaules de ses subordonnés, et lui demandai s'il connaissait les motifs de notre arrestation. Il me répéta, mot pour mot, ce que je venais d'entendre, avec ce complément que l'identité de l'un de nous, il eut la délicatesse de ne pas vouloir le désigner, était parfaitement établie. Nos compagnons, enchantés de voir que je parlais leur langue, se lancèrent dans de longs commentaires sur notre air féroce, notre crime et notre supplice prochain. Sur ce dernier chapitre ils furent intarissables, et, ravis de nous faire partager les appréhensions qui assaillaient plus d'un d'entre eux peut-être, ils se complurent à entrer dans les détails les plus intimes ; quelques loustics provoquèrent au plus haut degré l'hilarité de la bande en expliquant, à l'aide d'une mimique brutale, la figure que nous ferions, le docteur et moi, en rendant le dernier soupir au bout du chanvre expiatoire.

Après quelques heures de séjour dans un lieu pareil,

il n'est plus permis à un être qui pense de demeurer indifférent à certaines questions sociales. Il doit se jeter à corps perdu dans le parti de la rétrogradation ou bien dans celui du progrès ; affirmer la déchéance intellectuelle de certaines castes comme justification de leur état de servage, ou bien affirmer plus énergiquement encore l'égalité de tous, et le droit des prolétaires à une éducation qui les élève au rang d'homme; affirmer que le devoir des privilégiés est de propager l'instruction, le vrai niveau social. Pour moi, j'ai traversé les rangs des parias de la civilisation sans voir autre chose qu'un homme dans chacun de ces êtres inférioriés ; plus leur dégradation m'a paru grande, plus lourde m'a semblé notre responsabilité, à nous; en face d'une conscience fruste la mienne se trouble et s'inquiète, et j'en tire vanité.

Je priai le sergent de faire prévenir le commandant du bataillon français de notre présence en ce domaine, il me le promit, mais se garda bien de le faire. Cependant ces étranges propos me donnaient à réfléchir et, bien que je n'y vis qu'un bavardage sans portée chez des subalternes ignorants et désœuvrés, j'en conclus toutefois que notre position pourrait bien devenir momentanément plus embarrassante que nous ne le pensions ; il me parut à propos d'anéantir certain autographe compromettant de M. de Raousset-Boulbon, que j'avais logé entre le cuir et le feutre de mon chapeau, et, pour ce faire, je l'avalai. J'en connaissais le contenu par cœur.

Il y avait deux heures que nous étions encagés quand arriva M. Guilhot. En nous rendant à la prison, nous avions été reconnus par quelques hommes du bataillon qui s'étaient hâtés d'aller le prévenir ; il s'était alors rendu chez le général, et à l'aide d'un subterfuge, en prétendant qu'une étroite consanguinité le liait à moi, il avait obtenu, non sans quelque peine, l'autorisation de nous voir librement à toute heure du jour. Il nous apprit que le *ranchero* qui nous avait hébergés avec tant de complaisance le matin n'était autre que don Cayetano Navarro, commandant de la garde nationale de Guaymas, ancien préfet d'Hermosillo à l'époque de la prise de cette ville par M. de Raousset. Notre étoile ne pouvait nous guider plus mal. C'était le señor Navarro qui nous avait fait arrêter et le prétexte était bien un assassinat, mais Guilhot pensait qu'en réalité les soupçons portaient beaucoup plus juste.

Sur ces entrefaites se présentèrent MM. Lebourgeois-Desmarais, commandant, Canton, chirurgien major, Laval et quelques autres officiers du bataillon français. Nous fîmes échange de civilités et le sergent, stupéfait de nous voir si bien accointés, nous autorisa à nous tenir dans la cour, faveur en retour de laquelle il reçut de moi une *peseta*, deux réaux ou vingt-cinq sous. Je tirai alors M. Desmarais à part et lui transmis les ordres dont j'étais porteur ; il prit un ton d'autorité pour me dire qu'il allait envoyer des hommes à la recherche de *la Belle*, mais qu'il fallait renoncer à l'idée de s'insurger avant l'arrivée de M. de Raousset.

Ces messieurs nous avertirent que nous allions subir un interrogatoire après lequel nous serions mis en liberté sous leur caution. Il était indispensable de nous entendre tous au sujet de nos réponses, et pour cela nous leur contâmes la fable que j'avais débitée le matin à M. Navarro. Vers une heure après midi, un officier se présenta et me pria de le suivre. Il me conduisit dans la maison voisine qui était celle du colonel Campuzano, commandant de place et capitaine de port, devant lequel je comparus.

Le colonel était un métis d'une quarantaine d'années, de taille ordinaire, ayant de l'embonpoint, le regard faux, la mine ingrate et jouissant dans le pays, ainsi que je le sus depuis, d'une réputation en harmonie avec sa mine. Il siégeait en costume civil devant une table, à l'extrémité de laquelle un secrétaire de même couleur que lui se tenait prêt à dresser le procès-verbal de la séance. Près d'eux était assis également un négociant de la ville, appelé pour servir de trucheman, si besoin était. Je sus bientôt que c'était le señor Espriu, un des noms de ma liste ainsi que Navarro : décidément j'étais tombé en pays de connaissance. Je récusai poliment son assistance et l'interrogatoire commença; il dura trois mortelles heures. Le colonel me posa une multitude de questions minutieusement oiseuses, auxquelles je m'attachai à répondre de mon mieux et surtout avec toute la dignité de manières, de ton et de langage dont j'étais capable ; cela le frappa sans doute, car je ne tardai pas à être traité avec les égards dus à un *caballero* : c'était ce que je voulais. De M. de Raousset il ne fut question non plus que s'il n'eût jamais existé, ce qui me prouva clairement qu'on était sur la piste de la vérité : j'étais toisé. A force de me faire mettre les points sur les *i* il m'amena à ne plus parler que de la Californie du nord et des Américains, et, le señor Espriu s'en mêlant, la conversation prit un moment, vers la fin, un caractère tout à fait familier. Enfin, après m'avoir fait apposer ma griffe au bas d'un procès-verbal de quatre grandes pages, dont je venais de recevoir lecture, le colonel me congédia presque obséquieusement.

Je me croisai dans la rue avec le docteur. M. Guilhot m'attendait dans la cour de la prison et nous demeurâmes ensemble jusqu'au soir; il m'apprit des choses qui me surprirent fort. Après avoir été capitaine d'une des compagnies françaises, froissé dans sa délicatesse et sa conscience de la manière dont les choses se passaient au sein de l'état-major, il avait donné sa démission depuis quelque temps; désespérant enfin de nous voir arriver, il se disposait à partir pour Mexico, muni des recommandations du général Yañez qui appréciait sa tenue et lui voulait du bien ; deux jours plus tard nous ne l'eussions pas trouvé à Guaymas. Il espérait que M. de Raousset allait réformer l'organisation du bataillon dont il y avait bon parti à tirer, mais sur lequel, dans les conditions actuelles, il y avait peu à compter.

Sur ces entrefaites arriva l'heure du souper des prisonniers ; ils mangèrent dans la cour où ils eurent congé de prendre leurs ébats jusqu'à la nuit. L'ordinaire était le même qu'au repas de midi, auquel nous avions assisté sans toutefois y prendre part, ayant été servis de la *fonda* de Sonora ; c'étaient des haricots cuits à l'eau et des *tortillas*. De tout cela il n'y avait pas assez, dans la gamelle où la bande entière vint se rassasier, pour satisfaire l'appétit de deux hommes du nord ; cependant nos compagnons ne parurent pas trouver leur pitance trop courte. Quand sonna la retraite, M. Guilhot dut se retirer, au moment où le docteur revenait de son interrogatoire qui n'avait pas été moins long que le mien. Comme je m'avançais au-devant de lui, le sergent se mit respectueusement entre nous deux et nous annonça que nous étions *incomunicados*, c'est-à-dire que nous devions être séparés désormais. Nous échangeâmes un muet serrement de main en souriant de cette précaution tardive, qui aurait eu de l'à-propos sans doute avant notre interrogatoire. Le docteur fut conduit dans la loge du porte-clefs, qui ouvrait sur le *saguan*, et moi je regagnai la cour. Les prisonniers rentraient au *calabozo*, dont la porte allait se fermer sur eux ; je frissonnai à l'idée de passer la nuit dans ce lieu infernal, aussi ne mis-je aucun empressement à les suivre. Le sergent vit mon hésitation et la comprit, le souvenir de ma libéralité du matin aidant, il m'autorisa à demeurer dans la cour ; je l'aurais embrassé volontiers, si je n'avais pensé lui faire beaucoup plus de plaisir en lui donnant une seconde *peseta*. Un soldat m'apporta alors des couvertures que m'envoyait M. Guilhot, et je m'établis dans un coin à la belle étoile ; le sommeil s'appesantit bientôt sur mes paupières et m'arracha complétement à toute sensation extérieure.

Je ne tardai pas à être réveillé en sursaut d'une manière fort désagréable, et ce fut en chancelant comme un homme ivre que je suivis le sergent jusqu'à la loge du geôlier. Un officier venait nous chercher pour nous conduire chez le gouverneur qui désirait nous entretenir avant de nous rendre la liberté. Je ne regrettai plus d'avoir été éveillé. Le capitaine Espino, notre guide, major de place de Guaymas, était un jeune homme bien élevé et de manières distinguées ; il nous fit chemin faisant quelques excuses courtoises sur la nécessité où l'on s'était vu de nous confiner en pareil lieu. Je ne saurais exprimer le soulagement immense que j'éprouvai en me retrouvant en pleine rue, dans l'atmosphère des gens libres, et dans la compagnie plutôt que sous l'escorte de cet homme. Nous n'étions pas à cent pas de la prison qu'un autre officier accosta le capitaine et lui parla à voix basse : — « Messieurs, nous dit alors celui-ci, en se tournant vers nous, le général ne peut, à son grand regret, vous recevoir ce soir, empêché qu'il est par des affaires sérieuses, mais il me charge de vous annoncer que, vous tenant pour gens de bien, et ne voulant pas vous renvoyer au *calabozo*, il désire que vous alliez attendre son loisir à la caserne, où vous aurez le poste des officiers pour logement. »

La caserne mexicaine étant située dans la grande rue par laquelle nous étions arrivés la veille, nous rebroussâmes chemin ; c'était toujours une prison, mais du moins n'avait-elle rien de répugnant. Il y avait au poste quelques officiers qui nous reçurent froidement et nous invitèrent à nous coucher ; nous ne nous fîmes pas prier.

Le docteur ne tarda pas à s'endormir, mais, en dépit de ma fatigue, je ne pus l'imiter.

Il me semblait qu'autour de moi tout avait une physionomie singulière ; c'étaient des allées et venues constantes ; des soldats portant des ordres au bout de leur fusil entraient et sortaient ; des officiers armés jusqu'aux dents arrivaient [les uns après les autres ; ils chuchotaient mystérieusement et nous étions fréquemment sur le tapis à en juger par leurs gestes et leurs regards. Tout cela me paraissait louche. Le poste était un vaste parallélogramme irrégulier ayant deux grandes fenêtres grillées sur la rue, une porte sur le *saguan* où stationnait le piquet de garde, une sur une cour entourée de *portales* (galeries ou *verandah*) sous lesquels les soldats dormaient pêle-mêle au pied de leurs armes en faisceaux. A chacune de ces portes il y avait une sentinelle. L'ameublement de la pièce consistait en une grande table et quelques bancs ; de grossières peintures, représentant l'aigle mexicain debout sur le nopal, avec des drapeaux, des trophées militaires, décoraient les murs mal unis, quelques chandelles de suif éclairaient la scène.

Cependant l'heure avançait et le silence envahit graduellement la ville et la caserne. De temps en temps il était troublé par le cri de *sentinela alerta!* poussé d'une voix traînante et lugubre par de nombreux factionnaires. Les officiers jouaient au *monte*, aucun d'eux ne se coucha. Peu à peu, convaincus que nous dormions, ils haussèrent la voix et je pus écouter leur conversation qui roula exclusivement sur nos affaires. J'acquis bientôt la certitude que l'on avait vent de l'arrivée de M. de Raousset et de notre connivence avec lui, on s'attendait à une révolte du bataillon cette nuit même. De nombreuses patrouilles des deux nations sillonnaient la ville ; chaque fois que se présentaient nos compatriotes il y avait sensation au poste, les officiers se levaient et s'armaient, puis, la patrouille passée, ils reprenaient les cartes en maugréant contre les Français et en particulier contre nous, les émissaires de malheur, auxquels on réservait, le cas échéant, un châtiment sommaire. Je me l'entendis dire plusieurs fois très-catégoriquement. Le tout était relevé de ces insupportables lieux communs de bravade, expression d'une jactance de Cid *campeador*, fort imposante dans les romans, mais puérile dans la vie réelle. Un clairon stationnait à la porte du *patio* prêt à sonner l'alarme. Ainsi s'écoula la nuit.

Dompté par une lassitude de corps et d'esprit que les événements de la journée justifiaient assez, je finis par céder au sommeil. Mais à peine avais-je perdu conscience de la réalité, que le son de ce clairon maudit retentit à mon oreille comme la trompette de saint Jérôme, et me fit bondir décidé à vendre chèrement ma vie. — Ce n'était que la diane et la paix n'avait nullement été troublée; les officiers se dispersèrent. Je repris incontinent mon somme, qui dura jusqu'à une heure assez avancée du jour : l'arrivée de M. Guilhot y mit seule un terme.

La journée du 30 se passa sans que l'on parût s'occuper de nous, et nous ne vîmes même aucun officier du bataillon français. Nous eûmes toute liberté de parcourir la caserne, de causer avec les soldats et d'assister à leurs exercices. L'uniforme du soldat mexicain consiste en une veste de toile blanche, à petites basques comme celle de nos lanciers, sous laquelle il n'a souvent pas de chemise; le pantalon est de même étoffe. Un très-petit shako de cuir noir couvre sa tête et des sandales protégent ses pieds; les sous-officiers seuls avaient des souliers à Guaymas.

Ce costume collant fait admirablement valoir le musculeux développement du torse et les belles proportions de ces Indiens. Leur taille dépasse rarement la moyenne, ils ont la tête forte, le cou court généralement, les extrémités fines. Le visage a du caractère, les yeux sont beaux mais le regard est dur, les pommettes sont saillantes et la mâchoire inférieure est large. Ils portent obligatoirement les cheveux ras, sauf une longue mèche sur chaque tempe, et sont imberbes; les exceptions à cette dernière règle paraissent bizarres, et la moindre teinte noire sur la lèvre supérieure de l'un d'eux donne immédiatement à sa physionomie un cachet de sauvagerie très-marqué. Les officiers, au contraire, ayant tous, peu ou prou, du sang blanc dans les veines, sont généralement possesseurs de fortes moustaches.

Un fusil et sa baïonnette compose tout l'armement. Ceux de la garnison de Guaymas étaient à percussion, fort bons et fort bien entretenus. Le soldat indien passe volontiers toute une journée à nettoyer son arme, et tous ont en poche un morceau de cuir ou de peau avec lequel à chaque instant du jour, à la parade, en faction, partout enfin, ils frottent soigneusement les parties ternies par le contact de la main moite souvent dans ces régions brûlantes. Un ceinturon beaucoup trop lâche soutient le fourreau de la baïonnette et une giberne monstrueuse, qui pend parfois au-dessous des basques de la veste et doit considérablement gêner leurs mouvements. Il n'y avait ni lits, ni lits de camp, ni tables, ni bancs, ni meubles d'aucune espèce dans la caserne; un gros clou dans le mur sert à accrocher la giberne. Les soldats s'assoient par terre, comme les Orientaux et les tailleurs, ils y dorment aussi enveloppés dans une *fresada* qui compose tout leur bagage. Le sac est un complément facultatif que quelques-uns s'octroient mais dont la majorité n'a que faire.

Le costume des officiers était assez varié. Tous portaient une simple veste, toujours déboutonnée à cause de la chaleur; vestes d'uniforme, à petites basques, en drap vert, à brandebourgs noirs, sans épaulettes; vestes rondes, aussi, de couleur obscure et de coupe bourgeoise, avec une attente ou seulement un bouton de métal sur l'épaule; pantalons de fantaisie. Quant à la coiffure, les uns avaient une large casquette ronde galonnée, d'autres un shako réduit aux dimensions du képi français, d'autres enfin le chapeau mexicain aux vastes ailes plates, en feutre dur, blanc, gris ou roux. Il n'y avait pas deux sabres jumeaux dans tout cet état-major. Quelques officiers supérieurs étaient en costume civil.

Dans le courant de l'après-midi nous nous décidâmes à écrire à l'agent consulaire de la France, don Jose Calvo, pour réclamer sa protection. Nous n'en reçûmes pas de réponse, comme bien on le pense, mais à la chute du jour le capitaine Espino vint nous chercher, et nous conduisit auprès du gouverneur dont la demeure était située sur la *plaza Mayor*.

Le général nous reçut dans un salon immense, meublé fort simplement et éclairé par des bougies; il était en costume bourgeois, redingote noire, pantalon et gilet de coutil, chapeau de paille. Nous trouvâmes là M. Calvo, et c'était le troisième personnage de ma liste de proscription avec lequel je faisais connaissance depuis la veille. Don Jose Maria Yañez pouvait avoir quarante-cinq ans à cette époque; un peu d'embonpoint ne chargeait en rien sa taille haute et bien développée. Il est de sang mêlé, mais je ne sais à quel degré; dans un pays où les trois races, blanche, noire et cuivrée, se sont étroitement mélangées et où leurs croisements en ont produit de nouveaux, il est presque impossible de déterminer l'origine d'un homme qui ne porte pas les signes distinctifs de la pureté du sang. Son air est affable et ses manières dignes et courtoises, également éloignées de l'obséquiosité et de l'arrogance, deux termes extrêmes entre lesquels peu de ses pareils savent trouver une voie droite. Il nous accueillit fort bien et nous annonça que, satisfait de notre interrogatoire, il nous mettait en liberté sous la caution de notre représentant toutefois, car, au demeurant, nous étions entrés sans papiers sur le territoire de la république. A l'air qu'il prit en nous parlant ainsi nous jugeâmes bien qu'il en pensait plus long qu'il n'en voulait dire. Pendant que M. Calvo entretenait le docteur en français, le général m'accabla de questions sur la Californie et les Yankees, et parut prendre un grand intérêt à mes réponses. Il nous fit enfin rendre nos armes et nous prîmes congé de lui.

Il était déjà tard et je ne pus voir ce soir-là aucun des officiers français. Nous allâmes souper dans un petit restaurant tenu par un certain Bousquet, un des héros d'Hermosillo, et situé non loin de la demeure de M. Guilhot dont nous allions faire la nôtre. Nous rencontrâmes là beaucoup d'hommes du bataillon, qui célébrèrent avec enthousiasme et notre délivrance et l'arrivée de M. de Raousset-Boulbon. C'était dans cette taverne que se réunissaient ses plus chauds partisans et tous ceux qui étaient mécontents de la manière dont les officiers avaient conduit les affaires jusqu'alors. Je recueillis ce soir-là, sur le compte de ces derniers, beaucoup d'informations, qui, ajoutées à celles que m'avaient fournies la conversation des officiers mexicains la nuit précédente, corroboraient suffisamment ce que m'avait dit M. Guilhot.

CHAPITRE XII.

Instructions de M. de Raousset à ses délégués. — Embarras du général Yañez à l'arrivée du *Challenge*. — Formation du bataillon. — Conduite des officiers. — Mécontentement. — Terreur. — Guaymas. — Types. — L'*aguador*. — Entrevue de M. de Raousset-Boulbon avec le général Yañez.

Les instructions remises à MM. Lebourgeois-Desmarais et Laval, passagers du *Challenge*, et plus tard à M. le docteur Canton, parti sur *l'Alerta*, portaient en substance que l'on devait, si faire se pouvait, attendre l'arrivée de M. de Raousset pour exécuter un coup de main sur Guaymas. Cette clause, sur l'exécution de laquelle on comptait peu, n'avait d'autre but que de contenir dès le début l'ardeur d'hommes que l'on supposait ambitieux de se signaler en l'absence de leur chef. — En attendant, on devait résister, amicalement mais avec énergie, à tout ordre de quitter Guaymas ou de se débander; exercer journellement les Français au maniement des armes et aux évolutions militaires; entretenir les relations les plus fraternelles avec le peuple et les soldats mexicains, se distinguer par une bonne conduite, afin d'avoir des sympathies dans toutes les classes, pour le cas où les exigences des autorités, un refus de solde ou toute autre cause, forceraient à recourir aux armes. Ce cas échéant, se fortifier dans Guaymas, désarmer les habitants, s'emparer de toutes les munitions de guerre que l'on trouverait, les emmagasiner et les ménager avec soin; occuper les défilés de la montagne et notamment le *rancho*. Réunir une cinquantaine de bœufs et autant de chevaux, mais pas davantage, à cause de la difficulté de les nourrir; les tenir dans un *corral* près de la ville. S'approvisionner de farines, de fourrages, etc., etc.

La partie la plus importante de ces instructions avait été négligée.

La correspondance du général Yañez avec son gouvernement, publiée dans le *Diario official*, le Moniteur mexicain, laisse voir dans quel embarras le jeta l'arrivée des passagers du *Challenge*, et quel parti on eût pu tirer de cet embarras pour le succès de notre entreprise. Le général avait reçu avis de l'envoi successif et tout à fait éventuel de partis de cinquante hommes, qu'il devait expédier immédiatement dans l'intérieur. Au lieu de cinquante hommes, il s'en trouvait quatre cents sur les bras, et n'avait que deux cents hommes de troupe régulière à leur opposer, dans le cas où il eût voulu leur faire la loi. Ces volontaires, que ne liait nul engagement écrit, réclamaient impérieusement néanmoins, comme dette d'honneur, l'exécution de conventions verbales formellement souscrites par le consul del Valle, en vertu desquelles ils devaient rester enrégimentés à Guaymas, élire leurs officiers et toucher une solde d'une piastre par jour. — La paye du soldat mexicain n'est que de deux réaux, avec lesquels il pourvoit à sa nourriture en campagne; en garnison, l'administration, qui le nourrit alors, lui retient la moitié de cette somme.

Ces prétentions paraissaient exorbitantes chez des hommes qu'on eût bien voulu renvoyer, et sur le compte desquels le consul del Valle expédiait maintenant les plus mauvaises notes; cependant le général dut consentir à tout. Il leur assigna des logements convenables, les autorisa à former un bataillon divisé en quatre compagnies, accorda provisoirement une piastre de solde aux officiers, six réaux aux soldats. Il leur remit cent fusils pour les exercices, en disant qu'il n'en avait pas davantage, ce qui était faux mais de bonne guerre; du reste, avec les carabines et fusils de chasse que la plupart possédaient, tout le monde se trouva armé. Enfin, par une dernière condescendance, qui n'était pas la moindre dans un pays où l'autorité est si bien centralisée, il leur permit d'élire leurs officiers. Il y avait, on s'en souvient, à bord du *Challenge*, une cinquantaine d'Allemands, d'Irlandais et de Chiliens; ces hommes avaient été extrêmement maltraités pendant la traversée, au mépris du bon sens et des ordres de M. de Raousset, aussi en gardaient-ils rancune et demandaient-ils à n'être pas incorporés au bataillon français. Le général en forma deux compagnies à part, l'une composée des Allemands, l'autre des Chiliens et des Irlandais, avec des chefs de leur élection également.

Les Français, sachant que MM. Desmarais et Laval avaient reçu les instructions de M. de Raousset, élevèrent le premier au commandement supérieur. — M. Laval, élève de l'École polytechnique, avait été attaché déjà par le général au corps du génie.

Léonce Lebourgeois-Desmarais, ancien sous-officier de cavalerie, était un faux bonhomme de guerre, dont le seul mérite était de posséder la mine la plus martiale du monde, et des allures de troupier qui répondaient trop bien, malheureusement, aux notions romanesques que M. de Raousset s'était faites sur les aventuriers. Il lui accorda sa confiance sur ces dehors et influença ainsi fâcheusement le choix des volontaires, qui se firent un devoir d'élire des hommes appréciés du chef.

Il semblait naturel que, dans de pareilles conditions, les instructions de M. de Raousset dussent être suivies à la lettre : il n'en fut rien. Enorgueillis par leur élévation subite, les officiers se lancèrent bientôt dans toutes les inconvenances d'un amour-propre désordonné, donnèrent l'exemple de l'inconduite la plus scandaleuse, du mépris pour les autorités, l'armée et le peuple. On ne saurait exiger du soldat qu'il soit plus raisonnable que ses chefs. Nos hommes, ignorant la teneur des instructions de M. de Raousset, durent aller sur les brisées des leurs, et Guaymas fut traitée en ville conquise. Des indiscrétions publiques, commises dans l'expansion de l'ivresse, avaient bientôt appris aux autorités mexicaines que le seul espoir des Français, en venant dans le pays, était d'y servir les projets de M. de Raousset. Le général Yañez écrivait au ministre de la guerre à Mexico, en date du 16 mai, cette phrase, que je cite textuellement, car elle est significative : *Hay entre ellos quien acuse a no pocos de sus compañeros de conservar relaciones con el conde Raousset.* — « Il est tel parmi eux qui accuse plus d'un de ses camarades d'entretenir des relations avec le comte Raousset. »

Les hommes eux-mêmes n'avaient pas tardé à souffrir du despotisme et de la jactance des officiers, et les choses n'en allèrent pas mieux naturellement. Chez des Anglais ou des Américains, le moindre symptôme de mécontentement eût été le gage d'une réforme prochaine dans un état-major électif; mais le Français, éternellement dépouillé du droit imprescriptible de réunion et de discussion publique, manque d'esprit d'entente ; il n'a pas le sentiment de la légitimité des majorités, la seule qui ait une valeur quand elle n'est pas frelatée. C'est pour cela qu'il est impuissant à coloniser, la colonisation étant œuvre essentiellement démocratique. Il résulte de là que, pour peu que celui qui arrive à un pouvoir quelconque fasse mine de s'y cramponner avec énergie, il en impose à ceux-là même qui lui ont confié ce pouvoir, encore qu'ils soient mécontents de lui : c'est ce qui arriva à Guaymas. Si petites que soient les fractions d'un miroir, chacune d'elles est toujours le miroir lui-même, avec toutes ses propriétés.

Il y eut des murmures, des menaces, de l'opposition

sourde; mais on ne put s'entendre pour remplacer paisiblement, sans secousse ni désordre, des officiers indignes de leur mandat. Ceux-ci, jaloux de maintenir leur autorité, ne virent rien de mieux que d'instituer une petite terreur, vieille rubrique qui fait toujours merveille. Des ordres du jour d'un style emphatique et puéril jetaient chaque jour l'inquiétude dans le corps; il n'y était question que de trahisons, d'exécutions sommaires pour le cas où l'on découvrirait les *faux frères*, et, comme complément à ce système, la méfiance et la haine contre les Mexicains y étaient soigneusement entretenues.

Les bruits les plus absurdes y étaient répétés un jour et démentis le lendemain; tel ordre réprimandait sévèrement des faits que l'ordre de la veille avait provoqué[1]. Pendant ce temps, nos hommes usaient leurs forces dans un service de guerre des plus actifs, et leur énergie dans l'expectative constante d'une attaque imaginaire des Mexicains ou d'une délation pour crime, non moins imaginaire, de trahison. Ce fut alors que M. Guilhot, désespérant, après bien des efforts, de remédier au mal, et se trouvant vis-à-vis des autres officiers dans une position très-fausse, à cause de sa bonne tenue, donna sa

---

1. Relevé des registres du bataillon. — Le 9 mai le général se plaint au commandant de fautes commises par ses hommes contre la discipline. — Le 13 le commandant Desmarais rappelle aux officiers et sous-officiers que les punitions doivent être infligées avec justice et impartialité, jamais par haine ou passion. Il est obligé de leur défendre de se servir de propos outrageants en infligeant les punitions. — Le 8 juin, il déclare que les officiers de tous grades abusent des punitions, blâme les insultes et provocations de la part des officiers. Il réprimande en même temps ces derniers et les menace de punition pour contraventions aux lois du pays. — Le 26 mai il engage le soldat à *ne pas ménager* (sic) les Mexicains qui les insulteraient et surtout les officiers mexicains quand ils ne sont pas en tenue. — Les ordres du 11 et du 14 annoncent comme *positive* une attaque des Mexicains. Celui du 18 dément et blâme ces faux bruits que l'on répand, etc.

démission. Grâce à la terreur, il fut remplacé au gré de l'état-major.

On juge quel devait être l'état des affaires à notre arrivée. La population ne demandait pas mieux que d'être débarrassée des Français; les militaires, journellement insultés et traités de *soldats de papier*, ne désiraient rien tant que d'avoir affaire à eux; les autorités, parfaitement édifiées sur l'esprit qui les animait, les tenaient en suspicion permanente, cherchaient à les disperser ou à les éloigner; enfin, la désunion était dans le bataillon, soldats et officiers se voyaient avec méfiance; bref, les conditions étaient des plus mauvaises. La présence de M. de Raousset pouvait encore tout arranger.

Le 1er juillet, après une nuit paisible et quelques soins de toilette que je n'avais pu m'octroyer depuis mon départ de San-Francisco, je me rendis à l'état-major, où m'attendait une réception officielle. Je dus me montrer étonné de ce qu'on n'eût pas exécuté, les nuits précédentes, l'ordre exprès que j'avais transmis de s'emparer de la ville; le commandant me fit alors mystérieusement part de projets autrement importants à son avis. MM. les officiers pensaient qu'il y avait lieu de compter sur un arrangement entre M. de Raousset et le général Yañez, arrangement qui amènerait la défection de ce dernier : un *pronunciamento* en règle livrerait la province entre nos mains sans coup férir.

Bien que la révélation fût de nature à me surprendre, je n'avais rien à répondre : M. de Raousset pouvait seul être juge en la matière. Tout en causant, on m'apprit que le général Yañez avait reçu la veille une dépêche du Nord annonçant qu'une colonne de Français, venant de Californie, se trouvait bloquée dans les montagnes du *rio Gila* par de nombreuses bandes d'Apaches. Le général paraissait de si bonne foi, et la dépêche était si explicite, que M. Desmarais se préparait à aller porter secours à nos malheureux compatriotes, à la tête de deux compagnies. Nous savions tous que nous ne devions attendre de renforts que par mer, et je vis clairement là une histoire où marc et tout était d'invention mexicaine, une ruse du général pour diviser le bataillon et avoir aisément raison de ses tronçons après. Il n'y avait dans cette politique rien qui fit pressentir les bonnes dispositions que ces messieurs lui prêtaient, et je ne pus m'empêcher d'en faire l'observation, mais je n'y gagnai rien et me retirai.

J'employai le reste de la journée à parcourir la ville. — Guaymas est situé par 27º 53′ 50″ lat. N. et 113º 9′ 36″ long. O. du méridien de Paris. Cette ville ressemble à San-Jose, avec un aspect un peu moins misérable toutefois ; les maisons, en *adobes* sans exception, n'ont aucun cachet ; elles sont basses. Celles qui avoisinent les quais et la *plaza Mayor* sont blanchies à la chaux, et les feux du soleil jouant sur leurs murailles produisent ces effets bizarres que nos peintres vont chercher dans le vieil Orient. Quelques-unes ont un étage ; toutes occupent une immense superficie. Les ouvertures extérieures sont rares et munies de fortes grilles faisant saillie en manière de cages ; pas plus de vitres qu'à San-Jose, du reste, mais de grands volets de bois soutenus intérieurement par une forte charpente ; un volet plus petit, pratiqué dans le grand à hauteur de la tête, laisse filtrer une lumière douce, tout en arrêtant la chaleur. Chez les gens riches, le *patio* est transformé en jardin. Mais autour du noyau central de la ville s'étend, comme à San-Jose, une vaste zone de chétives constructions en torchis ou en *adobes*, intersectée de jardins. Bâtie sur un plateau resserré entre la mer et des hauteurs escarpées, cette ville n'est susceptible que de peu d'extension du côté de la terre.

Je ne saurais préciser l'époque de la fondation de

Guaymas, mais elle doit à peine remonter à un siècle. L'établissement primitif se forma vers 1700, sous le nom de *San-Jose de Guaymas* qui était celui de la baie, à l'endroit où se trouve le rancho de *San-Jose*, près du rio de ce nom, à deux lieues environ au N. E. du port. Cette partie de la baie n'étant pas accessible aux barques d'un certain tonnage, les besoins du commerce ont attiré peu à peu la population vers le mouillage actuel ; la ville nouvelle a conservé le nom de Guaymas, emprunté à la tribu d'Indiens qui habitait ces parages. Les bords du rio San-Jose sont abandonnés à la culture maraîchère, et quelques habitants aisés y possèdent des *villas*.

La vue de Guaymas est désolante. Les montagnes qui l'étreignent sont de teinte roussâtre, leurs sommets dentelés et menaçants ont des airs de ruines cyclopéennes, des gorges sombres, des précipices les déchirent. Leurs flancs pelés nourrissent à peine quelques plantes grasses, quelques palmiers rachitiques. Tel est le caractère de ce groupe qui forme la presqu'île au centre de laquelle s'élève la ville, sur le bord d'un vaste bassin où viennent dormir les eaux de la mer. Le défilé par lequel nous étions arrivés, resserré entre les *altos del Rancho* et ceux de *Bacochivampu*, est la seule voie de communication entre le port et l'intérieur, du côté de la terre. Quelques cols scabreux de la montagne ne sont accessibles qu'aux piétons.

Nous nous trouvions alors dans la saison où la température exerce ses plus grandes rigueurs sur ces régions. Depuis les premiers jours de mai jusqu'à la fin de juillet, notamment, les vents se maintiennent assez généralement au N. O., et rendent l'atmosphère sèche et brûlante ; quand ils soufflent ainsi avec violence et continuité, ils arrivent avec des ardeurs de fournaise et obscurcissent l'air d'une vapeur suffoquante, fine poussière empruntée aux grands déserts de sable du Colorado au-dessus desquels ils se sont échauffés. A cette époque de l'année, sur les bords du rio Colorado, le thermomètre varie de 100 à 110° Fahrenheit, soit 38 à 43° centigrades, à l'ombre; au désert, la moyenne est beaucoup plus élevée. Par une bizarrerie facilement explicable, les vents de sud, au contraire, qui n'ont passé que sur l'Océan, apportent de la fraîcheur à Guaymas et leur souffle semble parfois piquant. Lorsque la crise du *simoun* se prolonge plusieurs jours, Guaymas présente l'aspect d'une ville morte; en tout temps, du reste, il y règne un air d'abandon et de tristesse dont les vastes dimensions des maisons, le petit nombre des ouvertures extérieures, l'élévation de la température et l'absence de vie commerciale sont les causes principales. Les portes et les volets des fenêtres, fermés ou entre-bâillés le jour durant à cause de la chaleur, ne s'ouvrent que le soir et le matin, avant et après le coucher du soleil; alors seulement il y a un peu d'activité en ville.

Chacun se lève avant l'aube afin de jouir de l'instant le plus frais, je veux dire le moins chaud de la journée, celui qui précède immédiatement le lever du soleil; on se couche de bonne heure, et beaucoup de gens transportent leurs lits dans les cours, sur les terrasses ou sous les *portales*. Le reste du temps est partagé entre les repas, la sieste, la conversation et les affaires; celles-ci ont la plus petite part et se traitent généralement avant le dîner de midi. Rarement on entend résonner dans les rues le pas d'un cheval et le tintement des petites plaques de fer qui ornent les éperons du cavalier et le mors de la monture, plus rarement encore le roulement d'une voiture ou d'une charrette. Les passants, quand on en voit, errent comme des âmes en peine le long des murs avares de leur ombre, avec cet air de nonchalant ennui qui agace l'homme du Nord et lui arrache des bâillements.

De loin en loin la *mulada* d'un arriero arrive dans un nuage de poussière pour prendre un chargement destiné aux marchés d'Hermosillo, d'Ures ou d'Arispe : c'est un événement. De temps en temps passe un personnage dont le cachet exotique ajoute à la couleur locale du tableau : un *cargador*, portefaix indien, demi-nu, courbé sous le fardeau que retient à son front une large sangle, mais trottant légèrement un bâton d'une main, son chapeau de l'autre. Une *frutera*, marchande de fruits dont la corbeille, en équilibre sur sa tête, étale, à côté de la banane, la *tuna*, fruit d'un cactus grimpant, la *pitaya*, fruit du nopal, et de magnifiques pastèques, productions précieuses d'une terre où l'homme est toujours altéré, l'eau rare, tiède et malsaine. Une *lavandera* portant au bout d'un bâton les cotillons de ses pratiques ballonnés par l'empois. Son costume, comme celui de la fruitière, consiste en un simple jupon d'indienne sur une simple chemise; une écharpe appelée *rebozo* met ses épaules et ses bras, sa tête et parfois une partie de son visage, à l'abri des ardeurs du soleil beaucoup plus que des regards curieux. Les tresses de sa noire chevelure descendent jusqu'à ses pieds nus ou chaussés d'un mince escarpin, une cigarette brûle à ses lèvres. C'est enfin un soldat en quête des faveurs de Cupidon ou de Bacchus, ou bien un *aguador* pressant son âne.

Dans toute l'Amérique espagnole l'*aguador* est un type marqué et curieux; celui de Guaymas mérite une mention particulière. De même que le *cargador* et presque tous les artisans à Guaymas, c'est un Indien et le plus souvent un Yaqui. Il est peu vêtu; une chemise dont les manches sont retroussées et le col ouvert de manière à laisser à nu une poitrine robuste, un caleçon très-ample et presque toujours relevé jusqu'au genou, quelquefois des sandales, généralement les pieds nus, voilà tout. Un mouchoir de couleur enveloppe négligemment, sans la comprimer, une chevelure abondante, longue et rude, et contribue à donner un volume disproportionné à sa tête déjà forte ; un chapeau de paille commune, à bords larges et plats, trop étroit de forme, repose sur le front et ombrage la face. Son âne est petit, pelé, galeux, porte la tête basse et l'oreille pendante : qui sait de quoi le pauvre serviteur est nourri dans cet aride recoin du globe?

L'eau qu'il porte est contenue dans deux outres, deux longs sacs carrés suspendus à ses flancs qu'ils oppressent. Rien de plus primitif et de moins engageant. Ces peaux non tannées conservent deci, delà quelques échantillons du poil dont elles furent ornées, et semblent être un appendice naturel du pauvre aliboron comme le goître d'un crétin du Valais. Toujours humides, elles ont des tons d'un vert bleuâtre sur lesquels le suintement de l'eau jette un glacis fantastique. Une ouverture pratiquée à l'angle inférieur le plus rapproché de la tête du baudet, cerclée de bois et mal fermée d'une cheville qui laisse échapper un filet continu, sert à remplir et à vider cette incommode machine. Il sort de là un liquide chaud et trouble, que l'on reçoit dans des jarres de terre poreuse où elle se rafraîchit plus qu'elle ne se clarifie ; les filtres sont inconnus à Guaymas. Ses outres épuisées, l'*aguador* prend une cigarette cachée derrière son oreille ou dans le fond de son chapeau, l'allume, s'installe sur sa bête, à chevauchons, le visage tourné vers la queue qui lui sert de fouet et de point d'appui, et se laisse emporter ainsi nonchalamment à la *noria*.

Il n'y a ni ruisseaux ni fontaines aux alentours de Guaymas, si ce n'est le rio San-Jose qu'une région presque impraticable sépare de la ville. Des puits ou *norias*, situés dans le faubourg, du côté de la route d'Hermosillo, fournissent l'eau nécessaire à la consommation ; le nom de *noria* leur vient d'une roue qui sert à la puiser. Plusieurs de ces puits se dessèchent durant l'été et des citernes analogues à celles du rancho de Navarro conservent l'indispensable élément, dans un état très-voisin de la corruption, il est vrai.

Du côté du port, auquel tournent le dos la plupart des maisons qui l'avoisinent, la quiétude n'est pas moindre. Un pauvre quai accessible aux chaloupes seulement, grossièrement formé de pilotis et de pierres sèches, se développe modestement devant la *plaza del Muelle* (place du Môle), que sa ligne brisée en retour d'équerre ferme à l'est et au sud. Au sommet de l'angle une petite jetée qui s'avance de quelques mètres dans la rade représente le môle. Au nord de la place se trouve la maison de M. Calvo; à l'ouest, s'élève un monticule surmonté d'un triste fortin qui a l'air de réclamer l'indulgence des canons ennemis. Tout près de la jetée, un pavillon isolé sert de poste de douane. Au pied du monticule et le long du quai s'étend une double rangée de cabanes en bambous : c'est le marché. On y vend des fleurs et des fruits qu'apportent les Indiens dans de longues pirogues d'une seule pièce, des liqueurs, du poisson parfois, et l'on y cuisine pour le peuple. Le soir c'est un lieu de promenade et de rendez-vous; l'amour, le vin et la paresse parviennent alors à donner à cette partie de la ville une animation que les affaires y amènent bien rarement.

Les rues sont irrégulières de même que les places; quelques-unes sont bordées de trottoirs informes mais aucune ne jouit des avantages du pavé ni des honneurs de l'éclairage. Trois de ces voies ont pris un développement plus grand que les autres ce qui donne à la ville la forme d'une étoile. L'une est la rue principale ou route d'Hermosillo dans laquelle se trouve la caserne mexicaine, la *fonda de Sonora* et, dans son prolongement étroit, vers le fort, la *carcel* ou *calabozo*. La seconde, partant de la *plaza Mayor*, s'éloigne dans la direction opposée ; elle passe devant la douane, la maison où était casernée la 4ᵉ compagnie française et conduit au cimetière. La troisième, verticale aux deux autres, part d'un carrefour appelé la *Plazuela,* contigu à la grande place, et se dirige vers un mamelon surmonté de trois croix auxquelles il emprunte le nom de *Calvario.* Dans cette rue, à mi-chemin du calvaire, est située la maison où nous demeurions, près de la *fonda* de Bousquet. Entre cette dernière voie, la montagne et la route d'Hermosillo sont des jardins entourés de murs en *adobes.*

Il y a un curé à Guaymas, mais pas d'église ; une chambre délabrée dans un bâtiment en ruine, au coin de la grande place et de la rue de la Douane, servait alors à la célébration des offices. La ville est pauvre ; il y a pourtant quelques familles opulentes et leurs demeures ont du confortable et de l'élégance relative, mais le luxe y est tellement maigre et suranné qu'aux yeux de l'étranger il éveille avant tout l'idée d'une pauvreté prétentieuse. Les habitations de la classe inférieure sont presque aussi dénudées qu'à San-Jose. La population ne doit pas dépasser 1500 âmes, encore les chaleurs de l'été réduisent-elles momentanément à la moitié ce nombre sur lequel on compte, d'ailleurs, un tiers environ d'Indiens de race pure, gens essentiellement instables. Ils composent la classe des artisans et se recrutent, à peu d'exceptions près, dans la tribu des Yaquis. Leur caprice, bien plus que la nécessité, les amène à Guaymas où ils travaillent en qualité de charpentiers, maçons, cordonniers, forgerons, bateliers, portefaix, *aguadores,* domestiques et journaliers ; ils sont très-industrieux, mais ils émigrent annuellement vers leurs villages, et pour peu qu'une difficulté s'élève entre la peuplade et les créoles, circonstance assez fréquente, l'émigration devient générale et Guaymas manque de bras.

Le port est vaste et sûr, garanti qu'il est de tous les

vents par les hauteurs qui lui font ceinture ; c'est le meilleur de la côte occidentale du Mexique. La rade proprement dite, c'est-à-dire l'espace qui s'étend devant la ville, à l'intérieur des îlots d'Almagre et de la Ardilla, pourrait contenir aisément deux cents navires de tous tonnages. Le fond de la baie est partout de bonne tenue et le flot y dort dans une éternelle placidité qu'atteste la structure fantaisiste du môle et du quai. Devant l'étroit goulet qui y donne accès, du côté de la mer, s'étend, comme un ouvrage avancé, l'île escarpe *del Pajaro*, gigantesque brise-lame contre lequel s'épuisent les fureurs de l'océan.

Ce même jour, 1ᵉʳ juillet, au coucher du soleil, *la Belle*, pilotée par un homme de confiance, entra dans le port et vint mouiller à l'abri de la *punta gorda*, au nord-est de la ville ; c'était un endroit désert que l'on avait choisi parce que chaque matin le bataillon y venait faire l'exercice, ce qui devait aplanir toutes les difficultés relativement au débarquement des cent quatre-vingts carabines.

M. de Raousset se rendit immédiatement à l'appartement qui lui avait été préparé chez un négociant français, M. Pannetrat; ce logement était situé à souhait sur la *plaza Mayor*, en face de celui du gouverneur, et se prolongeait sur le derrière jusqu'à la rue où se trouvait la principale caserne française; en outre la maison renfermait les logements de l'état-major.

Après une longue consultation avec le commandant et quelques officiers, M. de Raousset écrivit au général Yañez pour lui demander une entrevue. Celui-ci le reçut à minuit et ils demeurèrent ensemble jusqu'à trois heures du matin. La conversation ne roula que sur des généralités et le gouverneur se montra réservé mais affable, ce qui pouvait être une politique chez lui. Quoi qu'il en soit, M. de Raousset emporta en le quittant l'espoir de trouver en lui un auxiliaire grâce auquel il pourrait arriver à ses fins plus promptement et en épargnant beaucoup de sang.

Encore quelques jours et peut-être allions-nous être maîtres de ce beau pays de Sonora! Qu'allions-nous y faire? La question vient de soi-même ici et il faut y répondre.

CHAPITRE XIII.

Les aventuriers et la Sonora. — Walker. — de Pindray. — De Raousset-Boulbon. — Leur caractère et leur œuvre.

Trois hommes, trois aventuriers, ont menacé la Sonora. Tous trois ont péri de mort violente, tous trois ont éveillé les échos de l'ancien comme du nouveau monde. Ce sont des figures historiques; silhouettes d'arrière-plan, il est vrai, mais qu'il serait aussi injuste de laisser dans le néant qu'il serait puéril de leur faire un trop haut piédestal. Ils ne méritent vraiment

Ni cet excès d'honneur, ni cette indignité.

Je parle de MM. Walker, de Pindray et de Raousset-Boulbon. J'ai vécu dans l'intimité des deux derniers; quant à l'autre, je l'ai peu connu, mais assez cependant pour savoir qu'en penser et qu'en dire.

Si, pour juger ces trois hommes, on se place à un point de vue purement romanesque, et c'est à peu près ce que l'on a fait jusqu'à présent, de Pindray apparaît le premier bien au-dessus des autres, Walker vient ensuite, et de Raousset après.

Si, au contraire, on les juge au poids spécifique de

leurs actes, Walker prend la tête, et de Pindray s'efface au troisième rang.

Enfin, si l'on veut les mesurer à l'importance ou à la grandeur de leurs projets, Raousset s'élève à son tour au-dessus des autres, Walker demeure le second et Pindray le dernier.

D'où l'on peut conclure que chez Raousset dominait l'imagination, chez Walker la raison, chez Pindray la passion brutale, l'emportement des sens. Le premier fut un romancier noyé dans la vie pratique, le second un conquérant dévoyé, le troisième un lutteur emporté par la passion de la lutte. En fondant ces trois types, on aurait un héros d'une grande étoffe; heureusement pour l'humanité, la chimie ne fait pas de ces manipulations.

Tous trois étaient courageux au plus haut degré. Le courage est comme un bon cheval : heureux qui sait le monter pour voyager paisiblement comme pour charger, mais qui, dans les deux cas, le tient en main et sait en demeurer le maître. Walker le pouvait. Raousset dominait sa bête jusqu'à l'heure du combat, mais au premier son du clairon, il était entraîné, sans contrôle ni direction, au plus fort de la mêlée. Quant à Pindray, il montait à cru une cavale indomptée, furieuse, qui l'emporta, sans trêve ni merci, du berceau à la tombe, partout où il y avait du danger. Walker seul était un chef, car seul il ne se grisait pas de son audace.

Tous trois avaient un extérieur caractéristique. Walker était petit, de peu de mine; son visage était habituellement dépourvu d'animation; mais on comprenait en le voyant que ce calme apparent provenait de ce que, chez lui, l'activité était concentrée. Raousset était de taille moyenne, bien pris, blond, myope et quelque peu affecté de surdité, deux inconvénients graves chez un aventurier et qui lui ont nui outre mesure. A défaut d'un air martial, il se donnait un air militaire au moyen d'une longue moustache à la Victor-Emmanuel. Pindray était taillé en olympien ; admirablement proportionné dans sa haute stature, il avait les extrémités d'une finesse qui touchait à l'exagération. C'était le type d'Apollon plutôt que celui d'Hercule, et sa force redoutable gisait principalement dans une musculature prodigieuse que l'on ne soupçonnait pas sous le vêtement, et devant laquelle on demeurait abasourdi quand il dénudait son torse. Son visage impassible, aux traits réguliers et fortement accentués, était animé par le feu de deux grands yeux, dont le regard, profond comme celui du *Giaour* ou de l'Esprit rebelle de Milton, exerçait la fascination irrésistible d'une gueule de pistolet.

Le premier il se présenta sur cette scène aventureuse d'où il disparut le premier. Walker était aussi depuis quelques temps en Californie quand Raousset y arriva, au mois d'août 1850. Walker survécut quelques années aux deux autres ; néanmoins, et en dépit de l'ordre chronologique, je vais en terminer avec lui d'abord ; il gênerait la narration si j'en usais autrement.

Walker naquit, dit-on, au Tennessee, reçut une bonne éducation, qu'il compléta dans les universités d'Allemagne, et vint ensuite étudier la médecine à Paris. La découverte de l'or en Californie l'attira des premiers dans cette merveilleuse contrée. Il y fut d'abord journaliste et avocat, puis, en 1853, aiguillonné, inquiété aussi peut-être par les tentatives de Pindray et de Raousset en Sonora, il sentit à son tour qu'il y avait en lui l'étoffe d'un aventurier. Il prépara et exécuta alors son invasion de la basse Californie, menace directe à la Sonora. Il avait pensé ne rencontrer aucunes difficultés dans la péninsule et comptait y réunir, plus facilement qu'à San-Francisco, une bande d'aventuriers californiens assez nombreuse pour pouvoir entreprendre la conquête de la Sonora. L'énergie des indigènes déjoua ses plans.

On n'entendit plus parler de lui jusqu'en 1855, mais il n'avait pas perdu de vue ses projets durant cet intervalle. Ses concurrents français étaient morts. Délivré de toute préoccupation jalouse du côté du Mexique, il détourna les yeux de ce pays qui lui paraissait trop vaste et trop puissant peut-être, et les reporta sur les faibles républiques confédérées du Centre-Amérique. Au mois de juin, il débarque, avec un petit corps de partisans, à San-Juan-del-Sur, dans le Nicaragua, s'avance sur Rivas, la capitale, puis sur Granada, et domine bientôt tout le pays. En dépit de révoltes partielles, d'une guerre qu'il eut à soutenir contre les forces de Costa-Rica et du peu de secours qu'il tira du dehors, il sut déployer assez d'habileté pour se faire élire président au mois de juin 1856. Trois mois plus tard, néanmoins, il se trouvait bloqué dans Granada avec sa petite troupe saxonne ; pas un indigène ne s'était attaché à sa fortune, il avait désaffectionné peu à peu les créoles par sa violence. Au mois d'octobre, il abandonne Granada qu'il livre aux flammes, et se retire à Rivas, où il soutient un siége long et remarquable. Les Américains, décimés par le feu, la famine et les maladies firent une héroïque résistance, mais, le 1ᵉʳ mai 1857, ils furent forcés de déposer les armes. Ils s'embarquèrent à bord du sloop de la marine des États-Unis *le Saint-Mary*, dont le capitaine avait négocié la capitulation, et qui les transporta à Panama. De là, Walker se rendit à la Nouvelle-Orléans.

Au mois de novembre 1857, le steamer *Fashion* le dépose à San-Juan-del-Norte ou Greytown, dans le golfe du Mexique, avec une petite troupe. Attaqué par les Nicaraguans du côté de la terre, par les escadres anglaise et américaine du côté de l'eau, il se rend dans le courant de décembre au commodore Paulding, de la marine des États-Unis.

Un an plus tard, la goëlette *Suzan* s'échappe de

Mobile, emportant une bande d'aventuriers que Walker devait aller rejoindre. *La Suzan* fit naufrage sur la côte de Honduras : partie remise.

Un an s'écoule encore, et *le Philadelphia*, à bord duquel se trouvaient une foule d'émigrants suspects, est arrêté à la Nouvelle-Orléans. Enfin, au mois d'août 1860, Walker parvient à déjouer la surveillance des autorités fédérales et à s'embarquer avec ses hommes pour le Honduras. Ces longs délais prouvent que le célèbre aventurier ne fut pas aussi favorisé de son gouvernement qu'on a bien voulu le dire. Les éléments de son entreprise étaient à sa disposition, et il lui fallut des années de ruse pour parvenir à les réunir et à les mettre en œuvre. Aurait-on pu le réduire à une inaction complète? Jamais; du moins dans un pays jouissant des bienfaits de la liberté. Le gouvernement de Washington a fait ce qu'il pouvait; on ne saurait faire davantage pour gêner un individu entreprenant, sans prendre des mesures générales restrictives de l'indépendance de la nation : le mal serait pire.

En débarquant, Walker s'empare de Truxillo. Les croiseurs anglais le bloquent, les troupes du pays le traquent; il est pris par le général Alvarez à Lemas. Le 12 septembre, il fut fusillé dans cette ville et mourut en homme de cœur.

Telle est à vol d'oiseau l'histoire de Walker. Il se montra aussi habile que brave; cette habileté le conduisit à se faire catholique, en 1858, afin de s'assurer les sympathies du clergé hispano-américain. Il pensa que le Centre-Amérique valait bien une messe, et, si le saint sacrifice ne lui profita pas autant qu'au roi gascon, c'est qu'il ne sut ou ne voulut pas entrer dans l'esprit des populations qu'il prétendait régénérer. Lui qui savait si bien prendre de l'ascendant sur les hommes et provoquer le dévouement chez ses soldats, ne sut pas se faire bienvenir des créoles espagnols. Il se montra cruel, despotique ; il avait hâte de s'établir assez solidement pour donner suite à ses projets secrets, et ces projets étaient de nature à donner de l'ombrage aux indigènes. Walker travaillait en effet pour la race saxonne au détriment de la race latine. Il préparait des annexions aux États-Unis.

Introduire l'esclavage dans le pays que le sort lui livrait, y attirer ses compatriotes en nombre suffisant pour pouvoir, comme au Texas, demander et obtenir l'annexion, tel était son plan. Walker était un homme du Sud, il travaillait pour assurer la prépondérance du Sud sur le Nord. Ces deux fractions de la grande république avaient, en effet, des intérêts si antagoniques que leur union anomale devait être un état perpétuel de malaise et de lutte, sans autre issue que la ruine de l'une ou de l'autre. Le Nord est protectionniste parce qu'il est manufacturier ; le Sud, agricole, a des tendances libre-échangistes. Le lendemain de la paix qui sanctionnera leur séparation définitive, on verra le Nord hausser ses tarifs, le Sud baisser les siens, peut-être même arriver à la franchise des frontières. Leur union n'est pas praticable avant l'heure où, les doctrines économiques ayant fait leur chemin, il sera évident à tous, même aux manufacturiers, que la protection n'est qu'un des modes divers du grand système de l'esclavage. Jusque-là, on ne versera jamais assez de sang pour souder convenablement deux parties distinctes ; c'est assez d'être frères, on n'a pas besoin d'être Siamois.

Tant que les esprits n'étaient pas décidés à la séparation dans le Sud, il était naturel que des hommes comme Walker cherchassent par une propagande esclavagiste à assurer la prépondérance du Sud, puisque le Nord ne cherchait par la propagande opposée qu'à assurer la sienne. Les hommes du Sud comprennent aujourd'hui aussi bien que qui que ce soit l'immoralité de l'esclavage ;

ce qui les a peut-être éclairés le mieux à cet égard, c'est la conscience de l'état d'infériorité, de dépendance et de misère où l'affranchissement les laisserait dans l'Union. Du jour où l'opinion universelle soulevée a fait de l'affranchissement une nécessité du temps, le Sud a dû se dire que la séparation en était le corollaire logique et la mesure préparatoire. Il est fâcheux que l'opinion n'ait pas été assez avancée pour faire de l'abolition du régime restrictif une nécessité parallèle, l'idée de la séparation cessait alors d'avoir une valeur logique.

Aussi au milieu des transports d'un enthousiasme insensé en faveur du triomphe du Nord, est-ce un sujet de pénible surprise que personne n'ait élevé la voix pour dire : Ce triomphe serait une calamité publique, car ce serait une odieuse violation des droits de la démocratie et du principe de la liberté ! La cause du Nord n'est pas plus sacrée que celle de la Russie en Pologne, de l'Autriche en Italie, mais elle est plus jésuitique et, sous le masque d'une sainte vérité, ce sont les intérêts d'un despotisme égoïste qu'il poursuit dans le sang. Qu'il triomphe, et la question demeurera ce qu'elle était hier : le libre-échange en retour de l'affranchissement, ou bien le *statu quo !* Entre ces deux alternatives également douloureuses, également grosses d'inimitiés, de division, le Nord n'hésitera pas, il sacrifiera les noirs aux manufacturiers comme chez nous on leur sacrifie les blancs.

Il est donc permis d'affirmer que l'esclavage ne peut être aboli avant la séparation. Le sera-t-il après certainement? Question réservée. Nous verrons si ces hommes qui ont si bien mérité du principe libéral en luttant si noblement pour leur indépendance contre les mercenaires du Nord, sont dignes à l'avenir de l'estime ou du mépris de l'univers, car nous attendrons d'eux alors les mesures transitoires indispensables pour amener dans un bref délai la fin d'une exploitation infâme de la créature humaine, tout en écartant de leur communauté une ruine dont le monde souffrirait, après tout, autant qu'eux-mêmes.

Ce qu'il y a de certain, c'est que la prolongation de la guerre retarde indéfiniment la solution de ce problème, car cette solution dépend de la paix; or, la guerre ne peut finir que par la séparation. L'union bâtarde qu'amènerait le triomphe des canons du Nord jouirait tout au plus d'une immobilité disciplinaire, d'une paix de chiourme, comme celle qui règne à Rome, en Vénétie, en Hongrie, en Pologne, dans toutes les nationalités opprimées, souffreteuses, dont les souffrances constituent un malaise universel qui est à la paix normale ce que le cauchemar est au sommeil bienfaisant.

Il est triste que Walker soit mort au service d'une aussi mauvaise cause que celle de la propagation de l'esclavage; un homme de sa trempe jouerait aujourd'hui un beau rôle entre Beauregard et Jefferson Davis. Ceci dit, je n'ai plus à m'occuper de lui et reviens aux deux autres.

De Pindray arriva en Californie par terre, en 1849. Il fit partie d'une de ces premières caravanes qui, traquées par les Indiens et par la famine au milieu de régions vierges, décimées, souvent exterminées, ont laissé des annales d'un dramatique lugubre. Sans l'adresse et la force de Pindray, celle dont il faisait partie aurait eu le sort des plus malheureuses. Quand les vivres furent épuisés, il nourrit la troupe entière de sa chasse et sauva ainsi aux animaux domestiques une existence d'où dépendait celle de tous. Chaque matin, il prenait le cheval le plus frais, et, suivi de trois ou quatre cavaliers pour rapporter le gibier, il allait battre au loin le pays, décrivant d'énormes circuits à travers monts et vaux, forêts et prairies, autour de la caravane. Le soir, il y avait des vivres au camp. Le lendemain il repartait. Ceux qui l'accompagnaient se relevaient de jour en jour, lui résista jusqu'au bout.

A son arrivée à San-Francisco, la viande était à un et deux dollars la livre ; il pensa que la chasse serait une occupation fructueuse dans ce pays giboyeux. Il acheta une baleinière, loua les services d'un homme pour l'aider tant à manœuvrer la barque qu'à transporter les animaux tués, traversa la baie dans la direction de Saucelito et s'enfonça l'hiver, par la pluie, la boue et la froidure, dans les montagnes sauvages et boisées des comtés de San-Rafael et de Sonora. Chaque semaine il venait jeter sur le wharf de San-Francisco des cadavres monstrueux d'ours et d'élans aussitôt achetés. Chaque semaine il lui fallait chercher un nouvel acolyte ; le précédent était sur les dents et demandait son congé. Cependant c'était parmi les matelots et les hommes de peine qu'il recrutait, et tous ceux qui l'avaient suivi avouaient qu'il prenait lui-même pour sa part plus de la moitié de la besogne.

Cette existence lui acquit bientôt une réputation prestigieuse au milieu de ce tourbillon où s'agitaient en désordre les éléments les plus vivaces, les plus énergiques de l'univers entier. Il y mit le sceau en donnant carrière à ses vices, en allant braver la nuit, au sein de l'orgie, autour du tapis vert et du lit public, dans les repaires les plus mal famés, les *rowdies* les plus redoutables, et en se faisant respecter partout.

Quand il était las de ces surexcitations fébriles, il allait se retremper dans les fatigues du désert ; son absence marquait à San-Francisco.

A la fin de l'hiver, la chasse ne donnait plus, le prix de la viande avait baissé, il abandonna le métier, se tourna vers la vie pastorale et devint l'intendant et le maire du palais d'un grand propriétaire de bestiaux. Ce fut ainsi que, vers le mois d'octobre 1850, nous le vîmes arriver à la baie de Humboldt et au port de Trinidad, dans le nord de l'État, poussant devant lui deux cents bœufs sauvages. A travers un pays neuf et désert, montagneux, couvert de forêts inextricables, coupé de ravines et de torrents gonflés par les pluies qui commençaient, avec l'aide de quatre à cinq hommes, il venait, au prix de mille souffrances, d'augmenter le nombre des travaux d'Hercule. Il avait été attiré par la renommée des placers de la rivière Trinité, découverts depuis quelques mois, mais abandonnés l'hiver à cause de la crue des eaux. Cette spéculation ne fut pas heureuse, mais comme ce n'était pas lui qui en faisait les frais, il s'en consola assez aisément.

Je n'oublierai jamais son arrivée à Trinidad. C'était la nuit, et une sombre nuit. Nous étions cinq ou six hommes de races diverses, réunis dans une cabane dont la toiture de toile à voile tamisait en brouillard l'eau du ciel tombant à flot en ce moment; à travers les planches mal jointes qui formaient les parois, d'indiscrets zéphyrs venaient jouer d'une manière inquiétante avec la flamme de nos bougies. Au dehors, la mer rugissait dans les rochers à quatre pas de nous et, sur nos têtes, passaient, avec le souffle désordonné de l'ouragan, les gémissements des sapins de la forêt. Au dedans, des carabines, des pistolets, des outils de terrassier et de charpentier, quelques grossiers ustensiles de ménage figuraient çà et là comme accessoires. C'était une de ces scènes dont tout vieux Californien a le pendant gravé dans sa mémoire. Assis sur des barils, des caisses ou des blocs de bois, autour d'une table drapée d'une couverture de laine empruntée à un grabat, nous cherchions à tuer le temps avec des cartes, du tabac et du grog.

On heurta à la porte qui s'ouvrit sur notre invitation; un homme de haute taille se présenta et nous demeurâmes à sa vue muets de stupéfaction. Ce *sarape* éclatant, ce feutre aux larges bords fièrement retroussés, ces bottes et ce costume de mousquetaire, jusqu'à cette longue carabine américaine, tout nous rappelait de Pindray. Qui donc aurait osé se vêtir de la peau du lion? Et pourtant cette mine abattue, ces joues hâves et émaciées, cette poitrine creuse, cette voix caverneuse et éteinte, ne nous représentaient que son ombre. C'était lui cependant, lui éprouvé par des fatigues indescriptibles mais non dompté ; deux ou trois jours de repos le rendirent à lui-même. Ce fut alors que je fis sa connaissance et je subis bientôt un ascendant auquel on échappait difficilement. Durant les quelques nuits qu'il passa sous notre toit, il me raconta, car il dormait à peine, sa vie extraordinaire, son éducation première plus rude que celle de Duguesclin, sa jeunesse dont les orages font de don Juan un bien petit garçon. Ses confidences s'arrêtèrent à cette heure de sa virilité où des événements, dont son honneur n'est pas sorti sauf malheureusement, l'avaient poussé en Amérique.

Quand il retourna à Humboldt-Bay, je le suivis et fis quelques excursions avec lui. En campagne, ses qualités de chevalier errant se développaient avec éclat. Sans cesse en action, il ne partageait jamais le repos de ses compagnons, pas même quand, à la fin de la journée, ceux-ci s'étendaient avec complaisance autour du feu de campement; à ce moment-là, lui veillait à tout, s'occupait des animaux, des harnais, du souper, fendait du bois, allait en chasse. Plus tard, alors que tout le monde dormait depuis longtemps, assis près du foyer, le front dans ses mains et la pipe aux dents, il se perdait dans ses rêveries. Au point du jour, quand on s'éveillait, il était en chasse. En vérité, c'était un titan.

Il partit et je ne le revis plus. L'hiver suivant, des récits fabuleux sur les richesses des placers de la Sonora mirent la population californienne en émoi, et tous les yeux se tournèrent vers cette province de l'Union mexicaine. Diverses compagnies s'organisèrent pour aller l'explorer. Pindray recruta une troupe de Français, se mit à leur tête et partit dans les premiers jours de 1852 pour Guaymas, sur *le Cumberland*. Il vint s'établir dans la belle vallée de Cocospera, près du rio de Dolores ou San-Miguel, et fonda là un établissement agricole, car, avant d'exploiter les mines, il fallait songer à les conquérir sur les Apaches. Pindray se chargea de les tenir en respect, en échange de quoi les autorités sonoriennes prirent vis-à-vis des colons français des engagements qu'elles ne tinrent pas. Il en résulta pour ceux-ci des privations et des fatigues devant lesquelles un grand nombre d'entre eux se retirèrent.

Un jour enfin Pindray se trouvait au pueblo de Rayon, voisin de Cocospera; après une partie de billard, il venait de s'étendre sur un lit de camp dans une pièce contiguë, lorsque les joueurs entendirent la détonation d'une arme à feu. On accourut, on le trouva mort. La balle avait traversé les tempes.

Le bruit se répandit à San-Francisco qu'abandonné de ses soldats, le grand chef s'était brûlé la cervelle. Inutile de dire qu'aucun de ceux qui avaient connu l'homme n'admit cette version; Pindray avait laissé passer, dans le cours de sa vie, de trop belles occasions d'y mettre fin pour que l'hypothèse du suicide ne fût pas absurde. Je me suis toujours demandé qui avait pu faire courir ce bruit, si ce n'était l'assassin lui-même, car Pindray fut assassiné. Personne n'en doutait en Sonora à l'époque où nous nous y trouvions.—Par qui le fut-il ? Le meurtrier le sait; d'autres aussi, peut-être ! Fut-ce une vengeance particulière? ou bien une précaution des autorités sonoriennes, effrayées d'avoir manqué de parole à un homme de cette trempe? Le fait est que Pindray n'eût pas tardé à entrer en campagne contre elles ;

campagne d'amateur, sans plan arrêté, du reste, et qui n'eût probablement pas eu plus de portée que celles de François Ier, avec lequel il présente plus d'une analogie.

Ainsi finit, dans un sombre mystère, un homme auquel il n'a manqué qu'une idée sérieuse pour devenir très-grand, soit en bien, soit en mal; mais il ne songea pas même à cette idée et n'eut d'autre ambition que de suivre le cours de ses passions, dont l'indépendance n'était pas la moindre, que de satisfaire une activité dévorante en renouvelant, en plein dix-neuvième siècle, les merveilles de la chevalerie errante.

Il était de taille à inspirer de l'enthousiasme et à pousser jusqu'au dévouement des hommes sur lesquels il savait prendre de l'empire. Malgré sa force herculéenne, il comprenait la faiblesse physique et y compatissait. Plus d'une fois, en campagne, il lui arriva de se charger des sacs des soldats les plus fatigués. Mais son énergie n'admettait pas la faiblesse morale; s'il ne demandait pas que chacun fît autant que lui, il exigeait que chacun fît, comme lui, tout ce qu'il pouvait faire dans la mesure de ses forces. Devant la mollesse, le découragement, la mauvaise volonté, il devenait d'une dureté impitoyable qui allait parfois jusqu'à la cruauté.

Les admirations des anciens Californiens sont toutes pour lui, l'homme barbare mais fort, le condottiere, le type légendaire, le héros de ballade, véritable Robin Hood égaré dans la société moderne. Il est à peine connu en Europe cependant : c'est qu'il ne chercha point à préparer sa réputation. Il n'eut aucunes relations diplomatiques avec les consuls, ambassadeurs, ministres, princes et grands de la terre. Il livra beaucoup de combats singuliers, de batailles, point. Comme Robin Hood, il ne chercha qu'à être le premier parmi les rudes compagnons qu'il s'était choisis. Il est à remarquer que la plupart des héros de ce genre l'ont été sans y songer. C'est une des plus brillantes incarnations du romanesque à notre époque.

Derrière lui se glisse une figure bien pâle à son côté, bien pâle même à côté de Walker, un type de bourgeois hardi, un aventurier par occasion, qui a su s'arranger pour recueillir seul en Europe les sympathies dont les autres méritent bien leur part. Dans son pays surtout elles ne lui ont pas manqué ; en dépit de vieux préjugés, on est toujours fier en France de voir un Français, *rara avis*, oser tant en dehors des ornières gouvernementales.

Mauvaise tête dans son enfance, viveur dans sa jeunesse, casse-cou politique dans sa virilité, tout cela par orgueil, Raousset était demeuré plus mauvaise tête qu'aventureux, plus orgueilleux qu'énergique, et quand était venu le moment de prendre la vie au sérieux, il s'était contenté de prendre au sérieux les rêves de l'imagination, sa faculté dominante. C'était un romancier, rien de plus, romancier fantaisiste, c'est-à-dire prenant l'imitation pour de l'observation, et les caprices de la folle du logis pour de la connaissance du cœur humain. Ses projets sur le Mexique ne furent qu'un long roman de ce genre, meilleur toutefois que celui intitulé *Une Conversion*, pauvreté littéraire à laquelle il ne put donner de mérite qu'en se faisant fusiller.

Il arriva à San-Francisco au mois d'août 1850. La réputation de Pindray était alors à son apogée, et l'envie ogea soudain un de ses invisibles reptiles dans le cœur de Raousset. Pindray avait gagné sa vie en chassant, Raousset voulut chasser aussi et faire parler de ses prouesses. D'ailleurs, la chasse est un noble passe-temps, ce doit être un noble gagne-pain ; Nemrod l'avait jugé ainsi longtemps avant Pindray. Moins bien doué que son rival, moins rompu à la fatigue et à la vie du désert, myope et sourd de plus, Raousset ne l'éclipsa point ; il ne tarda pas à s'apercevoir en outre que celui-ci avait eu de bonnes raisons pour quitter la partie à la fin de l'hiver. Ce n'était pas que le gibier, toujours abondant au cœur de ces régions splendides, eût émigré ou fût décimé, mais avec les rigueurs de la saison pluvieuse avaient disparu les misères de la vie nomade, et le nombre des chasseurs s'était singulièrement accru. La venaison dépréciée, l'affaire n'était plus d'or comme au temps où Pindray osait seul affronter nuit et jour l'inclémence du ciel, les fanges d'une terre aisément détrempée, l'humidité glaciale des grandes forêts vierges et les fureurs torrentielles des ruisseaux de la montagne.

Raousset revint à San-Francisco. Là, il fallait vivre. La nécessité de travailler se présenta impérieuse, et il travailla. En cela il ne fit que ce qu'a fait tout homme sorti l'honneur sauf et la conscience nette de ce singulier pays où nous avons tous endossé la chemise de laine du manouvrier. — Il est vrai que beaucoup y ont ébréché l'un et l'autre. Peut-être même un noble sentiment poussa-t-il M. de Raousset-Boulbon a protester par sa conduite contre celle d'une foule d'hommes de sa caste qui ternissaient leur blason en s'aidant, pour vivre ou faire fortune, de tous les subterfuges bas ou vils qui remplacent le travail. Je lui donne de grand cœur le bénéfice de cette bonne idée, car il est certain qu'il avait, autrement que bien d'autres, souci de la considération publique et de l'honneur de son nom. Mais, quelle qu'ait été la raison qui le poussa à se faire pêcheur, puis déchargeur de navires, il n'en est pas moins certain aussi qu'il se montra toujours, en Californie, plus brave devant l'ennemi, homme ou bête, que devant le travail, auquel il n'eut recours qu'en désespoir de cause et en mépris d'un pain honteux. A l'île Santa-Margarita, il préféra, comme on l'a vu, écorcher ses pieds à la chasse que ses mains aux occupations du sauvetage. Les callosités de la main, qui sont un si bon préservatif contre celles du cœur, sont un titre de noblesse aussi, cependant; mais les choses sont ainsi arrangées par la logique, que ceux qui ont ce titre-là ambitionnent peu les autres, et réciproquement. Néanmoins la faim fait sortir le loup du bois, la misère égalise les hommes, si bien qu'on peut espérer qu'ils seront tous nobles un jour, parce que tous ils travailleront.

Cette aversion pour la peine, doublée chez Raousset des stimulants d'une imagination ardente, a contribué, autant que les encouragements de son entourage, à lui faire concevoir de grands plans et à lui donner la pensée de les exécuter.

La jalousie aussi y fut pour quelque chose. Les lauriers de Pindray l'empêchèrent sans cesse de dormir. Il ne lui rendit ouvertement justice et ne le loua qu'après sa mort. S'il eut assez de tact pour n'en pas dire de mal avant, il ne lui déplaisait pas d'en entendre dire ; c'était un des plus sûrs moyens de pénétrer dans son cœur par la flatterie, que de chercher à rabaisser ce rival en quelque chose, d'assurer que ses prouesses à la chasse étaient du charlatanisme, d'affirmer que les ours rapportés par lui chaque semaine au marché l'hiver précédent, pris au piège ou au *lazo* par les rancheros californiens dont il s'était fait des amis, ne lui coûtaient d'autre peine que celle de leur loger à bout portant une balle au bon endroit, alors qu'ils gisaient à terre sans défense. Pauvres bourdes que des gens qui ne s'aventuraient jamais assez loin de San-Francisco pour rencontrer des ours pouvaient seuls propager, mais dont Raousset s'amusait tout en les méprisant intérieurement.

La jalousie est une démangeaison irrésistible et il n'est pas douteux que Raousset subit sans en convenir jamais, sans se l'avouer peut-être, l'influence de ce sentiment dont la piqûre était d'autant plus vive pour lui qu'il se sentait inférieur en bien des choses. On voit que ce besoin de s'assimiler à Pindray le conduit à l'imiter en tout, dans les grands comme dans les petits détails de sa vie, et jusqu'à se draper comme lui d'un *sarape* mexicain.

Dans l'hiver de 1850-51, Pindray conduit des bestiaux dans le Nord ; quelques mois après Raousset vend ses chalands et court acheter des bestiaux dans le Sud. L'affaire ne fut pas meilleure pour lui que pour l'autre, mais comme il en était de sa poche, comme les circonstances étaient différentes et que la différence des saisons rendait l'entreprise bien moins aventureuse, Pindray put se moquer de lui. Pindray avait conduit sur pied de la viande de boucherie dans les mines, les mineurs lui manquèrent, ce ne fut pas sa faute. Raousset avait tenté d'approvisionner des marchés où le cultivateur et l'éleveur disputaient les animaux au boucher, et ceux qu'il ramena, maigres et non domestiqués, furent également peu appréciés des uns et des autres. Il eut un *four* complet, là où Pindray avait eu, du moins, un succès d'estime.

Pindray a le premier l'idée de se faire chef de bande et d'aller en Sonora. Raousset fait de la Sonora son cheval de bataille et veut devenir un grand chef aussi. Pindray avait un grand ascendant, Raousset songe à en prendre. Le premier, qui se produisait beaucoup, avait une grande réserve et une froideur imposante; il parlait peu et ne plaisantait guère, bien qu'il mît chacun sur le pied de l'égalité avec lui. Le second, bon enfant quand il le voulait mais ne le voulant pas toujours, remplaça la réserve par l'abstention; il s'isola, se fit invisible, se méfiant à bon droit de son esprit provençal, qui était caustique en diable, et de sa langue qui n'eût pas retenu pour un empire un bon mot quelque blessant qu'il fût.

Pendant que le premier cherchait et obtenait la popularité, le second chercha le prestige de l'autorité dans le mystère ; en cela chacun obéissait à son tempérament.

Tous deux appartenaient à ce parti qui, sous la peau du républicain fraîchement endossée, donna le baiser de Judas à la république de 1848, mais Pindray était foncièrement démocrate tout en se croyant monarchique par habitude et préjugé, Raousset était foncièrement monarchique tout en se croyant démocrate par nécessité.

Du reste Raousset n'avait guère le choix des moyens, j'en conviens. Il ne fascinait pas comme Pindray; à son monocle, dont il abusait, il empruntait ce cachet d'insolent dédain qui passe chez les viveurs pour une marque de supériorité écrasante et qui, à côté du coup d'œil calme, mais froid et incisif comme une lame d'épée, de l'homme fort, est tout bonnement risible. Son sourcil froncé n'en imposait pas comme celui de Pindray. Pour dominer il était obligé de recourir à la parole et, alors, il était ou blessant ou diffus. Dans ces conditions il ne parvint jamais à inspirer beaucoup d'enthousiasme, et son influence, qu'il travailla sans cesse à amoindrir, fut toujours faible. La mort de Pindray le servit puissamment. Elle le mit au premier rang, Walker n'ayant d'action que sur les populations de race saxonne, et reporta sur lui, en pis-aller, les sympathies des aventuriers de race latine.

Si je me suis autant appesanti sur le compte de ces trois hommes, c'est qu'ils me paraissent destinés à offrir de l'intérêt un jour plus qu'aujourd'hui, non point à cause de leur œuvre insignifiante, mais surtout à cause de leur caractère indépendant, tranchons le mot à cause de leur titre d'aventuriers. C'est là, en effet, un mot de l'avenir à mes yeux. Bien que dans le présent rien en apparence ne justifie l'opinion que je vais émettre, bien que tout au contraire semble la vouer au ridicule, ma conviction profonde n'en est pas moins que les armées permanentes ont fait leur temps. Avec elles disparaîtront les mots de conquête et de colonie, signifiant, sous des couleurs plus douces, l'asservissement à titre de valet, d'esclave ou de bête de somme, d'une population faible à une plus forte et mieux organisée. Cependant il restera des territoires déserts à exploiter, des races déchues ou caduques à régénérer, le monde à peupler enfin ; ce rôle revient de droit aux aventuriers. Eux du moins conserveront le principe de l'indépendance dans le désert et celui de l'autonomie dans les lieux habités, c'est-à-dire celui de la justice partout. Eux seuls pourront enfin servir les intérêts réels de l'univers entier en sauvegardant ceux de la colonie, au lieu de les soumettre égoïstement à une métropole aussi rapace qu'inintelligente le plus souvent.

CHAPITRE XIV.

Projets de M. de Raousset-Boulbon. — La *Restauradora* et le placer d'Arizona. — Rivalités. — La diplomatie et l'amour. — Hermosillo. — M. Dillon. — Santa-Anna et Raousset. — Nouveaux projets. — Éléments divers et influences opposées.

Une fois lancé dans le courant d'une entreprise aventureuse, Raousset donna carrière à son imagination. Pindray avait mis tout d'abord la main à la pâte, il voulut, lui, s'appuyer avant tout sur la diplomatie et forma des plans. Le premier auquel il s'arrêta fut le suivant.

Conduire en Sonora une compagnie d'élite recrutée en Californie au sein de l'émigration française. Diviser cette compagnie en trois corps, occupés conjointement aux travaux des mines, à ceux de l'agriculture et à ceux de la guerre contre les Apaches. S'établir, avec l'autorisation du gouvernement mexicain, dans un des districts miniers de la Sonora.

Ce plan fut goûté de quelques amis auxquels il le soumit, et nul ne l'accueillit mieux qu'un homme intéressé par état au bien-être des Français en Californie, M. Patrice Dillon, consul de France, à la table duquel Raousset s'asseyait souvent. Encouragé par cette petite puissance, l'aventurier résolut, de l'avis de M. Dillon lui-même, de mettre l'affaire sous le patronage de noms et de capitaux mexicains, afin de lui assurer toutes chances de succès.

Vers le milieu de février 1852 il part pour Mexico. Chaudement patronné là par M. Levasseur, ministre de France, il fonde la compagnie la *Restauradora*, dont MM. Jecker, de la Torre et Cie étaient titulaires, et qui comptait parmi ses actionnaires M. Levasseur et le général Arista, alors président de la république. Le traité fut signé le 7 avril. Il donnait à M. de Raousset-Boulbon le droit d'exploiter le *mineral* d'Arizona au nom et pour compte de la compagnie ; de son côté M. de Raousset s'engageait à conduire sur les lieux, dans le plus bref délai, un corps de cent cinquante volontaires français au minimum, armés et disciplinés militairement et prêts à lutter contre les Apaches.

Raousset revint à la hâte à San-Francisco, réunit deux cent cinquante hommes, s'embarqua avec eux sur *l'Archibald-Gracie* et aborda à Guaymas le 1er juin.

Mais le court intervalle qui s'était écoulé depuis la signature du traité avait été mis à profit par des esprits jaloux. Une société rivale s'était formée et réclamait le placer d'Arizona en vertu de droits antérieurs à ceux de la Restauradora. A la tête se trouvait la maison Forbes y Oceguerra, agissant au nom d'un homme dont le nom fut puissant au Mexique, M. Baron, consul de Sa Majesté Britannique, négociant, financier, maltôtier, et millionnaire de considération. On avait su agiter déjà des passions mesquines en Sonora. Tous les hommes intéressés, comme les mandarins du Céleste-Empire, à ce que rien ne vint tirer le peuple sonorien de son engourdissement, se liguèrent dans la société nouvelle pour contrecarrer M. de Raousset. On se souvient d'une certaine liste de proscription dont j'étais porteur à mon arrivée à Guaymas, les noms sont les mêmes ; tous les gros bonnets du pays étaient-là. Au moyen d'un intérêt dans le *mineral* on acheta le commandant militaire de la province, don Miguel Blanco, ancien chapelier de Guadalajara, homme sans instruction, parvenu, Dieu sait comme, au grade de général et au poste de gouverneur. On fit mieux ; on acheta le président Arista, actionnaire de la Restauradora : simple question de *quantum*.

Le placer d'Arizona, devenu objet en litige, allait être interdit préventivement à M. de Raousset et, grâce à la force d'inertie, bien des mois s'écouleraient avant que la justice ait prononcé ou qu'on en soit venu à une transaction. Pendant ce temps, on espérait que les Français perdraient patience et se débanderaient. C'était là tout ce que voulaient ces messieurs, plus jaloux d'empêcher que de faire eux-mêmes.

Dans toute autre contrée, moins arbitrairement régentée, cette politique digne du moyen âge n'eût point été possible, et moins encore les événements qui en furent la conséquence. La justice, intervenant dans le débat, eût maintenu la Restauradora dans ses droits, ou l'eût fait indemniser de telle sorte que M. de Raousset n'aurait pu tirer l'épée sans devenir un factieux. Il n'en fut point ainsi en Sonora. La lutte qu'amena le jésuitisme des autorités et de la caste féodale ne fut point celle d'un rebelle contre un gouvernement établi, mais bien une rivalité de Guelfe à Gibelin entre MM. Jecker, de la Torre et Cie, soutenus par M. de Raousset, d'une part, et de l'autre, MM. Forbes, Oceguerra et consorts, se trouvant fortuitement en mesure de disposer des forces d'un gouvernement avili, par l'excès même de son despotisme, jusqu'au point d'être l'esclave de ses grands vassaux.

Des ennuis, des humiliations, des taquineries de toutes natures, obligèrent M. de Raousset à revendiquer par les armes des droits incontestables. Il ne demandait pas mieux, que ne le fit-il plus tôt ?

Débarqué le 1ᵉʳ juin à Guaymas, il arrive à la fin d'août seulement au Saric, où devait le recevoir l'agent mexicain de la compagnie, le colonel Gimenez. L'ancienne mission del Saric, située près du rio San-Ignacio, n'est pas éloignée de Guaymas de plus de cent lieues; c'était quinze jours de marche, vingt au maximum, à travers de belles plaines. Mais on s'était arrêté au port, puis à Hermosillo, pour ouvrir des négociations inutiles sinon dangereuses. Un mois se passe au Saric à faire de la diplomatie. Puis, M. de Raousset se décide à faire appel à la force et rebrousse chemin le 27 septembre. Le général Blanco venait de remettre à don Manuel Maria Gandara le gouvernement provisoire de la province pour entrer en campagne contre les Français au besoin ; il se trouvait à Arispe, point central d'où il pouvait surveiller à la fois Arizona, el Saric et Hermosillo, et où il avait réuni des troupes. Un mouvement rapide et énergique sur cette ville eût été décisif, M. de Raousset n'en vit pas l'opportunité et reprit lentement le chemin d'Hermosillo.

Le 1ᵉʳ octobre il arrive au pueblo de la Magdalena où se tient annuellement, à cette époque, une foire qui attire une influence considérable. L'amour, bien plus que la politique et la raison, l'y retient six jours. Que dût-il penser de lui alors? Commit-il la folie, si commune, de se justifier à ses propres yeux en appelant sa maîtresse Omphale ou Dalila? Se persuada-t-il de bonne foi qu'après avoir perdu tant de temps à ménager l'ennemi, il était sage d'en perdre encore à se faire des adhérents, douteux avant le combat, certains après la victoire ? — Durant ce séjour à Capoue, les Français faillirent être surpris par un parti ennemi. Sans l'attachement que le curé du lieu avait conçu pour le chef, attachement qui le poussa à lui donner avis du danger auquel l'exposait sa négligence, le futur vainqueur d'Hermosillo eût été le vaincu de la Magdalena.

Il part enfin et arrive le 13 devant Hermosillo. Les maladies, l'ennui, le découragement avaient tellement réduit sa troupe que, malgré l'adjonction des débris de la compagnie de Pindray, recueillis en passant près de Cocospera, elle ne comptait pas deux cents hommes. Hermosillo était défendue par douze cents Mexicains, que le général Blanco avait eu le temps d'y introduire grâce à la lenteur des mouvements de son adversaire. La valeur française mit en moins d'une heure cette ville au pouvoir de M. de Raousset.

La dyssenterie le cloua au lit le lendemain de son triomphe, et, quand il put se lever, il ne se sentit plus la force nécessaire pour en recueillir les fruits. Il prit le parti de se replier sur Guaymas et d'y attendre, avec le retour de la santé, l'arrivée de renforts de Californie. Les Français virent avec regret une marche rétrograde que rien à leurs yeux ne pouvait justifier ; du même coup, M. de Raousset glaça l'enthousiasme d'une foule d'aventuriers californiens disposés à venir le rejoindre. Les relations entre le chef et les soldats cessèrent d'être sympathiques ; courage, discipline et confiance s'évanouirent à la fois. A Guaymas les choses empirèrent ; M. de Raousset se retira à l'état-major mexicain et demeura inaccessible aux Français. Je n'ai jamais eu sur ce différend des données assez précises pour pouvoir affirmer d'où partaient les premiers torts. Toujours est-il que les volontaires, froissés et désorientés, livrés à l'influence secrète et dissolvante d'agents mexicains, durent se considérer comme libérés envers la compagnie la Restauradora, et, moyennant la somme de onze mille piastres qui leur fut offerte, ils consentirent à quitter le pays. M. Calvo prit une part active à ce dénoûment auquel M. de Raousset n'essaya pas de s'opposer.

Il se rendit alors à Mazatlan où vint bientôt le chercher une lettre de M. Dillon qui l'appelait à San-Francisco. Il s'agissait de se concerter pour une revanche. M. Dillon commençait à tendre autour de l'aventurier des filets invisibles, dont celui-ci ne fut débarrassé qu'au moment où il aurait eu besoin de s'y accrocher pour se sauver. M. Dillon était un de ces hommes dont on pourrait dire :

> Il a fait trop de mal pour en dire du bien,
> Il a fait trop de bien pour en dire du mal

si ce paradoxe antithétique avait quelque valeur en histoire.

C'était un esprit inquiet et remuant, aimant à se mêler de beaucoup de choses quand il ne pouvait se mêler de tout, à avoir sa petite initiative, sa petite politique, sa petite police, son influence redoutable ou bienfaisante, à être en évidence, à se rendre indispensable, à faire parler de lui. Tout cela couvait sous des dehors calmes et graves. Il y avait en lui l'étoffe d'un roitelet. Parvenu aux emplois publics par la faveur d'un ministre de la monarchie de juillet, dans la famille duquel il avait exercé les fonctions de précepteur, il avait encore en lui du pédagogue. Il fit plusieurs petits coups d'État dans sa carrière diplomatique et montra de l'énergie toujours, une grande bravoure à l'occasion, mais plus de finesse que d'habileté.

Il se joua de M. de Raousset comme d'un instrument. Les choses étaient arrangées par lui de telle sorte que, si celui-ci avait réussi comme l'entendait M. Dillon, le consul aurait pu se faire un grand mérite auprès de son gouvernement de la part qu'il avait prise dans cette affaire. Raousset échouant, M. Dillon n'avait qu'à se faire apporter le bassin de Pilate.

La révolution venait d'éclater de toutes parts au Mexique. Vingt chefs s'étaient *prononcés* sur autant de points. Au sein de ce tohu-bohu il était difficile de préciser quel était ou du moins quel allait être le gouvernement légitime, et l'on pouvait, en se prévalant de l'appui d'un des révoltés, réussir aussi légalement que possible. Ainsi pensait M. Dillon quand il chercha à remonter M. de Raousset sur son dada.

Au mois de janvier 1853, Arista céda le fauteuil présidentiel à M. Ceballos que remplaça bientôt M. Lombardini. Enfin des intrigues réactionnaires, que favorisait l'épuisement du pays, ramenèrent au pouvoir le général don Antonio Lopez de Santa-Anna. Comme tous les nouveaux élus, le Diable boiteux arrivait avec les meilleures intentions ; afin qu'on n'en doutât, il se fit donner la dictature, le titre d'Altesse sérénissime par la grâce de Dieu, et pacifia le pays à l'aide des baïonnettes. Influencé par M. Levasseur, il se hâta de faire savoir à M. de Raousset qu'il désirait *réparer l'injustice du gouvernement précédent* à son égard et que, en conséquence, il le recevrait avec plaisir dans sa capitale. Le ministre de France transmit lui-même à l'aventurier cette aimable invitation à laquelle celui-ci se rendit avec empressement. Il arriva à Mexico au mois de juin.

Il proposa au dictateur de défendre les frontières du Nord contre les incursions des Apaches avec une troupe française. Il demandait une autorité qui équivalait à celle de gouverneur militaire de la Sonora. A l'expiration de leur engagement les volontaires devaient recevoir des concessions de terres.

Santa-Anna écouta ces plans, les discuta, fit traîner

les choses en longueur et finit, au moment de signer le traité, par offrir à M. de Raousset le grade de général dans l'armée mexicaine ; c'était tout simplement une fin de non recevoir, et, de plus, une trappe sous les pas du jeune chef, qui disparaissait de la scène politique en y mettant le pied dessus. Au mois de novembre seulement, M. de Raousset s'aperçut, beaucoup trop tard, qu'il n'y avait aucun espoir sérieux de s'entendre. Il partit secrètement, ce qui était peut-être inutile mais jetait, en tout cas, sur l'affaire une teinte romanesque qui ne lui déplaisait pas.

Il avait, ainsi que je l'ai dit plus haut, entamé des relations avec quelques mécontents. Mais toujours peu habile à choisir ses hommes, il était tombé sur des gens de piètre réputation et de mince influence. Ses agents ne valaient guère mieux, et l'un d'eux, un Français nommé Chaumont, dont il avait fait la connaissance à Mazatlan et de l'intermédiaire duquel il se servait pour correspondre, livra quelques lettres de lui au général Yañez alors gouverneur de Sinaloa. Il y était question d'une invasion de la Sonora et d'un soulèvement général dans la république. Car M. de Raousset avait agrandi ses vues et la possibilité de refondre en entier ce corps social s'était présentée à lui. Ses droits sur l'Arizona n'étaient plus qu'un prétexte, la Sonora qu'un pied à terre.

Yañez se hâta de donner connaissance de l'affaire à Mexico, et comme son énergie ne laissait pas plus de doute que son dévouement, on lui confia le gouvernement de la Sonora. Plusieurs chefs du parti libéral, gravement compromis par la correspondance interceptée, furent poursuivis, emprisonnés ou exilés, et nous dûmes renoncer à l'espoir de voir éclater l'insurrection au premier bruit de notre débarquement à Guaymas.

Tout allait au plus mal. M. de Raousset n'avait réussi en rien, si ce n'est dans la petite mise en scène de sa fuite ; il ne s'était pas montré habile. M. Levasseur l'abandonne, M. Dillon lui bat froid. L'un et l'autre s'aperçoivent que Santa-Anna a brelan carré pour le moment, et que leur aventurier, plein d'amour propre et peu soumis, ne s'aidait pas assez, en somme, et menaçait de devenir compromettant. — « Ce jeune homme est peut-être fini, » disait tout bas M. Dillon. J'en crois le chroniqueur qui a rapporté ces paroles parce que, comme lui, j'ai vu à cette époque M. de Raousset se roidissant, dans des accès de fureur impuissante, contre une influence qu'il subissait sans pouvoir s'en faire une arme. « Il nageait à pleines eaux dans le sardonisme et l'ironie, dit M. de la Chapelle, s'écriait que la société n'était faite que pour les forts....; » ce qui est un peu vrai dans le présent, mais ce qui n'est pas une raison pour ne pas mettre honnêtement sa force au service de la faiblesse.

Nos espérances étaient bien maigres quand Santa-Anna, stimulé par la correspondance en question et par les notes du consul del Valle, s'avisa d'être habile, faute de se sentir fort. Il commença par mettre M. de Raousset hors la loi ; c'était déjà quelque chose, mais ça ne suffisait pas, il fallait encore lui couper l'herbe sous le pied. Pour ce faire, il traita de la vente du territoire de l'Arizona aux États-Unis, ce qui était anéantir le prétexte de notre invasion en Sonora, et donna ordre d'enrôler, pour le service du Mexique, les partisans de l'aventurier, afin de lui enlever ses moyens d'action. La première de ces deux mesures aurait eu quelque valeur si elle avait été menée à fin sur-le-champ ; au lieu de cela, l'affaire traîna et demeura secrète. La seconde était puérile et combla M. de Raousset de joie. Il savait qu'il lui resterait toujours sous la main, en Californie, assez d'hommes pour frapper le premier coup ; une fois au cœur de la place, il y trouverait ceux que l'ennemi lui-même y avait introduits. M. del Valle acheva de lui donner satisfaction en expédiant *le Challenge* à Guaymas.

A ce moment-là, M. de Raousset avait repris quelque valeur aux yeux de M. Dillon. Celui-ci avait prêté la main à l'opération del Valle, en autorisant officiellement les Français à courir cette aventure. La veille du départ de *la Belle*, dont il était aussi bien informé que nous, il remit à notre chef deux cents piastres qui furent les bienvenues. On espérait aussi que M. Levasseur s'intéresserait de nouveau à l'entreprise en la voyant en si bon chemin. Comme dernière tentative en faveur de la stricte légalité, un émissaire intelligent allait être envoyé à Mexico pour s'entendre secrètement avec le ministre de France, se présenter à Santa-Anna, lui annoncer notre arrivée en Sonora et lui offrir la guerre ou la paix. La paix, c'était l'adoption du projet présenté au dictateur par M. de Raousset lors de son voyage à Mexico, ce qui eût permis à celui-ci de prendre pied en Sonora sans coup férir et d'y attendre une occasion, qui ne pouvait tarder à se présenter, pour fondre sur la capitale. En cas d'entêtement de la part de Santa-Anna, l'envoyé devait se rabattre sur Alvarez et tâcher d'entrer en pourparlers avec lui. Cette mission délicate fut confiée à M. de Sainte-Marie, ancien agent consulaire de la France à Acapulco ; il devait partir quelques jours après nous par le steamer du 5 juin. Qu'a fait M. de Sainte-Marie ? je l'ignore. Nous n'avons jamais entendu parler de lui depuis.

Pour comprendre l'intérêt que M. de Raousset inspirait à MM. Dillon et Levasseur, il est nécessaire de savoir quelle a été depuis longues années la politique des diplomates français au Mexique, généralisons : la politique des diplomates européens dans les républiques hispano-américaines.

Ces corps malades n'ont cessé d'être le prétexte d'une lutte sourde entre les représentants des différents gouvernements de l'Europe, jaloux d'y établir, à l'insu des États-Unis ou en dépit d'eux, la prépondérance de leurs pavillons respectifs au moyen d'un protectorat, sinon d'une conquête.

C'est là une politique mesquine au possible. En admettant qu'il ne faille faire aucun cas de la doctrine de Monroë, il reste encore en jeu les aspirations légitimes et très-accentuées du Mexicain pour son autonomie et ses institutions politiques. D'ailleurs, je ne saurais, pour ma part, je l'avoue, faire trop bon marché de la doctrine de Monroë. S'il réclame l'Amérique pour les Américains, c'est, en principe, bien moins dans le but de servir les vues ambitieuses de l'Union aujourd'hui divisée, qu'en vue d'assurer ce vaste continent à la propagande libérale de ses compatriotes. A ce compte, j'en suis. Il me paraît juste que la république ait l'Amérique au moins pour s'expérimenter et faire ses preuves, puisque la monarchie a le reste du globe, et depuis si longtemps !

Or, un protectorat européen, une conquête *à fortiori*, détruirait du même coup au Mexique l'autonomie, la nationalité, les institutions républicaines.

La conquête est un reliquat des temps barbares dans nos mœurs : c'est l'esclavage en gros, au lieu de l'esclavage en détail. Le protectorat est un progrès, c'est le servage seulement. Mais, à notre époque, esclavage et servage sont au ban de l'opinion publique. Certains propriétaires de serfs et d'esclaves ont voulu arguer, en faveur du système, de l'incapacité de ces malheureux à pratiquer la liberté ; l'opinion publique les a fait taire. Il est généralement admis, en effet, que cette incapacité n'est pas organique, mais provient simplement d'inexpérience. Or, les droits d'une nation à l'indépendance valent bien ceux d'un homme ; c'est toujours une grave affaire que d'y toucher, une sérieuse responsabilité aussi.

Et cependant l'Europe est un grand foyer d'idées et

de civilisation! L'Europe ne peut-elle donc rien pour les misères politiques d'autrui? — Beaucoup, en vérité, mais indirectement. Par l'émigration, non par la conquête; par l'individu dégagé de préjugés, non par les institutions qui en regorgent. L'Européen peut beaucoup, les gouvernements européens ne peuvent rien, car ils sont eux-mêmes à cheval sur les principes qu'il s'agit de déraciner au Mexique : ignorance des masses, monopolisation des affaires publiques par la minorité, absence des libertés de conscience, de presse, de parole, centralisation, armées permanentes, etc. Qu'apporteraient-ils donc?

C'est ici que se révèle et grandit le rôle de l'aventurier, l'homme de l'avenir. L'aventurier sera le missionnaire du progrès le jour où les nations, amenées, par la force des choses, à reconnaître que la conquête et les instruments qu'elle nécessite sont des fantaisies coupables et d'un luxe ruineux, laisseront à l'individu, à l'émigrant, au voyageur, le soin de propager la civilisation. Je crois à l'aventurier comme je crois à l'affranchissement des colonies, annexes souffreteuses qui rendent largement à la métropole tout le mal qu'elle leur fait; j'y crois comme je crois aux annexions. C'est ce qui me pousse à m'étendre autant sur les projets de M. de Raousset. La véritable originalité, comme la véritable force de cet homme, s'il avait su le comprendre, était de n'être qu'un aventurier; de ne pas tirer à sa suite, comme les diplomates qui prétendaient se servir de lui, un gouvernement étranger, une nationalité nouvelle; de pouvoir se faire Mexicain un moment, s'assimiler au Mexique comme le remède au corps du malade, pour le guérir sans tuer en lui la personnalité.

Pour cela, il s'agissait de choisir ses éléments. L'émigration a un double courant: d'un côté la partie aristocratique, la plante parasite, absorbante et nuisible là comme ailleurs; de l'autre la partie démocratique, la greffe féconde, l'espoir du progrès. La première arrive sur l'aile de ses capitaux, dont elle fait un engin oppresseur, une pompe aspirante; elle se campe fièrement sur le piédestal du privilége, mais ne s'acclimate pas; elle a emporté sa patrie avec elle dans sa demeure luxueuse; d'ailleurs les moyens de locomotion sont à elle, et elle vit un pied ici, l'autre là-bas. Elle demeure Anglaise, Allemande, Espagnole ou Française, par politique plutôt que par patriotisme, c'est-à-dire pour pouvoir s'appuyer au besoin sur un gouvernement étranger, dans le cas où l'on menacerait ses priviléges. La seconde, qui n'a souvent connu que la gêne, sinon la misère, *at home*, pratique l'*ubi bene, ibi patria*. Peut-on lui en faire un crime? « La patrie, dit M. Pelletan, n'est pas seulement la place de hasard où notre mère a accouché, ni le coq qui tourne sur la girouette de notre clocher, c'est aussi, c'est surtout l'idée commune, la loi commune, la sécurité de l'existence et l'inviolabilité de la personne. » Cela est parler d'or. Loin de se draper comme l'autre dans une dignité hautaine, celle-ci se fait Mexicaine, Américaine. Loin d'envoyer chercher en Europe ses plaisirs, son comfort, elle s'approprie ceux du pays, vit de la vie mexicaine en la perfectionnant. Heureuse d'être délivrée de ce cauchemar du lendemain qui pèse sur toutes les existences inférieures en Europe, elle jouit plus encore de l'ineffable bonheur de dépenser que de celui de gagner. Elle est industrieuse, liante, vise au croisement des races, prend patrie, en un mot. Son influence est grande et bonne; au rebours de l'autre, elle donne plus qu'elle ne reçoit.

La première est une minorité infime, la seconde est la masse; mais celle-là est Giton, qui parle haut et qu'on écoute, celle-ci est Phédon, qui n'a pas voix au chapitre.

La première a le volume de ses capitaux, la force de

ses ramifications avec l'Europe et de ses relations avec la diplomatie. Diplomates et financiers se rencontrent là-bas dans les mêmes salons, les mêmes dîners les rassemblent, ils sont alliés, s'appuient réciproquement les uns sur les autres, et le diplomate reçoit le plus souvent du financier ses inspirations politiques. Dans ces salons, à ces dîners sont reçus les voyageurs bien recommandés, qui écriront ensuite les rapports officieux.

La seconde n'a aucune affinité avec les représentants de son gouvernement à l'étranger, même quand elle a fait fortune, parce qu'alors elle a pris racine, parce qu'alors elle se souvient que, pauvre émigrée, elle n'a rencontré chez eux d'autre secours que ceux de l'aumône, d'autre intérêt que celui qu'un planteur humain accorde au nègre marron, d'autre protection que celle qui découle de la tyrannie du rapatriement. La réception d'un consul à un pauvre diable veut toujours dire, sous des formes plus ou moins rogues : « Que venez-vous faire en Amérique? De quoi vous ingérez-vous là? Retournez donc chez vous, il fait malsain ici. »

De ce double courant il résulte une double tendance : l'une à la colonisation matérielle, la conquête, l'importation d'un nouveau drapeau, d'une nouvelle administration, de nouvelles lois, la ruine d'une nationalité; l'autre à la colonisation morale, la modification de vieux errements, la régénération par la fusion, l'incorporation d'éléments étrangers supérieurs.

L'une veut agir avec l'Angleterre, l'Espagne ou la France; l'autre par les Anglais, les Espagnols, les Français. Celle-là a l'instinct aristocratique de l'asservissement, celle-ci a l'instinct démocratique du respect d'autrui. La première sollicitait M. Dillon à se servir de Raousset pour tirer les marrons du feu; la seconde poussait l'aventurier à rester indépendant en s'appuyant sur l'élément démocratique de l'émigration.

Voici donc où en étaient les choses à notre départ de San-Francisco comme à notre arrivée à Guaymas. M. de Raousset entreprenait une œuvre de révolution, en prenant ce mot dans sa noble, dans sa vraie et seule acception, celle d'un mouvement progressif. Il arrivait poussé par des influences secrètes en vertu desquelles ce mouvement, châtré dans son principe, eût coûté au pays son autonomie, c'est-à-dire ne l'eût éclairé sur sa servitude que pour lui faire comprendre qu'il n'était pas plus libre qu'auparavant. Mais il arrivait aussi appuyé sur des éléments démocratiques dont le concours pouvait lui permettre de rendre au Mexique son indépendance complète. M. de Raousset n'avait qu'à choisir.

CHAPITRE XV.

Éléments de succès de M. Raousset-Boulbon. — Sa faiblesse devant la grandeur de l'œuvre. — Gages d'insuccès. — Ce qu'il fallait qu'il fît et ce qu'il voulut faire. — Monarchie et république.

Le plan de M. de Raousset était tout tracé par le bon sens et par le devoir, qui sont toujours corrélatifs. Il y avait à faire au nom de ce pays le serment du jeu de paume et la déclaration des droits de l'homme, à abattre les priviléges du clergé, de l'aristocratie, de l'armée, les monopoles des traitants, à remplacer ces échafaudages vermoulus par le droit de chacun et de tous à l'instruction, à la justice, à la sécurité, à la liberté. Il fallait, au risque de faire hurler quelque peu cette oligarchie qui épuise le corps social, faire ce qu'ont fait nos pères en 89, ce qu'a voulu faire Juarez. — Aurions-nous été plus heureux que celui-ci? Pas de sang versé, pas d'oppression, mais de gros intérêts froissés! Quels cris de paons! L'armée n'était pas inquiétante : elle aurait passé au plus fort; mais les autres! Le clergé allait en appeler à Rome, et par Rome intéresser la coterie cléricale de tous les pays! Les traitants allaient en appeler à leur gouvernement, et s'aidant de l'appât d'une vieille politique de prépondérance, obtenir que des armées vinssent détruire notre œuvre au nom de je ne sais quel principe d'humanité! — Hélas! le Mexique n'avait pas, comme la France en 93, douze armées à envoyer à la frontière pour pouvoir demeurer maître chez lui, et nous eussions été vaincus peut-être pour avoir cru que les principes valaient mieux que les habitudes, et que l'intérêt général devait passer avant quelques intérêts privés.

Mais de pareilles appréhensions n'étaient pas sérieuses à ce moment-là. Les événements politiques nous favorisaient; l'Europe était assez occupée de la guerre d'Orient pour laisser à M. de Raousset le temps d'achever l'œuvre, de rendre le Mexique fort et, par conséquent, respectable. Quant aux éléments de force, ils étaient dans le concours du peuple, qui n'eût pas manqué à qui lui eût apporté de bonne foi liberté et instruction. Si ce peuple se révolte sans cesse, c'est que sans cesse il est trompé par ceux auxquels il confie ses destinées.

L'avenir était donc brillant; les chances de M. de Raousset-Boulbon étaient donc sérieuses. Il avait sur Walker un bien grand avantage; si, comme lui, il se présentait en aventurier, c'était en aventurier dégagé de toute influence extérieure. On savait que Walker préparait simplement une reprise de la comédie du Texas, M. de Raousset affirmait à voix haute qu'il voulait faire œuvre démocratique et nationale.

Est-il bien certain qu'il fût de bonne foi lui-même? Est-il bien certain qu'il ne préparât pas une comédie?

La question est résolue aujourd'hui. Eh! mon Dieu,

oui. Comédie! comédie! M. de Raousset couvait d'arrière-projets, qui n'étaient pas précisément d'une nature démocratique. Certaines révélations d'un de ses historiographes ne laissent aucun doute à cet égard, et je ne me sens pas autorité pour les récuser. D'ailleurs, M. de la Chapelle est explicite : il parle d'une correspondance qui lui a passé sous les yeux. Que répondre à cela quand on a connu l'homme? Ce que je sais fort bien, c'est que M. de Raousset cachait bien des choses à son secrétaire, qui s'en apercevait, mais était sans méfiance et ne voulait pas être indiscret.

Cette révélation ne m'a nullement surpris : je l'attendais, sans m'en douter. Elle a été le fil d'Ariane avec lequel j'ai pu me guider dans le dédale de mon secrétariat; elle a remis en lumière, dans mon souvenir, une foule de petits faits, considérés comme insignifiants par moi jadis parce qu'ils semblaient ne se rattacher à rien, et auxquels je trouve aujourd'hui une grande portée.

Ainsi, M. de Raousset-Boulbon, le démocrate de 1848, le rédacteur du journal la *Liberté*, l'homme que *n'avait pas énervé le règne de Louis-Philippe*, si l'on en croit M. H. de la Madelène, préparait au Mexique un trône pour la famille d'Orléans! Quelque blessé que je sois de ce que je puis considérer comme une mystification projetée, je ne lui en ferai pas un grand crime : c'est moins la conscience que la tête qui a failli chez lui.

Peu confiant dans ses propres forces, embourbé dans ses relations consulaires, inquiet de sa responsabilité, il ne sut bientôt à quel saint se vouer. Il n'avait point osé tracer de plan complet, raisonné, et se fia à son sentiment jusqu'à s'en défier, comme toujours. Épouvanté des difficultés de l'attaque, il le fut encore plus de celles de l'organisation du succès. Mais comme pour attaquer il ne fallait que de la témérité, il attaqua; pour organiser, il fallait de l'énergie, il s'éclipsa. En face d'un mouvement analogue à celui de 89, il ne vit d'autre levier qu'un sceptre, abdiquant ainsi l'initiative avec ses hasards et ses gloires, au profit des satisfactions de similor d'une vanité domestiquée.

S'il n'y avait dans ce choix qu'une question de couleur ou de goût, on pourrait se taire; mais il y a autre chose : il est certain qu'en ce faisant, M. de Raousset se privait de ses meilleures, de ses seules chances de succès. Il renonçait à s'appuyer sur l'élément démocratique de l'émigration, il cessait d'avoir pour lui le peuple mexicain, qui, dans sa soif de régénération, ne perd pas de vue un seul instant son droit à l'indépendance. Ce peuple est républicain, ce peuple est patriote. Il aime l'étranger, mais l'étranger libre et prêt à se faire Mexicain, l'étranger aventurier, tel que nous nous présentions d'abord; il se méfie, à bon droit, de l'étranger diplomatique, qui traîne après lui une politique surannée de colonisation et de protectorat, de dépendance.

Le Mexicain tient à ses institutions dont on lui enlève le bénéfice, il tient à son autonomie qu'il a su conquérir. Mexicain et républicain, M. de Raousset triomphait. Lieutenant d'une monarchie, il devait succomber par isolement. Mieux aurait valu pour lui, avec cette arrière-pensée, accepter de Santa-Anna le grade de général, et ourdir la trame d'une insurrection de caserne.

Et comment s'y serait-on pris pour fonder cette monarchie? Au moyen de quelque fantasmagorie de suffrage universel comme celle dont Santa-Anna me donna plus tard le spectacle et dont je parlerai en son lieu ! On aurait, avec l'argent du clergé, soudoyé la populace, intimidé la bourgeoisie; la centralisation administrative, fonctionnant derrière un rideau de baïonnettes, aurait travaillé de gré ou de force la pâte électorale; les alcades auraient effrontément pollué l'urne du scrutin, et puis on aurait dit avec emphase : — « Le peuple mexicain, délibérant dans sa sagesse et son indépendance, désireux d'échapper aux désordres d'une liberté sans frein, a acclamé roi, à l'unanimité, Pierre ou Paul ! »

Et, cet élu de la nation, nous aurions été chargés de le soutenir mèche allumée sur son trône sans cesse attaqué !

Le suffrage universel ainsi manœuvré est une ironie odieuse. Il y a quelque chose de plus odieux encore, c'est de rendre la liberté responsable des maux qui dévorent un peuple ainsi administré.

Il est des gens, intéressés à confondre la liberté avec la licence, qui affectent d'attribuer à celle-là les effets de celle-ci. La licence a deux causes : l'absence de police et la faiblesse de l'opinion publique. L'opinion est d'autant plus tolérante que le public est plus corrompu ; la police est d'autant plus inefficace à prévenir les désordres qu'elle est plus occupée à maintenir, sous prétexte d'ordre, un *statu quo* politique. C'est une concession que les gouvernements absolus sont obligés de faire à la corruption qu'ils engendrent, car on ne peut tout prendre à l'homme sous peine de le tuer; et, si l'on ne lui laisse les vertus du citoyen, il faut bien lui passer les vices de l'esclave.

Si l'état où végètent les républiques hispano-américaines était le résultat des abus de la liberté, on pourrait encore répondre avec Macaulay : « Il n'est qu'un remède aux maux qu'enfante la liberté, c'est la liberté elle-même. » Mais il est faux qu'il en soit ainsi.

C'est chose triste que dix-huit siècles de progrès n'aient pu diminuer d'un iota la valeur du *quidquid delirant reges*. Les peuples expient encore de tous côtés les folies de leurs chefs. Le Mexique, lui aussi, expie dans une horrible agonie les orgies aristagogiques d'un clergé et d'une noblesse de finance et d'épée, également ignorants, avides, corrompus et corrupteurs, et c'est le peuple mexicain, noble majorité vaincue par la surprise la plus déloyale, que nous aurions été châtier en le frappant dans sa nationalité, dans son indépendance, dans sa foi et ses espérances politiques ! — « Dictateur ou monarque, Mexicain ou étranger, aurait-il dit (tout bas peut-être à cause de nos canons), notre ennemi, c'est notre maître, et nous laissons aux grenouilles le soin de demander un roi à Jupin ! »

Je sais bien que cette greffe monarchique eût été acceptée avec enthousiasme par la minorité privilégiée, mais ce n'est pas en gorgeant des repus qu'on se fait aimer d'un peuple. Toute notre habileté n'eût pas abouti à faire croire à la nation que nous servions ses intérêts, toute notre force eût été impuissante à lui faire croire à notre bonne foi.

Que pouvait d'ailleurs gagner le Mexique à se transformer en monarchie? Il serait devenu, en mettant tout au mieux, le pendant du Brésil, et peut-on dire que l'empire brésilien soit supérieur en quelque chose à la république mexicaine? La corruption et la misère n'y sont pas moindres, l'ignorance et la dégradation morale y sont peut-être plus grandes, cela doit être même, puisque l'ordre apparent est plus grand. Le clergé et l'armée, pour être plus serviles, moins turbulents, n'y sont pas moins nuisibles à la nation. Mais entre le Brésil et le Mexique, néanmoins, il y a cette différence, toute à l'avantage du dernier, que le premier est encore plus éloigné, par ses institutions et ses mœurs politiques, des principes comme de l'usage et, par conséquent, des bienfaits de la liberté.

Un gouvernement monarchique implanté par nous au Mexique y aurait maintenu ce qui faisait son malheur. Il eût conservé la centralisation comme gage de bonne administration, car la monarchie ne peut admettre le système opposé qui est la négation implicite de son principe; la décentralisation est le premier pas dans l'art de se gouverner, et qui sait se gouverner peut avoir besoin d'un intendant, jamais d'un tuteur. Il eût conservé l'armée comme gage d'ordre ; il eût respecté les priviléges du clergé, sous prétexte de respecter la religion, et ceux des traitants étrangers, sous prétexte de ménager, l'Europe. Nous n'aurions fait en réalité que substituer nos ambitions à d'autres, et, faute de pouvoir nous appuyer sur l'élément démocratique, nous eussions simplement continué le passé, avec un peu plus d'ordre peut-être, j'entends de compression, mais sans fruit d'avenir ni pour le peuple ni pour nous.

J'aurais craint, je l'avoue, de tremper dans une pareille machination. Je crois, en conscience, qu'un peuple ainsi joué doit se lever un jour ou l'autre et demander un compte terrible à ceux qui ont abusé de son ignorance et de la force qu'il a mise entre leurs mains. Oui, j'aurais eu peur ; car, dans ma conviction, les hommes qui se chargent d'une pareille besogne ne triomphent dans la honte que pour tomber après dans le mépris.

Qu'un homme cède à l'orgueil d'être le premier soutien d'un trône plutôt qu'à l'honneur d'être le premier citoyen d'une grande république, qu'au rôle de Washington il préfère celui de Monk, c'est affaire à lui, il est libre. Mais ce qu'on est en droit d'exiger de lui, s'il est chef, c'est de mettre à nu le fond de sa conscience avant de crier : « Qui m'aime me suive ! » Si M. de Raousset, vainqueur, s'était décidé à démasquer ses batteries monarchiques, un grand nombre d'entre nous se seraient retirés de lui, pensant qu'il était plus juste de laisser le Mexique à lui-même que de le soumettre à un pareil traitement diplomatique.

Pour ma part, je n'allais faire au Mexique ni les affaires d'un prince de la famille d'Orléans, ni celles d'aucun autre individu, prince ou simple fils d'Adam, et j'aurais abandonné M. de Raousset. Je dis plus, j'aurais cru de mon devoir de prendre parti pour la nation mexicaine, et bien d'autres m'auraient imité. Alors on aurait vu peut-être, sur ce sol où la liberté a tant de peine à germer, mais où elle a jeté de si profondes racines qu'on ne peut l'en arracher, des Français combattre, au nom de la justice, contre d'autres Français représentant un intérêt privé. Vaincus, nous aurions eu la consolation d'entendre tout homme juste s'écrier :

Victrix causa diis placuit, sed victa Catoni!

Vainqueurs, nous aurions eu la reconnaissance d'une noble nation qui réclame à grands cris la liberté et non pas un despotisme plus fort.

CHAPITRE XVI.

Rupture des négociations. — Politique du gouverneur. — Hésitations de M. de Raousset. — Influence désastreuse des officiers. — L'ennemi reçoit des renforts. — Plan d'attaque des Français. — État des forces respectives. — Ultimatum. — En avant!

Le passé du général Yañez laissait bien peu d'espoir de l'amener à faire cause commune avec nous, et le plus mauvais service que l'on ait rendu à M. de Raousset a été de faire naître en lui cet espoir. Ce fut un bâton dans nos roues. Dès la première entrevue il eût dû s'en appercevoir; cependant ils continuèrent à se voir tous les soirs, jusqu'au 7, sans que les négociations fissent un pas. L'un engageait l'autre, au nom de la paix et dans son intérêt, à quitter le pays sur l'heure ; l'autre éludait l'invitation en alléguant des engagements pris vis-à-vis de ses compatriotes dont les intérêts lui étaient confiés, et ils demeurèrent ainsi en commerce de courtoisies banales. Le 8, dans la matinée, M. de Raousset reçut une missive du général, dans laquelle celui-ci l'avisait qu'il ne pourrait le recevoir le soir, et cela en termes qui trahissait une volonté formelle de cesser tous rapports directs.

Il semble que dès ce moment rien n'eût dû arrêter M. de Raousset. Le général Yañez n'avait sous la main que deux cents hommes de troupes régulières; la garde nationale de Guaymas était désorganisée et désarmée; il fallait du temps pour se procurer des renforts éloignés. M. de Raousset, de son côté, pouvait disposer de trois cents hommes environ; il est bon de noter que la troupe du *Challenge*, s'était réduite de beaucoup, et voici comment.

Le général avait reçu de son gouvernement l'ordre péremptoire de dissoudre à tout prix ce corps inquiétant. — *Où la peau du lyon ne peult suffire, il y fault coudre un loppin de celle du regnard.* — Trop faible pour faire acte d'autorité, le pauvre gouverneur avait dû recourir à la ruse et il avait déclaré d'abord que tout individu désireux de rentrer dans la vie civile pouvait rompre son engagement. Beaucoup avaient profité de l'autorisation. Les uns s'étaient établis à Guaymas, d'autres s'étaient portés sur divers points de l'intérieur. En outre, les Allemands et les Irlandais avec les Chiliens formaient, ainsi que je l'ai dit, deux compagnies détachées; tout au plus pouvait-on compter sur leur neutralité. En somme, l'effectif du bataillon était de deux cent quatre-vingt-dix hommes seulement, auxquels devaient s'adjoindre les Français de la ville et l'équipage de *la Belle*.

Nous étions donc supérieurs par le nombre. Les armes ne faisaient pas défaut; outre les cent trente fusils de munition du gouvernement et les cent quatre-vingts carabines que nous apportions, il y avait une grande quanlité d'armes de fantaisie excellentes et notamment bon nombre de revolvers. Les munitions seules étaient courtes, mais il y en avait assez pour un premier engagement, qui devait nous livrer toutes celles de la ville. En attendant, nos hommes achetaient des cartouches aux soldats mexicains moyennant quelques bribes de leur ordinaire. Dans ces conditions, une surprise pouvait nous rendre maîtres de Guaymas en peu d'instants. Immédiatement après la victoire, un exprès traversait la baie et gagnait à cheval le port de San-Diego; là il trouvait un steamer pour se rendre à San-Francisco, où la nouvelle de nos succès allait nous recruter une armée.

Pourquoi M. de Raousset hésita-t-il? pourquoi se lança-t-il, comme avant la bataille d'Hermosillo, dans une malheureuse campagne diplomatique? Sans doute il attendait beaucoup de la mission de M. de Sainte-Marie dont chaque courrier pouvait nous apporter les résultats, mais, dans des circonstances aussi critiques, était-il raisonnable d'attendre? Je ne sais si M. de Sainte-Marie est allé à Mexico, cela est fort problématique, mais je sais que le général Yañez recevait journellement des ordres en vertu desquels il devait disposer sommairement de M. de Raousset s'il osait prendre pied sur le territoire de la république, et dissoudre, coûte que coûte, cette réunion de Français. Le général temporisait parce qu'il n'avait pas par devers lui la sanction de la force, mais il était logique de supposer qu'il prenait les mesures nécessaires pour se fortifier. Il est vrai de dire que, même avec le pouvoir suffisant, il n'eût certainement pas accompli ces ordres à la lettre, qu'il se fût contenté de forcer M. de Raousset à se rembarquer avec nous, mais cette éventualité seule était assez inquiétante pour qu'on dût chercher à la prévenir.

Malheureusement, une autre cause agissait sur M. de

Raousset et favorisait son penchant à la temporisation. En face des mauvaises dispositions de l'état-major français, il s'était fait une fausse idée du bataillon. Les officiers ne l'avaient vu arriver qu'avec regret, on supposait qu'il allait prendre le commandement et bien des amours-propres étaient froissés, bien des consciences troublées. M. de Raousset donnait de l'ombrage au commandant, le docteur Pigné-Dupuytren au chirurgien-major, Perseval au capitaine du *Challenge* qui était demeuré à Guaymas; moi-même j'étais l'objet d'une envieuse inquiétude. Les officiers, sentant qu'ils avaient démérité de la confiance du chef en n'exécutant pas ses instructions, en s'attirant le mépris et l'animadversion de leurs subordonnés, prévoyaient leur chute : c'était plus qu'il n'en fallait pour refroidir tout enthousiasme en eux.

Afin de détourner aussi longtemps que possible le coup fatal, ils s'attachèrent à circonvenir M. de Raousset et y réussirent complétement. On lui fit croire d'abord qu'il y avait moyen de gagner le général et l'on s'efforça de lui persuader surtout que, sans le concours de celui-ci, il n'y avait aucune chance de succès, attendu qu'il n'y avait nul fond à faire sur le bataillon. Sous prétexte de sûreté, ils lui fournirent une garde d'honneur constante, le tinrent éloigné des casernes françaises et se mirent avec soin entre lui et tout individu suspecté de vouloir le désillusionner. Toute tentative d'explication devant ces messieurs amenait des scènes violentes qui l'indisposaient et nuisaient surtout à la cause. Malgré ma position, malgré la vieille amitié qui l'unissait au docteur Pigné-Dupuytren, nous ne le rencontrions jamais seul; c'était à peine si M. Pannetrat, chez lequel il logeait, pouvait avoir la nuit avec lui quelques conversations que sa surdité rendait peu explicites. D'ailleurs nos rares observations demeurèrent de peu de valeur à ses yeux. Comme tous les hommes de son caractère, M. de Raousset était jaloux de son indépendance en matière d'autorité jusqu'à en être ombrageux. Cette propension funeste ne soustrait celui chez lequel elle se révèle à l'action de l'amitié franche que pour le livrer à la domination de la flatterie complaisante et servile. Il eût donc été difficile de contre-balancer l'influence des officiers; cependant aujourd'hui, quand je repasse ces événements en ma mémoire, j'en viens à regretter parfois qu'ils m'aient trouvé plus jeune de huit années importantes dans le développement moral d'un homme.

Le but des officiers en agissant ainsi était évidemment de perdre M. de Raousset dans l'esprit des Français, de l'annihiler, de le décourager au point de le forcer à se rembarquer, afin de demeurer ainsi en paisible possession de leurs grades, dans le *farniente* de Guaymas. M. de Raousset ne s'abusait pas complétement à leur égard et songeait à les mettre de côté à première occasion, mais il s'abusa en tenant pour vraie la peinture qu'on lui avait faite du bataillon. Il crut, sur le dire de ces hommes, que les soldats, mal disposés à son égard, n'étaient soutenus que par leurs chefs, ce qui était précisément le contre-pied de la vérité, et il pensa qu'avant de faire un coup d'État comme celui de réformer l'état-major, il fallait qu'une victoire vînt rétablir le prestige de son autorité : il eut grand tort. Il fallait, dès l'arrivée, renouveler entièrement cet état-major, à la seule exception du capitaine de la première compagnie, le sieur Martincourt, ancien officier du corps d'Hermosillo; il y avait dans le bataillon tous les éléments nécessaires pour en composer un excellent. Pour en arriver là, il était indispensable que M. de Raousset prît le commandement, rétablît une discipline sévère, passât au quartier la majeure partie de son temps, demeurât accessible à tous, surveillât de près la conduite des nouveaux officiers élus, et se montrât disposé à réprimer énergique-

13

ment la moindre tentative de perturbation de la part des anciens.

Dans ces conditions, et bien que la composition de la troupe fût en réalité loin d'être complétement satisfaisante, on pouvait beaucoup néanmoins. Cortez avait à sa suite des bossus, des boiteux, des manchots, aussi bien que des gens de sac et de corde, et Cortez triompha avec ces gens-là parce qu'il sut les prendre. M. de Raousset n'eut pas ce talent. Le peu d'enthousiasme qu'avait provoqué notre arrivée fut bientôt glacé par la réserve du chef, son abstention, ses réticences, le mystère dont il voilait l'avenir, ses délais, son manque d'entrain. Prescott dit, avec raison, que l'influence de Cortez était le résultat de la confiance des soldats en son habileté, mais il ajoute qu'il faut l'attribuer aussi « à ses manières populaires, à cette heureuse union de l'autorité et de la familiarité qui le rendait éminemment propre à conduire une bande d'aventuriers. Il lui aurait mal réussi de s'enfermer dans la froide réserve d'un chef de troupes régulières. Courant la même aventure que ses soldats, il commandait à ses égaux, puisqu'il n'avait aucune commission régulière d'un gouvernement.... » Ici se creuse un abîme entre l'aventurier espagnol du seizième siècle et l'aventurier français du dix-neuvième.

Pendant qu'il hésitait à faire un coup d'État indispensable, les volontaires, allant au-devant de ses désirs, se remuaient sourdement pour se débarrasser de cet état-major malsain. Cette communauté d'idées eût pu être habilement exploitée; M. de Raousset ne voulut pas y croire. Le 9, les volontaires se cotisent pour lui acheter un sabre et le lui offrir. Le commandant n'ose s'y opposer, mais il récuse de son autorité privée les quatre délégués intelligents choisis par le bataillon pour présenter l'hommage, et il en désigne quatre autres selon son cœur. Ces hommes sont invités à déjeuner par M. de

Raousset; le commandant s'invite sans façon, et sa présence eût suffi pour leur couper la parole s'ils eussent été capables de la prendre.

Cependant les jours s'écoulaient et les esprits s'aigrissaient à vue d'œil. Le séjour de Guaymas n'était rien moins que plaisant. La chaleur augmentait de jour en jour à l'approche de la saison pluvieuse; les nuits même étaient étouffantes et nous les passions dans les cours, étendus sur nos *petates*. Des éruptions cutanées, provoquées par l'excès de la chaleur et nommées *zarpullidos*, dévoraient la plupart d'entre nous. Les *zarpullidos* se manifestent à tous les replis du corps, et, là où il y a frottement, il se forme souvent des plaies douloureuses; la farine de maïs, à défaut de poudre de riz, était notre remède le plus efficace.

Le général Yañez déployait de son côté la plus grande activité. Il écrivait de toutes parts pour avoir des renforts, organisait la garde nationale, l'exerçait au maniement des armes, empruntait de l'argent afin de fournir régulièrement à la solde du bataillon français et de ne pas nous donner prématurément l'occasion de la révolte. Rien dans sa conduite ne trahissait, du reste, de l'inimitié à notre égard; il venait souvent au quartier français, vêtu en bourgeois comme toujours, et s'enquérait paternellement des besoins de nos hommes. Ses manières affables tranchaient si fort avec celles de nos officiers qu'il était aimé de tous.

Le 11, il parla à quelques personnes de la nécessité où il allait être de diriger une partie des volontaires français sur la frontière du Gila pour la protection du pays; il avait reçu, disait-il, des nouvelles inquiétantes des Apaches. Cette éventualité redoutable, à laquelle nous devions être préparés, troubla fort M. de Raousset sans le stimuler. Il était, à ce moment-là, entre les mains de deux mauvais drôles, un Américain nommé Young et un Mexicain nommé Alameda, qui l'occupaient la nuit, à tour de rôle, avec tout le mystère voulu pour donner à leurs démarches une couleur sérieuse à ses yeux. Ces hommes, tarés au possible, qu'il aurait dû démasquer dès la première entrevue et devant lesquels il se démasqua beaucoup trop au contraire, étaient des agents provocateurs. Je n'assistai à aucune de ces conférences.

Bientôt cependant les préparatifs de défense prirent une couleur trop marquée pour échapper plus longtemps à notre observation. Le fortin contenait des dépôts considérables d'armes et de munitions ainsi que des canons, mais il était en trop piètre état pour qu'on songeât à le défendre ; on n'y laissa qu'une faible garde et l'on transporta tout le matériel à la caserne mexicaine, où le général parut vouloir se concentrer ; il ne tarda pas à y prendre lui-même ses quartiers. Pendant que les rues demeuraient libres et conservaient une apparence pacifique, les *azoteas* des maisons qui avoisinaient le *Cuartel*, dans un rayon assez étendu, furent occupées et crénelées. De notre côté on prit les mêmes mesures, et les sentinelles avancées des deux partis purent se voir distinctement d'une extrémité à l'autre de la *plazuela*. Dieu sait si nous étions dans l'occasion prochaine d'un coup de feu.

Ces dispositions menaçantes semèrent l'épouvante dans la ville. Les familles aisées se hâtèrent de déloger en emportant leurs effets précieux ; portes et fenêtres demeurèrent hermétiquement closes et Guaymas prit un aspect de nécropole. Il n'y demeura que les gens les plus pauvres, quelques commerçants et une troupe de balochans, parmi lesquels plusieurs Espagnols qui se montrèrent fort hostiles aux Français. Entre eux et les têtes chaudes du bataillon, il y eut des querelles fréquentes ; dans la matinée du 12, trois de nos hommes, et des moins bons, il faut l'avouer, furent attaqués dans différents quartiers. Des provocations s'ensuivirent, après les provocations les coups de feu, une escarmouche enfin sur la *plazuela* entre les Mexicains et la première compagnie française qui se trouvait de garde ce jour-là. Cette compagnie était presque exclusivement composée d'anciens soldats d'Hermosillo, aussi l'affaire fut-elle entamée vivement. Tout le bataillon courut aux armes. Le général Yañez et le commandant de place Campuzano s'empressèrent d'intervenir, promettant que les agresseurs de la matinée seraient exemplairement châtiés. M. de Raousset, influencé par les officiers, s'interposa lui-même, malgré l'avis contraire de tous ses amis, et fit replier la première compagnie, après avoir exigé que deux ou trois Mexicains, déjà arrêtés par les soins des autorités, lui fussent remis. Il fit une grande faute en ne profitant pas de l'élan donné. Le général n'avait alors sous la main que ses réguliers, les gardes nationaux étaient dispersés, les renforts n'étaient pas arrivés; de notre côté les Français se montraient très-animés, la partie était engagée, si le chef eût tiré son épée nous étions maîtres de Guaymas.

Nos volontaires murmurèrent; ils demandaient hautement le combat. Ces hommes comprenaient instinctivement qu'il fallait enfin prendre un parti, se prononcer pour ou contre la paix, franchement, ouvertement, et M. de Raousset pouvait seul trancher la question en quittant le pays ou faisant battre la charge. Plusieurs hommes d'Hermosillo pénétrèrent résolûment jusqu'à lui et lui parlèrent avec une énergie qui le frappa; il put entrevoir que derrière la mine abattue et le découragement croissant de ses officiers, il y avait peut-être d'autres raisons que celles qu'ils alléguaient. Heureux s'il eût compris qu'une des choses qui use le plus vite le prestige de l'autorité c'est, de la part d'un chef, une politique étrangère incertaine, ménageant chèvre et chou, et laissant le subordonné dans la situation la plus ridicule en face de gens qu'il ne peut traiter ni en amis ni en ennemis, de peur d'avoir à se déjuger par ordre le lendemain.

Des bandes nombreuses d'Indiens arrivent dans la soirée et dans le courant de la nuit, que l'on passe de part et d'autre sous les armes. Le soleil du 13 se lève sur une ville déserte en apparence, mais dont l'atmosphère sent la poudre. Il faut prendre un parti, car notre situation devient de plus en plus critique. Maître par sa position de la route d'Hermosillo et des *norias* qui abreuvent la ville, le général peut nous couper, quand bon lui semblera, l'eau et les vivres et nous faire la loi. Qu'exigera-t-il de nous? Si bienveillant, si honorable que soit son caractère, il n'est pas moins naturel de se préoccuper de cette idée, et c'est d'ailleurs pour des Français une perspective toujours insupportable que celle d'un arrêt, surtout quand on peut s'y soustraire; aussi les esprits sont-ils très-échauffés. Un conflit étant donc inévitable, il importait de frapper le premier coup.

C'était dans cet esprit que M. de Raousset avait tracé le matin un plan d'attaque qui venait d'être discuté dans un conseil privé formé de quelques personnes dévouées. Nous l'avions fortement engagé à prendre le commandement, mais, toujours dans l'idée de ménager des susceptibilités, il s'était prononcé à cet égard sur un ton qui nous avait fermé la bouche. Nous insistâmes pour qu'il formât, du moins, avec tous les hommes qui n'appartenaient pas au bataillon, un corps de réserve destiné à demeurer auprès de lui. Cette troupe, sur laquelle il eût pu compter aveuglément, eût sans doute décidé autrement du sort de la journée. M. de Raousset déclara qu'il ne voulait pas de *gardes du corps*, qu'il entendait au contraire marcher seul au feu, se portant là où sa présence serait nécessaire. Il résolut de disséminer les hommes dont il s'agit dans les quatre compagnies, en proportion de leur faiblesse, afin de les soutenir d'autant ; en conséquence, il assigna à chacun de nous le poste qu'il devait occuper. Il est des volontés que l'on ne ramène pas, ce sont en général les moins fortes ; nous dûmes céder.

Les officiers de la compagnie allemande se présentèrent à l'état-major vers midi. Leurs volontaires s'étaient débandés ; les uns désiraient rester neutres, les autres, au nombre d'une dizaine, s'étaient rendus à la caserne pour combattre avec nous, ce qui, soit dit en passant, ne prouvait pas chez eux une grande confiance en leurs chefs. Quoi qu'il en soit, ceux-ci venaient offrir leurs services. Sur la description qu'ils donnèrent de leur demeure, M. de Raousset conçut le projet d'en tirer parti ; cette maison, située à l'angle de la grande rue ou route d'Hermosillo et d'une ruelle transversale, vis-à-vis la caserne mexicaine, avait, comme la fonda de Sonora et toutes les constructions de ce bloc, une issue sur la plage, qui permettait de s'y introduire en secret. M. de Raousset crut devoir exposer son plan à ces messieurs qui nous quittèrent aussitôt pour aller, dirent-ils, se renfermer chez eux en attendant le moment d'agir. Le fait est qu'ils se rendirent auprès du général Yañez, auquel ils racontèrent ce qu'ils venaient de voir et d'entendre.

Voici le plan auquel on s'était arrêté après délibération. La deuxième et la troisième compagnie devaient attaquer la façade du *Cuartel* mexicain en convergeant sur ce point des extrémités opposées de la grande rue. La première compagnie, prenant position sur les derrières de la place ennemie, avait mission d'attirer de ce côté-là une partie de la garnison et de l'y occuper pendant l'effort des autres. La quatrième devait faire une feinte dans la direction du fort, passer sans s'arrêter, longer le quai, jeter dans l'hôtel de la Sonora un petit détachement destiné à amuser par son feu les défenseurs des *azoteas* voisines, et se rendre enfin à la maison des officiers allemands. De ce poste important qui commandait la porte de la caserne ennemie, on pouvait soutenir puissamment l'attaque générale dont la troisième devait donner le signal en chargeant.

Il était impérieusement recommandé d'avancer au pas de course et à la baïonnette, en tirant le moins possible et seulement pour se débarrasser des défenseurs des terrasses quand ils seraient trop incommodes. Nos hommes n'avaient que seize cartouches chacun, il fallait donc ménager les munitions, et d'ailleurs le succès de ce coup de main dépendait beaucoup de notre vivacité. L'arme blanche démoralise le soldat mexicain. M. de Raousset se proposait de marcher avec la première compagnie; il m'ordonna de me mettre avec le docteur Pigné dans les rangs de la quatrième, qui était la plus faible et à laquelle on adjoignit les dix Allemands. M. Guilhot devint un des volontaires de la seconde qu'il avait jadis commandée; M. Bowen, qui voulait s'associer jusqu'au bout à la fortune de ses compagnons de navigation, prit un fusil et suivit M. de Raousset.

La Belle avait un rôle important à jouer dans cette affaire. Perseval et Simon devaient la monter avec six autres marins. Ils avaient ordre de s'emparer de deux navires mexicains qui se trouvaient en rade, et d'y tout disposer pour pouvoir appareiller au premier signal. Ces deux barques étaient destinées à devenir notre refuge en cas de défaite. Quelques mots, en passant, sur *la Belle*. Elle avait éprouvé de nouveaux malheurs. Le 8, Spinks et Tommy la laissèrent venir à la côte, où elle cassa son étambot et perdit son gouvernail de fortune. Dès lors les marins français en prirent possession et travaillèrent activement à la réparer. Les Américains, congédiés, s'engagèrent à bord d'un navire qui allait appareiller, mais Tommy seul partit; Spinks, toujours ivre depuis notre arrivée, mourut dans un accès de *delirium tremens.* Tom avait pris ses quartiers à terre; il se rendit le 13 à la caserne française et demanda des armes pour combattre avec nous.

Grâce à l'adjonction des Allemands et des Français établis en ville, le chiffre du bataillon s'élevait à trois cent cinquante hommes environ, n'ayant que peu de munitions et pas de canons. Nos adversaires, retranchés derrière les murailles du *Cuartel* ou les parapets des *azoteas*, ayant la poudre à discrétion et six pièces d'artillerie, pouvaient être de huit cent à mille, savoir : deux cents hommes de ligne, trois cents de garde nationale, des bandes d'Indiens Yaquis dont le nombre, difficile à préciser, n'était pas moindre de trois cents et pouvait dépasser de beaucoup ce chiffre, une trentaine de Chiliens et d'Irlandais, qui, au dire des Allemands, étaient fort mal disposés à notre égard, enfin une foule de volontaires, *rancheros* du voisinage, officiers à la demi-solde ou retraités, employés du gouvernement, particuliers, etc.

Tel est le bilan des forces en présence, le 13 juillet, à Guaymas. Nous étions loin, on le voit, des conditions exceptionnelles dans lesquelles nous pouvions agir, presque sans coup férir, quelques jours plus tôt. La prudence n'est la mère de la sûreté que dans de certaines limites, toujours tracées par le bon sens. « Attendre, dit quelque part M. de Broglie, est sage à la condition d'attendre quelque chose. Mais attendre pour attendre, par pure insouciance ou par pure irrésolution, faute d'avoir assez de bon sens pour se décider ou de courage pour se mettre à l'œuvre, c'est le pire de tous les partis et le plus certain de tous les dangers. » M. de Broglie a fait là, sans s'en douter, l'oraison funèbre de M. de Raousset-Boulbon.

Dans la première comme dans la seconde expédition, celui-ci a perdu un temps précieux en temporisations, en manœuvres diplomatiques, en notes et correspondances verbeuses, toujours destinées à établir son bon droit aux yeux de l'univers qui ne lui demandait que d'être honnête et fort. Depuis Fabius, nul mieux que lui ne mérita le surnom de *Cunctator*, mais la vertu du Romain manquait ici d'à-propos. Chez M. de Raousset, elle démontre plus d'hésitation que de calcul. Vainqueur, il lui fallait se démasquer aux yeux du parti démocratique; vaincu, il lui fallait seulement se justifier aux yeux de la diplomatie, ce à quoi il travailla exclusivement; aussi semble-t-il que l'épouvantable perspective de la défaite l'effrayât moins que celle de la victoire. Il parut se complaire dans la première de ces deux hypothèses qui devait le délivrer des préoccupations de la seconde. Or, c'est être à demi vaincu déjà que d'admettre la possibilité de la défaite dans une entreprise de ce genre.

Il faut en pareil cas, pour conserver sa liberté d'allures, consulter sa conscience et se retirer si elle bronche devant le but ou devant les moyens; mais, si l'on a son appui, sûr d'avoir tôt ou tard celui de l'opinion publique que ne pourraient fausser longtemps des considérations d'intérêts mesquins, il faut aller droit au but avec l'énergie de la conviction, en bravant les foudres diplomatiques aussi bien que les balles. Pour agir ainsi, il est urgent de joindre à l'énergie la bonne foi, qui multiplie les forces d'un homme par celle de l'opinion.

Les dispositions du combat qui allait s'engager péchaient bien sur quelques points, ainsi que je le montrerai plus loin, mais néanmoins leur fidèle exécution pouvait assurer le succès. A deux heures après midi, on discutait encore au sein de l'état-major la question de savoir s'il convenait d'attaquer, d'attendre, de faire encore de la diplomatie. Cependant, comme il devenait urgent de se décider, M. de Raousset, à l'instigation de plusieurs d'entre nous, fit demander deux délégués à chaque compagnie afin de contre-balancer dans le conseil l'influence paralysante des officiers.

Ces hommes arrivent bientôt; ils parlent haut et demandent à marcher au feu. Cette démonstration énergique fit pencher un moment la balance du côté du parti de l'action; toutefois l'esprit d'atermoiement reprit encore le dessus et l'on dépêcha une députation au général Yañez. Il s'agissait de lui représenter que, dans l'état actuel des esprits, des gages de sécurité nous devenaient nécessaires, et de lui demander en conséquence des otages et deux pièces de canon. Le général refusa, comme on devait s'y attendre; il offrit seulement sa parole, qui était valable en tout temps; mais pour le moment tout espoir de concorde était envolé, et, en dépit de lui, la paix n'eût pas duré deux heures. Le sort en était jeté et M. de Raousset vit bien qu'il n'y avait plus à hésiter. Les officiers consternés prédisent en vain que le bataillon ne marchera pas; le commandant se déclara indisposé : il était trop tard. Nous nous rendons à la caserne; le bataillon est formé dans la cour, l'arme au pied, et présente un coup d'œil assez satisfaisant. Les hommes étaient vêtus uniformément de toile blanche, comme les Mexicains, à cela près que la veste de ceux-ci était remplacée par une tunique chez les nôtres et que la coiffure était de fantaisie. Les officiers et les particuliers portaient, comme M. de Raousset, le costume des garibaldiens, si simple, si commode, si avenant.

Une courte harangue de M. de Raousset est accueillie avec enthousiasme; il met l'épée à la main et nous le suivons.

CHAPITRE XVII.

Combat. — Retraite à la maison consulaire. — *La Belle.* — Capitulation. — Prison. — Alarmes. — Tom et Bowen. — Le major Roman. — Pertes des deux armées. — M. Calvo. — Le général Yañez.

Il était quatre heures quand nous quittâmes le quartier. La chaleur était à son comble. Par suite d'une négligence inconcevable, les hommes, exténués comme ils l'étaient par un service pénible de jour et de nuit et des alarmes continuelles, n'avaient pas dîné ce jour-là; on avait oublié également la ration d'eau-de-vie.

Deux tambours étaient attachés au bataillon; ils se préparaient à battre la charge, mais M. de Raousset leur enjoignit de poser leur caisse et de prendre un fusil. Nouvelle faute. Il fallait en adjoindre un à la troisième compagnie, à cause de son initiative, l'autre à la seconde, qui devait l'appuyer immédiatement; la première et la quatrième n'en avaient pas besoin. La charge ne donne pas de courage au lâche, mais elle électrise le brave et le rallie.

Néanmoins il y eut beaucoup d'élan au départ, mais les instructions furent totalement négligées par ceux qui avaient mission de les faire exécuter, et le combat ne tarda pas à prendre la physionomie d'une escarmouche de guerrilleros; chacun y paraissait être pour son compte particulier. On vit bientôt qu'il manquait ce lien moral que fournit la foi dans la même idée ou, à défaut de convictions, la confiance aveugle dans le chef. Deux ou trois de nos officiers, emportés par un instinct de bravoure personnelle, tombèrent morts ou blessés; tous les autres, retirés à l'arrière-garde de leur compagnie, ne firent aucun usage de leur autorité, encore moins de leur courage. Le désordre se mit dans les rangs, et les soldats des trois premières compagnies confondues, disséminés derrière le Cuartel, aux angles des rues, dans les jardins, dans les maisons, brûlèrent leurs cartouches pendant plusieurs heures sans songer à leur baïonnette.

Il avait tenu peut-être à bien peu que les affaires ne prissent un autre tour. Il eût fallu substituer la première compagnie à la troisième dans le plan d'attaque, et M. de Raousset en avait été instamment prié. La troisième avait, ainsi qu'on l'a vu, un rôle fort important et fort honorable à la fois, qu'elle ne chercha nullement à remplir. Il me revient en mémoire que, chargé de distribuer aux officiers leurs instructions écrites peu d'instants avant le combat, j'avais cru devoir adresser quelques mots flatteurs au capitaine de la troisième touchant l'honneur qui lui était fait. L'air contraint et abattu avec lequel il avait reçu mes compliments m'avait surpris d'autant plus que ce garçon, créole de la Louisiane, ayant le sang chaud et la tête près du bonnet, s'était acquis à San-Francisco la réputation d'un bretteur. Il devait donc être brave, mais il n'était guère aimé et, entre lui et ses soldats, la confiance était vraisemblablement en raison directe de la sympathie. Toujours est-il qu'il manqua complétement à son devoir. Autant peut-on en dire du capitaine de la quatrième. Celui de la première fut blessé, celui de la deuxième tué, tous deux en payant de leur personne mal à propos.

Si le plan d'attaque était judicieux, la distribution des emplois ne l'était guère. La première compagnie se trouvait n'avoir à faire qu'une diversion, car il s'agissait d'inquiéter les Mexicains sur leurs derrières et point d'enlever par là la position ; un détachement eût amplement suffi, sans y consacrer une compagnie entière, et surtout la meilleure. La première avait, en effet, entre autres mérites, celui d'avoir à sa tête un officier aimé et en outre d'être, ainsi que je l'ai dit, composée presque exclusivement, y compris le capitaine, d'anciens vainqueurs d'Hermosillo, auxquels revenait le rôle confié à la troisième, et qui, tambour en tête, n'eussent point boudé à l'arme blanche. Alors les autres auraient suivi le mouvement. Alors l'effort le plus sérieux eût porté sur le point important, la façade du Cuartel, seul côté où ce bâtiment eût des ouvertures et fût vulnérable. Le général Yañez le comprenait si bien ainsi, qu'il avait concentré là toute sa troupe régulière et la moitié de son artillerie.

Dans la grande rue seulement, d'ailleurs, nos colonnes d'attaque pouvaient se masser et, si la dispersion d'une troupe en tirailleurs est favorable à la guerre de cartouches, la charge à l'arme blanche demande cette confiance communicative, cet entraînement irraisonné mais irrésistible, qui ne peuvent se dégager que des grandes masses.

Au lieu de cela, grâce à une disposition inintelligente, la partie la plus nombreuse et la plus vaillante du bataillon français vint user en détail son élan, son courage et sa poudre contre une clôture de murailles faciles à défendre, sur les derrières d'une position qu'on ne pouvait et qu'on ne voulait forcer que par devant.

La quatrième compagnie, après une escarmouche avec le fort, se dirigea par le quai vers la maison des officiers allemands, dont la porte se trouva fermée. La rue voisine, qui de la plage vient aboutir à la grande rue en face du Cuartel, était occupée par de fortes colonnes d'Indiens, qui l'assaillirent bravement et la coupèrent en deux. Quelques hommes, à la tête desquels se trouvait le docteur Pigné-Dupuytren, rejetés dans la partie occidentale de la ville, manœuvrèrent de manière à rejoindre la deuxième. Le gros de la troupe, avec lequel je demourai, se rabattit dans la fonda de Sonora, d'où nous ouvrîmes un feu très-meurtrier, en attendant l'arrivée des deux compagnies d'attaque, qui ne se présentèrent pas.

Plusieurs pièces d'artillerie de campagne, braquées autour du Cuartel, grondaient sans relâche. Deux d'entre elles, placées devant la porte, balayaient la rue dans notre direction et les boulets venaient écorner les murs de l'hôtel. Un instant nous pensâmes avoir le dessus. Notre feu avait été si vif et notre tir si juste, que tous les artilleurs étaient tombés, les azoteas opposées étaient muettes, la plage et la grande rue désertes. Bientôt même on rentra les pièces dans le Cuartel. Nous n'apercevions plus, au delà des cadavres qui jonchaient la rue, que le général Yañez lui-même, en costume civil comme à l'ordinaire, et n'ayant d'autre arme qu'une canne; debout sur le seuil de la porte de la caserne, poste honorable qu'il n'abandonna pas un seul instant, il encourageait les siens du geste et de la voix. Le hasard le protégea sans doute, mais je crois que les sympathies qu'il avait dans le bataillon français furent sa meilleure égide. A ce moment critique pour l'ennemi, une charge à la baïonnette nous assurait la victoire. Mais, pour entraîner nos hommes et surtout pour les rallier, il eût fallu la voix de ceux qui avaient autorité sur eux; malheureusement les officiers de la quatrième avaient abdiqué leurs fonctions dès le premier coup de fusil, pour se consacrer charitablement au rôle d'infirmiers. N'ayant plus de point de mire, notre feu tomba soudain et avec lui la surexcitation du premier moment; la partie était perdue.

Cependant sur les derrières du *Cuartel* se passaient des scènes analogues. Les débris des trois compagnies s'étaient aperçus d'un ralentissement dans le feu de l'ennemi, et quelques hommes avaient voulu profiter de ce trouble momentané pour le charger à la baïonnette; mais là aussi les Français, accablés de fatigue, étaient démoralisés par l'abandon de leurs officiers. Les munitions s'épuisaient, la mort éclaircissait les rangs; l'odeur de la poudre, la vue du sang, qui glacent quand elles n'enivrent pas, tout contribuait à refroidir leur ardeur. Les prodiges de valeur de M. de Raousset, du docteur Pigné-Dupuytren, de M. Guilhot et de quelques autres n'eurent aucun effet sur des groupes isolés, inquiets du sort de leurs camarades dispersés, et ayant perdu toute confiance : la crainte de n'être pas soutenu paralysait l'énergie de chacun. Les Mexicains, voyant que nous ne profitions pas de leur abattement, se ranimèrent et reprirent vigoureusement l'offensive ; ils avaient eu le temps d'improviser des artilleurs et le canon gronda de nouveau.

Tout à coup un bruit, parti je ne sais d'où, vola de groupe en groupe parmi les volontaires des trois premières compagnies : M. de Raousset, coupé par une forte colonne et vivement attaqué, battait en retraite, disait-on, avec quelques hommes, dans le défilé du rancho! Il n'en fallait pas tant pour que la bataille fût perdue. En vain la présence de M. de Raousset sur plusieurs points vint-elle démentir cette rumeur fatale, le coup était porté; la débâcle commença et l'entraîna lui-même. Le général Yañez s'en aperçut et détacha quelques compagnies à la poursuite des fuyards.

Débarrassé de ce côté, il concentra tous ses efforts contre l'hôtel de la Sonora, où les volontaires de la quatrième, complétement ignorants de ce qui se passait ailleurs, soutenaient encore le feu. Une trentaine d'hommes, le tiers de l'effectif de la compagnie, gisaient sur le carreau, morts ou blessés; les munitions tiraient à fin. Dans la direction du *Cuartel* retentissaient les accents du clairon et les cris sauvages de nos adversaires, qui s'avançaient sur la plage et dans la grande rue en masses imposantes; les terrasses opposées se garnissaient de nouveau de défenseurs; la mitraille avait remplacé les boulets et balayait la voie.

A cette recrudescence dans l'attaque, nous comprîmes instinctivement que les Français devaient être en déroute. L'hôtel n'était plus qu'un crible où pleuvaient sans cesse les balles; il fallait bien prendre une décision. Le plus sage était de faire une sortie tant que le chemin était libre encore, et d'aller nous réunir à nos compatriotes; mais la démoralisation était complète parmi nos hommes, qui ne paraissaient même pas disposés à repousser un assaut imminent. Cependant je réunis autour de moi quelques-uns des plus résolus; leur exemple entraîna les autres, et nous quittâmes la fonda au pas de course.

Une furieuse décharge d'artillerie nous accueillit au milieu de la grande rue et nous enveloppa de poussière, de fumée, de débris et de fer. Plusieurs volontaires, atrocement mutilés par la mitraille, tombèrent pour ne plus se relever; le reste, effrayé et quelque peu écorché aussi, se rejeta dans l'hôtel et en barricada les portes. Pour moi, sauf addition de quelques grains de poussière dans les yeux, et déduction faite de mon chapeau emporté par un éclat de mitraille, je me retrouvai intact de l'autre côté de la voie, avec trois ou quatre hommes. C'est là certainement un des meilleurs billets de loterie que j'aie pris de ma vie. Comme je me consultais pour savoir si j'irais chercher mon malheureux couvre-chef, une nouvelle décharge de mitraille, appuyée d'une fusillade bien nourrie, vint couper court à mes hésitations et je suivis mes compagnons, abandonnant sur le champ de bataille cette preuve de conviction que je retrouvai le lendemain sur la tête d'un volontaire yaqui. C'était une substitution de propriétaire contre laquelle je ne jugeai pas à propos de protester.

Une escarmouche assez vive me laissa seul à quelques

pas de là, sur la *plazuela*. Les derrières du Cuartel étant au pouvoir de l'ennemi, je me rabattis sur la caserne française que je trouvai déserte; mais un homme, posté en vedette dans les environs, m'apprit que M. de Raousset s'était rendu chez l'agent consulaire de la France avec les débris des trois compagnies.

Sur la *plaza Mayor*, je rencontrai MM. Pigné et Guilhot, qui se disposaient à se lancer à ma recherche. J'arrêtai à temps ce dévouement d'une vieille amitié. Ils me conduisirent chez M. Calvo, où m'attendait un triste spectacle. Sous les galeries, une centaine d'hommes mornes et abattus, à bout de forces, étaient couchés par terre à côté de leurs armes. M. de Raousset, sombre et muet, se promenait seul dans un coin de la cour; dans un autre, le chirurgien-major Canton était occupé à tirer du sang au commandant que l'émotion étouffait : ce fut le seul qu'il perdit dans cette journée.

Mon arrivée et les nouvelles que j'apportais de l'hôtel de la Sonora produisirent une certaine sensation ; tout n'était pas perdu tant que quelques-uns résistaient. M. de Raousset fit un appel énergique à la bravoure française : une dizaine d'hommes à peine y répondirent. Il remit alors son épée dans le fourreau et engagea M. Calvo à négocier une capitulation aussi honorable que possible.

A ce moment le canon tonna du haut du fort; c'était le général Arellano, colonel d'un des bataillons de ligne, qui venait d'en renforcer la petite garnison avec quarante hommes et une pièce de quatre. Ce bruit attira l'attention, et nous tournâmes nos regards vers le port que dominaient les fenêtres de la maison consulaire. *La Belle* traversait la rade à toutes voiles; quelques boulets firent jaillir l'eau autour d'elle, mais aucun ne la toucha. Qu'avaient fait ceux qui la montaient? Pourquoi les deux navires n'étaient-ils pas entre leurs mains et leurs canots à quai, prêts à nous recevoir? Sans doute ils manœuvraient maintenant pour nous assurer cette planche de salut! Nous ne demeurâmes pas longtemps en suspens; cette dernière espérance devait s'envoler comme les autres, le vent l'emporta sur les voiles de *la Belle*, qui cingla vers le goulet et disparut derrière le *morro Almagre*.

Les marins qui la montaient nous abandonnaient, en compagnie de quelques hommes du bataillon qui avaient été y chercher un refuge. Un seul d'entre eux s'opposa à cette fuite qu'il qualifiait de honteuse, et revint à terre, afin de partager jusqu'au bout le sort de ses compagnons d'armes. Cet honnête homme était un marin français du nom de Mathieu, depuis longtemps attaché au service du Mexique, et qui venait de recevoir, la veille, du gouvernement de Mexico, son brevet de lieutenant de marine; il devait donc, plus que personne, redouter de tomber entre les mains des vainqueurs : cette crainte ne l'arrêta pas. Il fut fait prisonnier, mais le général lui laissa la vie sauve, et, de tous ceux qui se trouvaient avec lui sur *la Belle*, il fut le plus heureux : chacun eut ce qu'il méritait. Les fugitifs se rendirent à Moleje, en basse Californie, pour se procurer des vivres dont ils s'emparèrent de vive force; ils étaient une vingtaine environ. De là ils firent voile vers le nord, dans l'intention probable d'aborder à Santa-Catalina et de traverser par terre à San-Diego. Depuis ce moment, les renseignements sur leur sort deviennent très-vagues; il paraît certain, néanmoins, qu'ils ont péri corps et biens sur la côte inhospitalière du Colorado. Le destin de *la Belle* était de finir par un naufrage.

A sept heures la poudre avait fini de parler, mais des hurlements barbares, mêlés aux notes aigres et discordantes de clairons avinés, célébraient le triomphe de l'ennemi. La maison consulaire fut cernée; M. Calvo, désireux d'éviter un assaut, se hâta d'arborer un drapeau de parlementaire et sortit pour s'entendre avec le vainqueur. Il revint en nous disant que le général consentait à nous accorder vie sauve à condition que nous déposerions les armes et que nous nous constituerions prisonniers. Pour nous engager à souscrire à cet arrangement, M. Calvo déclara solennellement que M. de Raousset aurait comme les autres le bénéfice de la capitulation. Le fait est que M. Calvo nous remit *tous, sans conditions,* entre les mains du général.

Le colonel Campuzano entra alors à la tête de quelques soldats et commença le désarmement. MM. Pigné et Guilhot avaient, ainsi que moi, regret à leurs armes de luxe ; nous les confiâmes à M. Calvo qui s'engageait à nous les conserver pour des temps meilleurs et n'eut rien de plus pressé que de les remettre aux autorités mexicaines. Entre les mains de qui, toutefois? je n'en sais rien. Ce qu'il y a de certain c'est que le général Yañez fit toutes les recherches possibles pour arriver à nous les rendre à notre départ et qu'il n'y put réussir. Je tenais particulièrement à mon revolver qui me venait d'un ami ; j'en écrivis au général en lui donnant le numéro et le signalement exact de l'arme ; il fit faire de nouvelles perquisitions qui demeurèrent également infructueuses, et, lorsque le docteur quitta Guaymas longtemps après moi, il le chargea de me remettre, en dédommagement, un pistolet pareil, qu'il me priait d'accepter en souvenir de lui.

Nous avions de petits poignards que nous jugeâmes à propos de conserver, et pour ce faire nous les cachâmes, ainsi que notre argent et nos bijoux, dans nos bottes ; bien nous en prit. A l'entrée de la nuit nous fûmes conduits à la caserne de la quatrième compagnie, entre deux haies de soldats qui brandissaient des torches dont la lueur rougeâtre jetait un éclat sauvage sur cette triste scène. Nos vainqueurs étaient ivres ; nous apprîmes depuis qu'ils avaient pillé quelques débits de liqueurs. Ils hurlaient des vivat en l'honneur de la patrie et du président, nous injuriaient, nous renvoyaient ironiquement le titre de *soldats de papier* dont on avait été si prodigue à leur égard et qui nous valut plus d'un coup de crosse. J'ai très-présent à la mémoire le souvenir de ces figures sinistres, inconnues à notre âge dans nos régions, et dont on ne retrouve le type expressif que sur les toiles de Salvator Rosa. Ils nous fouillaient aussi, et dépouillèrent consciencieusement tous ceux qui n'avaient pas eu la présence d'esprit de prendre les mêmes précautions que nous.

Le local que l'on nous donnait pour prison était situé, je crois l'avoir dit, dans la rue de la Douane, au coin d'une rue transversale qui conduit à la baie; c'était un vaste bâtiment carré, avec cour au milieu et dégagements du côté du rivage. Nous stationnâmes un instant dans le *patio* pendant qu'on prenait, sans doute, quelques dispositions intérieures. Ce retard fut fatalement interprété par quelques esprits malades et, comme le moral de nos hommes était fort abattu; ces interprétations trouvèrent de l'écho. Une circonstance, très-naturelle en soi et qui n'empruntait de gravité qu'aux sombres couleurs du tableau, vint les corroborer. On dressa contre la muraille une immense échelle à l'aide de laquelle des soldats gagnèrent les terrasses. L'idée qu'on allait se défaire de nous en nous fusillant de là-haut, comme les janissaires du sultan Mahmoud, s'éveilla aussitôt et créa une panique complète. En vain m'efforçai-je, avec quelques hommes plus calmes, de démontrer l'absurdité d'une pareille supposition, démentie par les inconvénients de la nuit et par le caractère du général, et de faire comprendre qu'il ne s'agissait que de poser des sentinelles; on n'entendit un moment dans le groupe des prisonniers que soupirs étouffés, sourdes exclamations de désespoir ou de rage.

Nos gardiens, étonnés de ce mouvement inattendu, dont la cause, à leurs yeux, ne pouvait être qu'un sentiment de révolte, mirent le comble à l'émotion en essayant brutalement de la comprimer. Enfin l'ordre de nous faire entrer coupa court à ce fâcheux incident.

On nous entassa dans quelques petites pièces afin de mieux nous surveiller, et, pour ma part, je me trouvai parqué, avec vingt-deux autres, dans un lieu si petit qu'il ne nous fut impossible de nous étendre pour reposer. Nous demeurâmes les uns sur les autres, accroupis dans la poussière, en proie à des légions de puces, que je mentionne pour mémoire, et suffoqués par la chaleur bien que la porte fût ouverte.

Un factionnaire chancelant stationnait devant chaque geôle. Ces malheureux nous menaçaient sans cesse et, dans leur délire alcoolique, jouaient avec la batterie de leur fusil assez négligemment pour faire appréhender un accident. L'un deux, ayant sans doute oublié de désarmer, laissa retomber la crosse de son arme sur le sol avec tant de force que le coup partit au milieu de la nuit. Ce fut un bouleversement général. Quelques officiers dûment escortés, le revolver au point et l'imprécation à la bouche, vinrent passer une inspection minutieuse à la sombre lueur d'un falot; les prisonniers consternés crurent tous au meurtre de l'un d'entre eux. La fatigue, la chaleur et la privation de nourriture nous maintenaient dans un état de faiblesse qui donnait à la moindre émotion une crise terrible. Un de nos hommes mourut subitement durant cette fatale nuit et sa mort fut attribuée au saisissement.

Les azoteas étaient couvertes de factionnaires et il y en avait aussi à toutes les ouvertures; en tout, une vingtaine au moins. De quart d'heure en quart d'heure le cri de *sentinela, alerta!* sentinelle, garde à vous! circulait de bouche en bouche. Chacun de ces enfants de la nature semblait prendre à tâche de signaler la vigueur de ses poumons et le caprice de sa fantaisie en faisant de ce cri une interminable psalmodie; il en résultait que le dernier de la série repassait le mot au premier, sans ininterruption, et ce carillon infernal tinta lugubrement à nos oreilles toute la nuit, à travers les vapeurs d'un sommeil agité.

Ah! je rêvai cette nuit-là que c'était une triste chose que la guerre, et je ne suis jamais revenu de ce rêve! Quelque disposé que je sois encore à prendre volontairement les armes pour une bonne cause, je plains fort ceux dont les armes sont le gagne-pain. Je pense que tout homme devrait être sans cesse prêt à courir comme volontaire à la défense de sa patrie et de ses intérêts les plus chers, mais que nul ne devrait être soldat, soumis en permanence aux ordres d'Alexandre ou de César. C'est assez d'être exposé à faire la guerre par devoir, sans se mettre dans le cas de la faire par obéissance : il est vrai que ces deux mots sont souvent confondus encore, au mépris de la conscience.

Nos officiers furent confinés dans un lieu séparé; les hommes pris les armes à la main sur le champ de bataille formèrent une catégorie à part, qui n'était pas comprise dans la capitulation; on les logea, au nombre d'une soixantaine environ, au *Calabozo*. M. de Raousset, livré le soir même par M. Calvo, au mépris d'une promesse solennelle, fut enfermé dans un appartement contigu à la prison et dépendant du logement du colonel Campuzano; il y demeura au secret jusqu'au moment où il comparut devant ses juges.

Les premiers jours de notre détention furent pénibles; aussi malgré la clause expresse de la capitulation Calvo qui nous garantissait la vie, fûmes-nous assaillis de graves appréhensions. Nous nous attendions à tout, et le mieux qui pût nous arriver était d'être décimés. La ville était pleine de soldats venus des places voisines et, principalement, de volontaires d'Hermosillo arrivés après la bataille; on nous confia à leur garde, afin de permettre à la garnison de Guaymas de prendre un repos dont elle avait elle-même grand besoin.

Messieurs d'Hermosillo nous laissèrent bien voir qu'ils avaient sur le cœur un levain de rancune, vieux de deux ans, compliqué d'une jalousie secrète dont les vainqueurs du jour faisaient les frais. Nous payâmes pour tous. On nous laissa entassés jour et nuit dans nos réduits dont nous ne sortions que pour travailler; on nous faisait balayer la cour et les rues avoisinantes, nettoyer tout le bâtiment et, en particulier, les communs. Il n'y a pas de caves à Guaymas et les immondices sont reçues dans des tonneaux que l'on va vider et laver à la mer. Trois fois par jour le cri *à formar!* nous appelait dans la cour; on nous faisait former en colonne sur deux rangs et l'on nous comptait comme des moutons. Plus tard on dressa une liste des noms et l'on fit l'appel.

Les hôtes du *Calabozo* étaient plus malheureux que nous; on leur imposa de rudes corvées, entre autres celle d'enterrer les victimes du combat. Ceci donna lieu à des scènes assez pathétiques. On avait choisi pour cette besogne les hommes qui pouvaient se croire, à bon droit, les plus compromis aux yeux des autorités. Conduits derrière le cimetière de la ville, ils furent chargés de creuser de vastes fosses, et la pensée qu'ils étaient occupés, comme les trappistes, à préparer leur dernière demeure les poursuivit tout le jour. Le soir on les ramena à la prison; mais le lendemain, dès le matin, on vint les en tirer de nouveau. Cette fois, après de tristes adieux à ceux qu'ils y laissaient, ils se dirigèrent vers le cimetière avec la poignante conviction qu'ils allaient être fusillés en représailles. Cette angoisse dura jusqu'au moment où on les plaça en face de cadavres qu'ils n'avaient pas vus la veille ; alors ils comprirent, à leur grande satisfaction, qu'ils n'étaient là qu'en qualité de croque-morts.

Bowen et Tom se trouvaient tous les deux au *Calabozo*. Tom avait racheté ses faiblesses passées par une conduite éclatante au feu. Le pauvre Bowen, faible comme il l'était, mais impassible encore sous ses lunettes d'or, passait mal son temps. Il arriva qu'un jour, étant de corvée, il fut frappé par un sergent : ce fut un bonheur pour la communauté. Il se plaignit au consul américain, qui venait chaque jour visiter ses deux compatriotes et leur rendait le séjour de la prison aussi agréable qu'il était en son pouvoir de le faire. Le major Roman manifesta cette indignation virile de l'homme indépendant en qui est inné le sentiment du respect pour ses semblables ; il alla trouver le général, qui ignorait ces faits, et obtint la suppression des corvées pour tous les prisonniers sans distinction ; le sergent reçut vingt-cinq coups de bâton. On peut être assuré que partout où se trouve un consul américain les droits de l'humanité seront sauvegardés.

Au reste, le général n'avait guère loisir de s'occuper de nous. Il s'employait activement au rétablissement de l'ordre : faire disparaître les traces du combat, former des hôpitaux pour les vainqueurs et les vaincus, pourvoir à la nourriture de tant de gens, etc.... Quelques mauvais sujets avaient commencé à piller la caserne et les demeures particulières des Français, il fit cesser cet abus et mettre les scellés partout, en attendant qu'il pût restituer à chacun son bien.

Dès qu'il eut pourvu au plus pressé et qu'il vit ses troupes reposées, il se hâta de congédier les volontaires d'Hermosillo, dont la conduite à notre égard le révoltait. Après leur départ, nous respirâmes. La garnison de Guaymas reprit les postes ; officiers et soldats nous connaissaient, la victoire avait purgé les aigreurs du passé, et, comme ils étaient dégrisés, d'ailleurs, ils nous traitèrent fort amicalement. Nous apprîmes d'eux qu'il n'y aurait pas de représailles; l'insouciance et la gaieté gauloise reprirent immédiatement le dessus, et l'impression qu'elles produisirent sur nos gardiens fut tout en notre faveur. Il n'y eut plus de factionnaires dans la cour, où l'on nous laissa la faculté de nous tenir tout le jour et même la nuit, faveur à laquelle nous attachions un grand prix. En dépit des hurlements des sentinelles extérieures, nous pûmes dormir alors, seulement de fréquentes ondées, fruits de la saison, nous obligeaient à des évolutions nocturnes fort désagréables.

Des boulangers et des cuisiniers, pris parmi nous, eurent faculté de sortir pour s'occuper de notre ordinaire. On nous rendit nos effets. Mon bagage se trouva quelque peu simplifié; cependant, j'eus la satisfaction de rentrer en possession de mon journal et de mes papiers les plus importants.

Le général vint nous voir chaque jour. Il veillait avec soin à l'entretien des logements et s'informait paternellement de nos besoins. On nous distribua par son ordre du tabac et même un peu d'argent à plusieurs reprises; il permit en même temps qu'on nous vendît des fruits, et les pastèques nous furent d'un grand soulagement.

Le docteur Pigné-Dupuytren avait été appelé, le soir même du 13, au service des hôpitaux, ainsi que le docteur Canton, lequel, soit dit en passant, demeura libre, à l'étonnement général, et ne fut nullement compromis. Quelques jours plus tard, le général fit établir une infirmerie dans la partie du bâtiment où nous étions enfermés qui donnait sur le rivage; on y transporta la plupart des blessés français, et le soin en fut confié au docteur Pigné-Dupuytren exclusivement.

La mortalité était grande parmi les blessés durant les premiers jours, surtout chez les Mexicains. Il est difficile de préciser le chiffre exact des pertes de part et d'autre;

les vainqueurs prirent grand soin de dissimuler les leurs. La dépêche officielle du général à son gouvernement, après l'affaire, ne mentionne que celle de la troupe de ligne sans faire état des auxiliaires indiens ni des gardes nationaux. En rapprochant et comparant ce rapport, ceux des infirmiers et des prisonniers qui ont enterré les cadavres, les confidences des soldats, les aveux recueillis en ville par les hommes de la corvée de gamelle et enfin mes propres observations, il résulte que les Français ont eu le tiers de leur effectif hors de combat. Sur ce chiffre, il y a cinquante morts environ, savoir : 32 à 35 sur le champ de bataille, 12 ou 15 postérieurement dans les hôpitaux. Les Mexicains ont perdu 19 soldats de ligne, la majeure partie artilleurs, et ils ont eu 120 à 130 blessés, dont 30 et quelques sont morts depuis. A cela il faut ajouter les gardes nationaux et les Indiens; un grand nombre de ces derniers resta sur le champ de bataille, mais ils furent enterrés à la hâte, et sur place souvent, dans la nuit du 13. Pour ma part, j'en ai vu tomber beaucoup, tant sur la plage que dans la grande rue, sous les balles de la quatrième compagnie; pendant la première partie de l'action, ils furent constamment en avant et montrèrent une grande intrépidité. J'ai vu tomber également bon nombre de gardes nationaux sur les *azoteas* qu'ils étaient principalement chargés de défendre. Je ne crois rien exagérer en portant la perte totale des Mexicains au double de la nôtre, disproportion qui s'explique par la supériorité de notre tir et surtout par la position que nous occupions respectivement; cachés derrière des parapets ou des murailles, ils ne livraient à notre visée que leurs têtes et leurs poitrines, tandis que nous nous découvrions en entier; aussi nos coups étaient-ils plus meurtriers que les leurs, qui portaient souvent dans les membres inférieurs.

Nous ne vîmes notre agent consulaire qu'au bout de

dix ou douze jours, encore ne vint-il qu'à notre sollicitation expresse. Il ne nous fut ni utile ni agréable.

Le 26, il se présente officiellement pour nous annoncer que nous allons être envoyés à San-Blas, libres et dégagés de toute responsabilité. Là, on nous donnera des passe-ports; ceux qui voudront rester au Mexique se dirigeront vers l'intérieur, les autres trouveront des navires pour les transporter où bon leur semblera. Les prisonniers du *Calabozo* ne sont pas compris dans cette mesure, non plus que les officiers; ceux-ci doivent passer en jugement ainsi que M. de Raousset. M. Calvo s'efforce de nouveau de nous rassurer sur le sort de notre chef, en nous vantant la générosité du vainqueur. M. Guilhot est mandé auprès du général, qui lui confirme ces nouvelles; il avait pensé me retenir pour figurer comme témoin dans le procès de M. de Raousset, mais, toutes réflexions faites, il se décidait à me laisser partir; quant au docteur Pigné-Dupuytren, il demeure à Guaymas, où les hôpitaux réclament encore son dévouement.

La perspective de cette séparation nous était fort pénible. Misère attache, et nous avions passé déjà par de telles épreuves ensemble qu'il nous eût été doux de rester réunis jusqu'à la fin. En vain M. Guilhot insista-t-il pour que notre ami nous accompagnât, la décision était irrévocable. Le général sut également éluder, avec bienveillance du reste, toutes les questions qu'il lui fit au sujet de M. de Raousset, mais nous augurâmes bien de ses dispositions en voyant qu'il éloignait un témoin aussi important que je devais l'être dans le procès de notre chef; il est certain que je ne pouvais servir la cause de M. de Raousset autrement que par un mutisme aussi compromettant pour lui-même que pour moi.

Qu'il me soit permis de placer ici quelques mots sur le général Yañez; je ne ferai que mon devoir en disant ce que j'en pense. Je dis donc qu'il s'est montré constamment digne et humain dans cette affaire où nous avons eu du pire. Je ne saurais le honnir pour avoir fait loyalement son devoir de patriote et, de ce que j'ai trempé dans une conspiration contre l'ordre établi au Mexique, quelque bâtard que fût cet ordre et quelques pures que fussent nos vues, il ne me peut venir en tête de jeter la pierre à un homme qui a défendu son pays de son mieux ; j'en parlerais avec mépris certainement, s'il nous avait tendu la main avant que, par nos actes, nous eussions prouvé qui nous étions, ce que nous pouvions et voulions faire. Il est des gens, sans doute, qui voient un crime de lèse-patriotisme dans le fait de louer un ennemi vainqueur ; je laisse ce chauvinisme à d'autres et proteste ici de mon estime pour le caractère du général Yañez. Aussi bien n'ai-je rien à attendre de lui, et quant à la vie qu'il m'a laissée, je ne la regrettais pas tellement, Dieu merci, que la joie ne me fasse encore délirer après huit années.

Je ne saurais donc lui refuser de la reconnaissance pour la manière dont il nous a traités. Tout autre général, Espagnol, Napolitain de l'ancien régime, Autrichien, Turc et *tutti quanti*, nous eût fait fusiller en bloc ou nous eût laissé massacrer après la victoire. Qu'ont fait les Espagnols des compagnons de Lopez à Cuba? En quel lieu, du reste, n'aurions-nous pas été décimés? Si le général avait pu sauver M. de Raousset lui-même, je certifie qu'il l'eût fait.

Cependant, cet homme a dû passer par de terribles angoisses où se serait aigri tout autre caractère. Dans un pays perdu, sans ressources pécuniaires, n'ayant que des forces insuffisantes, malmené par son gouvernement, qui lui donnait des ordres ridicules et lui faisait un crime de ne pas les exécuter, toujours sous le coup d'une révolte, obligé d'être ferme, patient et habile à la fois, il conserva sa placidité et la victoire le trouva sans fiel. Il a été humain jusqu'à la témérité et n'eût pu faire plus qu'il n'a fait sans s'exposer au sort des traîtres. Que peut-on exiger de plus d'un homme pour l'honorer?

Je souhaite que dans cette dernière crise, qui menace de se terminer si tristement pour sa patrie, le général Yañez n'ait été atteint ni dans sa personne, ni dans ses affections, ni dans ses biens. Il paraît n'y avoir joué aucun rôle. Je le regrette, parce que c'est un honnête homme; mais, de même que la majorité des gens honnêtes chez les peuples abâtardis par le despotisme, le général n'a malheureusement qu'une initiative de détail, une énergie d'obéissance, une ambition secondaire. Il a besoin de s'attacher à quelqu'un, et c'est ainsi qu'il a présenté l'étrange anomalie d'un cœur droit et patriote dévoué à Santa-Anna, l'homme qui a fait le plus de mal au Mexique depuis qu'il est affranchi du joug espagnol.

Quelques mois après ces événements, le général don Domingo Ramirez de Arellano était nommé gouverneur de la Sonora en remplacement du général don Jose Maria Yañez, mis en disponibilité et appelé à Mexico pour y rendre compte de sa conduite. On n'est pas toujours indulgent impunément; et puis, le ministre de la guerre se trouvait être frère du fameux général Blanco, le vaincu d'Hermosillo : l'envie ne pardonne pas.

Depuis a éclaté l'insurrection qui a chassé Santa-Anna et servi enfin les intérêts du libéralisme. La Sonora a été le théâtre de nouvelles luttes. Le général Pesquiera, un des soutiens du parti libéral, s'y est maintenu longtemps, malgré les inquiétudes que lui causaient fréquemment les Indiens soulevés par le clergé.

CHAPITRE XVIII.

Séparation et pressentiments. — L'*Inez* et le capitaine Randall. — San-Blas. — Mauvaises nouvelles.— Aspect de la côte. — Triste concordance de date. — Mort de notre chef. — M. de Raousset et Cortez. — Aventurier et aventurier il y a. — Influence du sentiment.

28 juillet. — Soixante-sept hommes s'embarquent sur la goëlette mexicaine *el Brillante*, capitaine Damian Garcia, et mettent à la voile immédiatement.

La journée s'achève, une partie de celle du lendemain s'écoule, sans qu'il soit question du départ des autres. Cependant, à six heures du soir, on nous fait prendre le sac; nous étions cent vingt, grâce à l'adjonction de quelques-uns des prisonniers du *Calabozo*. A la porte, un officier fait l'appel et remet à chaque homme qui passe quinze piastres en argent. Cette libéralité fut aigrement reprochée depuis au général, à Mexico. Nous nous formons en colonnes dans la rue et défilons entre deux haies de soldats jusqu'au môle, où des chaloupes nous attendent pour nous transporter à bord du brig *Inez*, capitaine Randall.

C'est avec un inexprimable serrement de cœur que j'ai serré la main de mon vieil ami le docteur. Chacun de nous se demande ce qu'il va advenir de l'autre. Où vais-je et pourquoi reste-t-il ? Debout maintenant sur le pont du brig, je promène mes regards sur la ville, et quand ils s'arrêtent sur ce point où M. de Raousset est captif, une émotion incontrôlable s'empare de moi. L'opinion générale parmi les prisonniers était que le chef, sauvegardé par la parole de l'agent consulaire, ne courait aucun danger. J'avais partagé moi-même cette espérance, mais à ce moment-là le trouble involontaire de mon cœur me révéla tout ce qu'elle avait de sentimental, et je compris qu'il fallait envoyer là-bas un dernier adieu.

L'*Inez* sort du port avec peu de vent et vient mouiller à la chute du jour sous l'île del Pajaro. Elle largue sa toile avant le jour le lendemain, 30 ; à l'aube, les côtes de la Sonora s'estompent déjà dans le bleu de l'espace. Ainsi quittai-je, après un mois de séjour et d'étranges aventures, ce pays où j'étais arrivé au prix de tant de fatigues. Les rêves d'avenir qui nous y avaient poussés étaient envolés.

Nul incident remarquable ne signala ce voyage qui fut long et ennuyeux. L'*Inez* était ce qu'on appelle vulgairement un sabot. Nous eûmes des grains fréquents, mais pas de cordonazos. La chaleur était telle que je couchai tout le temps sur le pont sans couverture ni abri. Nous demeurâmes constamment trop au large pour voir les côtes qu'une brume intense voilait d'ailleurs.

Le capitaine Randall est un citoyen des États-Unis fixé à Guaymas, où il s'est marié. Enchanté de trouver une occasion de parler sa langue maternelle, il m'invite gracieusement à passer à la chambre. Il invite aussi M. Guilhot, et nous traite avec une courtoisie qui n'est peut-être pas complétement désintéressée. Il est bon de dire que son équipage se compose en tout d'un cuisinier chinois, d'un matelot kanac et d'un vieux maître d'équipage français ; ce dernier, soit dit en passant, est chargé de la cambuse et, en sa qualité de compatriote, il croit pouvoir rogner impitoyablement les rations des prisonniers. Ce sont des marins pris parmi nous qui font le service de la manœuvre, bénévolement, pour l'amour de l'art. Le capitaine me fait de temps en temps des demi-confidences, où transpire la crainte de voir des prisonniers aussi mal gardés se révolter et demander à être conduits en Californie, ce qui ne ferait pas ses affaires ;

mais nos hommes n'y songent point et, moi, j'ai envie de voir le Mexique.

Le 11 août, dans la soirée, on reconnaît les îles nues et escarpées de *las tres Marias* et l'îlot de *Juanico*. Ce groupe se trouve à trente lieues de San-Blas environ. Un violent orage nous empêche d'atterrir et nous repousse au large pendant la nuit, que nous passons à la cape.

Le temps se rassérène dans la matinée du 12 et nous mettons le cap sur San-Blas, guidés par le cerro San-Juan, piton de dix-neuf cent mètres que l'on aperçoit de vingt lieues au large. Enfin, vers deux heures après midi, nous jetons l'ancre en grande rade, entre la goëlette *el Brillante* et un clipper américain dont je n'ai pas retenu le nom.

Une chaloupe nous apporte un délégué de la capitainerie du port et un officier du service médical. On s'enquiert immédiatement de nos camarades de la goëlette. Arrivés depuis l'avant-veille, ils sont partis hier pour Tepic où ils nous attendent. Tepic, petite ville située à quelques lieues de la mer sur un plateau élevé et sain, derrière le cerro San-Juan, est le séjour ordinaire des autorités du port qui fuient l'atmosphère brûlante et viciée d'une côte marécageuse ; c'est là que nous recevrons nos passe-ports. Nous ne descendrons à terre que le lendemain.

Ces nouvelles inattendues font naître de l'étonnement d'abord, puis des appréhensions. Le capitaine Randall, qui a toujours la puce à l'oreille, joint ses efforts à ceux des officiers mexicains pour nous rassurer. Nos camarades, assurent-ils, sont partis de leur plein gré ; plusieurs d'entre eux n'ont quitté San-Blas que ce matin, d'autres y sont encore. Si l'on engage ceux de nous qui veulent quitter le pays à aller attendre à Tepic des occasions de départ, c'est une mesure d'hygiène purement et simplement.

Ces considérations, qui ont une certaine valeur, tranquillisent nos hommes; quant à moi, tous mes doutes sont levés : nous sommes des prisonniers que l'on ménage tant que la porte de leur cage est ouverte. Que faire? Mettre à la voile? Bah ! je puis me tromper, et ce mont San-Juan, qui se dresse à l'horizon, est pour moi le rideau d'une scène merveilleuse dont je brûle de voir les coulisses. Rebrousser chemin devant un pressentiment, quand je touche déjà le sol aztèque, serait un sacrifice trop grand. Quel que puisse être le prix de ma curiosité, je verrai le Mexique.

L'aspect de la côte est riant. Elle est basse et présente un long ruban verdoyant que la lisière blanche de la plage sépare de l'indigo des mers. En face de nous surgit du sein du nuage d'émeraude un morne tout ruisselant de verdure lui-même et drapé de festons; il est couronné de murailles ébréchées sur lesquelles flotte le drapeau de la république : c'est l'ancienne commandance espagnole. Le torrent végétal semble rouler de ses arcades brisées comme s'il y prenait sa source, et bouillonne bien loin vers le sud jusqu'à un mamelon qui supporte d'autres ruines : celles du Castillo del Borrego. Aux pieds de ce dernier la ligne blanche est interrompue ; c'est l'entrée de l'estero de San-Cristoval qui enveloppe le plateau de San-Blas. Vers le nord, au pied du morne de la commandance, la forêt s'éloigne du rivage, et dans la clairière s'élève un hameau dont les cabanes au toit pointu, irrégulièrement dispersées, sont ombragées par le bananier et l'oranger. De ce côté, un mamelon de rochers, qui forme promontoire, clôt le panorama. Son aspect desséché tranche bizarrement avec les luxueux décors du rivage voisin; quelques palmiers nains, quelques aloës s'y dressent comme des moulures frappées à l'emporte-pièce. Un brise-lame en pierre sèche prolonge la pointe méridionale de cette digue naturelle, derrière laquelle s'ouvrent l'anse del Pozo et l'estero de l'Arsenal. Des pointes noires, fines comme des aiguilles, percent au-dessus des pierres de la jetée, annonçant la présence de quelques barques dans ce port intérieur. De môles, de quais, d'entrepôts, d'habitations dignes de l'homme au dix-neuvième siècle, nulle trace ; c'est un paysage primitif, une vue de l'Océanie.

Ce morne de la *commandancia* cache la ville, située à deux kilomètres de la mer environ sur un plateau de quelques mètres d'élévation. Le hameau de *la Playa* est un séjour brûlant, infesté de moustiques, abandonné aux matelots, aux muletiers, aux gens du port. Là se trouvaient jadis un hôpital, de vastes magasins, des ateliers, des chantiers de construction, un arsenal sur les bords de l'estero qui a gardé ce nom. San-Blas avait, au temps des Espagnols, une importance que justifiait mal le peu de sûreté de cette rade bayant à tous les orages. De tout cela, il ne reste que quelques ruines ; la végétation tropicale les voile capricieusement de ses splendeurs, comme si, par ses coquetteries qui séduisent l'œil, elle avait mission d'écarter de l'esprit les pensées menteuses d'ordre et de progrès qu'elles pourraient peut-être éveiller. Symboles d'une civilisation monopolisée plutôt que d'une industrie civilisatrice, ces ruines inspirent peu de regrets, et l'on est tenté, non de blâmer, mais de plaindre le Mexicain qui a laissé crouler ces monuments d'une domination brutale : il en ignorait l'usage comme il était neuf à la pratique de la liberté. Tous les vestiges de l'art et de l'industrie espagnole en Amérique portent avec eux un anathème ; on n'y voit que l'œuvre du servilisme des multitudes consacré à l'orgueil égoïste de quelques-uns. Comme les monuments égyptiens, ceux-là furent faits à coups d'hommes, pour le meilleur usage ou la plus grande gloire des pseudo-demi-dieux de la conquête.

San-Blas se trouve au milieu d'un delta sablonneux que forme un bras du rio Santiago ou Rio-Grande de Tololotlan, le cours d'eau le plus important du Mexique, du moins par la longueur de son parcours, en exceptant le rio del Norte. Pendant la guerre de l'indépendance, un gouverneur espagnol, aussi intelligent que le président Lincoln, fit couler un navire chargé de pierres dans l'embranchement principal pour faire pièce aux insurgés. Personne depuis n'a songé à enlever cet obstacle, et aujourd'hui l'estero de l'Arsenal et l'anse del Pozo, que ne balaye plus le courant du fleuve, vont se comblant peu à peu et ne sont accessibles qu'aux barques d'un faible tonnage.

La nuit arriva sur ces entrefaites. Bien peu nous doutions-nous qu'à l'aurore de cette même journée M. de Raousset-Boulbon était tombé à Guaymas sous les balles mexicaines.

Le 10, il avait comparu devant ses juges. Un brave officier du nom de Borunda, avec lequel il s'était mesuré d'homme à homme et dans le combat du 13 juillet et à l'assaut d'Hermosillo, s'était chargé de le défendre. Les officiers français, appelés comme témoins à décharge dans l'esprit du général Yañez, étaient venus, au contraire, apporter les charges les plus fortes. Un seul avait répondu *convenablement*, selon l'expression de M. de Raousset lui-même : c'était M. Bazajou, le capitaine de la troisième compagnie. Au reste, le cas de M. de Raousset était désespéré, on le comprend. Condamné à mort séance tenante, il avait été mis en chapelle le soir même.

L'animosité des juges, qui accomplissaient leur devoir sans passion et même avec regret, retomba, comme compensation, sur le commandant du bataillon, qui fut condamné à l'unanimité à être fusillé par derrière en signe de trahison aux deux partis. Le général s'était promis sans doute qu'il n'y aurait de sang versé qu'autant qu'il ne pourrait l'empêcher, et il parvint, bien qu'à grand'peine, à sauver cet homme.

Le 12 août 1854, à six heures du matin, Gaston de Raousset-Boulbon fut conduit sur la place du Môle; là, le dos tourné à la mer, en face d'une population émue et silencieuse qui couvrait les pentes du fort et les azoteas voisines, debout, les mains libres et le visage découvert, il reçut la mort avec ce courage dont il avait donné des preuves si nombreuses.

Dans cette triste affaire, le général Yañez s'est montré disposé jusqu'au bout à aider, autant qu'il était en son pouvoir, ceux qui auraient voulu sauver l'aventurier; l'initiative toutefois ne pouvait venir de lui. Il a fait juger son prisonnier quand il pouvait le faire exécuter sommairement, cela n'est pas douteux. M. de Raousset était *hors la loi*. Tout individu hors la loi peut être « impunément mis à mort par toute force militaire ou par tout particulier; » c'est un texte officiel[1]. Il a retardé autant qu'il l'a pu le jugement; en gagnant du temps, il espérait voir s'apaiser les passions haineuses et jalouses que notre entreprise avait soulevées. Il était naturel que le secrétaire de M. de Raousset fût un des témoins de l'instruction; le général le connaissait, et il le laissa partir longtemps auparavant, pour ne pas le placer dans la triste nécessité de compromettre son chef par son mutisme autant que par ses paroles. Il fit enfin condamner comme *conspirateur* et *révolté* celui que des ordres péremptoires lui ordonnaient de fusiller comme *pirate*.

Il ne pouvait le sauver, mais un autre le pouvait peut-être qui ne tenta rien pour le faire : je parle de M. Calvo.

---

1. Ordonnance du général Filangieri à Naples, en 1849, remise en vigueur par le général Salzano en Sicile, en 1860. — Mes autorités sont compétentes.

Le major Roman, consul des États-Unis, mettant généreusement de côté tout sentiment de jalousie nationale, insista avec énergie auprès de l'agent français afin qu'il prît une initiative qui lui appartenait, s'engageant à l'aider alors de tout son pouvoir. Il voulait que M. Calvo demandât un ajournement à la sentence; on savait que le général eût été heureux de l'accorder, pourvu qu'en exerçant sur lui une pression apparente les représentants étrangers le déchargeassent d'une responsabilité qui menaçait de devenir lourde. M. Calvo soupira hypocritement et ne bougea pas. J'ai hâte de dire que cette affaire a coûté à M. Calvo l'honneur de représenter la France à Guaymas.

On a raconté que les Mexicains avaient laissé des pistolets à M. de Raousset dans sa prison, afin qu'il leur évitât l'ennui de le fusiller. Je repousse sérieusement cette teinte romanesque passée après coup par des gens qui ont cru de leur devoir d'avilir autant que possible le général Yañez.

D'autres m'ont assuré de vive voix que M. de Raousset aurait pu fuir le 13 juillet, après le combat, alors que *la Belle* était encore dans le port. La fenêtre de laquelle nous la considérions donnait de plein pied sur le quai désert; elle était grillée, mais dans un des côtés de la cage était pratiquée, à la mode espagnole, une petite porte dont la clef était sous la main. M. de Raousset était un excellent nageur et pouvait courir les chances d'une fuite en rejoignant l'embarcation, sauf à périr sous les balles, les boulets ou la dent des requins. Il refusa. Si cet incident, qui m'a échappé, est vrai, je n'hésite pas à dire que la crainte de la balle, du boulet ou du requin ne fut pas ce qui l'arrêta. Son refus peut s'expliquer par cette notion du devoir en vertu de laquelle le capitaine du navire qui sombre doit se sauver le dernier, au risque de périr. A côté de ce noble sentiment, un autre bien puissant a dû le guider aussi : celui de l'amour-propre. L'avenir était sombre pour lui. Son prestige était détruit, son influence usée ; il lui fallait dire adieu à des projets dont l'exécution l'avait trouvé trop faible, et, faute de confiance, c'est-à-dire de soldats et d'argent, retomber platement désormais dans le fond d'une vie bourgeoise. Il est douteux, je crois, qu'il préférât une pareille perspective à celle d'une mort éclatante : sa grâce l'eût trouvé froid.

Mais de ce qu'il n'eût accepté la vie qu'à regret il ne s'ensuit pas qu'il ne fallait rien faire pour la lui conserver humainement. Dans ce pays sans cesse bouleversé, un sursis équivalait presque à une grâce. Au bout de quelque temps, le gouvernement français eût peut-être consenti, sur les instances de MM. Dillon et Levasseur, à ce que l'on fît quelques démarches en sa faveur. Pourquoi pas ?

Il me souvient qu'au début de la révolution italienne et dans les premiers jours de 1861, trois citoyens français, nobles comme M. de Raousset, furent arrêtés à Messine, sous l'inculpation d'avoir établi des intelligences avec la citadelle encore au pouvoir de la dynastie déchue. Jugés et convaincus, ils furent condamnés à mort : mais la presse européenne en appela noblement à l'intervention de la diplomatie, et ces messieurs ne furent pas fusillés que je sache ; M. de Raousset méritait-il moins ?

Il est vrai qu'il n'avait pas encore dévoilé ses projets monarchiques et qu'il demeurait par conséquent dans la catégorie des aventuriers. Il eut l'honneur d'être traité comme tel. Il bénéficia ainsi d'un des plus beaux priviléges de l'aventurier de plume ou d'épée, celui de ne pouvoir se consacrer au service de l'humanité qu'à ses risques et périls, de n'avoir pas à compter sur cette aumône de pitié officielle qu'on accorde aux monomanes de dévouements dynastiques. Cette aumône, M. de Raousset y avait droit.

MM. Dillon et Levasseur se tinrent coi. A Guaymas, ce fut pis, car derrière l'agent français il y avait M. Calvo, et derrière M. Calvo la coterie aristocratique dont M. de Raousset troublait depuis deux ans la monstrueuse quiétude. M. Calvo se garda bien d'agir, et M. de Raousset périt, coupable d'avoir mis le doigt entre l'arbre et l'écorce.

Là est son crime, en effet, là sa pierre d'achoppement. Il lui manqua l'énergie nécessaire pour être franchement monarchique ou démocrate, ou bien encore l'habileté indispensable pour jouer un double jeu sans se trahir. Il ne fut pas fort. Il s'était chargé d'un fardeau trop pesant et, l'amour-propre l'empêchant de le déposer, il songea à y substituer quelque chose de plus à sa main, un accessoire de théâtre, un postiche. Il aurait pu tirer meilleur parti de ses relations diplomatiques comme de ses aboutissants démocratiques, et toute sa force s'usa à lutter contre des influences qu'il subissait au lieu de les imposer. Toute son habileté se réduisit à s'éclipser derrière un trône pour faire pièce à ceux qui voulaient faire de lui un instrument, faute de pouvoir les réduire au même rôle.

Il présente l'anomalie d'un homme prudent jusqu'à l'inertie dans le conseil, emporté jusqu'à l'imprudence dans l'action; un homme incomplet, auquel l'étrange contradiction de ses qualités et de ses faiblesses constitue seule une originalité. L'étoffe d'un premier grenadier de France, point celle d'un chef; une imagination aventureuse, d'aventurier point.

Pour prendre de l'empire sur les hommes, il est logique d'en avoir sur soi-même, il n'en avait pas. On pourrait croire cependant qu'il en fallait beaucoup, avec un caractère aussi irascible et enthousiaste que le sien, pour se dominer dans le courant de la vie et surtout dans les affaires diplomatiques : erreur; l'irrésolution y suffisait, sauf les cas où un sentiment quelconque, colère, amour, etc., s'emparait de lui ; alors la nature l'emportait et ses facultés intellectuelles étaient paralysées. La bravoure était de tempérament chez lui, et les emportements de cette bravoure provenaient, comme la lâcheté chez d'autres, de l'absence de sang-froid. Le sang-froid l'abandonnait, en effet, au moment où il se trouvait en évidence, dans un rôle actif; dans un rôle passif il le retrouvait au contraire ; c'est ce qui lui permit, ébloui par les rêves de sa fantaisie, de parvenir à travers bien des difficultés jusqu'au commandement pour lequel il se montra si peu fait; c'est ce qui fit qu'il montra tant de calme et de dignité dans la mêlée comme au supplice, lorsque dans son conseil il s'était toujours montré si irrésolu, si impressionnable. Ce fut un théoricien qui n'eut pas le bon sens de demeurer dans la théorie, c'est-à-dire de se faire romancier. Son courage le desservit en cela; il prit, comme beaucoup d'autres, l'amour du danger pour la force qui le domine.

Un de ses plus ardents panégyristes, un homme qui l'a vu de près et qui, par parenthèse, a été plus sévère pour lui qu'il ne paraît s'en être douté, poussé par la force de la vérité, le représente comme un homme facile à se laisser aller au désespoir. « Dans ses accès d'humeur noire, il ne croyait plus à la société, à l'amitié, à quoi que ce fût.... il se plaignait amèrement d'être trahi de tous et de tout, d'être poursuivi par une chance fatale. »
— La chance ! voilà le mot lâché !

> Hercule veut qu'on se remue ;
> Puis il aide les gens.

C'est pour ne pas se noyer que l'on nage, et les flots ne

font que leur devoir en engloutissant celui qui ne nage pas. Les événements ne s'enchaînent pas sous la main de l'homme fort comme les grains d'un rosaire sous les doigts d'une vieille femme ; sans sortir du Mexique, Cortez est là pour le démontrer.

Mais quelle critique de M. de Raousset que l'histoire du conquérant espagnol ! « On peut vraiment assurer, dit Prescott, que Cortez conquit le Mexique avec ses seules ressources. S'il fut redevable du succès définitif à la coopération des tribus indiennes, il était redevable aussi de ces instruments à l'influence de son génie.... Lorsque ses propres soldats l'abandonnaient, il ne s'abandonna pas lui-même; il les ramena par degrés, il les soumit à sa volonté, il les fit agir comme un seul homme. Son étendard ne fit qu'une armée des aventuriers de Cuba et des îles, attirés par la soif de l'or; des hidalgos, qui avaient quitté la mère patrie dans l'espoir plus noble de cueillir des lauriers; des cavaliers ruinés, qui espéraient refaire leur fortune dans le nouveau monde; des vagabonds échappés à la justice; des avides compagnons de Narvaez; de ses propres vétérans ingouvernables; des hommes sans liens qu'enflammaient la jalousie et l'esprit d'insubordination; des tribus sauvages d'indigènes venus de tous les points du pays, ennemis jurés dès le berceau, qui ne s'étaient rencontrés jusque-là que pour s'entre-détruire ou pour approvisionner leurs dieux de victimes humaines; des hommes, en un mot, différents de race, de langage et d'intérêt. Et pourtant cette multitude bigarrée fut réunie en un seul camp, forcée d'obéir à la volonté d'un seul homme, d'agir de concert, de n'avoir pour ainsi dire qu'un même souffle, de se mouvoir par un seul principe d'action ! Là est le vrai génie de Cortez. »

Je n'ai pu moins faire que de citer ici cette page irréfutable; elle fait partie de mes preuves. Les mêmes instruments se trouvaient à la portée de l'aventurier de 1854 qui pouvait devenir plus grand que l'autre ; les difficultés à vaincre étaient moindres. Le génie de Cortez est la condamnation de M. de Raousset; celui-ci est auprès du premier la planète qui brille d'un éclat emprunté quand l'astre lumineux est dans un autre hémisphère, qui s'éclipse dès qu'il paraît.

S'il faut une dernière touche à cette esquisse, le dernier acte d'une vie indécise m'en fournira les couleurs. M. de Raousset-Boulbon était un voltairien, aussi longtemps que je l'ai connu, et il est mort entre les bras d'un prêtre. Walker eut au moins, comme Henri IV, le prétexte de la raison d'État. M. de Raousset, lui, a pris soin d'expliquer lui-même ce changement de front par *le sentiment* et *un vague besoin d'aimer*. Nature éminemment sentimentale, doublée de courage comme d'autres le sont de lâcheté, il se montra sentimental et brave toujours, logique et fort jamais, toujours exalté, jamais convaincu. Lui et sa conscience furent ballottés sans cesse d'enthousiasme en enthousiasme, du noir au blanc. Sceptique et religieux sans principes, au moment d'aller querir le grand peut-être, il fut rejeté dans la religion dont il était sorti bien moins pour suivre une autre voie que pour se donner le plaisir de n'en suivre aucune. Le sentiment, en effet, non la raison, guide ces bohèmes de la foi, et, l'exaltation du sentiment galvanisant une nature bouillante, il alla héroïquement au-devant d'une mort chrétienne le 12 août, après avoir bravé cent fois héroïquement la mort du sceptique.

Triste exemple en somme, mais qui prouve du moins à combien de variations indignes de l'homme est exposé l'esprit qui n'assoit pas ses convictions sur l'étude la plus sérieuse et le raisonnement le plus froid. M. de

Raousset-Boulbon fut aussi sentimental que courageux; avec cela, il fut sceptique comme il était démocrate, voltairien comme il était républicain, chrétien comme il était orléaniste, au hasard du moment présent. M. de Raousset était bien un *enfant du siècle*.

# DEUXIÈME PARTIE.

PAR TERRE.

CHAPITRE I.

Débarquement. — Les ruses du capitaine de port Arnau. — En route pour Tepic. — Marécages et forêts. — La *conducta de plata*. — Tisontla. — Les canards. — Nuit d'orage.

Lundi 13 août. — Deux énormes chaloupes non pontées viennent accoster l'*Inez* vers sept heures du matin. Nous étions prêts à partir depuis longtemps, à cela près pourtant que nous n'avions encore rien mangé; en l'absence du capitaine, qui avait passé la nuit en ville, notre cher compatriote, le maître d'équipage, avait jugé à propos de faire sur nous l'économie du déjeuner. L'honnête Mathurin fut salué, au moment de l'embarquement, d'une huée cordiale qu'il nous rendit en basses invectives.

Les deux chaloupes nous transportent tous avec armes et bagages dans l'anse del Pozo. Là nous sommes reçus par le capitaine de port, un petit homme peu avenant dont j'aime à ne pas oublier le nom : on ne sait pas ce qui peut arriver. Le señor Arnau est escorté de quelques soldats et des traînards du *Brillante*. Ces derniers, au nombre de trois ou quatre, sont autant de sacs à vin par destination que leur état d'ivresse a seul empêchés de suivre les autres; ils étaient donc restés parce qu'ils l'avaient bien voulu, ainsi qu'on nous l'avait dit, seulement ils étaient restés au violon, ce qu'on s'était gardé de nous faire savoir.

Le capitaine demande un interprète et je suis appelé à ces fonctions qui me conférèrent bientôt celle de chef d'escouade, de moitié avec M. Guilhot. Je reçois l'ordre de faire former la colonne et de la diriger sur Tepic. — Eh quoi! sur l'heure, sans avoir le loisir de se reconnaître et de manger un morceau! Des murmures accueillent cette proposition.

Le capitaine Arnau aurait eut bonne envie de montrer les dents, mais ce n'était pas avec quatre hommes et un caporal qu'il pouvait se passer cette fantaisie; il le comprit et chercha à nous prendre par la douceur. — Les autorités résidant à Tepic, il fallait, nous dit-il, s'y rendre pour avoir nos passe-ports. — Fort bien, mais ce n'était pas une raison pour nous expédier aussi vite. — Il avait à cet égard des instructions précises. On redoutait pour nous le climat meurtrier de la côte et l'on ne pouvait nous permettre d'y séjourner, dans notre propre intérêt. Il fallait partir et partir de suite. Quant à la question du déjeuner elle était toute résolue : nous trouverions des rations préparées par ses soins au pueblo de Tisontla, situé à peu de distance du port, dans une position élevée et salubre. Nous pourrions nous y arrêter pour laisser passer la grosse chaleur du jour et aller souper et coucher à Guaynamote où nous attendaient nos camarades du *Brillante*. La péroraison de ce discours fut qu'il se verrait dans la dure obligation de retenir en prison tout homme qui resterait à San-Blas.

Jusque-là il n'y avait pas grand'chose à dire, si ce n'est qu'il eût pu, sans se compromettre, nous accorder quelques instants de répit, mais cette objection même était levée tout naturellement par la nécessité d'arriver le plus tôt possible à la gamelle. La chaleur est très-forte à San-Blas ; le thermomètre y varie de 35 à 45° centigrades à l'ombre, et ne descend jamais au-dessous de 32° dans les endroits les plus frais. La nuit, il varie de 28 à 30°. Vers dix heures du matin, une petite brise de mer apporte un peu de soulagement et dissipe pour le reste du jour les nuées de moustiques qui rendent les nuits si fâcheuses parfois. Nous étions, en outre, à l'époque des fièvres malignes qu'engendre, durant la saison pluvieuse et longtemps après, l'action du soleil sur les marécages voisins où pourrit un immense détritus de matières organiques.

La colonne se mit en marche sous la conduite d'un vieil Indien chargé de nous servir d'éclaireur. Cet homme s'offrit à porter ma valise jusqu'à Tepic moyennant la somme de deux piastres. J'aime assez les voyages à pied, mais j'ai toujours eu une répugnance invincible pour le métier de bête de somme, et je commençais à me préoccuper déjà de mon fardeau à la vue des montagnes dans lesquelles nous allions nous engager sous un soleil aussi radieux : aussi me hâtai-je de conclure le marché. Le vieillard prit mon bagage, il prit celui de M. Guilhot, il prit celui de deux ou trois autres, et se mit à trotter devant nous lestement et sans sourciller.

Nous passons un pont de bois jeté sur un ruisseau, ou plutôt une crique, qui débouche dans l'estero de l'Arsenal. Le sentier vient ensuite longer un monticule escarpé de quelque vingt mètres d'élévation et serpente au milieu de blocs de rochers tapissés de verdure, dont chaque joint nourrit les racines d'un arbrisseau. La ville est située sur cette hauteur qui ne la met pas précisément à l'abri des miasmes délétères, mais où, cependant, la chaleur est moins impitoyable que sur la plage.

Je cheminais à l'arrière-garde afin de rallier les traînards, M. Guilhot tenait la tête avec le guide ; tout à coup je le vis accourir vers moi tout effaré : on venait de lui affirmer que Tisontla, ce fameux village où nous allions déjeuner, était à dix lieues!

Je rebroussai chemin, en quête du capitaine Arnau que je trouvai au poste de la douane, maison de pierre ou de pisé qui s'élève en face du pont. Je lui fis part de ce que je venais d'apprendre, en lui objectant d'un ton sérieux qu'il y aurait de la cruauté à envoyer aussi loin, dans un pays pareil, des hommes à jeun et mal préparés d'ailleurs aux fatigues de la marche par l'inactivité du bord et celle de la prison. Le bon apôtre se récrie : — Je le prends sans doute pour un Turc! Il ne faut pas ajouter foi à ce que quelques mauvais plaisants ont pu dire pour nous effrayer ; malice de vilains que tout cela. Il me jure ses grands dieux que nous devons arriver avant midi à l'endroit où il nous a fait préparer à manger, et c'est lui faire insulte que de mettre sa parole en question devant celle de drôles qu'il fera châtier s'il les découvre.

Que dire? Je rejoignis la troupe que je trouvai dispersée dans un faubourg de la ville ; les uns se reposaient déjà, d'autres se pourvoyaient de fruits et de gâteaux ; d'autres enfin couraient aux spiritueux et préludaient à une orgie qui dura aussi longtemps que les quinze piastres du général Yañez. La ville me parut triste et dépeuplée ; elle l'est, en effet, à cette époque où l'on n'y trouve guère plus de sept à huit cents habitants. Vers le mois de janvier, la sécheresse et l'abaissement de la température atténuant quelque peu la mal'aria, une foule de gens d'affaires, qui s'étaient réfugiés à Tepic au mois de juin, y reviennent et portent alors le chiffre de la population à deux mille âmes environ.

A quelque distance de la ville, on traverse l'estero vaseux de San-Cristoval, qui isole le plateau de la terre ferme; ses rives accores, auxquelles un bac des plus primitifs sert de trait d'union, sont couvertes d'arbres touffus. En face du point où l'on débarque s'ouvre dans ce bois une large mais courte avenue. Nous avions déjà fait une lieue sur le territoire mexicain.

Au delà du fourré s'étendent, jusqu'au pied des montagnes, les marécages, que traverse une chaussée, souvenir de la domination espagnole; elle est en fort mauvais état et, de loin en loin, nous franchissons des flaques d'eau en sautant de pierre en pierre. A droite et à gauche règne un pays plat et humide, couvert de broussailles et de végétaux exotiques; une sorte de vapeur rousse à peine condensée flotte au-dessus : c'est la mal'aria. Ces bocages de la mort ne sont hantés que par les reptiles. Deux ou trois fois le guide étend la main vers quelque fourré éloigné en me lançant un coup d'œil significatif; quelque chose remue là-bas, c'est un caïman qui prend ses ébats au soleil et jouit de la vie à sa manière.

Après une marche assez pénible de quelques kilomètres, nous atteignons le pied des montagnes et le couvert du bois. La route par laquelle on nous conduit est une traverse : c'est celle des gens à cheval. De San-Blas à Tepic, la distance à vol d'oiseau est de sept à huit lieues, mais la contrée est montagneuse et la route carrossable n'a pas moins de vingt à vingt-deux lieues. On nous fait prendre un moyen terme, plus rapproché toutefois de la voie carrossable que des sentiers alpestres pratiqués par la gent indienne dans le sens de la ligne droite.

Le guide nous conduit à une source cachée dans les rochers et nous engage à nous désaltérer consciencieusement, car il n'y a plus d'eau sur la route avant Tisontla. Nous faisons halte pour réunir les retardataires nombreux déjà. La transpiration ruisselle sur tous les visages, excepté sur celui du guide; en dépit du poids de nos bagages et de ses soixante ans, cet homme est à peine affecté de moiteur, sa respiration est calme, sa main ne tremble pas, il n'est pas fatigué. A quelques pas de là nous nous trouvons en pleine forêt vierge. Le port et le feuiller de la plupart des arbres ramèneraient facilement l'esprit aux scènes familières de la patrie n'étaient l'exubérance de la végétation, les riches festons des lianes, l'aspect oriental des palmiers et des lataniers réunis, çà et là, en bouquets sur quelques revers plus exposés aux feux du midi. Et puis, les cactus, plantes sobres qui semblent ne vivre que de soleil, et les fougères colossales, et les acanthacées gigantesques, et les clairières formées d'une inextricable végétation herbageuse, où le pied de l'homme et celui du cheval ont patiemment fouillé le sentier étroit que nous suivons, capricieux zigzag qui joue dans les ondulations de la montagne autour des rochers et des massifs, comme les serpents que notre approche met en fuite.

Sous le feuillage, qui arrête la lumière et conserve au sol l'humidité des dernières pluies, la marche est agréable, mais le bois est irrégulièrement placé sur notre route, suivant la qualité du terrain ou l'exposition des revers. Dans les clairières, au fond des gorges, nous retrouvons les ardeurs du tropique et bientôt la soif, la terrible soif, vient dessécher les poitrines à mesure que les fronts s'humectent ; la marche se ralentit de plus en plus et la colonne s'allonge indéfiniment sur le chemin.

Le soleil avait déjà dépassé le méridien quand, au milieu d'un fourré, je rencontrai soudain un peloton de soldats mexicains; dans l'ombre du bois se dessinait la silhouette d'un homme à cheval, que sa casquette galonnée me disait être un officier. J'appris de lui qu'il commandait l'avant-garde d'un détachement de la garnison de Tepic, chargé d'escorter jusqu'au port une *conducta de plata* ou convoi d'argent. Les négociants mexicains font leurs remises en métal, soit en barres, soit monnayé, et ces riches caravanes sont toujours mises sous la protection des baïonnettes. J'appris du même coup que Tisontla n'était plus qu'à quelques petites lieues. Quelques petites lieues, hélas! on sait ce que cela veut dire dans tous les pays où les lieues ne sont pas géométralement établies par la loi, où l'appréciation des distances, soumise aux conditions diverses de santé, d'humeur, de confort de chacun, varie avec tous. La terre devient alors une matière singulièrement élastique. Il n'est pas de chasseur, de commis voyageur, de touriste qui ne connaisse les *deux petites lieues* du paysan français, consolation désespérante dont la persistance fantastique et inaltérable finit par faire germer dans l'esprit, avec l'idée de l'éternité, celle d'un ensorcellement; les Mexicains en revendraient sur ce point à nos paysans, mais il entre chez eux, je crois, plus d'ignorance et de mépris réels de la distance que chez ceux-ci. A cela il est bon d'ajouter que la lieue mexicaine est de cinq kilomètres et demi à peu près.

L'officier me dit encore que nous ne trouverions rien à manger à Tisontla, et que nous devions pousser jusqu'à Guaynamote où nos camarades étaient dans l'abondance des noces de Gamache. L'arrivée des mules de la *conducta* rompit cet agréable entretien, et les soldats, jetant leur arme sur l'épaule, s'éloignèrent au petit trot afin de reprendre de l'avance. Les précieuses *talegas* bourrées de piastres défilèrent devant moi, et je me trouvai bientôt au milieu du détachement principal. Les mêmes questions me donnèrent les mêmes réponses ; on insiste sur la nécessité de se hâter pour arriver avant la chute du jour.

La perspective de passer la nuit dans ces solitudes n'était rien moins qu'engageante. Stimulé par les tiraillements de mon estomac et les aiguillons de la fatigue et de la soif, je résolus de tirer de long et de ne plus m'arrêter qu'à l'étape. Je m'étais attardé en causant avec les officiers mexicains, si bien que je me trouvais maintenant à la hauteur des traînards. Après les avoir avertis que le souper est encore loin, que la nuit vient subitement dans ces régions, qu'il peut y avoir du danger à la passer dans le bois à part les inconvénients de l'abstinence forcée, je m'élance en avant, dépassant dans mon allure rageuse tous ceux que je rencontre, à chacun je laisse mes charitables avis et recueille en échange la plus abondante moisson de malédictions à l'adresse du capitaine Arnau, que je voudrais bien tenir là, moi-même, un instant. Plus je gagne du terrain, plus la forêt devient épaisse et le pays accidenté, désert et sauvage.

Vers six heures après midi, je me trouvai tout à coup, au détour d'un sentier creux, en face du plus splendide et aussi du plus consolant spectacle. Au pied du revers abrupt que je domine s'étend une vaste plaine verdoyante, circonscrite par des montagnes boisées qui semblent posées sur ce sol uni; une petite rivière la sillonne; çà et là s'élève un village dont les cabanes à toit de chaume disparaissent à demi dans le feuillage du bananier, de l'anone, du calebassier, du zapote, du goyavier et autres arbres à fruit des tropiques. Au-dessous de moi je voyais s'agiter autour de quelques cases des hommes que je reconnaissais pour nos gens; je compris que c'était là Tisontla et que ces heureux mortels déjeunaient enfin !

Jamais je ne fus aussi aveuglément emporté par les instincts brutaux de la nutrition, jamais homme aussi fatigué que je l'étais ne fera preuve d'autant d'agilité que j'en déployai à partir de ce moment jusqu'à celui où je tins en main les éléments d'un repas confortable. On me taxera peut-être de gourmandise sur cet aveu : erreur; je ne suis pas gourmand, mais j'étais à un âge où, quand on a faim, c'est très-sérieusement, et, d'ailleurs, quand on n'a pas mangé depuis vingt-quatre heures, dame, on peut bien être quelque peu sauvage. Je me précipitai au bas de la montagne coudoyant impudemment ceux que je rencontrais. Le sentier, replié en zigzag sur lui-même en vingt endroits, était étroit, roide et rocailleux. On me cria que j'étais fou, que j'allais me rompre le cou; bah! mon jarret, qui quelques instants auparavant pliait sous moi, était devenu d'acier; d'un coup d'œil vif et sûr je mesurais le sol et mon pied ne porta pas une seule fois à faux. Je ne sentais plus la soif même, et de ce train-là je fis bientôt mon entrée à Tisontla.

M. Guilhot s'offrit des premiers à ma vue, portant je ne sais quel ustensile culinaire d'un air fort affairé.

« Que peut-on manger ici? lui demandai-je.

— Des canards, mais il faut les attraper.

— Où sont-ils?

— Partout et nulle part; ils se promènent. Tenez! en voici une troupe dans ce jardin. »

Je reprends ma course. Mes allures de carnassier jettent l'épouvante parmi les intéressants volatiles qui, allongeant le cou et donnant de la voix avec angoisse, jouent du pied et de l'aile et m'entraînent dans un *steeple-chase* insensé à travers les légumes, les fleurs et les clôtures menaçantes du cactus. Force resta à la loi; cinq minutes après, je plumais un des réfractaires auquel je venais de tordre le cou.

La population du village est indienne. Ces bonnes gens, débris de quelque race guerrière soumise par Nuño de Guzman ou ses successeurs, sont de paisibles cultivateurs qu'étonne fort cette invasion étrangère et famélique. Néanmoins, comme il n'y a pas d'intrusion possible dans ce pays où l'hospitalité est dans les mœurs, ils nous reçoivent bien, d'autant plus que nous leur ouvrons un marché avantageux pour l'écoulement de leurs denrées.

Après souper, la nuit étant close et le temps menaçant, il n'y avait autre chose à faire qu'à se coucher. Personne ne songeait à se rendre à Guaynamote. De moment en moment un éclair majestueux déchirait les gros nuages qui faisaient tache sur le ciel scintillant d'étoiles, un roulement lointain arrivait, plein de menaces, avec une bouffée de vent capricieuse et puissante, qui faisait gémir le feuillage et craquer la charpente élastique des cabanes. Ces tressaillements de la nature, au milieu de cet état de torpeur, de malaise indéfinissable, particulier au temps d'orage, étaient significatifs et nous présageaient une tempête de la saison.

Je me réfugiai sous un appentis composé d'un toit supporté par quatre piliers, sans autre clôture. Antonio, le vieux guide, s'y trouvait déjà ; il s'approcha mystérieusement de moi et m'engagea à l'accompagner ; le toit pointu formait une sorte de grenier auquel conduisait une échelle de poulailler. Il monta le premier, je le suivis ; mais quand j'eus mis la tête dans cet antre obscur, où grouillait je ne sais quelle confusion de créatures animées, je fus pris fort intempestivement d'un sentiment de délicatesse que j'attribue positivement à l'action de l'orage sur mes nerfs, et me retirai en tordant le nez. Sourd aux sollicitations d'Antonio, je m'étendis, enveloppé de mon *sarape*, sur le sol où il me semblait qu'on respirait plus librement, et cherchai le sommeil. Antonio crut de son devoir de partager mon sort et vint se coucher près de moi en soupirant.

Ces airs de petite-maîtresse me coûtèrent cher. L'ouragan se déchaîna bientôt avec une violence à laquelle rien encore ne m'avait préparé. Le tonnerre lança aux échos des rochers de monstrueuses notes, auxquelles répondirent les gémissements douloureux de la forêt et le craquement strident d'arbres que le vent brisait sur son passage. Des torrents de poussière, chassés en tourbillons désordonnés, vinrent s'abattre sur nous et affliger les organes de la respiration et de la vue que la chaleur interdisait de protéger. L'obscurité était devenue intense, surtout du côté de la montagne, seulement sur ce fond lugubre scintillaient par myriades les feux du *cocuyo* ou mouche lumineuse. Surexcités jusqu'à l'orgie par le trouble des éléments et les influences électriques de l'atmosphère, ces fantastiques porte-lanternes s'agitaient avec une frénésie sans égale, semblables aux étincelles d'un incendie lointain ou d'une fournaise souterraine qu'une trombe eût apportées là en se jouant. Puis, tout à coup, le nuage se fendait; à la nuit sans clarté succédaient des clartés sans ombre; sous les torrents de cette lumière blafarde, qui brûle les paupières de l'homme, les *cocuyos* disparaissaient et le paysage entier, torturé par l'ouragan, se dévoilait soudain dans ses moindres détails comme une vision de l'autre monde. Puis le vent et l'orage se taisaient par moments, vaincus par des ondées tropicales, c'est-à-dire éveillant dans l'esprit la notion du déluge. Leurs éclaboussures changeaient en boue la poussière dont nous étions couverts.

S'il eût été possible de dormir au milieu de ce désordre et de ce vacarme, de cette lutte grandiose, de cette insurrection de l'atmosphère contre le sol, des soucis bien mesquins, mais bien tyranniques, étaient là pour nous en empêcher encore. Le maigre bourdonnement des *sancudos* ou moustiques à longues pattes, musique ridicule mais menaçante, dominait à mes oreilles la grande voix du tonnerre. Ces terribles animaux du côté de l'air, soutenus par les puces et autres insectes du côté de la terre, enivrés d'électricité, féroces jusqu'à la rage, aussi nombreux que les grains de poussière qui nous aveuglaient, nous livraient des attaques incessantes, furieuses, irrésistibles, insupportables. C'était à y perdre l'esprit, faute de pouvoir perdre patience.

Je dus faire mon *mea culpa* pour n'avoir pas écouté Antonio, qui, assis près de moi sur un banc, augmentait mes remords et par sa présence et par quelques remontrances respectueuses mais agaçantes. Il était trop tard pour réparer le passé, toutes les places étaient prises en haut. J'essayai de me consoler en me disant que, dans ce poulailler, j'aurais perdu les sauvages splendeurs de l'ouragan et la brillante illumination des *cocuyos* ; mais j'avoue à ma honte que ces considérations artistiques glissèrent sur moi sans pénétrer. Alors je cherchai à me persuader que la malheureuse toiture ne résisterait jamais toute la nuit aux efforts de la tempête ; mais cette perspective, loin d'être rassurante, devint une nouvelle source d'inquiétude, car enfin j'étais dessous et devais souhaiter qu'elle fût solide. Ceci me ramena à penser que ces cabanes étaient faites pour résister aux plus farouches emportements de l'air et qu'elles y résisteraient, ce qui arriva. Cette série de syllogismes occupa les loisirs de mon esprit durant cette nuit.

Le vent tomba vers le matin et les premiers rayons du soleil dissipèrent les nuées ; il ne resta plus de traces de désordre que sur le sol humide, jonché de grandes feuilles en lambeaux et de branches cassées. Chacun partit à son heure pour Guaynamote qui n'est pas à plus de deux lieues de là. Le chemin nous ramène vers la montagne, dans une région sèche et pierreuse où l'absence de l'eau se fait cruellement sentir. Puis nous retrouvons la forêt, sur le revers d'une colline au sommet de laquelle quelques huttes en bambous, à toit plat, sont disséminées sur un petit plateau riant, entouré de bois et de hauteurs : c'est Guaynamote.

J'avance, et, sous un arbre immense à l'entrée du pueblo, j'aperçois les passagers du *Brillante* silencieux et immobiles. La vue de quelques factionnaires, disposés en ceinture en avant du groupe, me donne l'explication de la réserve peu naturelle qu'ils conservent à notre approche ; je fais involontairement réflexion qu'en dedans de ce cercle de porte-mousquets ma place est marquée et qu'il va falloir de nouveau dire adieu à l'indépendance.

CHAPITRE II.

Guaynamote.— Mœurs et costumes.— Réquisitions.— Lodelamedo. — Entrée à Tepic. — Le colonel Yañez. — Désenchantement. — Perspective d'un voyage à Guadalajara. — Décret et intentions de Santa-Anna à notre égard.

Prisonniers ! c'est un fait acquis. Le señor Mora, commandant du détachement, me fait appeler ; je le trouve assis non loin de là sous la vérandah de la demeure de l'alcade, maison basse, en pisé et en bois, la seule construction sérieuse de l'endroit. Don Pepe Mora, major de place de Tepic, est un bel homme de trente ans, bien découplé et de bonne figure, l'air plus déluré qu'intelligent, en somme un garçon à conquêtes.

Il m'annonce qu'il a ordre de veiller sur nous jusqu'à Tepic. C'est une mesure de sûreté générale : d'un côté, il importe que des gens sans passe-ports et en aussi grand nombre ne se répandent pas sur le territoire de la république, et, au rebours, il est prudent de nous mettre à l'abri de tout mauvais traitement de la part de la population. Au reste, il a ordre de nous traiter avec considération. Il ajoute que nous attendrons à Guaynamote l'escorte de la *conducta* qui doit ramener les traînards dont plusieurs, victimes de leur intempérance la plupart, ont passé la nuit précédente dans les bois. Nos hommes auront liberté entière tout le jour, sous ma responsabilité et celle de M. Guilhot, à condition de se réunir au pied de l'arbre au premier signal de retraite du clairon.

Les Français se dispersent à l'instant en quête de munitions de bouche. Guaynamote, de même que Tisontla, ne peut fournir que de la volaille, des *frijoles*, ces petits haricots rouges qui forment avec le maïs le fond de l'alimentation du peuple, du *chile*, gros piment doux, condiment obligé de la cuisine mexicaine, des *tortillas* et des fruits. Les habitants se mettent assez volontiers à notre disposition.

Les cabanes sont de véritables cages en bambous; un hamac, un *petate* le plus souvent, constitue avec quelques blocs de bois servant de siéges tout l'ameublement intérieur. Dans un coin, des harnais et des couvertures; dans un autre, trois grosses pierres formant le foyer où se consument sans fumée ni flamme quelques branchages secs; de légères poteries rouges, ornées quelquefois de dessins noirs d'un style qui reporte au temps des Aztèques et rappelle celui des vases grecs : *ollas* représentant notre pot au feu, *jaros* ventrus renfermant la provision d'eau ou celle de maïs, *cantaros*, petites cruches élégantes à deux et trois goulots.

A côté du foyer figurent immanquablement les ustensiles nécessaires à la confection de la tortilla. L'art de préparer ce mets national est le complément indispensable de l'éducation féminine au Mexique, et le *metate* est le premier métier sur lequel s'exerce la jeune fille. Le *metate* est un bloc de granit ou de porphyre, porté sur quatre pieds très-courts, formant un parallélogramme allongé, légèrement concave et assez incliné, en tout semblable à la pierre sur laquelle on broie le cacao dans la fabrication du chocolat à la main. Agenouillée sur une natte et armée d'un rouleau de granit, la ménagère écrase le grain de maïs bouilli, qu'elle puise dans une *olla* auprès de laquelle se trouvent également un vase plein d'eau et une moitié de calebasse contenant de la farine de maïs, pour humecter ou sécher la pâte à l'occasion. Une sébille de bois reçoit cette pâte à mesure qu'elle est chassée du metate. De temps en temps, et pour reposer ses reins sans cesse courbés, l'ouvrière en prend un peu entre ses doigts, se redresse, s'assied sur ses talons et se met à pétrir. D'abord formée en boule, la pâte s'aplatit peu à peu et passe à l'état de crêpe d'une ténuité rare. Elle est alors placée sur le *comal*, large et mince plateau de terre qui se chauffe à un feu doux soit sur les pierres du foyer, soit sur un petit fourneau de terre ou d'adobes, et peu d'instants suffisent pour la cuire.

La population est indienne et d'un beau sang. J'ai vu là quelques jeunes filles d'un galbe merveilleux que la statuaire chercherait en vain à idéaliser : la nature a tout fait, il n'y aurait qu'à modeler. Jamais les feux de la rampe ne m'ont montré, même à l'Opéra, des épaules plus suavement arrondies, un cou plus noblement attaché, une gorge aussi sculpturale, des jambes et des bras d'un modelé aussi fini dans d'aussi admirables proportions. Les traits du visage sont souvent un peu matériels et le mat de la carnation ne contribue pas peu à accentuer ce caractère, mais toujours deux grands yeux d'un noir de jais révèlent la limpidité comme l'éclat ardent du diamant; ils illuminent la physionomie, concentrent l'attention et éveillent trop l'intérêt pour qu'on ait grand loisir de critiquer le reste. Leur regard, profond et doux à la fois malgré ses feux, est un aimant pour le regard. Les dents sont invariablement perlées, saines et au complet. La chevelure, noire et luxuriante, est toujours divisée en deux tresses, tantôt réunies en un seul nœud que soutient sur la nuque un large peigne doré, tantôt libres et promenant à la lisière du jupon leurs coques de ruban rouge.

Le costume de ces créatures est aussi simple que celui de la petite Cruz la Californienne. Le jupon de fibres de palmier qui, à l'époque de la conquête, couvrait la femme de la ceinture au genou, s'est quelque peu allongé en changeant de matière et de nom; les *enaguas* d'aujourd'hui, roidies par l'empois et ornées de volants souvent, sont généralement d'indienne à fleurs. La chemise seule forme corsage. Quelquefois un petit soulier de prunelle ou de satin encadre plutôt qu'il ne couvre un pied mignon que rien n'a pu déformer. Le *rebozo* complète l'ajustement. Il est en soie pour les riches, en coton pour les pauvres; le dessin consiste obligatoirement en une foule de petites raies longitudinales renfermant un petit motif blanc ou noir sur un fond bleu ou marron alterné de blanc.

Cet ajustement est commode et ne contrarie ni les mouvements de la femme ni les investigations curieuses du regard étranger. Les tortilleras, dans leur pénible travail, laissent souvent tomber sur leurs hanches le corsage de la chemise; un foulard, noué derrière le cou et retenu en bas par la ceinture du jupon, voile alors les richesses d'avant-main toujours exubérantes sous les tropiques, le reste demeure exposé à l'admiration, s'il y a lieu. Cette absence de pruderie n'éveille point, comme on pourrait le croire, les idées que pareille mise en scène ne manquerait pas de faire naître sous notre ciel et surtout dans notre civilisation d'où la naïveté est bannie; celle de ces nymphes est si franche qu'elle déconcerte l'imagination, qui perd toujours d'ailleurs tout ce que la réalité gagne.

« La noire Africaine, dit quelque part un voyageur émérite, M. Charles Didier, est chaste dans sa nudité comme l'était la blanche fille de Lacédémone. Ce qui l'est infiniment moins ce sont ces réticences de toilette, artificieusement calculées pour provoquer, guider, entraîner le regard en ayant l'air de l'arrêter. » Ici l'imagination trouve son profit. Mais comme la civilisation ne peut avoir tort en fin de compte, il est bon de remarquer que les femmes, pour ne parler que d'elles, sont loin d'être toutes belles; on s'en aperçoit trop bien dans ces régions primitives où, à cause de la chaleur qui les fane si vite, elles ne songent point à apporter à leur toilette des modifications que leur flétrissure exigerait impérieusement, et voici le vêtement expliqué par l'esthétique. C'est peut-être là sa seule excuse en dehors de la nécessité pour l'homme d'augmenter ses besoins, afin de développer son intelligence par le travail qui doit les satisfaire. Quant à la question de température elle n'a pas de valeur, si ce n'est dans les zones hyperborées peut-être; on sait bien qu'une belle femme est toujours plus sensible au froid avec un costume montant et sévère qu'avec une complaisante toilette de bal. La question de pudeur se résout, dans le sens de M. Charles Didier, en disant que la chasteté n'a rien de commun avec le vêtement, qui s'amuse à faire du mysticisme quand nous croyons qu'il fait de la pudeur. Et Dieu sait si c'est la même chose !

Les hommes sont aussi simplement ajustés : une chemise, un pantalon démesurément large, le tout en cotonnade blanche; quelquefois un vêtement sans manches, analogue au cafetan des Arabes, en étoffe rayée de fabrication indigène, remplace la chemise; un chapeau de paille sur la tête, aux pieds des *guaraches* ou sandales, sur l'épaule une *fresada*.

Au coucher du soleil le clairon nous réunit. Personne ne manqua à l'appel, les retardataires de la veille étaient arrivés; quelques-uns avaient vu du pittoresque dans la forêt la nuit précédente, pendant l'orage. A l'une des extrémités du village s'élève une vieille église abandonnée, construction en pierre, sans caractère, dont le clocheton, veuf de ses bruyants accessoires, dénonce seul la destination primitive. Nos hommes y furent cantonnés; ceux du

Brillante étaient déjà logés dans une vaste case, le *calabozo* de l'endroit ainsi que l'indiquait une terrible rangée de ceps. Nous demeurâmes, M. Guilhot et moi, libres de nos actions. Cette liberté, qui nous fut conservée désormais, entraînait, avec le soin de veiller au bien-être et à l'alimentation des prisonniers, le droit d'accorder au besoin des sorties et, partant, une assez grande responsabilité. Notre intention était de chercher un gîte cette nuit-là dans le pueblo, mais quelques-uns de nos hommes, toujours les mêmes, ayant fait provision de spiritueux et paraissant enclins à la joie, nous nous décidâmes à coucher dans l'église pour prévenir tout conflit entre eux et les soldats du poste.

La chaleur était étouffante et ne tarda pas à provoquer des plaintes. On vint me demander permissions sur permissions pour aller se désaltérer, et du côté du calabozo arrivèrent bientôt des démonstrations analogues; c'était une véritable insurrection. Il était évident qu'on ne pouvait passer la nuit sans eau et je me rendis auprès du commandant pour en conférer. Il nous procura des barils, des cordes, de longs et forts bâtons ; nous prîmes deux hommes de corvée dans chaque division, et nous voilà partis, sans chandelle, pour un ruisseau qui coule à quelque distance du village, dans la forêt. Cette expédition nous prit beaucoup de temps.

A notre retour nous eûmes le déplaisir de trouver les buveurs fraternisant avec les soldats, autour d'un feu allumé à la porte de l'église. Les bouteilles circulaient, on s'embrassait déjà, on fredonnait en détonant des refrains grivois. Il était temps de couper court à cette touchante intimité qui pouvait avoir de fâcheuses conséquences, car je savais de quoi nos gardiens étaient capables une fois en état d'ivresse, et il n'y avait pas d'officiers là. Quand je m'adressais au sergent de garde, il m'appelait son ami et parlait avec attendrissement de me presser dans ses bras. Si je n'avais eu aucune responsabilité j'aurais trouvé cela éminemment drolatique.

Enfin, vers minuit, l'opinion générale se prononçant énergiquement contre cette orgie intempestive, nous parvînmes, avec l'aide de quelques-uns des plus prudents, à faire coucher les héros de la fête, et j'obtins du factionnaire qu'il ne laisserait plus entrer un soldat, ni sortir un prisonnier, sans mon congé; il y consentit, à condition qu'on lui permettrait d'égoutter les fioles. C'était trop juste!

Le 15, nous nous mettons en marche à l'aube. J'ai loué un cheval, quelques prisonniers écloppés sont également montés sur des animaux de réquisition et l'on doit s'en procurer d'autres plus loin, car le nombre de nos traînards est grand. L'officier mexicain en marche a toujours le droit de mettre ainsi en réquisition des animaux et, au besoin, des hommes; il est juge de la valeur du service et fixe la rétribution à sa convenance. Aussi le passage d'une troupe est-il un fléau pour les campagnards, qui expédient immédiatement dans un autre canton tous les animaux valides, ne gardant que ceux qui sont à peu près hors de service; encore n'est-ce que sabre en main, en jurant, tempêtant, menaçant, que les officiers obtiennent ces haridelles. Le propriétaire suit alors tristement ses bêtes, un jour, deux jours quelquefois, jusqu'à un relais obtenu par le même procédé; la perte de son temps ne lui est nullement rémunérée.

Le pays au delà de Guaynamote est montagneux, boisé, très-agreste, l'eau court de tous côtés au milieu des rochers. Ça et là s'élèvent quelques pauvres habitations où, sur l'avis de notre prochain passage et de notre généreux appétit, on a mis les petits plats dans les grands. Les difficultés de la route nous dispersent comme la veille; les plus ingambes et les mieux montés prennent le devant, la troupe forme l'arrière-garde.

Nous sortons de la forêt et l'horizon s'agrandit, la contrée, toujours accidentée, est découverte et cultivée. Les demeures de l'homme, en pierre ou en adobes soigneusement blanchies, sont rapprochées et entourées de jardins fruitiers et potagers, de plants de bananiers, de champs de cannes et de maïs. Bientôt nous rejoignons la grande route de San-Blas à Tepic et la scène prend de l'animation. A chaque instant se montre un cavalier à mine étrange, en partie vêtu de cuir; des troupeaux de mules de charge se croisent, les uns transportant à Tepic les produits de l'Europe, les autres apportant à San-Blas pour l'exportation les produits du pays.

On nous fit faire halte vers trois heures après midi à Lodelamedo, petit pueblo aux rues étroites, tortueuses et déclives, aux maisons à demi ruinées, caché dans un vallon bien ombragé. Il s'agissait de réunir toute la troupe afin de marcher désormais en colonne, car nous n'étions plus qu'à quelques kilomètres de Tepic. Une route large et belle, coupée à travers un pays ondulé et dans un sol pierreux, nous y conduisit. Nous cheminions en corps, entre deux haies de soldats.

Quelques cavaliers en costume de gala viennent à notre rencontre. L'argent étincelle sur leurs brides, leurs selles, leurs larges étriers, leurs lourds éperons. Tous portent la veste ronde qui est de rigueur à cheval, du moins sur la selle mexicaine, la mode ne tolérant la redingote ou l'habit que sur la selle anglaise. Tous ont aussi le chapeau gris ou roux, en feutre dur, aux bords vastes et plats, ornés de galons et de *toquillas*, gros boudins en passementerie d'or, d'argent ou de soie qui entourent la forme. Tous ont aussi le *sarape* attaché à l'arçon de derrière. Le sarape est une couverture de fine laine, percée au centre d'une fente longitudinale destinée à passer la tête; les extrémités pendent alors devant et derrière si l'homme est à pied, à droite et à gauche s'il est à cheval. Rayé ou losangé invariablement, le sarape étale toujours des couleurs éclatantes. C'est la cape du Mexicain et nul ne s'en fait faute; il faut être bien pauvre pour s'en tenir à la *fresada*. Il y a des sarapes de tous les prix, depuis huit à dix piastres jusqu'à deux et trois cents, voire davantage.

Ces gens viennent nous considérer avec une curiosité fatigante, qui présage pour notre entrée à Tepic tous les ennuis d'une marche triomphale. Ce jour-là était fête carillonnée, l'Assomption, et nous allions trouver la population entière sur pied. J'étais d'une humeur de porc-épic, j'invoquais de tout mon cœur le concours de gros nuages noirs qui s'amoncelaient sur nos têtes, et j'aurais pris en ce moment pour eau bénite une ondée des plus tropicales qui eût dispersé les spectateurs. Un moment j'eus quelque espoir; de larges gouttes s'abattirent sur nous et la plupart des cavaliers, endossant leurs sarapes, piquèrent des deux et regagnèrent la cité. Mais, hélas! en vue des faubourgs, le vent, comme pour faire fête à ces bons *Tepiqueños*, dispersa les nuées, le soleil radieux raviva de ses tons chauds la scène dont nous étions les principaux comparses.

Les abords des premières habitations étaient garnis d'une foule compacte, qui s'écarta dans le plus profond silence à notre approche. La curiosité que trahissaient tous les regards n'avait rien que de bienveillant, mais d'une bienveillance réservée. J'appris depuis que les bruits les plus fâcheux circulaient sur notre compte; suivant les uns nous étions des pirates récemment capturés sur les côtes; suivant les autres, des voleurs de grands chemins, et personne ne cherchait à se rendre un compte exact de ces suppositions. Dans ce pays où la presse est un mythe, les étrangers, les fonctionnaires, les gens les plus influents connaissaient seuls alors par l'intermédiaire de correspondances particulières les événements de Guaymas, dont les feuilles officielles de Mexico ne rendirent compte que beaucoup plus tard. Le peuple en était réduit aux rumeurs, aux conjectures, et naturellement elles ne pouvaient nous être flatteuses. Toutefois, comme le seul fait d'être en hostilité avec la force militaire était un mérite aux yeux de gens traités en pays conquis, nous éveillâmes d'emblée une certaine sympathie.

Notre exposition publique ne fut pas de longue durée, car nos logements étaient préparés dans une des premières maisons du faubourg. C'était ce qu'on appelle au Mexique un *meson*, mot synonyme de celui de *posada*, plus usité en Espagne, et qui désigne comme lui une hôtellerie dans les traditions du moyen âge. Ce bâtiment vaste, propre et aéré avait des dégagements immenses; il nous fut affecté en totalité, mais nous dûmes le considérer comme une cage dont la porte était bien gardée.

Le son du clairon nous appela aux rangs dès l'arrivée pour recevoir le commandant de place; c'était alors le colonel Yañez, frère du commandant militaire de la Sonora et chef politique du district, qui remplissait ces fonctions. Quelques officiers à cheval entrèrent dans la cour et nous n'eûmes pas de peine à reconnaître le colonel au milieu d'eux, bien que son costume n'eût de militaire que la coupe et les brandebourgs de la veste; mais sa tenue, comme celle de son frère, était soignée et faisait contraste avec celle de son entourage. C'était un homme de quarante et quelques années, petit, trapu, ayant les épaules hautes, la tête forte, et ce type de dureté espagnole qui est toute dans les traits et que dément souvent l'expression de la physionomie.

Il demanda les officiers français. Nous lui fûmes désignés, M. Guilhot et moi; il nous fit approcher et nous reçut avec une courtoisie qui nous rappela les manières de son frère. Malheureusement les nouvelles qu'il ap-

portait n'étaient pas de nature à le faire bien venir dès
l'abord. Il n'était plus question de passe-ports, de liberté,
de dispersion, mais bien d'une détention dont le terme
était singulièrement éventuel. Nous allions être dirigés
sur Guadalajara, capitale de l'État de Jalisco, pour y
attendre que le dictateur Santa-Anna disposât de nous à
son bon plaisir. En somme, nous nous retrouvions dans
la même situation que le lendemain du combat, avec les
mêmes incertitudes, les mêmes sombres perspectives.
C'était du gouvernement suprême, maintenant, que dépendait notre sort. Le colonel nous assura que, aussi
longtemps qu'il dépendrait de lui, nous serions tous
traités avec les plus grands égards; en ce qui nous concernait tous deux particulièrement il nous laissait libres
sur notre parole, pour que nous puissions nous occuper
de l'entretien de la troupe jusqu'au départ fixé au surlendemain.

Ces nouvelles jetèrent une sorte de stupeur parmi nous
et provoquèrent du mécontentement, puis on songea à faire
contre mauvaise fortune bon cœur. Le Français est assez
insouciant; d'ailleurs l'esprit le plus prévenu ne saurait
s'empêcher de raisonner, et le raisonnement nous démontrait que nous étions, nous-mêmes, les principaux artisans de notre malheur. Il y avait dans ce qui nous arrivait un désaveu implicite de la conduite du général
Yañez à notre égard, mais ce désaveu était-il arbitraire?
Loin de là, il était de droit et nous le comprenions
instinctivement. Le digne général, que pas un de nous
ne songeait à accuser de duplicité, avait témérairement
outre-passé ses pouvoirs en nous rendant la liberté. L'acte
d'accusation, qui vint bientôt prouver sa bonne foi, lui
reprocha d'avoir violé une certaine loi du 1er août 1853,
qui condamne à la mort « tous les fauteurs d'une révolte
et un grand nombre de leurs partisans » et voue le reste
à la détention. En n'appliquant pas cette loi, le général

avait usurpé un droit de grâce qui n'appartenait qu'au dictateur.

Son seul tort, vis-à-vis de nous, avait donc été de croire que ses actes seraient ratifiés par le gouvernement de Mexico et, dans cette confiance, de renvoyer sur le territoire mexicain ceux qui avaient capitulé, au lieu de les expédier en Californie, comme les officiers et les hommes pris les armes à la main, c'est-à-dire les gens les plus compromis. S'il avait agi ainsi, c'était certainement dans l'idée que l'on pourrait donner suite aux anciens projets, et nous enrôler une seconde fois pour le service de la république, dans de meilleures conditions que la première. Notre faute, à nous, et elle était grande, avait été de ne pas prier poliment le capitaine de l'*Inez* et celui du *Brillante* de mettre le cap sur San-Francisco. Au lieu de cela nous étions venus à San-Blas, et, tout bien considéré, il paraissait naturel que les autorités regardassent les dispositions du général Yañez comme non avenues, jusqu'à ce que le chef suprême les eût sanctionnées. Le général Ortega, gouverneur militaire de Jalisco, avait demandé des instructions à Mexico; mais, en les attendant, il nous retenait prisonniers et j'avoue que j'en eus fait autant à sa place; en agissant autrement il se serait fait le complice de l'usurpation de pouvoir du général Yañez.

Néanmoins, en dépit de toute cette logique, nous n'étions pas disposés à souscrire bénévolement aux conséquences de ce malentendu, mais, au contraire, à crier comme gens qu'on écorche. Nous trouvâmes aide et sympathie chez quelques compatriotes établis à Tepic, notamment MM. Lamaure et Lassepas; ils s'engagèrent à mettre tout en œuvre pour nous tirer de ce mauvais pas, et parvinrent à stimuler le zèle de l'agent consulaire de la France, qui était un négociant allemand nommé Ricke.

Dès le lendemain matin je me rendis avec Guilhot

chez le colonel. Il se montra aussi poli et plus affectueux encore que la veille et nous dit que nous lui avions été particulièrement recommandés par son frère. Après lui avoir exprimé en peu de mots la reconnaissance que nous avait inspirée ce dernier, je ne pus m'empêcher de lui faire quelques observations sur ce qui nous arrivait. Nous nous étions habitués à prendre la parole du général pour de l'or du meilleur aloi, et ne savions comment expliquer les événements qui venaient en infirmer la valeur.

Ces plaintes sonnèrent péniblement à l'oreille de cet excellent homme, dont l'embarras fut si grand que nous en fûmes touchés. Sa position était cruellement fausse ; il ne pouvait nous dire crûment que son frère avait fait une folie et s'était gravement compromis par sa générosité, maladroite sous la dictature d'un homme comme Santa-Anna; il se borna à rejeter la responsabilité des événements actuels sur un malentendu de cabinet, et à nous assurer avec effusion que son frère était comme lui un homme d'honneur, animé des meilleures intentions. Nous n'en doutions guère alors et je n'en ai jamais douté un instant depuis. Le pauvre colonel était ému en nous parlant et son émotion nous gagna, car il nous paraissait plus à plaindre que nous-mêmes.

Il fit de son mieux pour nous tranquilliser sur notre sort à venir en nous disant que, sur les bons rapports qu'il allait faire de nous, nous recouvrerions notre liberté à Guadalajara. Le gouvernement suprême se contenterait certainement de faire acte d'autorité, et se montrerait du reste aussi magnanime que le gouverneur de Sonora. Tout cela était fort bien, mais il fallait arriver à Guadalajara. Nous avions bon nombre d'écloppés, quelques malades soignés de la manière la plus désintéressée par notre compatriote le docteur Lebreton, la plupart des hommes étaient sans chaussures et beaucoup sans linge ni vêtements, ou à peu près ; bref, les conditions étaient désastreuses pour entreprendre quatre-vingts lieues, à pied, dans la saison des eaux. Puis venait la question des vivres : il convenait au moins que le gouvernement nourrît ses prisonniers. Nouvel embarras pour le colonel. Sans ordres et sans argent, il ne pouvait nous offrir, pour tous frais de route, qu'une somme dérisoire. On laissera tous les infirmes à Tepic et l'on fera une quête en ville, à l'effet de subvenir aux plus urgentes nécessités des autres. Pour arranger les choses le mieux possible, il consentit à retarder d'un jour notre départ.

Le 18, nous adressâmes une requête collective à notre agent consulaire, afin de réclamer son appui. M. Rycke était disposé à nous l'accorder, et c'était sur son avis qu'avait été rédigée cette pièce, qu'il jugeait indispensable pour pouvoir justifier au besoin son intervention en notre faveur : car un agent français représente surtout les intérêts du gouvernement ; quant à ceux des nationaux, le mieux qu'ils aient à faire est d'y pourvoir eux-mêmes. En cette circonstance cependant, comme les dépêches de M. Calvo confirmaient tout ce que nous avancions, M. Rycke crut pouvoir s'intéresser à nous, mais il était faible, flegmatique et peu actif. A la suite de la requête, il demanda une protestation en bonne forme qui lui fut remise le 19. Il fallait, disait-il, protester, protester, protester, afin de mettre Santa-Anna en demeure de s'expliquer de suite et d'imiter la clémence de son agent après l'avoir désavoué pour la forme. Nous protestâmes donc contre notre détention d'abord, contre notre voyage à Guadalajara ensuite, et enfin contre l'incurie d'un gouvernement qui laissait à des prisonniers de guerre le soin de subvenir à leurs besoins comme ils pouvaient.

Avec cette pièce, qui fut expédiée par courrier extraordinaire à la légation française de Mexico, M. Rycke obtint du colonel que nous attendissions à Tepic une décision définitive du gouvernement suprême. Le colonel y consentit et écrivit lui-même en notre faveur. Tous deux paraissaient convaincus que le décret sanctionnant notre libération devait être en route, et que, par conséquent, il était inutile de nous envoyer chercher la liberté à Guadalajara. Ces conjectures semblaient logiques, mais c'était vendre la peau de l'ours que d'en tirer un espoir, car le même jour Son Altesse sérénissime signait le décret suivant, que je reproduis sans commentaires.

— Antonio Lopez de Santa-Anna (benemérito de la patria, general de division, gran maestre de la nacional y distinguida órden de Guadalupe, caballero gran cruz de la real y distinguida órden española de Cárlos III y presidente de la república mejicana, etc., etc.), usant des facultés dont il a été investi par la nation, a tenu à bien décréter ce qui suit :

« Art. 1. Il est fait grâce de la peine de mort aux individus du bataillon étranger qui s'est révolté à Guaymas et a livré combat aux troupes nationales, cette peine est commuée en dix années de *presidio*.

« Art. 2. Sont exclus de cette grâce : le comte Gaston de Raousset-Boulbon, ceux qui sont arrivés avec lui, ceux qui remplissaient les fonctions de chefs et d'officiers dans le bataillon, ceux qui ont excité à la révolte ou qui l'ont dirigée; tous ceux-là subiront la peine de mort aussitôt que leur identité aura été constatée.

« Art. 3. Les étrangers établis dans le pays, qui ont pris les armes pour se joindre aux révoltés, seront jugés conformément à la loi du 1er août de l'année dernière.

« J'ordonne en conséquence que le présent décret soit publié et mis à exécution.

« Donné au palais du gouvernement, Mexico, 19 août 1854.

« Ant. Lopez de Santa-Anna. »

S'il ne se fût agi que d'une revendication d'autorité de la part de cette jalouse altesse, si ce décret, lancé pour l'honneur du principe, eût été suivi d'une amnistie, il y aurait eu là de quoi faire valoir l'énergie du dictateur en même temps que la noblesse de ses sentiments ; mais le diable boiteux prenait les choses au sérieux. Il ne se connaissait pas de male rage et son premier mouvement, à la nouvelle de notre arrivée, avait été de nous faire décimer. Il avait appris, par l'avis indirect de quelque officieux sans doute, qu'il se trouvait parmi les prisonniers deux hommes qui paraissaient être des officiers, il donna ordre de les fusiller sur-le-champ. Heureusement pour M. Guilhot et pour moi, le colonel Yañez, qui reçut la commission, apporta toute la mauvaise volonté imaginable à constater notre identité ; il nous voulait du bien et n'était pas plus féroce que son frère d'ailleurs. Le général Ortega lui écrivit de chercher deux officiers et de les passer par les armes, il répondit qu'il était impossible de les trouver sans avoir leurs noms ou tout au moins leurs signalements. Don José Maria Ortega, aussi peu pressé que le colonel de faire exécuter de pareils ordres, en référa tranquillement au ministre de la guerre, qui était moins à même qu'aucun de donner les signalements et les noms demandés.

Ces démarches prirent un temps considérable, qui fut mis à profit par un homme dont je mentionne le nom avec bien du plaisir, à côté de ceux des gens auxquels nous devons de n'être pas inhumés à Tepic. M. Dano, secrétaire de la légation française à Mexico et chargé d'affaires en l'absence de M. Levasseur, s'employa pour nous avec un dévouement au-dessus de tout éloge. Durant trois jours et trois nuits il assiégea le dictateur à sa villa de Tacubaya, et le força vingt fois à déchirer des ordres sanguinaires vingt fois réédités. En cela il agissait uniquement sous l'impulsion de son cœur, ce qui lui constitue des titres d'autant plus sérieux à notre reconnaissance, car, ayant les mains liées officiellement, ainsi qu'on le verra plus tard, il était libre de ne rien faire pour nous officieusement. Sans aller jusqu'à penser que tout le monde n'eût pas agi comme lui à sa place, ce qui serait peu charitable, il n'en est pas moins vrai que nous nous sommes toujours tenus pour fort heureux d'avoir eu affaire à lui. Il obtint d'abord le décret que je viens de citer, et ensuite la promesse que les deux officiers en question ne seraient pas inquiétés, si toutefois ils n'avaient à jamais cessé de l'être. C'est ainsi que nous échappâmes à cette crise.

Il est entendu que nous ignorions ces détails et les ignorâmes longtemps encore. Les vagues rumeurs qui nous en parvenaient étaient soigneusement démenties par les officiers mexicains, qui s'attachaient à nous réconforter de leur mieux. Ils y réussissaient assez bien puisque je ne crus pas devoir profiter des occasions de fuir qui me furent offertes maintes fois par de bonnes âmes. Il entrait dans mes préoccupations plus de méfiance que d'inquiétude, et je ne voyais pas que les chances du proscrit fussent préférables à celles du prisonnier ; il est vrai que je ne connaissais pas encore à fond le caractère de don Antonio. Sans m'endormir complétement, je laissais donc aller les choses, et les événements me donnèrent raison. Ce que je puis dire comme conclusion, c'est que nos relations, tant avec l'armée qu'avec le peuple au Mexique, me donnent le droit de protester hautement contre certaines imputations de férocité dont on ne s'est fait faute. En vérité, nous n'avons rencontré là-bas qu'un homme cruel et malveillant, c'est Santa-Anna.

CHAPITRE III.

Monnaies mexicaines. — Digression indispensable. — Les pièces *lisas.* — Tepic. — Aspect général. — Marchés. — Manufactures. — Constructions des pays chauds. — Une nuit tragique. — Le *venadito.*

Notre protestation eut toujours cela de bon que, dès le 19, le colonel prit sur lui de nous allouer, à titre de prêt et pour subvenir à notre entretien, la somme de deux réaux par homme. La solde, qui montait à trente-six piastres six réaux, dut être comptée chaque matin, soit à M. Guilhot, soit à moi, à la caisse de la maison anglaise Baron, Forbes et Cie, qui faisait les fonds.

Comme j'aurai souvent occasion de parler des monnaies mexicaines, je tiens à placer ici, une fois pour toutes, quelques mots d'explication qui me laisseront à mon aise. Je sais que l'habitude de se servir de termes étrangers dans un récit de voyage est jugée très-sévèrement par certaines personnes. Un de nos plus remarquables promeneurs modernes, M. J. J. Ampère, tient à appeler le maguey *aloès* et non *maguey* ou *agave*, pour éviter, dit-il, le pédantisme d'un nom mexicain ou latin. Il voudrait appeler Montezuma Montézume, et regrette le temps où Boileau appelait M. de Fuentes « le valeureux comte de Fontaines! » M. Ampère est enchanté sans doute quand il voit Corneille traiter de Brutes et de Casses les grandes illustrations romaines.

Il est des mots qu'on ne saurait traduire sans confusion pour l'histoire. A savant, savant et demi, d'ailleurs; à M. Ampère j'opposerai Humboldt, le roi des voyageurs, qui préfère un mot étranger, dit-il, à une ennuyeuse périphrase ou à une locution impropre, et je suis de son avis. Le maguey est bien un aloès, mais une variété de l'aloès particulière au Mexique. Faudra-t-il le faire remarquer sans cesse, ou laisser croire au lecteur que cet aloès a les mêmes propriétés que celui des côtes de la Méditerranée? Ainsi des monnaies. Le réal vaut douze sous et demi, mais des sous mexicains, représentant plus de cinq centimes, puisque la pièce de cent sous mexicaine, la piastre, fait en moyenne sur nos marchés 30 à 35 centimes de prime. Faudra-t-il faire sans cesse des calculs de réduction?

Habitué à dépenser au Mexique des réaux et des piastres, et point des centimes et des francs, mes notions à cet égard sont entièrement mexicaines; j'ai moins à gagner à m'en débarrasser que le lecteur à les adopter. Si jamais je raconte mes aventures en Californie, je parlerai de dollars et de *cents*, parce que ce sont là pour moi les seules mesures de la valeur des choses en ce pays. Et si je voyage encore, ce que j'espère, je tâcherai, comme par le passé, de laisser en France les francs, les centimes, et bien d'autres choses, et de m'identifier avec les mœurs et l'idiome des pays que je visiterai, au risque de parler de bayoques, de roubles, de roupies, de pagodes et de cauris. Chacun a sa marotte, c'est là la mienne. J'ai toujours adopté les coutumes des peuples chez lesquels je me trouvais et tâché d'apprendre leur langue, sans rechercher jamais l'occasion de parler la mienne que j'étais sûr de ne pas oublier. Il est vrai que je suis de ceux qui ne connaissent pas la nostalgie.

Pour revenir à nos moutons, je dirai donc que la monnaie d'or au Mexique est l'once, qui représente seize *pesos* ou piastres. Il est de bon ton de compter par onces dans les colonies espagnoles, comme chez nous par louis. Le peso est d'argent et vaut, je le répète, 35 centimes environ de plus que notre pièce de cinq francs. Il se divise en huit réaux, d'une valeur de douze et demi *centavos, cents* ou sous. Toutefois, le centavo n'est qu'un être de raison et, dans la pratique, le réal est divisé en deux *medios*, lesquels se subdivisent en deux *cuartillos;* enfin, au-dessous du cuartillo se trouve le *tlaco*, monnaie de cuivre qui vaut plus d'un centavo, puisque deux tlacos sont pris pour un cuartillo. La piastre monnayée est assez rare hors des villes où l'on bat monnaie; achetées en gros par le commerce elles sont exportées. L'once ne se rencontre guère que chez les collectionneurs. La monnaie courante se compose surtout de *medios*, de *reales* et de *pesetas*, pièces de deux réaux; il y a aussi des *medio-pesos*, demi-piastres, valant deux pesetas ou quatre réaux, des cuartillos et enfin des tlacos, mais en moindre quantité.

Dans le commerce, les payements se font par *talegas* de cent à cinq cents piastres et, à moins qu'un contrat n'ait spécifié à l'avance la qualité des espèces, ces sacs ne contiennent guère que pesetas et réaux, avec quelques échantillons des autres pour la curiosité du fait. Ces valeurs sont fort encombrantes, aussi les commis en recouvrement sont-ils accompagnés d'une caravane de *peones*, hommes de peine, chargés de talegas, ce qui vous reporte en esprit au temps de Lycurgue ou tout au moins de Panurge. Mais il y a quelque chose de plus ennuyeux encore que le transport d'une grosse somme, c'est l'opération de la compter.

Le sac est vidé sur une table, les pièces de toutes valeurs sont là, pêle-mêle, en un tas placé à la gauche de l'opérateur. Celui-ci ne s'amuse point à les trier, à en former des piles, comme ne manque pas de faire naïvement un nouveau débarqué, non; il met ses cinq doigts en mouvement et attire à lui tout ce qui se présente indistinctement, jusqu'à concurrence de huit réaux, soit une piastre. « Huit, un, » dit-il alors, en repoussant vers sa droite la petite fraction, destinée à devenir la base d'un nouveau tas qui ira grossissant à mesure que l'autre diminuera. Puis il continue : « Huit, deux ; huit, trois ; huit, quatre. » Et pesetas, reales, medios, cuartillos, comme ils arrivent, passent sous sa main fiévreusement agitée, allant ainsi de l'inconnu au connu par un phénomène de prestidigitation souvent admirable. Les pianistes de l'école de Litz feraient d'excellents garçons de recettes là-bas, et je ne doute pas que certains caissiers de maisons mexicaines, qui ont acquis un doigté prodigieux à cet exercice journalier, ne fissent au besoin de magnifiques pianistes, mélodie à part.

Quelque rapidité qu'on y mette, il faut cependant des heures pour compter de fortes sommes, et Dieu sait s'il est nécessaire de se laver les mains quand on a fini. Après cela, le compte n'est jamais qu'approximatif et il est d'usage de se passer mutuellement quelques réaux d'erreur par talega, parce que, recomptât-on dix fois, on ne parviendrait jamais à l'exactitude parfaite, et le jeu n'en vaudrait pas la chandelle.

Là ne sont pas les seuls inconvénients de cette monnaie ; si sérieux qu'ils soient ils sont encore dominés par ceux des pièces dites *lisas*, le mot est à retenir.

La pièce *lisa* est celle que le frai a complétement dépréciée, c'est-à-dire celle où l'œil de Lyncée lui-même, armé de la meilleure de toutes les loupes, ne saurait découvrir trace d'effigie, de millésime, d'exergue, etc. Beaucoup, en outre, ont été rognées par trop effrontément, d'autres sont évidemment fausses. Le nombre des pièces *lisas* en circulation est énorme, et comme personne ne songe à les retirer, qu'elles n'ont pas cours forcé et que, cependant, lorsqu'on les a acceptées, on n'a aucun recours contre celui de qui on les tient, je laisse à penser quel charme elles ajoutent aux transactions. Elles ont émaillé de bien des soucis mon existence de maréchal des logis. Le haut commerce en tolère quelques-unes par talega ; c'est un déchet comme celui de l'erreur dans le compte. Mais les bienheureuses talegas se fondent en passant par les mains du public, et arrivent en rosée entre celles du détaillant, où elles se reforment pour revenir au négociant. Le détaillant ne veut à aucun prix des pièces *lisas*, par l'excellente raison que le public s'habituerait à ne pas lui en porter d'autres et que, le négociant les lui refusant, il ferait ainsi un marché de dupe. C'est donc entre lui et le consommateur une guerre sourde, mais active, incessante, où toutes les ruses du Mohican sont mises en œuvre. — La maison Baron, Forbes y Cⁱᵃ ne se privait pas de mettre des pièces *lisas* dans le sac de la solde ; avec des prisonniers on ne fait pas de cérémonies.

L'argent en main nous allions à la provision et de là à la prison, suivis des *cargadores* pliant sous le poids des victuailles. Les hommes nous faisaient alors leurs réclamations, leurs plaintes s'il y avait lieu, et nous nous rendions aussitôt à l'intendance pour les transmettre au colonel, qui les écoutait toujours avec intérêt et s'attachait à y remédier. Il nous donnait à son tour ses instructions et causait amicalement avec nous. En sortant de chez lui, nous étions libres de notre personne pour le reste du jour, et nous nous promenions par la ville.

Tepic fut fondée en 1531, par Nuño de Guzman, au centre d'une vallée fertile, à 885 mètres au-dessus de la mer ; le climat en est sain, c'est celui de la zone tempérée. Il est à propos de dire ici que le Mexique est divisé en trois zones distinctes : la *tierra caliente,* terre chaude, la *tierra templada,* terre tempérée, et la *tierra fria,* terre froide. La latitude n'est pour rien dans cette division, mais bien le plus ou moins d'élévation barométrique des plateaux.

La *tierra caliente* est réduite aux terres basses du littoral, bande également étroite sur les deux océans ; elle comprend aussi une partie des bassins du Gila et du rio del Norte. La *tierra templada* comprend les revers des Cordillères au-dessous de 2000 mètres, élévation moyenne du grand plateau qui forme la *tierra fria*. Cette dernière région jouit encore d'une température moyenne analogue à celle de la Lombardie, avec moins de variations, c'est-à-dire des étés moins chauds, des hivers moins froids. Cependant quelques districts montagneux justifient assez bien l'épithète. Grâce à cet heureux caprice de la nature, on rencontre au Mexique les productions végétales de tous les climats.

Tepic est une jolie petite ville, la seconde de l'État de Jalisco. Ses places, ses promenades, ses avenues principales, ses jardins particuliers sont ombragés de beaux arbres ; sa population est de huit à dix mille âmes, assure-t-on ; il n'y paraît guère, car les rues sont désertes et les galets à pointes de diamant qui en forment le pavage sont enchâssés dans le vert émail du gazon. C'est Versailles, le Versailles actuel, moins son château et sa garnison, mais riant sous les chaudes caresses d'un soleil de bon aloi qui n'a jamais visité le chef-lieu de Seine-et-Oise. La construction des maisons est pour beaucoup dans cet air d'abandon. Toutes ont de vastes dimensions, il y a peu d'ouvertures sur la rue, les portes sont fermées, les fenêtres défendues par des grilles de fer ou des barreaux de bois tourné. Les boutiques sont en petit nombre ; le commerce de détail, dans les villes de l'Amérique espagnole, est ordinairement concentré sur un seul point, une rue ou une place, sous des *portales*, arcades semblables à celles du Palais-Royal, de la rue de Rivoli, de la place Royale.

De temps en temps un coche du seizième siècle, boîte hétéroclite suspendue par des courroies à une lourde et vaste charpente en bois, montée sur quatre roues basses dont les rais sont façonnés par le tour en double balustre, tirée par des mules, trouble le silence de cette Thébaïde. Quelquefois résonne sur les dalles du trottoir le talon d'une botte ; c'est un étranger, un officier, un riche *ranchero*. D'autres passent sans éveiller aucun bruit sur ce sol déplaisant ; c'est le *lepero* drapé dans sa *manta*, drap de coton blanc qui l'abrite et le jour et la nuit ; l'Indien, coiffé de son chapeau de paille à larges bords, à forme démesurément haute comme le chapeau arabe, pieds nus, ou chaussé de *guaraches* ainsi que le premier ; la femme du peuple avec sa mince pantoufle de Cendrillon ; le moine ou le prêtre avec leurs sandales ou leurs petits souliers de daim. Sur le seuil d'une porte, quelque individu de l'un ou l'autre sexe, accroupi dans l'immobilité, fume comme d'autres méditeraient. Pas de charrettes, point d'omnibus, très-peu de chiens errants, jamais de saltimbanques, marchands d'orviétan, musiciens ambulants et autres industriels de cette espèce qui animent nos cités. De loin en loin un bandit, du moins à en juger par la mine, spéculant sur la religion de chacun et le fanatisme de tous, vient montrer aux passants, au lieu de la marmotte ou du singe des Savoyards, un affreux barbouillage mystique ; spéculateur redoutable qui prend, comme le mulet aux reliques, sa part du tribut qu'il extorque moitié en adoration, moitié en espèces : l'adoration s'envole vers la voûte céleste, l'argent disparaît dans sa poche.

Dans quelque carrefour ou sur les degrés d'une église, une rangée de tortilleras, assises sur leurs talons et drapées dans leur rebozo, attendent, en caquetant sur un ton bas et rhythmique, que la pratique ait vidé le *chiquihuite* ou corbillon qui contient leur marchandise. La tortillera est un type commun au Mexique, où la tortilla remplace le pain. Il y a pourtant des boulangers dans toutes les villes, mais ils ne fabriquent guère de pain ordinaire que pour les étrangers; aux indigènes, ils fournissent une foule de petits produits de fantaisie, que l'on pourrait appeler gâteaux, puisque dans leur fabrication il entre toujours de la graisse et souvent du sucre, et dont on ne compte pas moins de quatre-vingts espèces ayant chacune un nom. Les Mexicains en font une grande consommation, avec leurs tasses de chocolat plusieurs fois répétées dans le courant de la journée à titre de collations; mais la tortilla demeure l'accompagnement ordinaire des repas substantiels, et la basse classe n'en connaît pas d'autre. D'ailleurs, la tortilla a l'avantage immense de pouvoir tenir lieu des ustensiles dont nous nous servons à table. Malgré sa sécheresse, elle demeure souple et se déchire comme de l'amadou; un lambeau en cornet sert de cuiller, et la *navaja*, le couteau, remplace la fourchette non-seulement pour le populaire, mais pour la bourgeoisie en général.

Tel est l'aspect de Tepic. Il y a quelque animation autour du marché où m'appellent chaque jour mes fonctions. Sous des halles en bois, assez semblables à celles que l'on vient de démolir en face de Saint-Eustache, à Paris, se trouvent réunis les produits des deux zones, fruits et légumes, volailles en abondance, œufs pareillement. Pas de marée, car l'industrie de la pêche est totalement négligée sur ces côtes poissonneuses. Peu ou point de gibier, si ce n'est du canard sauvage, encore que les forêts et montagnes voisines en soient richement pourvues et que la chasse ne soit nullement interdite; veau, vache, bœuf, mouton et porc, voilà pour la viande. Le bœuf valait 1 réal la livre de 16 onces, soit 460 gr. Les étals des bouchers sont répugnants. L'animal a toujours été mal saigné; élevé en liberté, dans un état demi-sauvage, il est coriace : aussi les gens riches et les étrangers ne mangent-ils que le filet. Le reste est découpé en lanières, sans distinction de catégories, pour le *puchero* des classes moyennes. Le puchero est notre pot-au-feu; seulement, ici comme en Espagne, chacun y ajoute, suivant ses moyens, du mouton, de la volaille, du *chorizo* ou saucisson; les ignames, les raves amères et douces, l'épi de maïs vert y figurent au premier rang, le chou y est presque de rigueur et le *garbanzo* n'y fait faute. Le garbanzo, que le Mexicain, par un reste d'égard pour la mère patrie, affectionne presque à l'égal du *frijol*, est un gros pois jaune, de constitution vigoureuse, ayant sous la dent et dans l'œsophage des allures de fève, c'est-à-dire des tendances à résister à la dissolution sous le couvert de sa peau. M. Th. Gautier, qui a constaté la présence des garbanzos dans le garde-manger espagnol, affirme qu'ils résonnent dans le ventre comme des grains de plomb dans un tambour de basque; il y a bien un peu d'exagération, mais si peu, si peu!

Il y a plusieurs manufactures à Tepic. M. Forbes est propriétaire de la plus importante, consacrée à la filature et au tissage des toiles de coton dites *mantas*, qui servent à vêtir toute la basse classe, sauf quelques Indiens qui tissent encore leurs étoffes.

On fabrique également beaucoup de cigares, et l'on en fabriquerait davantage n'était l'*estanco* ou la régie. Le tabac est originaire du Mexique; Montezuma le fumait mêlé à la résine odorante du liquidambar. Le *partido* de Tepic, de même que ceux d'Autlan, d'Aguacatlan et d'Acaponeta qui l'avoisinent, produit un tabac justement apprécié; j'y ai fumé des cigares qui ne le cédaient en rien à ceux de la Havane. Malheureusement, l'estanco étouffe ce commerce qui pourrait contribuer si puissamment à la richesse nationale. La culture de cette plante est restreinte à quelques districts, et à la quantité nécessaire à la consommation locale, par une loi qui en interdit l'exportation, sous quelque forme que ce soit, hors du district producteur. La fabrication des cigares est limitée et, ce qui est plus fort, l'approvisionnement du consommateur l'est également. Personne ne peut avoir chez soi plus de cent cinquante à deux cents cigares; l'estanco fait faire des visites domiciliaires, auxquelles l'aristocratie parvient seule à se soustraire en mettant les employés à la porte ou en les corrompant. L'estanco est un fermage, et les fermiers, qui sont généralement des étrangers fort soigneux de leurs intérêts personnels, trouvent un profit plus immédiat et surtout plus de garanties contre la concurrence, à importer le tabac qu'à en favoriser la culture à l'intérieur. D'autres pensent de même à l'égard du coton, et le malheureux pays est ainsi privé de deux branches d'industrie qui, à elles seules, pourraient l'enrichir.

Il paye fort cher, en outre, tous les produits manufacturés. Gilliam fut frappé, en 1845, de voir les cotonnades de Salamanca à 3 réaux la vara[1], quand les États-Unis auraient pu en fournir à raison de 1 réal si l'importation eût été permise. Triste vérité à ruminer dans un pays où le coton viendrait très-bien. Quelques essais de culture de cette plante, tentés sur une vaste échelle par d'industrieux propriétaires des provinces méridionales, furent frappés d'interdiction sommaire par Santa-Anna pendant mon séjour dans le pays, et cela sans motif allégué pour justifier la mesure. Le fait est que le motif n'était pas avouable. Le monopole de l'importation des cotons était concédé à quelques puissantes maisons étrangères; la concurrence des cotons nationaux eût déprécié l'article. Un pot-de-vin à un ministre, à quelques députés, à Santa-Anna lui-même, surtout à lui, suffisait pour maintenir des décrets prohibitifs. C'est là l'envers du système protectioniste.

1. La vara représente $0^m,84$ environ.

Je passai au quartier les premières nuits de notre séjour à Tepic. Las de cette existence communiste, je résolus d'user de ma liberté et de prendre chambre en ville. Je m'adressai pour cela au signor Moretto, un Italien, propriétaire de l'hôtel des Quatre-Nations, où je mangeais. Son hôtel n'étant qu'une *fonda*, un restaurant, il n'avait point de logements, mais il mit à ma disposition une douzaine de chambres vides, faisant partie des dépendances de sa demeure privée sise au fond d'un quartier reculé. Le soir même, je m'installai dans une seule de ces douze pièces, laquelle était la première d'une série de cinq ou six s'étendant le long d'une vaste cour. Chacune avait une sortie sur ce *patio*, toutes communiquaient intérieurement par de larges portes d'enfilade.

A part le canapé qui devait me servir de lit et le banc sur lequel j'avais déposé ma chandelle, ma chambre avait la nudité d'un discours académique; en revanche, elle était immense comme ses voisines. Après avoir compté les solives du plafond et admiré les peintures à la détrempe qui simulaient des panneaux sur les murs, après avoir considéré avec un inexprimable intérêt l'ombre gigantesque et fantastique que je promenais au moindre mouvement sur ces grandes surfaces irrégulières, je me jetai sur ma couche. Elle se trouvait précisément dans l'axe des portes de communication et, comme elles étaient toutes ouvertes et se faisaient repousser l'une à l'autre, mon regard suivait la mystérieuse clarté du suif jusqu'au fond d'un abîme de ténèbres. Cette lueur timide, dans ses luttes avec l'ombre, prêtait des proportions encore exagérées à ces vastes appartements, et je pus me croire le maître d'un palais abandonné.

La construction mexicaine a des airs de palais, en effet, que l'on regrette sans cesse dans nos alvéoles parisiens où les poumons s'étiolent, où le cerveau s'amoindrirait si l'atmosphère de la grande capitale n'était saturée de pensées et de savoir. La maison des pays chauds a été modifiée là-bas par le couvent; l'esprit monacal est venu mêler ses aspirations à l'isolement et au mystère, aux aspirations à l'amour et au repos des musulmans, des Italiens, des Espagnols, voire des Aztèques, car les demeures des nobles et des riches, dans la ville de Montezuma, différaient peu sur plan de celles d'aujourd'hui. C'est toujours un quadrilatère amplement développé, enserrant une cour immense entourée de *portales*, le cloître en somme. Une noble porte donne accès au *saguan*, large allée percée dans le corps de logis de façade et aboutissant au *patio*. Des toits en terrasse, des murs de forteresse contre lesquels s'émoussent les rayons du soleil, des grilles aux ouvertures extérieures toujours rares, souvent, dans les murs mêmes de la demeure, une *huerta* qu'embaume l'oranger, qu'ombrage le bananier, que rafraîchit une fontaine.

La disposition tout intérieure et les vastes dimensions de ses constructions offrent, outre l'avantage de dépouiller la chaleur de ce qu'elle a de rigoureux, celui d'assurer à l'individu une indépendance dont tous les Méridionaux sont d'autant plus jaloux qu'ils sont plus opprimés au dehors. Là du moins ils se retrouvent, là ils veulent et peuvent, là ils sont eux-mêmes, parce que la terre, l'air et le soleil ne leur sont pas épargnés. Ces conditions, moins utiles peut-être dans les grands centres de population où d'autres causes amènent un isolement suffisant de l'individu au milieu de la foule, ne sauraient jamais nuire, et seraient d'urgence dans toutes les petites localités. Je n'oserais affirmer que le cancan, cette plaie de la province, ne fleurit pas dans l'Amérique espagnole, parce que je crois qu'il est un des fruits naturels du désœuvrement et de la stagnation de l'existence; mais du moins peut-on y éviter, si l'on veut, cette solidarité, cette tyrannie, cet horrible espionnage de chacun sur tous et de tous sur chacun, qui rendent la vie de nos petites villes insupportable à tout homme d'énergie, qui pétrit l'individu dans le préjugé local, le moule dans la coutume locale, et ne lui laisse de sa nature primitive que les angles développés par un intense ennui. « L'Orient, dit M. Th. Gautier, cette terre du soleil, d'où vient toute lumière et toute sagesse, avait inventé depuis longtemps la maxime de M. Royer-Collard : La vie privée doit être murée. » Pour qu'elle le soit efficacement et sans danger, il faut que la capacité de la cage soit telle, que sa force d'expansion n'y soit pas comprimée. Il faut de l'espace à l'homme. Si abâtardi qu'il soit, il a encore quelque chose de supérieur et de bon, s'il peut être le roi d'une vaste demeure.

J'aime ces grands appartements, cette grande part d'atmosphère libéralement concédée à chacun; l'individualité y gagne, car elle gagne toujours à l'indépendance; les demeures parisiennes me semblent malsaines à tous égards. Le cloître me repousse par ses tendances à l'unisexualité, mais, cette disposition contre nature une fois enlevée, quelle magnifique entente des exigences de la vie matérielle et intellectuelle, quel lieu plus propice aux plaisirs mystérieux comme aux réunions bruyantes, à l'activité comme au repos, au péripatétisme intelligent, au développement de l'idée si le germe y est jeté, à l'hygiène générale! Il est vrai que je parle du cloître de la terre chaude dont les murs éblouissants réverbèrent les feux du Midi. Il y a déjà dans ces conditions de lumière et de chaleur d'étranges jouissances. O lumière, source de joie! ô chaleur, source de vie! toi qui es la vie peut-être? quel est donc le poëte qui vous chantera en termes dignes de vos splendeurs!

Toutes ces réflexions passèrent par ma tête à ce moment, et j'aurais voulu m'assurer pour le reste de mes jours une demeure pareille. Je songeai enfin à dormir et soufflai ma chandelle. Il était tard, tout bruit avait cessé. La voix des *serenos*, plaintive modulation tamisée par la distance, s'élevait seule de temps en temps pour se perdre mélancoliquement dans ce silence de nécropole, sans plus le troubler qu'un fil de la Vierge égaré dans des flots de lumière ne trouble la sérénité d'un jour sans vapeurs.

Le sommeil ne vint pas. Le silence absolu a des effets identiques à ceux du tumulte sur l'organisation qui en est déshabituée. Il me manquait les bruits sourds du dortoir, la voix de la mer ou celle du vent, les cris des matelots ou ceux des sentinelles ; mon canapé, bien que sans ressorts, était plus douillet néanmoins que les dalles des *portales*, la terre battue, le pont du navire, les vieilles voiles, toutes les choses de résistance dont je faisais ma couche depuis trois mois. Je m'accoudai et regardai le décor nouveau que m'offrait un simple changement d'éclairage.

Dans ma chambre régnait une obscurité complète, mais, en face de moi, chaque porte se détachait comme un cadre noir sur un rayon doux et incertain de lumière nocturne, tombant obliquement par l'ouverture extérieure sur le carrelage vernissé. Ce spectacle me saisit. Où étais-je? dans un château féodal ou dans un vieux monastère? Allais-je voir se réaliser quelque merveille de ces contes bleus à l'aide desquels on électrise nos imaginations d'enfants, comme pour pousser jusqu'à la délicatesse de la sensitive le développement d'une nervosité qualifiée d'instinct poétique, de sentiment, que les passions d'une époque de réorganisation sociale viendront encore affiner ? Allais-je voir naître et flotter dans ces brouillards transparents une forme gracieuse ou inquiétante, Trilby, le barbet du docteur Faust, les pâles nonnes de Robert le fils du diable? Non. Une vague impression de jouissance qui n'avait rien que d'humain me berçait doucement dans la réalité. Anne Radcliffe elle-même perdrait son latin à vouloir éveiller l'horreur du surnaturel dans ces régions bénies des tropiques, où l'on se sent si bien vivre, et si quelque blanche apparition s'était dessinée dans un de ces rideaux de lumière, je n'aurais point été lui demander des révélations d'outre-tombe ni des plaisirs de carême.

Mais point ne vis d'apparition. J'étais si heureux d'exister en ce moment d'extase, que le décret de Santa-Anna lui-même, s'il m'avait été présenté subitement, n'eût pas eu le pouvoir de se faire prendre au sérieux. Je rêvai du passé et de l'avenir, je réfléchis à l'étrangeté de ma situation. Comment se faisait-il que moi, aventurier de la Gascogne, cadet de la roture et officier de fortune de la démocratie, je me trouvais prisonnier de guerre et libre à la fois dans ce beau pays, par cette belle nuit, à plus de deux mille lieues de ma blonde Garonne? Puis, je songeai à inventer quelque chose de mieux que la vapeur pour supprimer les distances et rapprocher Paris de l'équateur. Puis la pâle lueur faiblit insensiblement et finit par s'éteindre; je compris que des nuages obscurcissaient le ciel, et bientôt la pluie vint confirmer ma supposition. Sa monotone musique rompant le charme du silence, je ne tardai pas à m'endormir.

Un bruit singulier m'éveilla au bout de quelques instants; c'était un fracas de poteries brisées. Je me souvins qu'une des annexes de mon vaste domicile contenait une foule de vases et figurines de terre cuite et de plâtre; mon hôte, en sa qualité d'Italien, avait fait de malencontreuses tentatives en faveur de la propagation de l'art; un être, et un être vivant à coup sûr, venait de s'embarrasser à son tour dans cette spéculation et y taillait des ruines. Il sortit en hâte toutefois de cette région suspecte et j'entendis un bruit de pas précipités, bruit sec et sonore comme celui de petits sabots d'enfant. Dans un vieux château d'Europe j'aurais pensé aux talons de bois rouge d'une vieille douairière, revenant du fond du moyen âge pour causer avec moi de ses amours momifiés, mais nous n'en étions pas là, et après les impressions de l'instant précédent j'aurais pensé à tout autre chose sans le *tip tap* des petits sabots.

Après tout, ce ne pouvait être qu'un animal et certainement une bête inoffensive. Je refermai les yeux et, le silence continuant, je m'assoupis de nouveau, mais le bruit des pas se fit bientôt entendre à côté de moi, accompagné cette fois de ce souffle bruyant qui est chez presque tous les animaux la marque de la surprise et de l'inquiétude. Ma présence l'étonnait sans doute beaucoup. J'étendis la main et m'assurai sans peine que je n'avais pas affaire à une ombre, en effleurant une échine aussi velue que celle d'Ésaü, mais disposée différemment. Je demande pardon au lecteur de ne pas chercher à tirer meilleur parti de la situation pour le faire horripiler, mais il me faudrait inventer pour cela, car, dans le fait, je n'éprouvai pas le moindre saisissement. Du reste, c'eût été faire double emploi avec le visiteur, qui bondit à mon attouchement, s'éloigna en faisant mille gambades effarouchées et ne revint plus.

Au point du jour je m'éveillai, comme j'en avais l'habitude et, le bruit des sabots m'ayant rappelé les événements tragiques de la nuit, j'ouvris les yeux. Un ravissant petit chevreuil, fort intrigué de mon intrusion dans son désert, dressant les oreilles et planté sur le qui-vive, m'observait du seuil de la porte. Je l'appelai et cherchai à l'amadouer; il se montra quelque peu ombrageux, mais très-disposé à jouer, et dès la nuit suivante une poignée de sel nous mit en si bons termes qu'il manifesta l'intention de partager ma couche, ce à quoi je ne voulus condescendre; il s'établit du moins dans ma chambre à partir de ce moment. De temps en temps, durant les quelques nuits que je passai là, je sentais au milieu de mon sommeil sa tiède haleine sur mon visage, j'allongeais machinalement le bras et le caressais, après quoi il retournait à son coin, ou partait pour quelque excursion dans le reste de la maison. Mon hôte, à qui j'avais raconté l'histoire, voulait donner ordre de renfermer le pauvre *venadito*, mais je m'y opposai.

Ce fut la seule teinte de merveilleux que m'ait offert le Mexique et j'ai tenu à la rapporter en son lieu.

CHAPITRE IV.

Les *salteadores*. — Existence des prisonniers français. — Le colonel Esquerro. — Départ pour Guadalajara. — San Leonel. — Le *monte de los Cuartos*. — *Armas de agua.* — Teticlan. — *Indios pintos.* — Aguacatlan. — Istlan. — Les porcs.

Il y eut un moment d'animation à Tepic pendant notre séjour. Une *cuadrilla* de voleurs de grands chemins ou *salteadores*, qu'on disait forte de cent à cent cinquante hommes, ravageait le pays environnant. Un détachement de troupes envoyé à leur poursuite avait été massacré par eux, grâce à la lâcheté du chef, le capitaine Romero, qui, se voyant cerné par les bandits en forces supérieures, avait fait déposer les armes à ses soldats au lieu de chercher à s'ouvrir un passage de vive force. Enhardis par ce triomphe facile, messieurs les voleurs parlaient de venir saccager la ville, et l'on eut un moment l'idée de nous envoyer contre eux, mais l'affaire n'eut pas de suite. Prévenus sans doute du renfort inattendu que nous apportions, ils se tinrent éloignés de la ville, et les autorités résolurent d'attendre qu'elle fût sérieusement menacée pour armer des hommes que l'on aurait été embarrassé peut-être de désarmer après. D'ailleurs, il pouvait devenir délicat de nous avoir des obligations, en vue des intentions de Santa-Anna à notre égard.

Cependant le temps s'écoulait, n'apportant aucune solution à nos affaires. La plupart des prisonniers avaient pris leur parti, du reste, avec philosophie; l'existence pour eux était aussi douce qu'elle peut l'être entre quatre murs. Ils n'avaient rien à faire, étaient bien nourris, mangeaient même du pain fait par un d'entre eux, que nous avions pris sur nous de faire sortir à cet effet. De plus, la cour principale du quartier était, le jour durant, un véritable marché d'où les spiritueux étaient seuls bannis, ostensiblement du moins, car il est trop certain qu'ils y pénétraient en secret.

Nos hommes dépensaient là gaiement, en dehors de la gamelle, le peu d'argent qui leur restait, insouciants, jouissant de cette belle nature et attendant la liberté que chacun nous faisait espérer. Trois fois le jour on faisait l'appel et c'était le seul ennui de la situation, après celui de ne pouvoir franchir le seuil de la porte. Les officiers se montraient très-bienveillants et traitaient les détenus avec beaucoup plus d'égards que leurs propres soldats, à qui les gourmades n'étaient pas épargnées. Un certain jour, à mon arrivée au quartier, je reçus des plaintes graves : un vol avait été commis au préjudice d'un prisonnier. J'allai parler à l'officier du poste ; il me fit observer que le coupable pouvait être un de nos hommes aussi bien qu'un des marchands établis dans le *patio*, ou enfin un soldat : ce dont je tombai d'accord avec lui.

« Si c'est un de vos compatriotes, ajouta-t-il, c'est votre affaire; mais nous allons voir d'abord si ce n'est pas un des miens. »

Il fit assembler la garde, et la sentinelle reçut l'ordre

de ne laisser sortir personne. Je crus qu'il allait avant tout faire une perquisition dans le marché; point. Il ordonna à ses hommes de dérouler devant lui, l'un après l'autre, la fresada qui contient toujours le petit bagage du troupier mexicain. Le troisième qui se présenta à son inspection fut trouvé nanti de l'objet volé. Le lieutenant en fureur dégaina immédiatement, à ma grande stupéfaction, et s'élança sabre haut sur le délinquant. J'eus un serrement de cœur. Au dixième coup de latte, ne voyant pas couler le sang, je me tranquillisai en songeant qu'il devait frapper du plat. Je n'avais jamais vu pratiquer encore ce jeu intermédiaire entre l'estoc et la taille, ce qui excusait ma naïve émotion; depuis j'eus le loisir de m'y faire. Quand il fut las de frapper, il rengaina et tout fut dit.

Le 27 arriva à Tepic un détachement de la garnison de Guadalajara, composé d'une centaine d'hommes du bataillon de San-Felipe, sous le commandement du colonel Esquerro, qui venait nous chercher. Il n'y avait plus à hésiter devant une volonté supérieure qui nous appelait, non plus à Guadalajara seulement, mais à Mexico : Santa-Anna, nous dit le colonel Yañez, désirait nous voir avant de nous rendre la liberté. Notre grâce tombera directement de sa bouche, honneur dont nous nous passerions d'autant mieux qu'il faut l'aller chercher à plus de deux cents lieues.

Grande rumeur et parmi les prisonniers et parmi les résidents français. L'agent consulaire, après une visite au commandant, se déclare impuissant à faire plus qu'il n'a fait; il nous engage à nous rendre patiemment à Guadalajara, où nous ne pouvons manquer d'être mis en liberté; d'ici là il aura reçu certainement la réponse de la légation à ses dépêches et à notre protestation, et il ne doute pas qu'elle ne soit favorable. Tout cela ne faisant pas notre affaire, nous nous décidons à réclamer la protection du consul britannique, en vertu de l'alliance anglo-française récemment conclue ; en conséquence une requête en ce sens lui est adressée. M. Baron, en grand seigneur qu'il était, prie l'agent consulaire français et le *Jefe politico* de passer chez lui pour voir ce qu'il y a à faire. Le colonel lui montre des ordres qu'il avait refusé de communiquer à M. Rycke, et ces ordres étaient péremptoires ; il n'en exécutait déjà qu'une partie en nous expédiant tous à Guadalajara. N'y avait-il pas deux individus, au moins, à passer par les armes ? Il n'était qu'un soldat, soumis au gouverneur de la province, comme celui-ci l'était au gouvernement suprême. Notre départ était fixé au 29, il consentit à le retarder d'un jour, afin de donner le temps de faire une quête en ville pour fournir aux prisonniers des sandales et autres pièces d'équipement, et pourvoir aux besoins des plus nécessiteux.

Le 29, nous fûmes présentés officiellement, Guilhot et moi, à don Manuel Esquerro par le colonel Yañez. Après nous avoir tous recommandés en termes chaleureux à son collègue, le colonel lui parla de nous deux d'un ton affectueux ; il l'engagea à se décharger sur nous, comme il l'avait fait, de l'entretien des prisonniers et, pour cela, à nous laisser notre liberté, en l'assurant que nous étions de vrais *caballeros*, dignes de toute confiance. Dans sa position vis-à-vis de nous, le colonel n'était pas obligé de semer des banalités, et l'on voyait bien qu'il y allait de tout cœur et de la meilleure foi du monde. Don Manuel nous tendit la main avec un air de bonhomie et de rondeur tout à fait prévenant.

« Vous êtes libres, nous dit-il, et j'aurai soin que vous ayez toujours des chevaux pour aller en avant de la colonne. Au reste, je suis disposé à être confiant pour peu qu'on m'y engage, et il ne tiendra pas à moi que vos camarades n'aient tous les coudées franches durant ce voyage. S'ils ne me donnent aucun sujet de mécontentement, ils n'auront pas à se plaindre de moi. »

Ces messieurs me donnèrent rendez-vous au quartier, pour passer une inspection et reconnaître les hommes que la maladie ou quelque infirmité rendaient incapables d'une longue route à pied. Don Manuel fut très-coulant et me laissa porter à quarante le nombre de ces invalides. Il m'autorisa aussi à prendre des hommes de corvée pour faire du pain pendant la nuit, afin que chacun emportât une ration supplémentaire.

Le soir nous fîmes nos visites d'adieu, qui furent pleines d'effusion, car les gens que nous quittions valaient tous des regrets sincères; et le lendemain, 30 août, dans la matinée, nous sortîmes de Tepic comme nous y étions entrés, c'est-à-dire entre deux haies de soldats. Cette fois, du moins, la chose n'avait rien de trop déplaisant, bien qu'il fallût traverser la ville; nous n'étions plus des étrangers au milieu de la foule, et nous comptions avec raison sur un intérêt affectueux qui se peignait sur tous les visages.

J'étais à cheval, ainsi que Guilhot et les officiers. A peine hors des faubourgs, je pris les devants en compagnie d'un jeune cadet de l'École militaire de Chapultepec nommé Pesquiera, qui remplissait auprès du colonel les fonctions d'*ayudante*, aide de camp, adjudant, maréchal des logis aussi, car il était comme moi chargé de préparer les logements; plus heureux que moi, toutefois, il n'avait pas à s'occuper de la nourriture de sa troupe.

Le pays que nous traversons est accidenté, la route n'est tracée que par l'usage; défoncée en maints endroits par les pluies de la saison, elle présente des flaques d'eau bourbeuse appelées *atascaderos*, mot énergique qui désigne une place où l'on est absolument forcé de s'embourber, ce dont nous nous apercevons bien. Le petit village *del Platanar* se trouve sur notre route, caché dans les larges feuilles des bananiers (*platano*) auxquels il emprunte son nom. A quelque distance de là, nous débouchons dans une vallée d'un décor saisissant et nouveau. Ce sont des montagnes aux revers allongés qui viennent se fondre ensemble en une courbe douce. La teinte générale est d'un roux fauve, sans ombres ni nuances ; il semble qu'Hercule ait étendu là, pour y faire son lit, la peau gigantesque du lion de Némée ; pas un arbre, pas une pierre, pas un ravin, pas une barrière, pas une maison, rien, en un mot, pour faire ressortir les vastes proportions de cet amphithéâtre, dont les parois semblent être à portée de la main. Cependant, Pesquiera me fait voir, dans la vapeur dorée de l'éloignement, un bouquet d'arbres que domine un clocher ; c'est la ville de *Jalisco*. Ce simple repoussoir suffit pour rectifier mes notions d'optique, et me faire comprendre que j'ai devant les yeux une scène immense dont l'étrangeté me poursuit encore de souvenir.

Au delà des montagnes, une plaine marécageuse, que traverse une chaussée, s'étend jusqu'à un lac qui miroite au loin ; des hauteurs boisées bornent l'horizon. Des deux côtés de la chaussée, sur toute la surface du marécage, le sol est bouleversé comme s'il eût été pioché, mais pioché par des Titans, car nul bras humain ne pourrait soulever ces énormes blocs anguleux de tourbe durcie, noire comme de la houille. Ce désert humide, sombre en dépit d'un soleil splendide dont il absorbe les rayons, produit une impression pénible.

La route qui paraissait se diriger vers le lac, s'en éloigne par un brusque détour à l'extrémité de la chaussée, nous ramène dans la montagne et bientôt au village de San Leonel, où nous devons passer la nuit. Ce pueblo est situé sur une éminence pierreuse à dix lieues de Tepic environ ; quelques cabanes groupées autour d'une vieille église sans caractère, un meson assez propre, voilà ce que l'on y trouve.

La petite population du lieu était en émoi ; la cuadrilla de voleurs dont j'ai parlé plus haut avait passé par là la veille et, en sus du butin, ces drôles avaient enlevé quelques jeunes filles bonnes à marier. Une vieille mère qui avait perdu la sienne ainsi se désolait et demandait à l'*ayudante*, avec l'intrépidité de la faiblesse, à quoi les soldats étaient bons puisqu'ils ne pouvaient pas débarrasser le pays de ces maraudeurs. Rançonner le peuple, lui donner des coups de plat de sabre, et au besoin des coups de fusil s'il faisait mine de grogner contre le diable boiteux, c'était là toute leur affaire, disait-elle ; les autres (les voleurs) ne faisaient ni pis ni mieux, et c'était trop de deux chiens sur le même os. Tous les spectateurs étaient ébahis et moi le premier. Pesquiera, charmant petit garçon de dix-neuf ans au plus, qui faisait bonnement son métier sans avoir jamais songé à s'inquiéter de ce qu'il pouvait avoir d'odieux, demeurait interloqué. Il fut heureux, je crois, pour la pauvre femme, et peut-être pour le village, qu'elle eût affaire à un enfant. Une vieille culotte de peau eût promptement trouvé moyen de la faire taire d'abord, de l'amener à repentir ensuite. Quelques âmes charitables et prudentes éloignèrent la malheureuse qui parlait toujours, et nous pûmes saisir encore, à bâtons rompus, les épithètes de voleurs, fainéants, chiens de pailler, lâches et cruels, etc.

Nous n'étions pas remis de l'algarade qu'arriva la colonne en grand désarroi. La traite avait été un peu longue pour une première journée de marche, et beaucoup d'hommes étaient fourbus. Les sandales, dont l'usage était nouveau pour eux, avaient écorché maint pied habitué à des chaussures plus sérieuses ; l'humidité des chemins avait provoqué quelques symptômes de fièvre. L'humeur générale était plus que maussade. Cela présageait mal, car le colonel pouvait bien revenir de la bonne opinion qu'il s'était faite des prisonniers sur les éloges de son confrère de Tepic, et les traiter alors tout différemment.

Pour comble de malheur, nos hommes affamés ne soupèrent que fort tard. San Leonel n'avait pu nous fournir que quelques moutons, et, sans la précaution que nous avions eue de faire faire du pain, il eût fallu manger la viande sans le moindre accessoire. Les gens de corvée eurent toutes sortes de difficultés pour préparer les vivres dans ce pauvre village ; les autres, enfermés dans l'église abandonnée et nue comme celle de Guaynamote, murmuraient et menaçaient de forcer la consigne. Le colonel enrageait et voulait que tout le monde fût rentré à la brune ; bref, tout allait au plus mal.

Le lendemain, ce fut pis encore : on ne voulait pas partir. Le pauvre commandant jurait et menaçait, mais l'explosion même de sa colère trahissait surtout l'indignation de la bonté poussée à bout. Cependant la raison reprit le dessus ; l'agitation était entretenue en dessous par deux ou trois esprits rebelles auxquels il fallut parler entre les dents. On avait ordonné la veille des réquisitions, mais elles n'avaient pas fourni un nombre suffisant d'animaux ; je donnai mon cheval à un éclopé et, quand je vis la mutinerie dans sa période de décroissance, laissant Guilhot pour en calmer les derniers ferments, je partis seul, à pied, afin de prendre de l'avance et de pourvoir à temps aux exigences du souper.

Je chemine en compagnie d'une troupe de femmes attachées à notre escorte. Beaucoup de soldats sont mariés, ou tout au moins vivent en concubinage, car le mariage est un luxe que le pauvre Indien ne se procure que difficilement. Il n'y a pas de mariage civil au Mexique, et le sacrement ne se donne pas pour l'amour de Dieu à l'église ; le prix varie de quinze à vingt-cinq piastres, selon les paroisses, ce qui représente deux à trois mois de travail au moins pour un de ces prolétaires. Aussi la plupart d'entre eux attendent-ils, pour se présenter au curé, que leur union ait porté son fruit, dans lequel cas celui-ci est tenu de les marier gratuitement.

Les femmes qui s'attachent aux soldats les suivent partout, comme cela se voyait en France avant 89. Misérablement vêtues, quoique propres, les pauvres créatures que j'accompagne m'intéressent souverainement; elles sont vaillantes et dévouées, et rendent de grands services autour d'elles, notamment en préparant le repas du soir du soldat, qui, en campagne, ne mange qu'à la fin de la journée et fait des étapes de quinze à vingt lieues. Elles portent sur le dos un paquet de nippes, enveloppées dans leur *rebozo* dont les deux extrémités sont nouées sur leur front ou sur leur poitrine. Une ou deux ont un poupon à cheval sur le paquet.

Elles causent entre elles, mais dans un dialecte corrompu, mélange d'indien et d'espagnol auquel je ne comprends rien, avec cette gravité mélancolique qui caractérise la race indienne, souriant quelquefois, ne riant jamais; l'ivresse seule a le pouvoir d'exciter ces gens jusqu'au rire. J'ai de la peine à tirer d'elles quelques paroles fort révérencieuses, mais, en revanche, elles me comblent de prévenances sans en être priées. La contrée que nous traversions, sauvage et très-accidentée, boisée par moments, était coupée d'une foule de ruisseaux gonflés par les pluies; avec de grosses pierres qu'elles plaçaient de distance en distance en travers du courant, elles me facilitaient le passage à pied sec, et deux d'entre elles me prêtaient en outre l'appui de leur épaule pour m'éviter les chutes sur ces galets instables et glissants. Je me trouvais profondément ridicule dans ce rôle-là, mais, comme j'étais le seul de cet avis, la chose n'avait aucun inconvénient et je me laissais faire.

Ces bonnes filles m'amusaient par la naïveté enfantine avec laquelle elles s'intéressaient à cette eau. Il va sans dire que nous nous désaltérions beaucoup, car il faisait chaud ; mais, à mon grand déplaisir, je ne trouvais nulle part le précieux liquide dans l'état de pureté que nous sommes habitués à lui souhaiter en pareil cas ; non qu'il fût trouble précisément, mais jamais il n'était incolore. Toujours imprégné des substances minérales ou terreuses à travers lesquelles il avait forcé sa voie, il étalait au soleil, sur les roches ou le sable, des teintes safranées, laiteuses ou carminées, souvent séduisantes à l'œil, mais peu prévenantes d'ailleurs. Mes compagnes ne poursuivaient point le même idéal que moi ; tandis que je rêvais de diamant, elles rêvaient d'opale, et leur admiration était d'autant plus grande que l'assimilation de nuance était plus parfaite. — *Que agua tan chula!* Quelle eau mignonne ! s'écriaient-elles avec ravissement au moment où j'avais de fâcheuses réminiscences du puits de Santa-Margarita. En bien des choses, le sens du goût est faussé chez ces pauvres gens comme le sens moral.

Nous atteignîmes bientôt le *monte* ou bois de *los Cuartos*. Cette forêt, célèbre à plus d'un titre et que l'on ne traverse généralement que sur le qui-vive, couvre une région montagneuse et tourmentée, où les caprices de la nature prennent un caractère grandiose. La route a dû être ouverte ici à grand'peine au sein du rocher ; elle est pavée et bien entretenue. A droite et à gauche, ce ne sont que ruines granitiques, gorges sombres, précipices, talus menaçants couronnés de sapins, de chênes et de genévriers ; à certain endroit, la chaussée est suspendue au bord d'une *barranca* profonde, crevasse gigantesque dont les parois sont tapissées de verdure et sillonnées de torrents. En plongeant mon regard dans cet abîme, je vois un aigle planer au-dessus de la cime des grands arbres et, sur les clairières gazonnées, quelques taches obscures me représentent des cabanes ; c'est un panorama d'une hardiesse à donner le vertige.

Ce parage mal famé était en ce moment le refuge de la fameuse bande de voleurs, mais nous n'aperçûmes pas l'ombre d'un seul d'entre eux.

Le hameau d'Olocote se trouve au débouché de la montagne et de la forêt, à l'entrée d'une belle vallée dont le sol fertile a de singulières différences de niveau, qui semblent le résultat de brusques affaissements partiels du sol ; la partie du plateau qui n'a pas bougé domine le reste du haut de talus verticaux. Une petite rivière arrose cette plaine qu'enserrent des collines, derrière lesquelles s'élèvent, comme un sombre rempart, des montagnes couronnées çà et là de végétation forestière. Sur leurs flancs à pic se dessinent d'étroites bandes d'argent : ce sont des eaux qui s'élancent de leur sommet pour venir se briser à leur base.

Mon escorte féminine demeura à Olocote, et je poursuivis seul ma route, admirant un beau paysage sur lequel de lourds nuages noirs et bas, gros d'orage, promenaient des ombres fortement accusées et du plus grand effet. Malheureusement ces fantômes aériens ne se bornèrent pas à faire du pittoresque et, obéissant aux lois de la saison, ils me décochèrent, au bruit du tonnerre majestueusement répercuté par les échos de la montagne, des ondées consciencieuses, véritables avalanches qui m'autoriseraient à dire que les cataractes du ciel étaient ouvertes, si j'étais classique. Heureux classiques ! ils ont toujours la phrase faite et le mot pour rire. D'Olocote au petit pueblo de Santa-Isabel, trois ou quatre de ces déluges successifs me laissèrent aussi trempé, chaque fois, que si j'eusse traversé autant de rivières à la nage. Il est vrai que, dans les intervalles, le soleil s'était toujours empressé de venir me sécher, ce qui était presque une ironie de sa part. Durant cette opération, qui lui prenait à peine quelques minutes, ma marécageuse personne exhalant rapidement sous l'influence puissante de ses rayons toute l'humidité qu'elle transportait, je m'avançais à demi voilé par une atmosphère de vapeurs comme une divinité de l'Olympe.

A Santa-Isabel, me sentant fatigué, je voulus m'enquérir des distances avant d'aller plus loin, et je m'adressai pour cela à un honnête marchand de fruits qui, seul dans sa boutique en face de ses bananes et de ses *zapotes*, attendait le chaland en raclant de la guitare aussi amoureusement que s'il eût eu cinquante ans de moins, ce qui lui en eût certainement laissé vingt encore. Il m'apprit que j'étais à onze ou douze lieues de San Leonel, et qu'une lieue environ me séparait encore de Teticlan, où nous devions passer la nuit. Je poursuivis.

A quelques pas de là, je fus rejoint par un cavalier qui m'offrit amicalement de me prendre en croupe, ce que je n'eus garde de refuser. J'admirai, chemin faisant, le costume de cet homme. Il était armé pour la pluie, selon l'expression locale qui qualifie de *armas de agua* deux peaux énormes, de veau généralement, fixées au pommeau de la selle par un de leurs coins, et qui, venant se rattacher à la ceinture du cavalier par derrière, mettent ses jambes et ses pieds parfaitement à l'abri de l'humidité. Son sarape protégeait la partie supérieure de son corps, car le tissu de ce vêtement précieux et la préparation de la laine le rendent à peu près imperméable. Enfin, une enveloppe de toile cirée recouvrait son chapeau.

Nous causâmes, c'est-à-dire que je répondis comme à l'ordinaire à une foule de questions, d'abord sur les prisonniers que l'on amenait, sur leur provenance, leur destination et leur moralité, puis sur Raousset, Santa-Anna et la politique du jour, puis sur la Californie, les pays lointains, l'Europe *et quibusdam aliis*. Ce brave homme se détourna quelque peu de sa route pour venir me déposer à la porte de Teticlan, car c'est par une vieille porte massive et ébréchée, à prestance féodale, qu'on pénètre de ce côté-là dans ce village. Teticlan est une hacienda de sucre dont l'importance a dû être grande, si l'on en juge par celle des vastes bâtiments en ruine qui se trouvent à droite et à gauche de l'entrée.

Il n'y a pas de boucher à Teticlan, il me faut acheter un bœuf sur pied. A ma demande, quelques hommes montent à cheval et partent au galop pour le *potrero*, le pâturage. Au bout d'une heure, ils reviennent sur la même allure, debout sur leurs étriers, faisant tourner leurs lazos au-dessus de leur tête, jetant des cris sauvages et poussant devant eux un bouvillon, un *novillo* effarouché, que l'on fait entrer dans un corral. Là, je priai qu'on l'abattît au plus tôt, mais les centaures étaient échauffés et aussi incapables de résister aux attraits d'une petite fantasia que les premiers Bédouins venus. La population s'assemble sur les murs et à la porte de l'enclos, et les encourage de ses cris.— *A colear el novillo!* et la pauvre bête, saisie par la queue au milieu d'un de ses bonds, roulait dans la boue, cul par-dessus tête.
— *A barbear el bezerro!* Alors, mettant pied à terre, un homme le saisissait au bon moment par une corne et une oreille et le culbutait par surprise. On l'excitait de mille manières et, quand il faisait mine de s'élancer avec fureur sur un de ses antagonistes, le nœud coulant d'un lazo l'arrêtait net.

Au milieu du spectacle entraînant de ces prouesses, je ne pouvais m'empêcher de voir dans le malheureux *novillo* le pot-au-feu des prisonniers que je croyais sur mes talons, et, le cas d'un retard échéant, je ne trouvais pas une excuse suffisante dans le plaisir que j'éprouvais. J'obtins enfin qu'on passât au sérieux. L'animal fut abattu au plus fort de son émotion, qui était grande, égorgé entre deux palpitations de cœur, dépecé tout chaud, et, quand la troupe arriva, on put faire la distribution ; il se trouva seulement que la viande était un peu rebelle à la dent : je m'en doutais, parbleu, bien !

L'église, déserte comme celle de San Leonel, comme celle de Guaynamote, servit encore de logement à nos hommes, qui eurent liberté entière ce soir-là jusqu'au couvre-feu. Les esprits s'étaient calmés, seulement le courant insurrectionnel paraissait vouloir se porter sur moi. La liberté dont je jouissais à cause de mes fonctions était un sujet de jalousie pour les quelques mauvaises têtes dont j'ai parlé, qui voulaient me la faire expier. Tout ce qui n'allait pas bien m'était imputé, et je ne faisais pas pour la communauté tout ce que j'aurais dû. A les entendre, je devais *faire marcher* nos officiers comme ceux de Guaymas, ce qui nous avait si bien réussi. Ce soir-là, notamment, il aurait fallu que j'allasse prendre le colonel à la moustache. Un soldat avait déserté en route, emportant le bagage de deux prisonniers, dont il s'était chargé moyennant rétribution ; c'était une abomination, et l'on me faisait un devoir d'obtenir des dommages-intérêts du gouvernement mexicain pour les spoliés.

J'allai trouver Esquerro, que je trouvai fort ennuyé, parce que la désertion est épidémique ordinairement dans ces troupes indisciplinées ; il redoutait, si le mal se propageait, d'avoir à faire garder les soldats par les prisonniers. Le fuyard avait emporté du même coup le sac d'un de ses camarades et la valise d'un officier. Le colonel avait expédié aux alcades des pueblos voisins et aux juges de district l'ordre de le faire traquer, mais c'était tout ce qu'il pouvait faire. Tout en causant, je lui parlai de mes propres ennuis, et lui demandai la faveur d'amener désormais avec moi deux hommes de corvée pour préparer l'ordinaire à l'avance ; il me l'accorda, et je choisis tout d'abord un de ceux qui s'étaient montrés les plus enclins à la turbulence, un braillard insolent, un mécontent perpétuel, un taon qui commençait à me molester et dont je me débarrassai ainsi. Il devint, en effet, souple, poli, prévenant, et embellit de toutes sortes de douceurs gastronomiques ma vie, dont il menaçait de troubler singulièrement le repos auparavant.

La population indienne attachée à l'hacienda de Teticlan appartient à la race des *Indios Pintos*. On désigne ainsi quelques tribus dont l'épiderme, d'une teinte moins foncée et tirant davantage sur le jaune, est mouchetée de plaques irrégulières d'une nuance cuivrée obscure ; ce caprice de la nature ne prévient nullement en faveur de ces pauvres diables, qui sont du reste sains et bien constitués. Leurs cabanes sont dispersées sous une magnifique futaie en face de l'église. Un peu plus loin, sur une éminence rocheuse, s'élèvent les demeures de quelques créoles, trafiquants ou employés de l'hacienda, qui forment un hameau séparé.

Le pain emporté de Tepic étant épuisé, il fallut avoir recours aux tortillas, et je fus obligé de stimuler vigoureusement l'ardeur des tortilleras méfiantes. En parcourant leurs cabanes, je fais la connaissance d'un brave Indien du Michoacan, qui se rend de son pied à Mazatlan pour y toucher trois piastres qui lui sont dues par un ami ; c'est un voyage de quatre cents ou quatre cent cinquante lieues, aller et retour, voyage qu'il compte faire en un mois, à raison de quinze lieues par jour. L'idée de se jeter dans une pareille entreprise pour pareille somme devrait paraître insensée et burlesque, si elle n'était au contraire si caractéristique de la pauvreté en même temps que de la patience et aussi de la sobriété de cette race. Il se livrait, chemin faisant, à un petit trafic qui payait à peu près sa nourriture, transportant dans un village les produits d'un autre, tels que poteries, nattes, chapeaux de paille, etc. Quant au logement, il n'avait pas à s'en inquiéter. Il pensait rapporter chez lui deux piastres au moins sur les trois, et cela en mettant les choses au pis.

Le lendemain était le 1ᵉʳ septembre. Je pars avec M. Guilhot et les aides, à cheval cette fois, car les invalides sont tous pourvus de montures. L'ayudante Pesquiera est de la partie. La veille il ne s'est pas séparé de la troupe, ne jugeant pas à propos d'exposer isolément l'habit d'un officier dans le *monte de los Cuartos*.

La route traverse un pays désert, de tristes plaines encadrées de bois magnifiques où foisonnent les écureuils. Nos animaux peuvent à peine marcher et nous supposons avec raison qu'ils n'ont pas mangé depuis notre départ de Tepic ; le propriétaire s'en est rapporté à nous, nous nous en sommes rapportés au propriétaire, et les bêtes ont pâti. Aussi, à Aguacatlan, leur donnons-nous un peu de *zacate* ou fourrage, qu'elles dévorent énergiquement. Le fourrage le plus commun au Mexique est la tige du maïs coupée verte et tendre encore, avant le développement du grain.

Aguacatlan est une petite ville de deux mille âmes environ, qui ne présente rien d'extraordinaire. C'est jour de marché, et il y a du mouvement devant les portales de la rue principale.

A midi, nous arrivons à Istlan, notre étape du jour. On compte trois lieues à trois lieues et demie de là à Aguacatlan, et six à sept d'Aguacatlan à Teticlan. Nous trouvons à Istlan un Français, M. Léotaud, établi à Guadalajara, où j'eus l'occasion de le revoir depuis ; il était en tournée d'affaires. Il nous offrit l'hospitalité de la nuit dans sa chambre, et invita Esquerro, qu'il connaissait, à passer la soirée avec nous. Le vin d'Espagne et les cigares de Tepic eurent bientôt aplani les inégalités de position, et ces quelques instants d'intimité nous furent très-profitables.

Istlan fait, comme Aguacatlan, un grand commerce de porcs. Les campagnes environnantes fourmillent de ces animaux, qui pourvoient eux-mêmes à leur engraissement par la maraude ; aussi se ressentent-ils de cette éducation indépendante. Petits, alertes, bien découplés, jambes fines et nerveuses, ils ont des allures de sangliers. Alors même que le lard les arrondit, présage fatal, ce n'est jamais complétement aux dépens de la forme ; ils ne ressemblent en rien à cette masse de charcuterie que l'on conduit à nos marchés, et n'atteignent jamais à la suprême expression d'hébétement de nos porte-jambons. Ils sont roses et bien lavés, comme leurs frères des Pyrénées que M. Taine a tirés de l'oubli ; comme eux ils ont « deux yeux narquois et philosophiques, un nez goguenard, quelque chose d'insouciant et de moqueur sur un museau expressif qui semble dire fi aux préjugés. » Mais avec cela ils sont horriblement mal élevés, gloutons, audacieux, agressifs, insolents, et tous ces défauts sont greffés sur un vice capital, celui d'être scatophages au premier chef. En plein dix-neuvième siècle je ne puis en dire davantage et c'est vraiment dommage, car, avec tout ce que j'aurais à raconter de ces intéressants quadrupèdes, Rabelais eût ajouté au *Pantagruel* un chapitre de plus, et des meilleurs.

Notre nouveau système de manutention culinaire nous donna dès ce jour-là les plus beaux résultats. Les hommes sont heureux de n'avoir qu'à tendre leur gamelle en arrivant, et leur ordinaire est supérieur de beaucoup. A cela il faut ajouter qu'ils sont plus dispos, ce qui les met de meilleure humeur. Le nombre des animaux de réquisition s'élevait déjà à une cinquantaine ; non-seulement les invalides étaient tous montés, mais chacun pouvait encore se délasser un moment à son tour. Les plus ingambes, les vieux troupiers, les ex-mobiles, marchaient en tête en chantant pour marquer le pas et se distraire, ce qui réjouissait singulièrement nos officiers.

CHAPITRE V.

Le Plan de barranca. — Venta de Mochitilte. — Un souper de noces. — La Magdalena. — Son crucifix et son curé. — Doña Concepcion la tortillera. — Les champs de maguey et le mescal. — Tequila. — Mutineries.

2 septembre. — Le pays est riant au delà d'Istlan, terres cultivées, champs de cannes, beaux arbres; mais la route est défoncée par les eaux, et les atascaderos se succèdent de très-près. A cinq ou six lieues, on rencontre le Plan de barranca.

Le mot *barranca* indique toujours, en espagnol, un ravin, crevasse ou fondrière, dont les parois sont escarpées; le mot *plan* indique ici qu'au fond du ravin il y a un plateau. Du sommet des hauteurs par lesquelles nous arrivons, un panorama splendide se déroule à nos yeux; une vaste plaine s'étend au delà de cette fissure immense, au fond de laquelle on arrive par une chaussée pavée, qui contourne les sinuosités abruptes de la montagne, au milieu d'un chaos de roches granitiques. Cette route a une lieue de développement environ. Le *Plan* est, en effet, un petit plateau encaissé dans ce gouffre comme au fond d'un entonnoir; sur les flancs de la barranca s'étagent en désordre des sapins, des chênes, des genévriers qui ont pris racine au milieu des éboulements; quelques ruisseaux torrentiels grondent et écument en bondissant de roche en roche sous leur couvert.

Sur le *Plan* s'est formé un petit village; le voyageur y trouve des fruits et des rafraîchissements qui viennent fort à propos, car la température est lourde et suffocante dans cette excavation où l'air est stagnant entre des parois échauffées par le soleil.

La rampe opposée est courte et roide ; les zigzags s'appuient les uns sur les autres, la voie est plus étroite, le site plus agreste ; les rochers et la végétation vous étreignent et, de loin en loin seulement, une brèche permet de jeter un dernier coup d'œil sur le paysage, dont l'aspect change sans cesse à mesure qu'on s'élève.

La plaine découverte et nue qui règne au sommet est pierreuse et volcanique d'abord, puis marécageuse ; il nous faut louvoyer entre les atascaderos. Pesquiera nous rejoint là ; il tire son sabre et, à grand renfort de *sablazos*, il fait prendre le galop à nos malheureuses biques, que nous excitons en outre de nos cris désordonnés et de nos talons inoffensifs. L'*ayudante*, qui a un meilleur cheval et des éperons, tourne autour de nous comme un *vaquero* autour d'un troupeau de bœufs sauvages, en brandissant son estramaçon et poussant des hurlements sinistres. Cette course, fantastique comme une ballade allemande, nous fait franchir rapidement les trois ou quatre lieues qui séparent le Plan de la venta de Mochitilte, notre point d'étape, où nous arrivons vers midi. C'est un vaste bâtiment bas et carré, isolé, à l'extrémité de la plaine, sur une croupe au pied de laquelle s'ouvrent de beaux vallons encaissés, dépendant de l'hacienda sucrière du même nom.

Une *venta* est un lieu d'étape en pleine campagne. Dans ces vastes régions où une faible population est très-largement dispersée, où le cheval est le mode usuel de locomotion, où les relais sont chose impraticable ou à peu près, la course que peut fournir un animal en un jour devient la mesure moyenne des étapes ; quand les centres de population sont trop éloignés, une venta s'élève au point où le voyageur ferait halte à la belle étoile par égard pour sa monture. La venta contient le *meson* ou *posada*, l'hôtellerie, avec ses chambres et ses vastes écuries, la *fonda* ou le restaurant, et, le plus souvent, une *tienda*, magasin d'approvisionnement général. En somme, c'est le caravansérail des Orientaux.

La *venta* de Mochitilte est le modèle parfait des établissements de ce genre; la *mission*, le *presidio*, l'*hacienda*, le *rancho* même, sont taillés sur le même patron, à des nuances de proportion près. Peu ou point d'ouvertures extérieures à l'habitation rurale; pas d'arbres, pas de culture dans le voisinage immédiat, mais une sorte de glacis découvert, de manière que rien ne protége ou ne dissimule l'approche d'un ennemi. Quelquefois par derrière, comme à Mochitilte, une cour de service avec sa poterne, renfermant des écuries. S'il y a une *huerta* attenante à l'établissement, elle est certainement entourée de hautes murailles, de même que le *corral*, indispensable enclos qui sert à renfermer le bétail pour s'en rendre maître; cependant le corral n'est souvent formé que de simples palissades. Les haciendas du nord de la Sonora, de Chihuahua, de Durango, exposées aux incursions des Apaches, sont de véritables forteresses.

Il y a fête à Mochitilte; on s'y marie. Le *tendero*, c'est-à-dire le propriétaire de la tienda, épouse la *tendera*, tout simplement. Ce sont de vieux amis qui ont dit les *Grâces* longtemps avant le *Benedicite*, et se donnent le luxe du sacrement pour l'acquit de leur conscience. Il y a là une troupe de jeunes filles des environs, qui viennent rôder d'un air curieux et intrigué autour de nous, pendant que nous faisons notre toilette habituelle, et qui brûlent de faire connaissance. Nous leur fournissons une entrée en matière, et bientôt nous sommes en si bons termes que l'on nous convie au souper de noces.

Les hommes arrivent au pas redoublé, en chantant. Esquerro, heureux de voir l'ordre rétabli, heureux aussi de voir que les prisonniers rendaient enfin justice à sa bonhomie, a fait déboucher quelques bouteilles au Plan, afin de donner du courage pour gravir la rampe opposée. Ce procédé avait eu du succès, si bien qu'un de nos buveurs d'habitude, un des héros de la nuit de Guaynamote, un gaillard qui n'avait pas recouvré son centre de gravité depuis San-Blas, ayant choisi ce moment-là pour insulter le colonel qui lui faisait une observation, avait été corrigé le plus vertement du monde par ses camarades; il arriva à la venta avec un œil poché et les mains liées derrière le dos.

Après souper, l'esplanade qui s'étend en face du bâtiment devient le théâtre de jeux antiques. Le colonel a fait demander au majordome de l'hacienda un veau, afin de donner aux prisonniers et à ses soldats un divertissement qui est fort du goût des Mexicains. Le *bezerro* que l'on amène est robuste et indompté; il s'agit de l'enfourcher et de fournir carrière sur son dos, ce qui n'est rien moins que commode et, du reste, peu agréable. Livré à lui-même et à son cavalier, l'animal souffle, bondit, fait les cabrioles les plus fantastiques et les plus louables efforts pour se débarrasser d'un fardeau insolite, ce à quoi il réussit généralement en quelques secondes; il reprend alors en toute hâte le chemin du pâturage, mais les lazos du colonel et des officiers l'arrêtent dans cet élan de sauvagerie, et un autre athlète se présente, bientôt remplacé lui-même. Les mouvements désordonnés du *bezerro*, son air effaré et indigné à la fois, ses ruses et ses tentatives de fuite, la mine piteuse des vaincus, le plus ou moins de grâce qu'ils déploient dans leur chute et, enfin, l'adresse de quelques-uns, qui parviennent à se maintenir plus longtemps, excitent au plus haut degré la gaieté générale, et c'est avec regret qu'on voit arriver la nuit, qui coupe court à ces jeux. Les prisonniers se réunissent alors dans la cour intérieure de l'établissement, et chantent en chœur nos airs nationaux ou populaires, depuis *M. Marlborough* et le *Clair de la Lune* jusqu'au *Chant du Départ* et à la

Marseillaise, qui fut accueillie avec enthousiasme par la galerie. Depuis ce jour, nos hommes continuèrent à donner ainsi chaque soir un concert vocal. Esquerro aimait à venir les entendre; on le voyait perdu dans son audition admirative, dodelinant de la tête de l'air le plus satisfait du monde, et il ne quittait la partie qu'après avoir entendu la *Marseillaise,* dont les accents le transportaient.

A l'heure où la fatigue interrompit enfin les chants, les gens de la noce vinrent me relancer pour le souper. J'aurais bien voulu éluder cet honneur, que je considérais comme attentatoire à un repos dont j'avais le plus grand besoin. Ma santé commençait à chanceler, mes forces s'usaient et je n'étais pas toujours de bonne humeur quand on rognait ma part de sommeil, ce qui n'arrivait que trop souvent; avec cela je n'étais pas plus porté à manger et à boire qu'à rire. D'un autre côté, il m'était impossible de me soustraire à l'invitation sans froisser gravement ces bonnes gens, qui, dans leur simplicité campagnarde, n'auraient pas manqué de se tenir pour méprisés, et, pour rien au monde, je n'aurais voulu leur laisser cette impression. D'ailleurs le moyen de résister aux câlineries d'un essaim de gentilles fillettes! J'allai donc m'asseoir à table, où les places d'honneur furent pour Guilhot et pour moi.

Le festin ne fut pas très-gai; il me parut que tout le monde avait, comme moi, envie de gagner son lit, et, si l'on soupait, c'était probablement pour obéir à l'usage. Rien d'extraordinaire sur la table, du reste. L'hospitalité mexicaine est pauvre comme ceux qui l'exercent, mais du moins est-elle sans réserve ni arrière-pensée. Le *puchero* avec ses garbansos réfractaires, le plat national de *frijoles,* la volaille et la *tortilla de huevos*, l'omelette, enfin le ragoût de canard au chile, en voilà le menu ordinaire. Pour se désaltérer, de l'eau dans un verre immense, de la contenance d'un litre au moins, placé au centre de la table; c'est le seul qui figure dans le service, d'où sont bannies en même temps carafes et bouteilles et, très-souvent aussi, cuillers et fourchettes. Chacun trempe ses lèvres à son tour dans ce hanap et le remet à sa place ou le passe à son voisin, ce qui est infiniment patriarcal. Au reste, les Mexicains ne boivent, en général, qu'à la fin du repas.

La conversation prit à notre intention un tour politique, et je vis bientôt, à la manière dont on traita Santa-Anna, que j'étais au milieu d'une bande de fédéralistes, aspirant à l'extinction de la tyrannie cléricale, du régime du sabre, de l'ignorantisme et des priviléges légués par l'Espagne. Nous échappâmes le plus tôt qu'il nous fut loisible à ces compromettants amis; car, si bien fondées que fussent leurs plaintes, notre position nous prescrivait de mettre momentanément une sourdine à nos opinions.

De Mochitilte à la Magdalena, où nous nous rendîmes le jour suivant, la distance est de huit à neuf lieues, à travers un pays peu intéressant et assez rude où le maguey montre çà et là ses dards parmi les rochers. La Magdalena est un pueblo de quelques milliers d'âmes, environné en partie de hauteurs et d'une assiette irrégulière. On y voit une belle place plantée d'arbres et quelques maisons de proportions plus imposantes. Au simple lavage à la chaux commencent à se substituer aussi des teintes variées, jaune d'ocre, bleu et vert tendres, sur lesquelles se détachent en blanc les bandeaux, corniches, chambranles, chaînes et étriers. Quelques vieilles serrureries massives ornent les fenêtres.

La populace du lieu me parut d'une catégorie inférieure et dangereuse; il y a de riches mines de sacripants par les rues et, pour la première fois, je recueille quelques injures et quelques menaces sourdes en passant devant un groupe de *leperos*, ces lazzaroni du Mexique.

J'ai quelques difficultés de plus qu'à l'ordinaire à me procurer les quinze ou dix-huit cents tortillas qu'il me fallait journellement pour le souper des prisonniers et leur déjeuner du lendemain. Les tortilleras se montraient toujours fort soupçonneuses au début. Quand j'avais acheté leur petite provision, je faisais des commandes si gigantesques à leurs yeux, qu'elles supposaient que je me moquais d'elles : j'allais leur laisser pour compte certainement leur marchandise, qui serait perdue alors, ou bien ne pas la leur payer peut-être, perspectives également tristes pour ces malheureuses, qui demandaient généralement au crédit les fournitures premières. Le pauvre Indien a tellement été exploité depuis des siècles, on a tellement abusé de sa confiance, de son ingénuité, de tous ses sentiments enfin, que, dans l'infériorité d'ignorance où on l'a laissé, la vie ne peut se peindre à ses yeux que sous ses couleurs les plus malsaines. Il est voleur, non par nature comme tant de gens se sont plu à le dire, mais par une sorte de droit de la guerre, puisqu'il a toujours été traité en ennemi vaincu. J'étais obligé de compter mes tortillas une à une, sous peine d'être frustré de plus de moitié sur le nombre. Il me fallait aussi revenir vingt fois à la charge et leur montrer ma sacoche pleine de réaux pour obtenir qu'elles allassent en préparer d'autres. C'était entre elles et moi un état d'hostilité latente continuel. A force de patience, de loyauté, de douceur et de fermeté en même temps, je parvenais cependant à négocier sur des bases plus fraternelles; mais, à la Magdalena, mes efforts demeurèrent vains, les tortilleras demandant à être payées d'avance pour exécuter mes commandes. Je savais trop bien, hélas! que je n'aurais revu ni mon argent ni ma marchandise, pour souscrire à de pareilles conditions.

Heureusement pour moi, la vieille *fondera* du *meson* où j'étais descendu avec les officiers, avait plusieurs filles et plusieurs *mozas* qu'elle mit à l'œuvre immédiatement, et j'eus ma provision de tortillas. Les charmes d'une de ces travailleuses attirent nos officiers à la fonda, et j'avoue franchement qu'ils m'y retiennent moi-même au delà du temps nécessaire ; jamais je n'ai vu l'idéal de la beauté antique plus complétement réalisé que chez cette fière créature, nue jusqu'à la ceinture et se courbant sur son metate avec cette grâce irrésistible qui émane de l'harmonie parfaite des proportions et de l'organisme. Un simple foulard orange protégeait sa gorge. Était-ce le hasard ou le calcul qui avait donné à cette soie une des nuances du fard des brunes? C'est avec de pareils souvenirs que je me suis rangé à l'opinion de Charles Didier sur la pudeur. En matière de nu, le réalisme peut provoquer, s'il y a lieu, une admiration équivalente à celle qu'éveille le splendide torse de Milo et rien de plus, tandis que les rubriques de la femme vêtue recèlent toutes une provocation ; le danger est beaucoup plus grand, surtout pour des imaginations dépravées par un long abus de mysticisme sentimental bien plus que par l'emportement des sens, comme celles de notre époque. D'ailleurs combien de ces séductions cachent un mensonge, et qu'on est heureux, à ce compte-là seulement, d'avoir appris sur nature à y résister!

Après cela, on aurait tort de voir dans ce que je dis les récriminations d'un ascète dans un accès de morosophie ; j'ai peur des piéges et des mystifications, voilà tout, et, bien souvent, je songe encore à doña Concepcion, la tortillera de la Magdalena, cette Hélène brunie, cette Vénus au masque de Lucrèce, coulée en bronze par l'Amour, animée par Prométhée, pleine de vie et lançant des éclairs de feu du disque noir errant sur la nacre de ses prunelles. La belle fille était en outre vive et gaie, montrait sans cesse les perles de sa bouche dans le plus agaçant sourire, avait la langue merveilleusement déliée et la repartie fine, aussi fine que le permettait l'état d'inculture de son esprit, de sorte que la fonda me parut des mieux achalandées et pour cause.

Après le dîner, je vais selon l'habitude flâner par la ville, en compagnie de nos jeunes officiers avec lesquels j'étais sur le pied de l'intimité. Ils étaient quatre : le lieutenant Correa, les sous-lieutenants Becerra et Torres, et le cadet Pesquiera. L'état-major se composait du colonel et d'un capitaine nommé Antillon. Ces deux derniers se tenaient sur une certaine réserve avec leurs inférieurs, mangeant et vivant à part; bien qu'ils me traitassent moi-même avec considération, on voyait néanmoins qu'ils tenaient à conserver la supériorité que leur assuraient leurs grades. Je soupais journellement soit avec les uns soit avec les autres, mais avec ces derniers je n'étais et ne pouvais être qu'un convive, tandis qu'avec les premiers j'étais toujours l'amphitryon.

Torres, brave officier de fortune, qui a trouvé moyen de tirer péniblement l'épaulette du fond de sa giberne de troupier, nous conduit chez le curé de l'endroit qu'il connaît de longue main; ils sont Indiens tous deux, ou peu s'en faut, et de même race. Le curé est un jeune homme de mauvaise mine, qui ne se distingue en rien par sa tournure et sa mise du premier artisan venu. Il nous reçoit avec une politesse dont son air froid prouve l'affectation, et nous offre des *refrescos* (rafraîchissements). Sa conversation ne dément pas son extérieur. On montre dans l'église de la Magdalena un crucifix célèbre, qui a sué le sang miraculeusement, il y a de cela nombre d'années. Bien qu'il ne sue plus du tout maintenant, ainsi que le fait observer Beltrami en racontant la chose, la commémoration de cet événement n'en est pas moins une grande fête pour le pays, le 26 septembre de chaque année ; il s'y tient à cette occasion une foire de trois jours. J'aurais bien voulu faire causer le curé sur ce sujet, mais il se montra particulièrement circonspect à mon égard, de même que tous ses pareils avec qui je me suis trouvé en relation. Aux yeux de ce clergé ignorant, corrompu, jaloux de ses priviléges et inquiet de l'avenir, un étranger est toujours une nouvelle incarnation de Voltaire ou de Luther, selon qu'il est de race gauloise ou saxonne. Mes compagnons, qui s'étaient aperçu de l'embarras de notre hôte, s'en moquèrent en sortant, mais tout doucement et comme on se raille entre gens qui ont des intérêts communs.

Notre étape du 4 est de sept à huit lieues; la contrée est triste, le sol aride, semé de blocs d'obsidienne et de quartiers de roc. Des champs immenses de maguey annoncent l'approche de Tequila, la ville du mescal. L'aspect de ces plateaux desséchés et pierreux, hérissés à perte de vue des dards immobiles et menaçants de la gigantesque liliacée, a quelque chose de saisissant, et fait naître à l'esprit l'idée d'un cercle de l'enfer oublié par le Dante.

Ce n'est point cependant une région maudite que celle-ci. Après le bananier et le maïs, dont l'utilité est plus immédiate, le maguey (*agave americana*, variété de l'aloès) est le présent le plus précieux que la nature ait fait au Mexique. Robuste et vivace, cette plante de royal aspect puise très-démocratiquement le soutien de sa puissante existence dans les terrains les plus ingrats et les plus stériles. Sa racine fournit le mescal, le pulque et une espèce de mélasse. De ses feuilles pulpeuses et coriaces, on extrait, en les broyant, le papier analogue au papyrus, sur lequel sont écrits les anciens manuscrits astèques; la partie fibreuse donne un chaume de toiture excellent, ou bien, préparée comme le chanvre, elle fournit des cordes et des tissus grossiers, d'une solidité extraordinaire et dont les usages sont nombreux. Une variété du genre donne un fil très-fin, connu sous le nom de *fil de pita*, dont les Indiens ont, de tous temps, tissé leurs étoffes les plus belles. Enfin les dards, dont la piqûre est dangereuse, servent d'aiguilles et de clous.

Le maguey est dans toute sa gloire quand sa fleur s'épanouit. A un âge qui, suivant les terrains et les espèces diverses, varie de huit à quinze et jusqu'à vingt-cinq ans, une tige droite et fière s'élance du centre de ce faisceau de feuilles massives, creusées en forme de gouttière et dont le développement commun est de deux à trois mètres. La hampe atteint souvent cinq à six mètres de hauteur ; elle se couronne d'une majestueuse girandole de fleurs jaunes, fasciculées, qui redressent leur corolle en forme de vase, comme pour recevoir et conserver la rosée que le voyageur altéré et l'oiseau du ciel y trouvent, dit-on, chaque matin. Après la floraison, la plante meurt, mais plusieurs rejetons naissent spontanément de la racine.

Ce n'est qu'à l'état sauvage ou comme ornement de jardin que l'on voit fleurir le maguey ; à l'état de culture industrielle, il est mis en exploitation précisément au moment où la tige est sur le point de jaillir de la racine alors arrivée à maturité. Le maguey dont on tire le mescal est une des petites espèces.

J'eus tout loisir, ce jour-là, de réfléchir aux mérites de cette noble plante, belle, forte, féconde et utile à la fois, qui, à bien meilleur titre que le bonnet phrygien, devrait être le symbole de l'activité démocratique fille de la liberté, car je voyageai seul une partie du temps. J'avais un malheureux cheval poussif, qui n'avait certainement rien mangé depuis deux jours et pouvait à peine mettre un pied devant l'autre ; tant et si bien que Guilhot, Pesquiera et les aides me laissèrent derrière, et que je perdis ma route au milieu des *magueyales*. J'arrivai tard à l'étape, où je trouvai mes hommes fort inquiets à mon sujet. La population de la ville vivait depuis plusieurs jours dans l'appréhension d'une bande de voleurs, réelle ou imaginaire, au milieu de laquelle ma mauvaise chance aurait pu me conduire avec la caisse du bataillon, que je portais toujours. Notre présence procura une nuit de tranquillité aux *tequileños*.

Tequila est située au pied d'une haute muraille de rochers qui coupe ces vastes plaines. Du haut du plateau supérieur par lequel nous arrivions, on jouit d'un beau coup d'œil; une chaussée brisée à angles aigus, large et bien pavée conduit au bas du talus. Cette rampe est une sorte de *scala santa;* les Indiens et les gens de la basse classe achètent la paix du cœur et la rémission de leurs souillures en la parcourant à genoux. Je rencontrai deux énergumènes ainsi occupés. Soit que la vertu du remède fût quelque peu éventée, soit qu'on en négligeât l'usage, la population de Tequila me parut pire que celle de la Magdalena. Il y avait aux alentours du marché une horde de gibiers de potence, demi-nus, en haillons, lacérés de cicatrices éloquentes qui racontaient toute une vie de crimes, et dont les regards comme les paroles trahissaient un assez ferme propos de persévérer dans cette voie. Les tortilleras se montrèrent très-ombrageuses.

Tequila est une ville de l'importance de la Magdalena, comme population du moins, car, au point de vue des affaires, elle en acquiert une beaucoup plus grande par la fabrication du mescal. Il y règne aussi une tout autre activité, et le grand nombre de magasins de tout genre, dont quelques-uns ont assez belle apparence, annonce le bien-être, fruit d'une plus grande circulation d'argent. De même que Cognac a donné son nom aux eaux-de-vie françaises en général, Tequila donne le sien à l'*aguardiente* mescal.

On m'invita gracieusement à visiter plusieurs fabriques, car le Mexicain est très-fier des rares tentatives d'industrie auxquelles il lui soit permis de se livrer. Ces usines sont assez mal tenues, et les appareils sont aussi grossiers que les procédés sont primitifs. La liqueur est extraite du *corazon* de la plante, protubérance conique de la racine qui supporte le faisceau des feuilles centrales, et du sommet de laquelle doit partir la fleur. On l'enlève au moment de la maturité et, dépouillée de ses feuilles, elle présente alors l'aspect d'un ananas colossal ou d'une pomme de pin monstrueuse. Après cette sorte de castration, le pied meurt, mais la plantation se perpétue sans frais par les drageons.

On fait griller le corazon en l'entassant dans des fosses avec du bois; cette opération développe le principe saccharin ou, plutôt, l'isole simplement en facilitant l'évaporation de sucs étrangers. Ainsi préparée, la racine est aussi agréable à mâcher que la canne à sucre, et les gens du peuple en sont friands; elle donne au pressoir une mélasse, le *miel de mescal*, dont on fait usage en guise de sucre dans la basse Californie. En distillant ce jus, on obtient enfin un esprit, le mescal proprement dit, qui a quelques rapports avec le wiskey, et dont il se fait une immense consommation dans les tavernes mexicaines. Malheureusement, son arome sauvage et sa saveur déplaisante lui enlèvent la valeur commerciale qu'il devrait acquérir pour l'exportation, à une époque où la maladie des vignobles français donne du prix aux alcools de toutes provenances.

Pendant mon séjour à Tepic, je fis la connaissance d'un citoyen des États-Unis qui, frappé des avantages qu'on pourrait tirer de ce produit économique, avait cherché et prétendait avoir trouvé le moyen d'en neutraliser l'arome; il venait de monter une distillerie et me fit voir des essais, qui n'étaient pas parfaitement satisfaisants encore, mais donnaient beaucoup à espérer. J'ignore s'il a réussi, mais rien ne prouve, en tout cas, que la chose soit impossible, puisqu'il est certain que des perfectionnements dans les procédés, des soins plus intelligents et plus minutieux dans la mise en œuvre suffisaient déjà pour amener un meilleur résultat. Le fait serait bon à éclaircir, car, dans l'affirmative, l'acclimatation du maguey dans les districts les plus déshérités de l'Algérie, de la Corse et peut-être même de la Provence y créerait une source de richesses toute nouvelle et des plus honorables; en mettant en rapport des terres vouées à l'inutilité, on obtiendrait un produit qui permettrait de laisser désormais à l'alimentation souvent précaire de l'Europe la pomme de terre, les graines céréales, la betterave et autres végétaux auxquels on demande des alcools depuis l'enchérissement des vins. Je ne parle pas des autres profits que l'industrie tirerait de cette plante, tels que cordages, toiles et papiers communs et tous les objets de sparterie.

La distillation du *vino mescal* ou *vino Tequila* est un fait postérieur à la conquête, les indigènes ne connaissant d'autre procédé que celui de la fermentation pour obtenir des boissons enivrantes; mais ils tiraient néanmoins du maguey, en faisant bouillir le corazon, un aliment appelé *mexcali*, d'après Venegas. C'est là l'étymologie du mot mescal et, vraisemblablement aussi, l'origine de la liqueur elle-même. Cette nourriture est encore en usage chez quelques Indiens, et une tribu d'Apaches lui doit le surnom de *mescaleros*.

Un marchand de la ville, auquel j'ai affaire, me fait part du décret qui nous condamne au presidio, dont il a eu connaissance, me dit-il, par des dépêches particulières. J'en parle à Esquerro le soir en allant toucher la solde; il se récrie et le capitaine Antillon, qui se trouve là, fait chorus avec lui. Malice de boutiquiers! Nous serons libres à Guadalajara, rien n'est plus certain. Les autres officiers joignent leurs assurances à celles-ci. Ils y mirent tous un feu qui témoignait surtout, je le reconnus plus tard, du vif désir qu'ils avaient de voir les choses tourner ainsi. En attendant, comme on croit toujours ce qu'on désire, je me laissai convaincre par eux et continuai à voir l'avenir en rose. Ces jeunes gens m'offrirent l'hospitalité chez eux à Guadalajara.

C'étaient de bien excellents garçons, si bons que je n'avais pas le courage de leur en vouloir pour ce qu'il y avait trop souvent de révoltant dans leur conduite tant à l'égard du peuple qu'à l'égard de leurs subalternes. Par moments, cependant, j'y perdais patience, et cela m'arriva précisément ce jour-là. En me promenant par les rues avec le lieutenant Correa, nous rencontrâmes un grenadier de sa compagnie qui venait de traverser les vignes du Seigneur, à en juger par ses allures titubantes. Mon lieutenant entra dans une sainte colère, et après avoir accablé le coupable d'invectives, il en vint aux voies de fait. Le grenadier avait la tête de plus que moi, il était taillé sur un beau modèle ; Correa avait au contraire la tête de moins que moi, il était maigre et chétif. Il se haussa sur la pointe des pieds, s'accrocha d'une de ses petites mains de femme aux boutons de la veste du soldat, et, de celle qui restait libre, il se mit à le souffleter magistralement. L'autre benêt se laissait faire d'un air contrit, le shako à la main et le petit doigt sur la couture du pantalon.

Dans le premier moment je trouvai cela infiniment comique; mais voyant que le petit homme se grisait de sa propre rage, et que les soufflets se métamorphosaient en coups de poing, je m'échauffai à mon tour et m'interposai, en ayant soin de ne pas envenimer les choses pour les arranger, c'est-à-dire avec toute la considération et le respect dus à l'autorité. Dans cette occasion, comme dans maintes précédentes, j'essayai de démontrer à mes amis les officiers l'absurdité qu'il y avait à conduire ainsi des hommes ; j'y perdais mon latin et mes raisonnements sombraient toujours à pic devant cette agaçante ritournelle : — Il n'y a pas moyen de mener ces brutes différemment. Ils étaient trop ignorants eux-mêmes pour qu'on pût leur expliquer qu'avant 89 les officiers français, nobles de père en fils depuis des siècles, pensaient justement la même chose à l'égard de nos pères, et que ceux-ci avaient prouvé cependant à tout bon entendeur que l'on cessait déjà d'être une brute le jour où l'on était traité en homme, et par ce seul fait.

En vue des facilités que Tequila présente pour satisfaire le penchant à l'ivrognerie, la troupe mexicaine fut consignée dans ses quartiers dès sept heures du soir. Les prisonniers, au contraire, demeurèrent libres toute la soirée, ce qui constituait une anomalie, bouffonne en apparence, mais que justifiait en réalité la tenue de la plupart des nôtres.

Cependant le mescal eut de fâcheux effets ce soir-là, et, vers onze heures, je fus éveillé au fort de mon premier sommeil par une ordonnance qui m'apportait des dépêches du colonel. Il s'agissait, tout bonnement, de faire rentrer quelques-uns des prisonniers qui faisaient carrousse en grand, et don Manuel redoutait, non sans raison, qu'il ne leur arrivât malheur.

Je courus éveiller Guilhot ; nous choisîmes en qualité de constables quelques braves garçons de bonne poigne, et commençâmes, avec un lepero pour guide, une battue qui nous conduisit tout droit dans les bas-fonds les plus troubles de la société mexicaine. Nous recueillîmes là nos délinquants ordinaires au grand complet. Si ces hommes ne se corrigeaient pas, ce n'était pas faute de corrections, car les autres, irrités d'une conduite dont les conséquences pouvaient retomber sur la masse un jour ou l'autre, les menaient mal, mais sans résultat. Ces pécheurs endurcis me rendaient à leur tour l'existence assez dure, car ils retardaient chaque soir l'heure de mon sommeil, à laquelle j'aspirais toujours ardemment après une journée trop bien remplie pour un homme dont la santé n'était rien moins que parfaite.

J'étais fort occupé, en effet. Il me fallait être debout le matin avant la diane pour veiller aux préparatifs du déjeuner; puis venait l'appel auquel je présidais; après je me mettais en route, sur un mauvais cheval, invariablement, ce qui n'allége en rien, chacun le sait, les fatigues du voyage. Arrivé à l'étape, j'avais à m'occuper, au débotté, de l'approvisionnement que compliquait toujours la terrible question de la chasse aux tortillas. De toutes les taquineries de cette chasse, celle qui m'est restée le plus profondément gravée dans la mémoire, c'était l'ennui de compter une à une ces petites crêpes toutes chaudes; avant d'être à mes dix-huit cents, j'étais non-seulement ahuri, mais encore rassasié jusqu'au dégoût par l'odeur tiède et fade qu'elles exhalaient. La troupe arrivait, nouvelle inspection et j'étais libre jusqu'au moment où il fallait aller toucher la solde, régler les comptes des animaux requis, etc. Enfin, quand j'aurais pu m'aller coucher, j'avais dans la perspective des buveurs un cauchemar anticipé.

Tout cela n'eût rien été encore, sans des désagréments beaucoup plus graves qui naissaient de l'esprit de mutinerie auquel j'ai fait allusion précédemment. J'avais de jour en jour, autant qu'il était en mon pouvoir de le faire, supprimé toutes les causes légitimes de mécontentement; mais il en était une qui demeurait en permanence et qui, résumant maintenant toutes les autres, était arrivée à constituer ce qu'en termes d'atelier on appelle vulgairement une scie. La solde des prisonniers m'était comptée chaque soir, comme on l'a vu, afin que je pourvusse à l'entretien de la troupe. Or, les quelques mauvaises têtes dont j'ai parlé avaient fini par former un parti assez fort, lequel prétendait que la solde devait être distribuée en argent, ce qui eût laissé à chacun le soin de se nourrir. Quel thème à récriminations! C'était une indignité, une tyrannie, un abus, une horreur! J'assumais une responsabilité effrayante, on me ferait rendre des comptes terribles devant le premier agent français que l'on rencontrerait, etc...! Cette ennuyeuse litanie de grands mots se terminait fatalement par ce refrain : « Nous voulons nos deux réaux ! »

Or, je n'étais point le maître de distribuer ces deux réaux, et ils le savaient bien. Les officiers mexicains, en se débarrassant sur l'un des prisonniers des soins de l'alimentation, n'entendaient point pour cela remettre ce soin à chacun en particulier, ce qui eût impliqué la nécessité d'une liberté absolue pour tous en tout temps. De plus, en admettant qu'en route Esquerro nous eût laissé carte blanche à cet égard, il restait encore à consulter l'opinion de la majorité qui était décidément opposée à la mesure en question. La plupart comprenaient très-bien, en se souvenant des jours où ils avaient pourvu à leur entretien à Tepic, qu'avec ces deux réaux ils seraient incapables de se nourrir suffisamment. La puissance de l'association en pareil cas est connue et indiscutable. L'ordinaire était copieux et excellent, bien supérieur à celui des troupes françaises dans la meilleure des garnisons; il revenait à un réal par homme, ce qu'on n'ignorait pas, attendu que je n'en faisais pas mystère. Que devenait donc l'autre réal?

D'abord il y avait les pièces *lisas*, toujours abondantes et qui me restaient généralement pour compte, malgré mes efforts vertueux pour les faire circuler. Elles finirent par constituer un fonds de réserve assez honnête, que je distribuai lorsque je me démis de mes fonctions à Guadalajara[1]. Ce boni apparent était une perte sèche pour la caisse, perte qui portait du moins sur tout le monde et qui, dans l'hypothèse de distribution de solde, eût injustement porté sur quelques individus. Le malheureux à qui serait tombé une de ces rondelles de métal déprécié eût jeûné ce jour-là, avec la perspective que le sort le favorisât d'autant le lendemain. Après cela venaient les animaux de réquisition, dont le nombre dépassa souvent cinquante. De concert avec le colonel, j'avais établi, le plus arbitrairement du monde, j'en conviens, un tarif auquel les malheureux propriétaires étaient obligés de souscrire, et je payais pour chaque animal deux réaux par jour. Il y avait aussi à subvenir extraordinairement aux besoins les plus urgents de beaucoup d'hommes dénués de toutes ressources particulières, à fournir à celui-ci, à celui-là de quoi acheter du tabac, un chapeau, des sandales, ou de quoi se désaltérer en marche quand l'eau était rare. En dernière analyse, j'avais à souscrire quelques petits emprunts que me faisaient mystérieusement les jeunes officiers en détresse, et dont les intérêts courent encore. Il eût été impolitique de les refuser, absurde d'y subvenir de ma poche. La distribution de la solde eût modifié singulièrement cet état de choses.

Cette satisfaction étant radicalement refusée aux mécontents, il en restait une autre, celle de céder mes fonctions à l'un d'entre eux, ce qui eût satisfait mon successeur, mais n'eût malheureusement satisfait que lui. Cela, je l'eusse fait volontiers et fus plusieurs fois sur le point de le faire, car, grâce à mon intimité avec les officiers,

1. 27 piastres 4 réaux, sur 330 piastres 6 réaux qui me passèrent par les mains dans ces neuf journées de route. Avec celles dont je parvins à me défaire, je compte qu'elles représentaient environ un jour de solde, c'est-à-dire plus de dix pour cent de la somme totale.

je n'avais rien à y perdre du côté de la liberté et j'avais beaucoup à y gagner du côté de mon repos; mais là encore je n'étais pas libre. D'abord Esquerro ne voulait avoir affaire qu'à moi ou à Guilhot; ensuite la majorité des prisonniers, voyant dans notre liaison avec l'état-major une garantie pour tous, préférait nous avoir pour intermédiaires plutôt que des hommes qui parlaient sans cesse de traiter les officiers comme ceux de Guaymas. J'étais donc bien soutenu de ce côté-là encore; mais, comme les hommes raisonnables, si nombreux qu'ils soient, ne font jamais autant de bruit que les autres, je demeurais assourdi de criailleries et d'importunités incessamment renouvelées, qui me rappelaient les beaux jours de *la Belle*. M. Guilhot, qui prit la suite de ma gérance à Guadalajara, lorsque je me séparai de la troupe, eut beaucoup plus à souffrir que moi, parce qu'il était infiniment plus patient.

Les officiers, témoins constants des ennuis que me causait cet esprit de contradiction, me poussaient à des mesures extrêmes. Je fus autorisé à acheter un sabre et à me faire respecter comme eux à *sablazos*. Il eût été trop long de leur faire comprendre que les coups de plat de sabre sont un argument sans portée morale, qu'il eût mieux valu épargner à leurs propres soldats, et auquel un sentiment de patriotisme, à défaut d'un sentiment supérieur d'humanité, m'eût interdit d'ailleurs d'avoir recours en pareil cas; je me contentai de refuser purement et simplement, et je suppose que plusieurs d'entre eux pensèrent que je faisais l'économie de l'arme. Il est certain que, si j'avais voulu à ce moment-là, sans aller jusqu'aux *sablazos*, obtenir un pouvoir suffisant pour me permettre de fermer la bouche aux criards, il ne tenait qu'à moi. Mais il n'entrait guère dans mes idées de recourir à une autorité d'emprunt pour m'assurer une influence qui ne pouvait profiter qu'à moi-même, puisque moi seul perdais à ce qu'il en fût autrement. Je croyais, à cette époque comme aujourd'hui, qu'un homme n'a pas le droit de prendre une autorité momentanée sur ses semblables en dehors d'une mission sérieuse, encore moins qu'il ait, en aucun cas, le droit de recevoir cette autorité d'autres mains que de celles des gens qu'elle lui subordonne. Et cependant je crois plus que jamais qu'il est facile de guider à bien, sans despotisme, des hommes devant lesquels on se pose sur de pareils principes.

CHAPITRE VI.

Amatitan. — Une église *muy bonita*. — La science du capitaine Antillon. — Guadalajara. — Les *pelados*. — San-Pedro. — Visites et fâcheuses nouvelles. — Départ prochain. — La *cuerda*. — J'entre à l'hospice de Belen. — Séjour et distractions. — *Exeat*.

En sortant de Tequila on traverse des champs de maguey, puis une contrée montagneuse, très-ombragée sans être précisément boisée. Amatitan, notre étape du 5, se trouve au milieu de cette région, à quatre ou cinq lieues de Tequila. C'est un pueblo de cinq ou six cents âmes, assis au milieu de beaux arbres sur une déclivité, mais laid et sombre. Les rues sont étroites et tortueuses; les maisons, à un étage généralement, n'ont que fort peu d'ouvertures extérieures; il y a de la boue dans les rues; en un mot, l'aspect est nouveau pour nous. Amatitan fait un commerce de porcs assez considérable.

La population paraît être suspecte à nos officiers, qui m'assurent qu'elle est *muy mala, muy mala*, et c'est tout ce que j'en puis tirer. On me donne à entendre cependant que, nous prenant, comme bien d'autres avant eux, pour des brigands, les bourgeois d'Amatitan sont prévenus contre nous et pourraient bien nous faire un mauvais parti. J'accepte d'abord cette raison comme plausible, car le peuple est si ignorant de ce qui l'intéresse le plus, que les bruits les plus bizarres ne pouvaient manquer de circuler sur notre compte, et je m'en étais aperçu à Tepic. Les *bandos* de l'autorité, absolus comme des ukases et que personne n'a goût à lire, suppléent aux journaux dans les grandes occasions, la rumeur publique fait le reste. Toutefois je modifiai bientôt mes idées à l'égard des gens d'Amatitan en causant le soir avec plusieurs de mes fournisseurs, que je trouvai fort avenants, et avec un arriero fédéraliste, qui m'offrit de m'aider à fuir et à me cacher. Je refusai, mais il me fut facile de comprendre que la population était tout simplement suspecte de *révolutionarisme*, et que ce qu'on redoutait le plus était, non pas qu'elle nous voulût du mal, mais, au contraire, qu'elle nous voulût trop de bien.

Les prisonniers français ne jouirent donc que d'une liberté fort restreinte. On leur permit d'aller laver leur linge à un magnifique réservoir d'eau courante, en pierres de taille, qui se trouve sur la grande place, à côté de l'église principale et presque en face du meson qui leur servait de quartier, mais à la nuit tout le monde fut consigné. Les soldats étaient du reste l'objet de la même rigueur et pour la même cause sans doute; bien mieux, le local dans lequel on avait cantonné les deux troupes ensemble se trouvant trop étroit pour tant de monde, je reçus l'ordre de choisir une trentaine d'hommes, des plus dignes de confiance, et de les conduire dans un autre bâtiment, où ils passèrent la nuit sans gardes, sur leur simple parole de ne pas sortir.

Il y a à Amatitan deux ou trois églises; j'allai en visiter une en compagnie des officiers; ils m'avaient assuré qu'elle était *muy bonita*, très-jolie, et, à part l'impropriété du mot joli, ils ne m'avaient pas menti, car elle était fort curieuse. Pans de murailles, dessus de portes et d'autels étaient surchargés de ces lourds retablos espagnols, sortes de tableaux sculptés dans le bois ou la pierre, d'un haut-relief, dont chaque détail, traité par le ciseau avec minutie, est non moins minutieusement relevé par le pinceau de teintes à l'huile d'une crudité impitoyable. Je remarquai, surtout, une représentation énergique de l'enfer où figuraient, au milieu des flammes les plus véhémentes, quantité de moines et d'évêques en grand costume. Cet hommage égalitaire rendu à la justice et à la vraisemblance me parut donner à l'œuvre un cachet d'antiquité assez respectable, car je doute fort que sous Santa-Anna on eût toléré une pareille assimilation de l'homme saint au reste des mortels.

Ces merveilles sont entourées d'un cadre fantastique, monstrueux enchevêtrement d'acantacées ébouriffantes et de chicorées d'un épanouissement encore plus extravagant, qui, sous une triste et sale couleur jaune, attend encore le luxe de la feuille d'or, réservé à l'autel. Tout cela est d'une saveur artistique assez bizarre, mais d'un bon effet d'ensemble dans ces constructions bâtardes et massives elles-mêmes de la Renaissance.

Malheureusement, quelques excentricités de détail toutes modernes viennent faire tache sur cette harmonie. Les nombreuses statues de bois et de pierre sont vêtues et parées avec une dépravation de goût que fait valoir la lumière des cierges allumés devant elles; ce ne sont que robes de soie et de gaze, brodées et coupées à la dernière mode de 1830; passe encore pour la Vierge, mais les saints! Qu'on se figure Jésus-Christ recouvert d'une robe de poupée en satin blanc, à volants et à manches à gigot, avec une couronne de fleurs artificielles sur la tête, un bouquet pareil dans une main et un mouchoir brodé dans l'autre!

Des enfants et des chiens jouent dans l'église et, contre les piliers, des mendiants des deux sexes sont accroupis dans une posture qui tient beaucoup plus du repos que de l'adoration.

Les logements étant exigus et peu confortables au quartier, le capitaine Antillon, qui a chambre en ville selon son ordinaire, me donne l'hospitalité. J'ai toujours pensé que c'était encore une mesure de prudence, et la persistance qu'il mit à me faire l'éloge de Santa-Anna ce soir-là peut bien passer pour une confirmation de mes pressentiments. Nous bavardâmes aussi longtemps que dura notre luminaire et le brave capitaine me dévoila des trésors d'ignorance et de bonhomie sans mesure. Sa tenue habituelle trahissait cependant une certaine éducation, mais d'instruction, il n'en avait mie. La géographie paraissait surtout lui tenir à cœur. Il me questionna avec intérêt sur les pays que j'avais parcourus, et j'eus à réformer en lui une foule de notions saugrenues sur la configuration du globe terrestre. Ainsi, par exemple, était-il dans l'incertitude la plus cruelle sur la question suivante : « Est-ce Paris qui est la capitale de la France, ou France qui est la capitale de Paris? » Je l'étonnai fort en lui apprenant qu'il était radicalement impossible de se rendre par terre du Mexique en Europe, et bien davantage encore en lui assurant qu'on pouvait se rendre en Californie sans traverser la mer, au besoin. Le pauvre diable avait, il faut le dire, un désir de s'instruire très-violent, et je crois qu'il était fort aise de me tenir ainsi à l'écart pour me faire ces questions, qu'une certaine pudeur d'homme haut placé eût toujours arrêtées sur ses lèvres en public. Le prêtre lui avait enseigné dans son enfance l'histoire biblique *expurgata*. Depuis, il n'avait pas eu occasion d'ouvrir un livre jusqu'à ce que le gouvernement, en le prenant à son service, lui eut imposé quelques études de théorie militaire, et c'était là le fond de son sac.

En retour de mes enseignements bénévoles, il m'apprend que son régiment tient garnison au *presidio* de la laguna de Chapala, distant de quinze à seize lieues sud de Guadalajara ; que les *presidarios* venaient de se révolter et de prendre la clef des champs, et que c'étaient eux qui formaient en partie les *cuadrillas* de voleurs dont on faisait tant de bruit. A part quelques détails insignifiants sur le presidio, c'est tout ce qu'il peut me dire touchant ces lieux illustrés par la guerre de l'indépendance. La *laguna* de Chapala est la plus grande nappe d'eau intérieure du Mexique ; elle a de trente-cinq à quarante lieues de long sur huit à dix de large. Au milieu se trouve la petite île de Mescala, dans laquelle les Indiens du voisinage se défendirent pendant cinq ans, de 1812 à 1817, contre des forces espagnoles imposantes. Après leur reddition, on bâtit sur l'île le petit fort du presidio. Un presidio, estampille militaire frappée sur le territoire du roi, était dans le principe le gage de la protection du gouvernement étendue au pionnier religieux ou laïque. Ce n'est plus depuis longtemps qu'un bagne, où l'on retient les malfaiteurs de la pire espèce, ou mieux de la plus basse condition. Au lieu d'être dehors, en liberté, comme autrefois, l'ennemi est dedans, aux fers, et de *soldat jadis actif,* le garnisaire présidial *est devenu garde passif,* ne plus ne moins qu'au *château d'If.* Du bouclier on a fait une soupape de sûreté ; c'est l'histoire de la plupart des fortifications en ce monde d'ambitions égoïstes et d'instincts despotiques où le libéralisme a tant de mal à pénétrer.

Le 6, nous fîmes encore une courte étape, cinq lieues de pays triste et désert, plaines rocailleuses, régions volcaniques, bois de pins ; l'obsidienne jonche les chemins. On s'arrête à la *Venta del Hastillero,* petit pueblo d'Indiens qui n'offre que des ressources précaires.

Guadalajara est à six lieues de là environ et nous nous y rendons le lendemain. La gorge de la *Ratonera*, qui y conduit, est agreste mais parée d'une riche végétation, et vient déboucher dans la belle plaine au milieu de laquelle s'élève la ville, dont nous ne tardons pas à voir les clochers et les coupoles.

Je voyageai ce jour-là avec la colonne. Bientôt quelques officiers à cheval arrivent à notre rencontre; ils accueillent Esquerro amicalement et l'interrogent sur sa mission en jetant sur nous des regards curieux. Placé à côté du colonel, je ne perds pas un mot de leur conversation qui est instructive; d'abord je reçois de la bouche des nouveaux arrivants la confirmation du fatal décret du 19 août. Don Manuel se montre franchement désolé. Il exprime l'espoir, la conviction même, que les excellentes notes que le gouvernement recevra sur notre compte rendront impossible l'exécution de ce décret.

Ces paroles, et surtout le ton sur lequel elles étaient prononcées, parurent étonner quelque peu les interlocuteurs du colonel, et il me fut facile de comprendre que ces messieurs nous tenaient *a priori* pour des bandits; il me suffisait de comprendre l'espagnol pour cela. Esquerro mit à rendre témoignage du contraire une énergie chaleureuse, qui ne put laisser aucuns doutes à ses interlocuteurs et me laissa, à moi, un vif sentiment de gratitude. Le nombre des cavaliers, tant militaires que civils, grossissant toujours à mesure que nous approchions, le digne homme ne fut occupé jusqu'aux portes de la ville qu'à faire notre éloge.

Une ordonnance à cheval nous rejoignit là et remit au colonel des ordres qui modifièrent notre itinéraire; nous ne devions pas prendre nos cantonnements à Guadalajara même, mais au pueblo de San-Pedro, situé sur la route de Mexico. Pour y arriver, il faut traverser la ville ou en faire le tour, et c'est ce dernier parti que l'on choisit.

La colonne se masse, les soldats forment une double haie et nous avançons ainsi en suivant l'extrême lisière des faubourgs méridionaux, triste ceinture de constructions informes en adobes non recrépies, à peine percées de quelques trous en guise de portes et de fenêtres. Beaucoup de maisons sont inhabitées; quelques-unes sont en ruine. Dans ces antres sordides grouille une population plus sordide encore.

Chaque artère que nous croisons vomit du cœur de la cité des tourbillons de populace; ce sont les *pelados* de Guadalajara, célèbres entre tous leurs pareils par leur turbulence, leur corruption, l'énergie qu'ils apportent dans le vice. Ces descendants des redoutables Chichimecas n'ont été soumis par l'armée que pour demeurer en guerre avec la police. Fanatiques jusqu'au scepticisme, ils ne s'inclinent que devant le prêtre dont le ministère se réduit pour eux, d'ailleurs, à les entretenir par l'aumône dans la paresse et la misère; aussi les pelados sont-ils des émeutiers du premier ordre entre les mains du parti clérical, et Guadalajara est en raison de cela le commandement militaire le plus important après Mexico. Ils se ruent là pêle-mêle, vieux et jeunes, hommes et femmes, étalant les plus glorieuses loques sur des corps demi-nus : chapeaux de paille en ruine, chemises tailladées, rebozos, enaguas, calzones effrangés, fresadas festonnées et macérées dans la crasse, scapulaires, médailles et reliquaires brochant pieusement sur tout cela; une épopée de gueuserie que Callot pourrait seul immortaliser. Ainsi devaient être les vomitoires du cirque romain, les jours où César donnait du pain et des spectacles pour faire croire au peuple qu'avec un monarque généreux on peut être heureux sans travail, sans savoir et sans liberté.

Enfin nous atteignîmes la garita de San-Pedro. Une splendide avenue de plus d'une lieue de long, bordée de plusieurs rangs de jeunes arbres, relie la ville au pueblo. La foule s'éclaircit graduellement, à notre grande satisfaction, et il ne reste bientôt plus que quelques cavaliers élégants mêlés à notre état-major. Les uns montent des chevaux, d'autres de fort beaux mulets ; plusieurs ont un ami au portemanteau, comme au bon temps de Panurge et de Régnier.

Je suis tout seul, à pied, lui de m'offrir la croupe.

San-Pedro est un joli village de quelques centaines d'âmes, rendez-vous de plaisir pour la population de Guadalajara les jours de fête. La place, ombragée de jeunes arbres, est immense et les maisons avoisinantes sont peintes de couleurs tendres avec encadrements blancs.

On nous cantonna dans une grande et belle maison avec plusieurs cours intérieures. Notre installation fut signalée par un événement d'assez sombre augure, qui produisit une fâcheuse impression. Un de nos prisonniers, un jeune homme qui se faisait appeler Walker, fut mis en charte privée dès l'arrivée, par ordre supérieur. C'était un garçon taciturne et excentrique jusqu'à la sauvagerie, mais tranquille et honnête à ce que j'ai pu juger. Il m'inspirait de l'intérêt et j'allai le voir avec Guilhot. Nous le trouvâmes couché, les fers aux pieds, sur la paille d'une cellule bien gardée, et fort ému d'une arrestation qui ne lui avait nullement été motivée. Nous nous adressâmes à nos amis les officiers ; ils avaient des ordres, mais d'explications point. Nous allâmes à Esquerro qui n'en savait pas plus long, mais s'informa et nous apprit enfin que ces mesures sévères avaient été prises à la demande de la Chancellerie française, ce qui ôtait alors tout espoir de le tirer de ce mauvais pas. Ce Walker, ou quel que fût son nom, était, paraît-il, un condamné politique, considéré comme en rupture de ban pour avoir quitté San-Francisco, où il était consigné, sans l'autorisation du représentant français. Ce fut de toute notre troupe le seul qui fût maltraité. — « C'est à Puebla seulement, m'écrivit plus tard M. Guilhot, que j'ai pu parvenir à délivrer le malheureux Walker; le chargé d'affaires n'a pas cru pouvoir prendre sur lui d'en donner l'ordre à Mexico. J'ai profité d'un changement d'escorte pour faire révoquer des mesures qui ne figuraient pas heureusement sur l'ordre de conduite, et s'exécutaient sur des recommandations transmises verbalement. Le pauvre diable est arrivé jusque-là au secret et dans l'état où vous l'avez vu. Le matin on le hissait sur un âne, le soir on le tirait à bas comme un paquet. Ce traitement avait singulièrement affecté son moral qui était déjà très-faible, comme vous savez. »

Nous reçûmes la visite de quelques négociants français établis à Guadalajara, notamment MM. Tarel, Lyon, Aguerre. Ils étaient accompagnés de don Manuel Llanoz, administrateur de la douane, un Mexicain élevé en France, parlant admirablement notre langue et possédant en outre un cœur excellent; il nous manifesta beaucoup de sympathie et employa tout son crédit et toute son influence à nous être utile. Malheureusement sa bonne volonté et celle de nos compatriotes ne pouvaient rien contre l'arrêt qui nous frappait. C'était une autre gamme ici qu'à Tepic; il ne s'agissait plus de protestations. On nous montra une lettre du secrétaire de la légation qui, tout en se déclarant prêt à faire comme homme, officieusement, tout ce qu'il pourrait pour nous et du meilleur cœur, avouait avec douleur qu'officiellement il était réduit à l'impuissance la plus complète. Le gouvernement français était assez occupé de la guerre de Crimée sans aller chercher noise au Mexique à propos de quelques aventuriers qui s'étaient mis hors la loi.

nous abandonnait donc à notre sort et nous étions à la merci du dictateur. La seule chance de salut pour nous, était de nous montrer patients et soumis. Sur ces belles espérances, nous allâmes nous coucher le 7 au soir. Notre départ pour Mexico était fixé au 11.

Comme il faut savoir supporter ce qu'on ne peut éviter, nous nous résignâmes. Quand je dis nous, j'entends la troupe, car pour moi en particulier, inquiété par ma santé que des secousses violentes et répétées depuis quatre mois avaient sérieusement ébranlée, je m'inscrivis sur la liste des malades qui demandaient à rester à l'hôpital de Guadalajara. Un compatriote à nous, le docteur Clément, vint nous donner ses soins et reconnut quinze à seize invalides, mais on se montra plus difficile ici qu'à Tepic, et, sur une seconde inspection d'un médecin de l'administration, ce nombre fut réduit à huit, et j'en étais.

Le détachement du bataillon de San-Felipe qui nous avait conduit fut relevé le lendemain de notre arrivée. Nos hommes demandèrent comme fiche de consolation à être conduits par Esquerro jusqu'à destination ; les résidents français se chargèrent de présenter une requête à cet égard, et le colonel, qui parut profondément touché de cette preuve d'affection, promit de l'appuyer ; il s'était fait fort déjà auprès du gouverneur de nous conduire à lui tout seul sans perdre un homme, ce qui n'était pas de la forfanterie de sa part. Malheureusement cette faveur fut refusée ; Esquerro vint lui-même porter la fâcheuse nouvelle et prendre congé de ses prisonniers. La réception qu'il reçut fut enthousiaste, et comme il n'était pas préparé à de pareilles démonstrations et qu'il était lui-même peiné de nous quitter, il en fut vivement impressionné. Entouré, acclamé chaudement, accablé de souhaits heureux pour sa fortune et ses affections, n'ayant pas assez de ses deux mains pour presser toutes celles qui se tendaient vers lui, le brave soldat donna franchement carrière à son émotion. Il nous recommanda paternellement à l'officier du poste, et promit de parler aussi au général sous les ordres duquel nous allions passer. La troupe devait partir en compagnie d'une *cuerda*, c'est-à-dire d'un convoi de recrues, et le général commandant l'escorte était un certain Ramirez, qui jouissait d'une réputation de férocité des mieux établies. Tout cela assombrissait quelque peu l'avenir et faisait naître des appréhensions dont on se fera une idée après quelques détails sur la *cuerda*.

La loi sur le recrutement, promulguée en 1853 par Santa-Anna, exclut les Indiens du service militaire. Je ne sais qui devrait être soldat alors, ni comment devraient se faire les levées, mais je sais bien qu'il n'y a pas un soldat mexicain qui ne soit un Indien et que le recrutement s'opère de la même manière que dans l'empire ottoman. Malheur à l'homme jeune et bien constitué qui, à l'époque où le contingent de la province est réclamé par la capitale, vient rôder autour des casernes, se fait ramasser ivre dans la rue, ou fait du tapage au cabaret! Il est pris et renfermé provisoirement; puis on le dresse, c'est-à-dire on l'amène à convenir qu'il est soldat et veut l'être, par le procédé qui fit de Sganarelle un médecin malgré lui. Si ce mode d'embauchage ne fournit pas le contingent, on le complète en glanant dans les prisons ce qu'il y a de moins taré. Alors on met les menottes à tous ces malheureux, on les attache deux à deux à une longue corde (*cuerda*), et on les expédie sous bonne escorte à Mexico. Chemin faisant, on ne leur épargne pas les mauvais traitements, qui paraissent être, au contraire, de nécessité dans le programme. Pendant qu'une nourriture insuffisante et des marches forcées domptent leurs forces, les coups de crosse et de plat de sabre stimulent leur faiblesse. Si l'un tombe, on le bat, mais la corde ne s'arrête pas ; son compagnon le traîne, et s'il n'en a pas la force, on le bat à son tour. Cette solidarité d'accouplement fait que la plupart ont les poignets ensanglantés par leurs fers. Beaucoup meurent en route. Les gens qui les conduisent pensent candidement qu'il n'y a pas d'autre moyen de s'y prendre pour obtenir d'eux ce qu'on en attend. Les négriers ne raisonnent pas différemment, mais au moins à bord des négriers il n'y a pas d'aumôniers ; le clergé mexicain, lui, ne s'interpose point, ne lève pas un doigt en faveur de ces êtres *abrutis*, dit-on. Abrutis, soit, mais par qui, grand Dieu! si ce n'est par ceux qui ont proclamé l'abrutissement comme la seule condition de stabilité des gouvernements paternels! Il est à espérer que le triomphe du parti libéral aura modifié ces errements barbares.

On conçoit que la compagnie d'une *cuerda*, avec le général Ramirez pour chef d'escorte, étaient des circonstances assez inquiétantes. Sur l'avis d'Esquerro, le capitaine qui commandait la garde du quartier demanda à être chargé de la conduite des Français avec vingt hommes seulement et la faculté de marcher en avant ou en arrière de la corde. Ce capitaine, dont je regrette d'avoir oublié le nom, était un réfugié polonais et un brave homme, soit dit en passant; il parlait un peu le français et nous vivions avec lui, Guilhot et moi, sur le même pied qu'avec les officiers du bataillon de San-Felipe. Il obtint, grâce à l'appui du colonel, l'autorisation qu'il demandait : ce qui nous tranquillisa d'autant.

Le 10 dans la matinée on vient appeler les invalides pour les conduire à l'hôpital ; nous faisons nos adieux à nos camarades et partons pour la ville. Mes sept compagnons sont montés chacun sur un petit âne et escortés d'un piquet d'infanterie. J'ai obtenu du colonel Esquerro la permission d'aller à pied et seul. M. Llanoz, qui était venu à San-Pedro le matin, me rencontre sur la route à son retour, me prend dans sa voiture et me dépose à la porte de l'hospice de Belen où nous étions attendus. Chemin faisant, il m'engage à prendre patience et me promet de tout faire pour me rendre la liberté, à laquelle je vais dire adieu tout de bon.

L'officier qui commande le poste me reçoit en transit et me délivre au commissaire de l'hospice. Celui-ci est un homme de quarante ans, à mine de cuistre, qui me fait entrer dans son bureau en attendant l'arrivée des autres, m'entoure de soins obséquieux, proteste de la joie qu'il éprouve de rencontrer en moi un caballero, me fait servir une collation, m'assure de son dévouement et, voyant que j'ai encore après moi quelques vestiges de la poussière du collége, me parle latin. Sous le couvert de cette langue morte il me débita, au nez et à la barbe du pauvre officier ébahi, une foule de choses désagréables pour le dictateur Santa-Anna et me promit de m'aider à fuir.

A l'arrivée de mes compagnons, il reprit son masque officiel pour nous inscrire sur ses registres; j'y figure sous le numéro 1631. En échange de nos noms et prénoms, il nous donna un numéro de lit et le señor don Francisco devint le n° 22. J'ai oublié de dire, je crois, que je m'appelais don Francisco. La coutume espagnole veut que l'on interpelle les gens, non par le *nombre*, le nom de famille, mais par l'*apellido*, le prénom. Mon prénom étant radicalement inconnu en espagnol, j'avais pris depuis longtemps, dans la kyrielle de substantifs propres mais désœuvrés qui ornent fantaisistement mon état civil, le nom de François qui se trouve précisément le premier d'ordre. Je l'eus choisi à d'autres égards, car je l'aime pour avoir été celui de Rabelais, de Volney, de Voltaire et autres gens de bonne compagnie.

Après l'interrogatoire vint une inspection minutieuse de nos effets, afin d'en dresser l'inventaire. Cette dernière formalité ne laissa pas que de m'être déplaisante, car j'avais une foule de papiers qui, à la rigueur, pouvaient passer pour compromettants; mais le digne homme, qui s'aperçut de mon mécontentement fort mal dissimulé, s'attacha à me rassurer par des sentences à double entente, des coups d'œil dérobés, des mouvements d'épaules ou de tête expressifs. Au reste, il comprenait à peine le français.

Enfin, toutes choses étant en règle, nous fûmes remis au caporal de chambrée, qui nous conduisit, par une suite de vastes corridors voûtés, sombres, déserts, intersectés de grilles massives, jusqu'à une porte de fer à claire-voie devant laquelle stationnait un factionnaire; en levant les yeux je vis ces mots en grosses lettres : *Departamiento de presos* (département des prisonniers), et au-dessous : *Sala de cirurgia* (salle de chirurgie); on ouvrit la grille et j'entrai.

Qu'on se figure une galerie dallée de cent mètres de long sur dix de large approximativement, sans autre issue que la porte dont je venais de franchir le seuil, éclairée par des fenêtres cintrées, larges mais basses, percées à cinq ou six mètres du sol; des murailles de deux mètres d'épaisseur, nues et assombries par la vétusté; pas un ornement, pas un clou pour en varier la monotonie. Il n'y avait d'autre bois dans la salle que celui des solives du plafond, d'autre fer que celui des grilles qui défendaient les fenêtres et la porte. Un plateau en maçonnerie, d'un mètre de hauteur sur un mètre cinquante centimètres de largeur, régnait tout autour de la salle; de deux en deux mètres s'élevaient de petites murailles formant une centaine de *boxes* : c'étaient autant de lits garnis d'une maigre paillasse, d'un oreiller en plume de Beauce également et de deux draps de coton. Au pied de la couche se trouvaient deux vases grossiers en terre rouge, dont je ne puis mieux définir l'usage qu'en disant, après M. Th. Gautier, qu'ils n'avaient rien d'étrusque.

Les deux tiers des lits étaient occupés à partir de la porte, et nous fûmes relégués au fond de la salle. L'uniforme de céans étant d'être nu comme un ver entre ses deux draps, on nous enjoignit de l'adopter, ce à quoi nous nous opposâmes énergiquement. Cette mesure, convenable peut-être vis-à-vis des gens auxquels on nous accolait, ne pouvait s'appliquer à nous. Il est bon de dire que les soixante et quelques hôtes du lieu étaient tous bandits, inculpés de vols, rixes, meurtres ou tentatives de meurtres, que des blessures mal acquises avaient conduits là en attendant la prison ou même l'échafaud : c'était le *Calabozo* de Guaymas magnifié à tous les points de vue.

La discussion traînant en longueur, j'eus l'idée de faire appeler l'aumônier; il se montra aussi froid que le curé de la Magdalena, mais il trancha la difficulté en ordonnant qu'on nous laissât en paix, et nous nous couchâmes tout vêtus, moins les chaussures, couvre-chefs et paletots. Nous lui confiâmes nos effets et surtout notre argent. Il reçut le dépôt et ne reparut que pour nous le rendre quelques jours plus tard. Je dois lui rendre la justice de dire qu'il n'essaya sur nous aucune propagande, le patriarche de Ferney en soit loué!

Les infirmiers, qui nous traitaient du reste avec beaucoup d'égards, nous prévinrent de faire grande attention à nous, vu l'imprudence que nous commettions de conserver nos vêtements. Il y avait dans la salle une foule de gens capables de venir nous assassiner la nuit pour nous dépouiller, en dépit de la sentinelle et des infirmiers de garde; le fait n'était pas sans exemple, nous dit-on. Il est certain que, dès qu'un malade est à l'agonie, les autres courent aussitôt à son héritage. M. Guilhot fut dévalisé ainsi durant un accès de fièvre chaude à l'hôpital de la Vera-Cruz.

Il ne nous arriva rien de la sorte ; nos compagnons se tinrent à distance respectueuse de nous, et nous, de notre côté, nous nous fîmes une règle de n'avoir aucuns rapports avec eux. Durant le jour il régnait une certaine liberté ; les malades, enveloppés dans un de leurs draps, allaient se visiter réciproquement, causaient à voix basse, et plus d'un lit était un salon où l'on jouait au *monte* toute la journée : les enjeux étaient des cigarettes. Fumer étant un besoin impérieux de la race espagnole, le satisfaire est le premier devoir de la charité ; plusieurs fois le jour, la salle était visitée par des séminaristes, des membres de confréries, moines ou clercs, qui distribuaient des cigarettes et du sucre, des exhortations et des images d'un sou.

On nous traita en enfants gâtés. Un d'eux alla jusqu'à m'apporter le catéchisme de la doctrine catholique du padre Mazo. Sur son offre réitérée de me servir, j'avais eu la bonhomie de lui demander quelque chose à lire et, dame ! il avait saisi l'occasion aux cheveux. Au fait, j'eus un moment de distraction violente en découvrant dans ce livre un arsenal d'intolérance, de fanatisme, d'absolutisme et autres vertus que je m'abstiens d'énumérer à cause de l'ennui des consonnances finales.

La vue de ce bouquin donna heureusement l'idée à un interne de m'apporter les comédies du señor Vigil, un autre Mexicain fort en vogue. Cette lecture me parut amusante au premier abord par un effet de transition, mais je ne tardai pas à m'apercevoir que ces élucubrations dramatiques étaient de quelques siècles en arrière sur la littérature française, et qu'il n'y avait à leur tenir compte que de l'intention. Néanmoins, je dus en faire de grands éloges à mon carabin. Ce jeune homme était un bon garçon, comme tous ses confrères, du reste, et nous n'avions qu'à nous louer d'eux. Il y avait dans leur conversation une certaine pédanterie tout à fait naïve. La science n'est là-bas, comme dans tous les pays où elle est soumise à la religion, qu'une scolastique étroite, une phraséologie creuse dans laquelle jouent de grands mots comme des billes dans un grelot, pour faire du bruit. La logique y procède par le syllogisme, cet artifice spécieux qui semble avoir été inventé pour embarrasser le raisonnement, aveugler la raison, supprimer la certitude, assimiler la vérité à la pierre philosophale, à la quadrature du cercle ou au mouvement perpétuel, et rendre ainsi les discussions interminables parmi les hommes. Le syllogisme est l'emblème du divin moyen âge ; voilà pourquoi on le retrouve au Mexique, et ceux qui tordent le nez à ce malheureux pays ne connaissent ou n'aiment certainement pas Panurge, le Gil-Blas de cette époque maladive, où le savoir profond et sérieux était un des plus courts chemins qui conduisît au bûcher.

Notre existence n'était pas gaie ; les phases en étaient réglées et le moindre incident devenait une distraction. Le matin, avait lieu d'abord la visite du médecin, don Pablo Gutierez, élève de la Faculté de Paris ; il causait peu, mais nous soignait bien. Après lui venait le déjeuner, consistant en un bol d'*atole*, sorte de boisson épaisse ou d'aliment liquide, composée de farine de maïs délayée dans de l'eau avec du sucre et liée par la cuisson ; c'est un mets favori des gens du pays ; l'*atole de leche*, dans lequel le lait remplace l'eau et que relève un peu de cannelle, est assez agréable au goût. A onze heures, distribution des médicaments prescrits ; à midi, le dîner, une simple tasse de bouillon ; après dîner, les visites, et, le soir, une nouvelle tasse d'*atole* pour souper.

Vers huit heures, l'aumônier venait dire la prière, l'*oracion* ; il se plaçait à la porte, devant une table transformée en autel, sur laquelle brûlaient quatre cierges. Leur rougeâtre lueur, s'infiltrant jusqu'aux profondeurs de la salle, rendait quelque peu diaphane l'obscurité dans laquelle nous étions ensevelis. Agenouillés sur leurs lits, les prisonniers répondaient aux litanies en hurlant comme des démoniaques; leurs silhouettes sauvages se dressaient fantastiquement au sein de cette atmosphère mystérieuse, de larges ombres vaguaient sur les murs : c'était une vision infernale. La prière finie, les cierges s'éteignaient, sauf un, et tout bruit cessait en même temps. Un silence de plomb semblait alors, par l'effet de la transition, envahir l'hospice qui n'est bruyant et animé en aucun temps. Ces bâtiments immenses, que séparent de vastes cours, s'élèvent à l'extrémité d'un faubourg presque désert et sont à peine peuplés eux-mêmes : on se croirait au fond de l'Escurial. Durant le jour, le murmure des conversations à voix basse se dissolvait à l'instant dans cette quiétude sépulcrale, que troublaient seuls par intervalles les hurlements lugubres d'un fou furieux, dont le cabanon donnait sur une cour voisine. La nuit, cette voix qui criait au meurtre et demandait du secours prenait, au milieu de cette solitude dont le malheureux paraissait être le seul hôte, des proportions étranges et désespérantes comme une des plus lugubres fantaisies d'Anne Radcliffe.

Le commissaire venait me voir tous les soirs après l'*oracion*. Quand je dormais par hasard au moment où il arrivait, il ne manquait pas de m'éveiller en me disant dans le creux de l'oreille, d'un ton dramatique et dans un français d'occasion : *La liberté descente dou ciel!* Il demeurait très-tard avec moi et déversait dans mon cœur de prisonnier politique sa petite bile insurrectionnelle. C'était un excellent homme au fond, en dépit de sa pédagogie que le métier de maître d'école, longtemps exercé par lui, justifiait et faisait excuser. Il en savait assez long pour comprendre que l'ignorance était la pierre d'achoppement de sa patrie, que le clergé entretenait systématiquement cette ignorance en soutenant au pouvoir des hommes comme Santa-Anna, et que le premier devoir de la Révolution était de réduire à sa juste mesure l'influence de ce corps redoutable. Après cela, il était grand partisan d'Alvarez, je ne sais pourquoi, et travaillait à me persuader d'aller le rejoindre ; il prétendait m'aider à fuir et me conduire lui-même auprès de ce chef qui, sur sa recommandation, devait me revêtir d'un grade important. Je me gardai de dire ni oui, ni non, en vertu de ce dicton prudent : *on ne sait pas ce qui peut arriver*, mais en somme je me sentais peu disposé à tenter l'aventure.

Le *dispensero*, l'économe de l'hospice, était aussi un de mes visiteurs assidus. C'était un Espagnol et, qui mieux est, un Biscayen à mine pincée ; son museau glabre avait des reflets de sacristie que sa tournure ne démentait pas. Il avait servi dans les bandes bourbonniennes, pendant la guerre civile qui désola l'Espagne au commencement du règne d'Isabelle II, et s'était réfugié à Bordeaux après la débâcle de son parti. En sa qualité d'ex-routier carliste, il se croyait en droit d'établir de lui à moi un rapprochement ingénieux, et son séjour dans ma ville natale était à ses yeux un lien de plus entre nous. En outre, il supposait que, parce que j'étais prisonnier de guerre, je devais avoir les mêmes haines que lui, et passait son temps, en conséquence, à me dire du mal des Mexicains dont il mangeait le pain. Celui-là ne m'amusait guère, mais qu'y faire ? Si seulement il avait pu emporter avec lui toutes les punaises de mon lit !

Notre nourriture était parfaitement insuffisante et le jeûne exténuait des hommes comme nous, dont la fatigue était la principale maladie ; je pense qu'il était calculé en ce qui concernait nos compagnons à peau rouge, et figurait, comme l'état de nudité dans lequel on les maintenait, parmi les mesures préventives contre les tentations de fuite et de violence. Nous nous plaignîmes et obtînmes qu'à l'atole on substituât du lait avec le fantôme d'une bouchée de pain; au bouillon de midi on ajouta un peu de riz au gras; c'est-à-dire qu'on nous mettait en appétit.

Heureusement pour moi, trois des officiers du bataillon de San-Felipe qui nous avaient escortés vinrent successivement de garde à Belen. Ils me devaient au moins quelques égards et me manifestèrent beaucoup d'amitié. Je fus présenté par eux aux employés comme un officier supérieur, et le poste tout entier fut désormais à ma disposition. Sur un signe de moi, le factionnaire placé à la porte arrivait près de mon lit et me présentait les armes; je l'envoyai querir le sergent de garde, qui recevait à son tour mes ordres chapeau bas, car le soldat mexicain se découvre en parlant à ses chefs. J'avais conservé quelques réaux sur moi et pus me procurer dès lors du pain à discrétion d'abord, et ensuite du papier, des plumes, de l'encre.

L'événement le plus remarquable de notre séjour en ce lieu fut la mort d'un des prisonniers, un vieillard couturé de blessures. Dès que commença son agonie, on dressa un petit autel à côté de son lit : crucifix, fleurs artificielles, eau bénite et cierges allumés. L'effet le plus certain de ces pieuses mesures, en usage dans tous les hôpitaux espagnols que j'ai visités, doit être, je pense, d'éviter que le patient n'en réchappe, dans le cas où la nature lui réserverait quelque crise favorable au dernier moment. Il est évident, en effet, qu'en revenant à lui, il ne peut manquer, à la vue de cet autel significatif, de recevoir un choc qui le remet à sa place. Le corps demeura exposé une nuit et fut emporté, sans pompe, sur une civière.

Le 13, nous reçûmes la visite de don Manuel Llanoz

et de M. Lyon; ils parurent très-affectés de nous trouver en pareil lieu, et nous ne leur cachâmes point le dégoût que nous en ressentions nous-mêmes. Ils nous promirent de nous en retirer prochainement. Le général gouverneur de l'État consentait à nous mettre en liberté sous la caution d'individus résidant à Guadalajara, mais il fallait caution bourgeoise, et ces messieurs, qui étaient disposés à donner la leur pour deux ou trois d'entre nous, s'occupaient à trouver d'autres personnes de bonne volonté.

Le 15, à midi, j'étais libre et recevais l'hospitalité chez MM. Tarel et Lyon qui s'étaient portés garants pour moi. Ce ne fut pas sans regrets que le brave commissaire de Belen me vit partir; il me recommanda bien de le venir voir, afin de donner suite à nos projets d'évasion.

CHAPITRE VII.

Une fabrique à Guadalajara. — Quelques mots de reconnaissance. — Une fête nationale. — Iturbide et l'armée *trigarante*. — Une fête religieuse. — Nuestra señora de Zapopan. — Contraste. — Nouvelles de Guaymas et de Mexico. — Un caprice de Santa-Anna.

La maison de MM. Tarel et Lyon est située dans un des faubourgs, à l'orient de la ville dont le sépare le ruisseau de Mexicalcingo; elle forme une *manzana* entière, c'est-à-dire le bloc compris entre quatre rues. L'habitation des maîtres et les ateliers où se teignent la soie et le coton, où se tissent les *rebozos*, n'occupent, il est vrai, qu'une faible portion du bâtiment; le reste est divisé en petits logements en location. Ces constructions couvrent à peine elles-mêmes une moitié de l'énorme superficie de la manzana ; au milieu règne un magnifique jardin que de hautes murailles, contre lesquelles le nopal grimpant dessine ses capricieux zigzags, séparent complétement des cours et dépendances des habitations environnantes. Celle des maîtres a seule un pavillon formant premier étage, les autres n'ont qu'un rez-de-chaussée couronné d'*azoteas* qui sont toutes de niveau et communiquent ensemble; les locataires n'en ont point la jouissance, elles sont le domaine incontesté d'une meute de chiens de garde.

Nés dans cette prison aérienne et destinés à y mourir sans avoir jamais foulé d'autre sol, ces animaux sont d'une férocité remarquable, et celui qui les nourrit a seul le privilége de pouvoir les visiter sans danger. Il ne faut rien moins que leur terrible réputation pour mettre la maison à l'abri de tentatives d'invasions nocturnes en vue de s'approprier le bien d'autrui. Pour plus de sûreté, néanmoins, les domestiques mâles de la maison font l'office de *serenos*, et se relèvent pour passer la nuit dans un belvédère isolé qui s'élève à l'angle du Paseo et de la rue de l'Alamedad, et dont la fenêtre prêterait aux escalades au nez et à la barbe des chiens impuissants.

Des quatre voies qui enveloppent la manzana, une seule est, sinon populeuse, du moins fréquentée, c'est celle qui passe au sud. A l'occident, la rue sur laquelle est l'entrée principale, divisée dans toute sa longueur par une *acequia*, un fossé bordé d'arbres, est tracée de l'autre côté par le mur de clôture des splendides jardins d'un couvent de nonnes. Au nord, c'est le mur de l'Alamedad, qui longe la ruelle; à l'orient enfin se trouve une belle avenue, qu'on appelle le Paseo. Toute ville espagnole qui se respecte a son Paseo et son Alamedad, c'est-à-dire sa promenade et son jardin publics.

Le rio *Tonala*, petit affluent du Santiago, longe le Paseo; au delà s'étend un faubourg triste et mal famé.

Toute cette région déserte, où l'on jouit du calme des champs, devient suspecte la nuit. Les *serenos* n'aiment guère à se jeter à la traverse des bandits, aussi les hôtes de la fabrique portaient-ils des armes le soir, quand ils prévoyaient devoir rentrer à une heure avancée.

Les fenêtres de ma chambre donnaient sur le jardin, qui eût paru un Éden même aux yeux d'un homme qui ne serait pas sorti la veille, comme moi, des entrailles de pierre de Belen. Bien qu'une partie de sa surface fût consacrée à la culture des légumes, ce côté pratique de la scène était voilé de trop de splendeurs pour causer le moindre regret. C'était une mosaïque monochrome des plus variées, où se mêlaient toutes les nuances du vert, cette riante livrée de la nature. De magnifiques orangers, de nobles citronniers, y formaient des allées à côté du mûrier, du pêcher, du poirier. Les tiges flexibles et onduleuses de la canne à sucre se dressaient au milieu des rosiers, et les petites baies rouges du caféier brillaient de loin comme des rubis dans cet émail. Enfin le bananier lui-même se balançait dans quelques coins où son ombre opaque entretenait une perpétuelle fraîcheur. Les ombrages touffus du Paseo et de l'Alamedad, dominés par les dômes et les clochers des temples de la ville, encadraient ce riant tableau sur lequel quelques nobles cyprès, sombres obélisques, se détachaient brusquement de la manière la plus pittoresque.

Je n'ai point oublié ce jardin, cette atmosphère parfumée, cette chambre où ma rêverie m'emporte sans cesse, ces *portales* sous lesquels s'écoulait la moitié de notre existence ; on y recevait les visites, on y jouait, on y causait, on y prenait le café après les repas en fumant lentement un *puro*[1] de Tepic. J'ai passé là quelques-uns

---

1. Le *puro* est le cigare, par opposition à ce que nous appelons la cigarette et que les Espagnols qualifient de *cigarro de papel*, cigare de papier.

des mois les plus heureux de ma vie, au milieu d'une famille qui s'attachait par ses soins à remplacer la mienne. Deux hommes de cœur qu'il m'est permis d'estimer autant que d'aimer, artisans industrieux de leur fortune, n'ayant jamais demandé au privilége, au monopole, à l'usure, à la force, ce que le travail pouvait leur donner; une bonne et digne matrone, dont l'affection s'étendait jusqu'à moi, pauvre oiseau voyageur quelque peu malmené par l'orage; des enfants charmants, des serviteurs reconnaissants envers des maîtres justes; une heureuse maison enfin.

Ces souvenirs me sont bien chers. Je n'ai point l'intention de faire un pompeux étalage de sentiments dont le public n'a que faire, et qui perdraient beaucoup de leur fraîcheur, à mon avis, en passant par les mains du typographe; je serai sobre de détails sur mes relations toutes les fois que le cœur y jouera un rôle. Des phrases serviraient plutôt à froisser la délicatesse de ceux que j'aime qu'à établir la sincérité de ces sentiments, et je me serais tu volontiers en cette occasion, n'était qu'en peu de mots placés ici je pense donner plus de poids à l'expression de ma reconnaissance. On dira, peut-être, que c'est là un subterfuge pour se soustraire à la pénible nécessité d'exprimer ce que l'on ne sent pas! L'objection ne soutient pas l'examen. En fait de reconnaissance et d'affection, les phrases substituées aux mots sont l'escompte le plus commode et le plus économique de la réalité; les mots jaillissent du cœur, comme les étincelles de la fournaise; les phrases ne se trouvent qu'à froid, et le cerveau seul s'échauffe à les polir. L'expression des sentiments les plus purs a maintenant ses manuels, ses compendiums, dorés sur tranche la plupart, où l'on peut sans grand travail trouver pour toute éventualité des phrases faites, fort bien faites souvent : nous en devons beaucoup à l'école romantique. Dévoiler son cœur au public, le lui vendre au détail à l'in-12 ou à l'in-8, a été longtemps une des meilleures spéculations littéraires, et peut-être n'est-elle pas usée. Essayons, nous dont le tour de parler arrive, de faire croire à notre cœur en lui imposant une pudeur désintéressée; peut-être comprendra-t-on aussi bien quand nous dirons : j'aime ! que si nous nous avisions, après tant d'autres, de conjuguer le verbe entier en l'ornant de toutes les feuilles mortes de la rhétorique.

Je sortis fort peu durant les premiers jours, bien que j'en eusse toute la liberté; mais le grand besoin de repos que j'avais et les douces attractions de ma nouvelle demeure m'en ôtaient toute tentation. D'ailleurs, mes hôtes, M. Llanoz et toutes les personnes amies qui nous visitaient, m'engageaient à me faire oublier des autorités en attendant une amnistie que l'on continuait à tenir pour inévitable et prochaine.

Le 27 septembre je mis le pied dehors, pour la première fois, à l'occasion d'une grande fête nationale. Ce jour est l'anniversaire de l'entrée à Mexico, en 1821, de l'armée dite des trois garanties, *trigarante*, commandée par Iturbide vainqueur des Espagnols; l'indépendance du Mexique était assurée. C'est donc une date solennelle dans la vie de ce peuple.

Les affaires sont suspendues; grande revue de la garnison dans l'après-midi. Pour la première fois, je vis les soldats de Santa-Anna en grande tenue : tunique de drap montrant la corde, blanchie aux coutures, tachée partout, frangée au bas, pas d'épaulettes, et un petit pompon au shako. Mais je cherchai vainement dans la foule cet enthousiasme spontané, électrique, irrésistible, universel, que j'avais vu éclater chez les républicains du Nord dans les grands jours comme le 4 juillet, l'anniversaire de la naissance de Washington ou de la Fayette. Tout était officiel ici; les agents d'un gouvernement despotique donnaient une représentation destinée bien plutôt à distraire le public des sentiments que la date pourrait éveiller qu'à les exciter. L'enthousiasme confisqué par eux, il ne restait plus que de la curiosité pour leur mise en scène. Aux États-Unis, l'autorité ne fait rien, mais elle laisse faire le peuple et le spectacle est magique.

Le soir, il y eut affluence sur la *plaza des Armas*, où les bandes militaires font entendre d'excellente musique, car les Indiens sont admirablement doués pour les arts. Là se trouve toute la belle société ; les éventails jouent, es œillades se croisent ; là se rencontre à foison ce type que M. Th. Gautier a vainement cherché en Espagne : « un ovale allongé et pâle, de grands yeux noirs surmontés de sourcils de velours, un nez mince, un peu arqué, une bouche de grenade, et, sur tout cela, un ton chaud et doré, justifiant le vers de la romance : *Elle est jaune comme une orange.* » C'est que le sang de Montezuma coule encore dans leurs veines, mêlé, plus ou moins, au sang de Cortez.

Les hommes portent le costume européen, cependant on voit beaucoup de manteaux espagnols et de chapeaux à grands bords et à *toquillas*, qui suffisent pour donner un cachet original à l'ensemble. Les femmes ont le petit soulier de satin et le *vestido*, la robe de soie généralement ; les *enaguas*, c'est-à-dire le simple jupon sans corsage, est abandonné aux femmes de conditions inférieures ; mais, dans leur intérieur, les dames mexicaines, qui mènent un peu la vie de mollesse, de *farniente*, d'intimité avec les suivantes, des femmes de l'Orient, laissent volontiers tomber sur leurs hanches le corsage tyrannique du *vestido*. Le corset n'est guère en usage parmi elles. Elles vont nu-tête, sauf le *tapalo*, petit châle de soie brodé, qu'elles portent comme la mantille et qui remplace le populaire *rebozo* réservé pour les tenues de négligé.

Pendant toute la saison sèche, il y a ainsi foule sur

cette place de huit à dix heures du soir, le jeudi et le dimanche, pour ouïr la musique. Cette promenade, ennuyeuse pour un étranger comme un bal de l'Opéra, a beaucoup de charmes pour celui qui rencontre des connaissances parmi ceux et celles qu'il coudoie ; elle ne manque pas de caractère en tout cas, surtout par un beau clair de lune.

La *plaza de Armas* est fort belle ; c'est un quadrilatère parfait, disposé, sur une plus vaste échelle toutefois, comme la place Saint-Sulpice. Une fontaine au milieu, une allée d'arbres autour. Au nord la *casa del congreso*, chambre du congrès provincial, et la cathédrale, dont le portail principal, tourné vers l'ouest, se trouve sur une rue adjacente.

A l'ouest et au sud de la place s'élèvent de magnifiques constructions à arcades ; ce sont les *portales del Comercio*.

A l'orient enfin se trouve le *palacio del Gobierno*, un des plus beaux spécimens du genre. C'est un monument massif mais sans lourdeur, grâce à ses dimensions imposantes, car avec un seul étage il égale au moins en hauteur les maisons des *portales*, qui en ont deux. Cet étage est donc fort élevé, les fenêtres immenses y sont largement espacées, et au-dessous il n'y a que peu d'ouvertures, assez éloignées du sol et grillées. Chambranles, chaînes, plinthes, médaillons, corniches, balcons et bandes sont en pierre, et ont un relief d'autant plus puissant qu'ils sont d'une teinte blanche, soigneusement entretenue par le pinceau et tranchant sur la couleur tendre du parement. Peu d'ornementation de détail du reste, si ce n'est dans la serrurerie, et, en somme, un certain air de forteresse qui n'est pas complétement une illusion, je crois.

Ce palais renferme une caserne et une prison. J'ignore à quelle époque il fut bâti, mais il n'est pas de très-vieille date, car on l'appelle le palacio *nuevo*, et le palacio *viejo* existe encore dans une autre partie de la ville ; il sert, lui aussi, mais exclusivement, de caserne et de prison.

Le 5 octobre, une autre fête m'attira de nouveau au dehors. C'était celle de la Vierge miraculeuse de Zapopan. Le nombre des vierges miraculeuses au Mexique est effrayant ; chaque ville a tenu à honneur d'avoir la sienne. Celle-ci est une petite statuette noire et grossière, qui passe six mois de l'année au pueblo voisin de Zapopan et les six autres à Guadalajara, où elle reçoit successivement une hospitalité de quelques jours dans chacune des églises. Elle ne voyage, de Zapopan à Guadalajara et réciproquement, qu'en grande pompe, processionnellement escortée de toute la population de la ville et des campagnes voisines.

Là triomphe le clergé, et je dus faire un rapprochement involontaire, triste mais instructif, entre cette fête religieuse, où le peuple était livré à lui-même, excité même par ses chefs qui s'effaçaient derrière lui, et la fête politique, froide, officielle du 27 septembre, où son enthousiasme était muselé. Ce jour-là il fallait qu'il fût sage, gourmé, qu'il laissât faire ; aujourd'hui il peut s'abandonner à tous les excès, et c'est ainsi que ce peuple, sans cesse détourné de la raison politique par le sentiment, s'est jeté dans le sentier de l'émeute en dehors de la voie de la Révolution.

Là, je revis cette tourbe en haillons que notre arrivée avait soulevée quelques jours auparavant ; mais le spectacle le plus curieux était celui que présentaient les Indiens de Zapopan et des pueblos voisins, pour lesquels cette fête est une saturnale durant laquelle ils donnent amplement carrière à leur penchant pour les liqueurs fortes. Coiffés et enguirlandés de fleurs, à demi nus, défigurés par des masques hideux, en proie à une surexcitation inquiétante, ils dansent autour de la statue, comme David devant l'arche, au son de leurs instruments; ils se contorsionnent comme des énergumènes, luttent de souplesse et d'agilité, brûlent des pétards, lancent des fusées; quelques-uns suivent péniblement la procession à genoux. Tout cela dégénère à la fin du jour en une orgie complète, à laquelle l'épuisement et le sommeil mettent seuls un terme. Telles étaient les fêtes de leurs aïeux à l'époque de la conquête, les *Mitotes* dont les anciens historiens ont conservé la description. Cette race n'a rien oublié parce qu'on ne lui a rien appris; devant de nouveaux dieux, dont la valeur mystique lui échappe faute d'une culture intellectuelle suffisante, elle manifeste encore son adoration par des sacrifices aux forces vives de la nature.

Sur ces entrefaites arriva de Tepic un nouveau convoi de prisonniers français, composé des malades laissés dans cette ville à notre départ et d'un détachement envoyé de Guaymas. Ces derniers apportaient la nouvelle de la mort de M. de Raousset-Boulbon et des détails sur le sort des autres, qui avaient été dirigés sur divers points à leur choix. La plupart étaient retournés à San-Francisco, et nos officiers étaient dans ce cas, ainsi que le docteur Pigné-Dupuytren. Quelques-uns étaient partis pour l'Amérique du Sud, les autres, au nombre d'une quinzaine, étaient venus nous rejoindre bonnement, dans l'ignorance où ils étaient de la situation nouvelle qui nous avait été faite.

M. Rycke, qui ne s'était nullement occupé de ces derniers arrivants, écrivit à cette occasion à ceux de nos compatriotes de Guadalajara qui s'intéressaient à nous, pour leur rendre compte du résultat des protestations signées à Tepic. Sa lettre était en tous points une seconde édition de celle qui nous avait été lue à notre arrivée à Guadalajara. Seulement il y était dit en plus *que nous avions perdu tous droits à la protection de notre gouvernement*.

Nous avions perdu tous droits à la protection de notre gouvernement! Je suis encore à me demander pourquoi, et j'ai d'autant plus qualité pour le faire que, personnellement, je me mets en dehors de la question. Arrivé avec M. de Raousset sur *la Belle*, je dois me considérer dans cette affaire comme un aventurier hors la loi et le fais de grand cœur. Mais les autres, pourquoi avaient-ils perdu ces droits? Était-ce pour avoir pris du service à l'étranger? Mais, pas un des passagers du *Challenge* n'était parti sans l'autorisation du consul Dillon. Était-ce pour s'être révolté? Mais, comme ils le disaient dans leur protestation, ils avaient expié leur faute à Guaymas et, graciés par le vainqueur, ne devaient plus rien à personne. Si, de la part de celui-ci, il y avait eu usurpation de pouvoir en faisant grâce, si l'arrêt qui les replaçait dans la même situation qu'au lendemain du combat était légal, il n'en restait pas moins cette circonstance tout en leur faveur, que cet arrêt serait tombé dans le vide sans un abus de confiance. En effet, la bonne foi du général Yañez, qui leur avait donné la liberté et aurait pu les diriger sur San-Francisco, la bonne foi de ces hommes qui auraient pu changer de route en mer s'ils avaient eu quelque méfiance, étaient devenues pour Santa-Anna la base d'une spéculation gouvernementale. S'il nous tenait, c'était par surprise, et s'il avait été généreux il n'eût pas profité de cela, c'est-à-dire que, tout en faisant acte d'autorité pour l'honneur du principe, il aurait dû, par convenance, mettre notre amnistie en post-scriptum au bas de notre arrêt. A défaut de cela, un gouvernement européen ne pouvait-il pas se prévaloir honnêtement de cette surprise pour agir en faveur de victimes auxquelles Mexicains et étrangers, militaires, gens en place et particuliers, tout le monde enfin au Mexique (Santa-Anna excepté), manifestait un intérêt peu commun?

Il y avait pourtant, ce me semble, dans ce simple

incident un point d'appui suffisant pour une petite réclamation au moins. On voit dans l'histoire plus d'une intervention, et d'une intervention à main armée même, basée sur des motifs apparents infiniment plus spécieux. Les Français prisonniers de Santa-Anna n'en demandaient pas tant; ils auraient désiré, non pas qu'on déclarât au Mexique, qui n'en pouvait mais, une guerre dont leur cœur aurait saigné loyalement, mais que l'on dise un mot officiel au dictateur qui n'eût pas résisté. Ce mot ne put être dit, probablement, ainsi que l'insinuaient les dépêches, à cause des graves préoccupations de la guerre d'Orient. C'était jouer de malheur, il faut en convenir, que de se trouver prisonnier du Mexique à pareille époque.

Les hommes qui venaient d'arriver avaient eu grandement à se plaindre de leur escorte; plusieurs avaient été maltraités, et l'un d'eux, M. Beaufils, avait la tête fort endommagée d'un coup de crosse. Le lieutenant qui commandait la troupe était un mauvais drôle qui avait donné l'exemple et le signal d'une sorte de persécution patriotique. Sur les plaintes des prisonniers, et grâce à l'active intervention du colonel Esquerro et de don Manuel Llanoz, cet officier fut mis en état d'arrestation, puis rayé des cadres de l'armée. Je le vis depuis, battant le pavé, sans ressources, et mendiant la protection de nos blessés pour tâcher de rattraper son épaulette.

Nos camarades furent logés en ville, dans un *meson*, et jouirent d'une liberté à peu près complète; l'escrime et la musique égayèrent leurs loisirs; ils donnèrent des assauts et des concerts qui attirèrent les amateurs de Guadalajara, et les mirent ainsi en relations intimes avec les Mexicains. Tous ceux que je connaissais vinrent me visiter et s'enquérir d'une santé qui était en bonne voie d'amélioration, mais que mes hôtes représentaient comme très-altérée; on avait obtenu de moi que je ne sortirais pas pendant leur séjour, pour ne pas mettre le gouverneur dans l'obligation de signer ma feuille de route en même temps que la leur. Ils partirent le 12, laissant encore quelques malades derrière eux.

Vers cette même époque, j'eus la satisfaction de recevoir des nouvelles directes de M. Guilhot et du gros de la troupe. On était inquiet à leur sujet; le bruit avait couru que les hommes de la *cuerda* s'étaient révoltés, et qu'il y avait eu des massacres. Les prisonniers français étaient-ils restés neutres? Comment avaient-ils été traités? Une lettre de M. Guilhot m'apprit que nos inquiétudes étaient mal fondées en tous points. Il n'y avait point eu de révolte, et le général Ramirez ne s'était point montré féroce; fidèle à sa promesse, il avait laissé nos camarades à la garde du capitaine polonais, dont ils n'avaient qu'à se louer. Arrivés le 27 septembre à Guadalupe-Hidalgo, à côté de Mexico, ils étaient partis le 2 octobre pour la forteresse de Perote, lieu de notre détention, et c'était de Puebla que M. Guilhot m'écrivait.

Le récit de leurs aventures serait trop long pour être à sa place ici, quelque intérêt qu'il présentât du reste. Cependant il est un fait que je dois mentionner, d'abord parce qu'il me touche en quelque sorte; ensuite, parce qu'il est un complément historique de l'affaire Raousset-Boulbon tout à fait indispensable; enfin, parce qu'il vient merveilleusement à l'appui de la théorie que j'ai émise au sujet d'un double courant d'influences de l'Europe sur l'Amérique, l'influence gouvernementale et l'influence démocratique, antagoniques.

Un soir, avant que la colonne n'arrivât à la capitale dont trois ou quatre étapes la séparaient encore, M. Guilhot fut accosté mystérieusement par deux individus qui lui demandèrent un moment d'entretien particulier. Tous deux étaient Français, et ils venaient, députés par nos compatriotes établis à Mexico, faire part aux prisonniers des nouvelles suivantes.

Le dictateur Santa-Anna avait mis dans sa tête de se procurer un triomphe aux dépens des vaincus de Guaymas, faute de mieux sans doute, et pour leur faire expier un peu la bonté des agents subalternes auxquels ils avaient eu affaire jusqu'à ce moment, il se proposait d'en former une *cuerda* et de les faire défiler devant lui et sa garde, à sa villa de Tacubaya où il se trouvait alors. Les Français de la capitale avaient résolu, de leur côté, de ne pas supporter cette fantaisie humiliante, dans laquelle on pouvait bien ne pas voir une insulte au pavillon national si l'on voulait, vu notre qualité d'aventuriers, mais dans laquelle ils voyaient, eux, une insulte pour tous nos nationaux ; les deux émissaires étaient chargés de s'informer des dispositions des prisonniers à cet égard.

« Si vous nous assurez votre concours, dirent-ils à M. Guilhot, nous sommes prêts à agir. Nous nous trouverons à Tacubaya en nombre imposant ; nous aurons des armes cachées sous nos habits et pour nous et pour vous. Au signal que vous donnerez, nous nous jetterons sur votre escorte et nous vous délivrerons. »

Guilhot, qui goûtait peu l'idée de passer sous les fourches caudines de Santa-Anna, entra pleinement dans leur manière de voir. On pouvait compter sur les deux tiers de la troupe pour un coup de main dans un cas pareil, et c'était assez ; on fut donc bientôt d'accord sur le fond de la question. Restait à s'entendre sur le signal de l'attaque que devait donner Guilhot, il répondit que ce serait le cri de *Vive la France!* jeté par lui en arrivant devant le dictateur. Sur ce, ils se séparèrent en se serrant énergiquement la main, et les deux envoyés, montant à cheval, reprirent aussitôt le chemin de la capitale.

Le lendemain soir arrive un nouveau visiteur; c'était encore un compatriote, c'était encore un émissaire, mais c'était un des attachés de la légation française. Lui aussi prend Guilhot à part; il s'informe de la situation des choses, de la santé et des besoins des prisonniers, déplore cette malheureuse affaire et l'impuissance officielle à laquelle le ministre se voit réduit en ce qui nous concerne; il parle d'espérance, mais ne dissimule pas ce que le présent a de sombre cependant. Enfin, après de longs discours qui pouvaient passer pour des circonlocutions, il finit par dire : « Votre position est très-mauvaise, mais souvenez-vous que c'est à force de patience et de soumission seulement que vous pouvez l'améliorer. Faites provision de philosophie (un religieux eût dit de résignation), et quelque ennui que l'avenir vous réserve, souvenez-vous que votre meilleure politique est de demeurer calmes. Vous êtes assez compromis comme cela; d'ailleurs, au premier signe de révolte, vous seriez tous perdus, sans que vos amis, dont vous paralyseriez les efforts officieux, pussent s'interposer. »

Ces paroles, qui auraient jeté M. Guilhot dans les plus grandes perplexités s'il n'y avait été préparé par la conversation de la veille, le firent sourire, et il se contenta de demander à son interlocuteur s'il faisait allusion à certaine promenade triomphale à Tacubaya. Le plus étonné des deux fut l'apprenti diplomate qui ne s'attendait pas à trouver l'autre si bien instruit; il s'en prévalut néanmoins pour lui faire une nouvelle exhortation. M. Guilhot se garda de répondre, mais il se dit *in petto* que, quand on était aussi compromis que nous paraissions l'être, la meilleure philosophie, comme la meilleure politique, était de prouver, en jouant son va-tout, qu'on avait assez de cœur pour ne pas marchander le déshonneur, et il se promit bien de crier à propos: Vive la France !

Deux jours plus tard, le convoi faisait halte à quelques kilomètres de Mexico ; le moment était critique, on allait quitter la route de la capitale pour prendre celle de Tacubaya. Un officier d'ordonnance arriva tout à coup à franc étrier et remit au général un pli cacheté. Grande fut l'anxiété, non-seulement parmi les prisonniers, mais encore parmi les officiers mexicains qui connaissaient, eux aussi, les projets de Santa-Anna et s'en étaient ouverts à Guilhot en lui manifestant leur douleur sincère et leurs cordiales sympathies. Sur l'ordre du général la colonne s'ébranla de nouveau, mais au lieu de prendre le chemin qui conduit à Tacubaya, elle en prit un tout opposé qui se dirige sur Guadalupe-Hidalgo.

Quel cauchemar dissipé! Guilhot reçut de chaleureuses félicitations, car ce changement d'itinéraire indiquait à tous un changement de politique. En effet, l'attitude de la population française avait suppléé avantageusement aux défaillances de la diplomatie ; Santa-Anna, instruit du complot et ne se trouvant pas soutenu par l'opinion publique, qui, même dans l'armée, se prononçait en notre faveur, avait sagement renoncé aux fumées de la gloriole.

Après trois jours de repos à Guadalupe, la troupe s'était remise en marche pour se rendre à Perote.

CHAPITRE VIII.

Visites. — Le *tequesquite*. — Guadalajara. — Aspects divers. — Le coche de Nuestro Amo. — Intérieurs mexicains. — Existence des officiers. — Belen. — Églises et couvents. — Mœurs du clergé.

Au bout de quelque temps on jugea que je pouvais me montrer sans crainte, et je m'empressai d'aller visiter don Manuel Llanoz, le colonel Esquerro, les officiers du bataillon de San-Felipe et le commissaire de Belen, ce qui me conduisit aux quatre coins de la ville et me la fit connaître en détail.

Guadalajara était, il y a quelques années, la seconde ville du Mexique, aujourd'hui c'est à Puebla que revient cet honneur, et la capitale de Jalisco ne vient plus qu'au troisième rang. La plaine qui l'environne est fertile et assez bien cultivée; malheureusement une partie de sa surface est dévorée par le *tequesquite*, cette étrange efflorescence saline si commune sur le haut plateau mexicain. Les Astèques ne connaissaient pas d'autre sel, et l'on en fait encore un grand usage dans les mines pour le traitement des sulfates et muriates d'argent; aussi est-il l'objet d'un commerce assez important, mais le profit qu'on en retire est loin de compenser le préjudice que sa présence cause à l'agriculture[1].

---

1. Le *tequesquite* est un sel alcalin. Duflot de Mofras en donne l'analyse suivante, faite par M. Berthier, professeur à l'école des Mines de Paris :

Carbonate de soude anhydre,	0.516
Sulfate d° d°	0.153
Sel marin,	0.045
Eau,	0.246
Matières terreuses,	0.030
	0.990

Un de nos compatriotes, M. Laur, à la suite de savantes explorations dans la Sierra-Nevada et la Sierra-Madre, vient de donner l'explication de ce phénomène (*Extraits des comptes rendus de l'Académie des sciences*, t. XIII, n° 25. — *Observations sur l'origine et la formation de l'or*, par M. P. Laur), explication que Humboldt lui-même avait vainement cherchée. Il ressort des observations de M. Laur que, les eaux thermales étant aujourd'hui encore la dernière manifestation des forces éruptives dans ces régions puissamment tourmentées jadis, la présence des métaux précieux dans le sein de la terre, comme celle des alcalis sur la surface, doivent être attribuées à l'action de grands courants d'eaux bouillantes sur d'immenses dépôts de matières siliceuses. M. Laur a trouvé les eaux bouillantes encore en activité à Steamboat-Valley,

Les Mexicains donnent quatre-vingt mille habitants à Guadalajara, je crois ce chiffre trop fort d'un quart

en Californie, et l'on sait qu'elles se font jour autour de quelques volcans mexicains, tels que ceux de Jorullo et de San-Andres, dans le Michoacan. Cette théorie explique en même temps la formation des vastes plaines de *tepetate* ou d'argile durcie du Mexique, et la sécheresse toujours croissante de ce plateau. Ces phénomènes divers paraissent dus exclusivement en effet à la décomposition du feldspath par les eaux thermales. En enlevant cette roche décomposée pour en transporter les éléments dans les plaines, les eaux ont laissé dans le sein de la terre des vides considérables, vides dont Humboldt a été conduit par la recherche des causes du desséchement à admettre l'existence, en l'attribuant à d'anciens bouleversements volcaniques. Dans ces vides ont été absorbées les nappes d'eau extérieures qui recevaient autrefois ces lavages alcalins et les concentraient. Leur fatale disparition a été activée, il est vrai, par d'autres causes, telles que l'inintelligente manie de déboisement des Espagnols, leurs dessèchements artificiels, et enfin la hauteur du plateau où, dit Humboldt, « la moindre pression barométrique que l'air y exerce favorise l'évaporation, où le courant ascendant, c'est-à-dire la colonne d'air chaud qui s'élève des plaines empêche les nuages de se précipiter en pluie. » Quoiqu'il en soit, en se retirant elles ont dû laisser sur le sol qu'elles couvraient les substances alcalines dont elles étaient saturées.

Depuis longtemps les eaux thermales ne s'épanchent plus au dehors, si ce n'est accidentellement et dans de faibles proportions, sans cela elles auraient suffi probablement pour maintenir le niveau des nappes extérieures; en ralentissant, en arrêtant peut-être le dessèchement, elles auraient ralenti, sinon arrêté, l'invasion du *tequesquite*. Il est logique de penser qu'elles se perdent elles-mêmes dans les vides qu'elles ont créé, mais tout porte à croire que leur vapeur continue lentement l'œuvre de la décomposition du feldspath, et que les lavages périodiques de la saison pluvieuse, sur les flancs des montagnes où ce travail s'opère, grossissent toujours les dépôts alcalins et argileux des plaines. L'air, ce puissant médium qui, dans ses agitations, transporte à de si prodigieuses distances le pollen des fleurs et le sel dont les vapeurs de l'océan sont imprégnées, entraîne en passant sur les champs de *tequesquite* cette poussière sèche et subtile, l'étend comme la tache d'huile, et, de proche en proche, rend le sol impropre à la culture. C'est ainsi, sans nul doute, que l'on voit se propager le mal, en raison directe de l'augmentation de la sécheresse, avec une rapidité qui paraissait à Humboldt si difficile à expliquer.

à peu près. Les rues, pavées, bordées de trottoirs, sont ornées de réverbères, qui s'éclipsent soigneusement quand paraît la lune et font en général plus d'effet le jour que la nuit. D'immenses jardins particuliers donnent à cette ville un périmètre exagéré, d'où résulte un air d'abandon que l'absence presque complète de véhicules et l'état languissant des affaires commerciales tendent à développer au plus haut degré. C'est en vain qu'en parcourant ses rues, je cherchais les flots de population que j'avais vus surgir aux jours de fêtes, tout cela est rentré sous terre et les *barrios* ou faubourgs, eux-mêmes, sont encore plus silencieux que la cité.

Il y a un grand nombre de non-locations, ce qui explique le bon marché des loyers, car pour deux piastres par mois on a un vaste appartement, pour dix une maison entière avec ses dépendances. Les maisons étant immenses, dès qu'une est vide elle modifie subitement la physionomie de la rue, s'il y en a deux, c'est le désert. Mais cette solitude n'a rien qui attriste et serre le cœur. Le jour, une belle lumière baigne ces constructions et en égaye les plus secrets recoins; le temps ne les barbouille pas, comme chez nous, de son aile souillée de la boue des hivers. Celles dont le maquillage du peintre n'entretient pas la fraîcheur, prennent une teinte rousse, une apparence de vieux liége, qui a encore son cachet, surtout si l'on songe aux ravages des frimats sur nos bâtiments déserts où, sur un fond demi-deuil, la pluie délayant les exhalaisons des cheminées, dessine ces navrantes coulées qui ressemblent à des traces de larmes sur le visage d'un charbonnier. Une maison va s'émiettant là-bas, dans l'abandon, sous le poids des années, mais du moins n'y voit-on pas, sous les débris du plâtre, au pied d'un mur squameux, croustelevé, suinter l'humidité et se propager la lèpre du salpêtre, des mousses et des champignons. Rien ne moisit dans cette atmosphère tiède et pure.

La nuit, la scène change, le silence de la ville espagnole prend du mystère. Nul voyageur ne résiste à l'attrait de la promenade à l'heure où, derrière les grilles des fenêtres, scintille dans l'obscurité le feu des cigarettes ; çà et là un cavalier drapé dans son manteau, guidé par ce phare intelligent, s'arrête et prend racine au pied d'une de ces grilles. Le sereno, armé de sa lance, inspecte à pas lents, lanterne en main, la fermeture des portes dans le rayon confié à sa garde ; il vous salue d'un mot de paix en passant et vous demande une cigarette. Un peu plus tard on retrouvera la lanterne isolée au bord d'un trottoir, projetant sa lumière sur le pavé de la rue et son ombre sur le mur de la maison, tandis que, dans l'embrasure d'une porte, à l'abri de cette ombre, le sereno accroupi file un sommeil qu'il interrompt périodiquement pour psalmodier le verset que lui transmet une voix éloignée : — « *Las diez, y sereno!* » Il est dix heures et le temps est beau ! Poursuivons notre promenade ; le moment du repos n'est pas encore venu et, près d'ici, vibrent les cordes harmonieuses de la *vihuela* accompagnant mélancoliquement une chanson plaintive. — « *Las doce, y nublado!* » Minuit, et le temps se couvre ! Rentrons, car là-bas, au coin de la ruelle borgne, glisse sans bruit, comme un fantôme, le lepero affamé, essayant de se donner assez de courage pour demander la bourse ou la vie au señor bien armé.

Malheur, toutefois, si la rencontre du coche de *Nuestro Amo* dans les rues désertes vient effaroucher les jouissances de cette promenade en donnant au mystère de la nuit un cachet d'épouvantement ! Le coche de Nuestro Amo, est-ce donc une vision surnaturelle, pendant du vaisseau fantôme, du chasseur noir ou du moine bourru? Non, c'est le carrosse dans lequel on porte le viatique aux moribonds. A moins d'urgence, c'est le soir à la lueur des torches qu'a lieu la cérémonie, et la chose est calculée afin que l'effet de la mise en scène soit plus violent. Les cloches l'annoncent, les fidèles ardents s'assemblent, la vie de la cité est suspendue, tout son sang reflue vers le cœur, il y a congestion religieuse. Souvent une bande de musiciens précède le coche que suivent les parents et amis du malade ; derrière eux marche une multitude sordide, c'est la courtisane du pavé, le lepero coupe-jarret. Sur ces visages, dont chaque reflet est matériel, se peint en ce moment une passion nouvelle, aveugle, brutale, développée jusqu'à la fureur, et l'on se sent oppressé. Au-dessus de ce drame sombre, plane un cauchemar plus sombre encore ; on comprend qu'à la voix d'un Guérin ou d'un Garasse ces idolâtres vous feraient le sort réservé aux impies dans les siècles d'ignorance si, obéissant soit à votre conscience, soit à un sentiment de dignité réfractaire à tout ce qui s'impose par la violence, vous passiez le front haut et le chef couvert. Courbés sous l'esclavage de leurs pratiques, ils ne peuvent en affranchir personne.

Cependant le simple frottement avec l'étranger, a suffi, il faut le dire, à défaut d'instruction, pour modifier peu à peu ces errements, atténuer un respect insensé puisqu'il est irraisonné, étioler une intolérance coupable puisqu'elle est attentatoire à la liberté de conscience. On peut réserver ses hommages maintenant avec moins de danger qu'autrefois ; néanmoins il ne faudrait pas insulter l'indigène dans le vif de ses croyances, c'est-à-dire aller narguer ses dieux publiquement ; mais cela est de droit commun, et les vertus de Polyeucte sont appréciées aujourd'hui à leur valeur de brutalité sauvage, illégale et injuste.

La première fois que j'assistai à un de ces sinistres festivals nocturnes c'était à Lima ; j'arrivais en Amérique, j'étais jeune, je me sentis pénétré jusqu'à la moelle d'une sorte de terreur peu salutaire et, par suite d'une confusion presque inévitable dans le moment de la première impression, je pris tout d'abord en horreur ces malheureuses populations hispano-américaines. Aujourd'hui j'en sais plus long, je les plains et les aime.

Je fus reçu avec amitié partout où je me présentai. L'intérieur des habitations ne me parut guère plus luxueux qu'à Tepic. L'absence de plâtre se fait vivement sentir dans un pays où, pour une foule de raisons en tête desquelles vient la crainte des insectes, le papier de tenture n'est pas en usage. Un enduit, mal aplani et peint à la détrempe, recouvre invariablement les murs. Point de glaces, si ce n'est chez quelques rares privilégiés de la fortune; peu de meubles, surtout chez le petit bourgeois où des coffres, rangés le long du mur, servent à serrer les habillements et à s'asseoir, ni plus ni moins qu'au temps de Molière en France. Il est de bon genre cependant, ici comme en Espagne, de remplir le salon d'autant de chaises et de canapés de paille qu'il peut en tenir le long du mur, en les serrant de manière à avoir quelque difficulté à les égrener. Des flambeaux d'argent, des bouquets artificiels, complètent la décoration. De pendules point; d'objets d'art pas davantage, si ce n'est peut-être quelques violentes enluminures religieuses qui feraient prendre la mouche à un taureau; de livres encore moins, sauf un missel

> Ou bien quelqu'almanach qui sema ses abus
> L'an que Pantagruel déconfit les andouilles.

Sur une table, l'inévitable petit brasero de cuivre, espoir du fumeur, et, accrochée à la muraille, la non moins indispensable guitare. — *Toca usted de la vihuela?* est la première question que l'on pose à un visiteur, et ce n'est pas une bonne recommandation que de répondre non, à moins que l'on ne soit étranger. Cette absence d'ameublement choque moins que dans nos climats, un rien orne ces vastes appartements où jamais le frisson ne pénètre. Des volets ou des stores y entretiennent ce *tiersjour*, si favorable à la vue et à autres choses aussi, que M. Th. Gautier a découvert en Espagne.

Tel est l'aspect général des intérieurs, avec un peu plus, un peu moins de luxe.

Au-dessous de la classe bourgeoise, qui a ses coffres et ses chaises de paille au moins, au-dessus du peuple, qui n'a que son *petate* et son fourneau de terre avec quatre petits pots, vient cette foule, lettrée ou à demi, qui, rattachée à la classe supérieure par la naissance et l'éducation, l'est par le dénûment à la classe inférieure. Escholiers, poeteraux, officiers de fortune, gens qui n'ont que leurs deux mains et leur étoile pour se faire une position et qui, comme Rabelais, Mathurin, Maynard, ont la perspective d'être quelque peu domestiques toute leur vie, et de *mourir sur un coffre en attendant leur maître*, à moins que les hasards de la guerre civile ne les appelle à quelque poste supérieur. Gens qui vivent de crédit et dont l'existence famélique a des couleurs qui se retrouvent seulement dans la *Chambre du débauché* ou dans le *Mauvais giste*. Mes amis du bataillon de San-Felipe me remirent cette époque en mémoire. Ils logeaient trois ensemble dans la même pièce. La maison, la rue, le quartier étaient prolétaires, la chambre modeste; quatre murs blancs, un carrelage démantelé, de petits lits de campagne en fer, de vieilles malles, une table infirme et deux mauvaises chaises. Chacun d'eux avait son brosseur à ses ordres; ces hommes vivaient dans le saguan, avec leurs femmes, chargées de préparer le repas de l'officier en même temps que celui du soldat.

Ces jeunes gens me parurent exercer tristement un

triste métier, qui ne les arrachait à la mendicité que pour les livrer à la dette. Ils se nourrissaient peu, portaient des habits outrageusement râpés, et encore leurs épaulettes et hausse-cols étaient-ils toujours en gage. La solde était si inconstante! Sous le gouvernement de Santa-Anna, qui faisait de grands sacrifices pour l'armée dont il avait besoin, ils en touchaient la moitié environ, mais avec de tels délais que tout était toujours dévoré à l'avance. Ceux qui n'avaient pas d'autres moyens d'existence demeuraient donc plongés dans un bourbier dont on ne pouvait sortir qu'en arrivant à un grade supérieur. Appelé à entrer en campagne contre une bande de voleurs, c'est-à-dire à diriger des *razzias* dont le peuple faisait les frais, élevé aux postes de chef politique, de gouverneur, l'officier était sauvé; il allait se payer lui-même et, au besoin, sa conscience n'étant ombrageuse, faire fortune. Mais il n'y avait guère de promotions qu'à la suite d'un bouleversement politique, d'où la multitude des *pronunciamentos* militaires.

Le brave commissaire de Belen me pressa dans ses bras avec joie, en murmurant à mon oreille la phrase sacramentelle : « la liberté descente dou ciel! » Il me fit visiter en détail ce sombre édifice. Je vis les niches grillées des fous, où les animaux du British-Museum se trouveraient fort mal, je vis aussi les salles des lépreux, car, pour plus de ressemblance avec le bon vieux temps, le Mexique avait encore des lépreux.

Mon cicerone et ami m'annonça tout bas, en nous séparant, qu'avant peu j'apprendrais l'heure de notre départ pour le camp d'Alvarez. Je retournai à Belen quelques jours plus tard, mais le pauvre homme n'y était plus; il avait été destitué et l'on ne put me donner de ses nouvelles. Je ne le revis plus.

Les couvents des deux sexes sont nombreux à Guadalajara. Leurs constructions et leurs jardins prennent une notable portion de la superficie de la ville. Ils étaient fort riches et par conséquent très-peuplés autrefois; aujourd'hui ils le sont à peine. Le couvent des Franciscains est le plus beau; il contient cinq églises qui rivalisent de luxe. Les autres en contiennent au moins une, cela sans préjudice des églises paroissiales, chapelles, sanctuaires, dont plusieurs sont en grande réputation, comme le sanctuaire de Nuestra-Señora-de-Loreto, dans le collége de San-Juan, ancien couvent des Jésuites. Quelques-uns de ces temples sont remarquables par leur architecture et, surtout, par leur ornementation intérieure qui est luxueuse, mais pas toujours de bon goût. On y voit beaucoup de ces lourdes sculptures en bois colorié dites *retablos*, dont les Espagnols font un si étrange abus. Tous ces monuments m'inspirèrent de l'admiration sur le moment, mais cette admiration ayant été *crescendo* jusqu'à Mexico, il est prudent à moi d'en réserver l'expression pour ce qui m'a le plus frappé.

Les nonnes confectionnent des *dulces*, conserves de fruits très-sèches qui ont de la réputation. Celles du couvent de Santa-Maria-de-Gracia fabriquent de petites poteries rouges, en une terre de senteur dite terre de Tonala, qui sont très-recherchées; elles font partie des besoins inutiles, du luxe futile des Mexicaines. Beaucoup de femmes ont la manie de grignoter, avec la patience du rat, cette composition parfumée qui cède facilement sous la dent, dépravation de goût qui est le fruit d'une oisiveté par trop complète.

Les moines montrent de tous côtés leurs uniformes variés; ils vont tête nue, généralement, ou bien coiffés du chapeau national aux larges bords. Les prêtres promènent, le plus gravement du monde, l'inqualifiable chapeau de Basile; ils n'ont point de rabat, mais un col blanc ou bleu, comme les prêtres espagnols. Tous fument; c'est le péché mignon de la race, les femmes elles-mêmes y sacrifient et je n'ai le cœur d'en faire reproche ni à celles-ci, ni à ceux-là. Je ne trouve pas qu'il soit plus inconvenant de fumer que de priser et, si profond que je descende en ma conscience, il m'est impossible de découvrir ce qu'il y a de plus contraire aux bonnes mœurs, de plus en opposition avec l'esprit du droit canon, ou de plus préjudiciable à la vertu (sans parler de la question de goût!) dans le fait d'inhaler ou d'exhaler de la fumée, que dans celui de bourrer d'une poudre sternutatoire un nez transformé en alambic à l'effet de distiller la roupie.

Les *padres* ne se privent point non plus des spectacles et fêtes mondaines; on les rencontre aux combats de taureaux et de coqs, au théâtre, au bal, partout enfin. Ils n'y viennent point en censeurs austères et ne songent pas à blâmer ces distractions, d'où j'ai dû conclure que dans les pays où le clergé les condamne, c'est parce qu'ils lui sont interdits par l'opinion, plus sévère là pour des hommes portant la robe et voués au célibat; alors il fait comme le renard à la queue coupée.

Les spectacles, je les pardonne encore, mais les licences de ces hommes vont plus loin, et c'est tomber dans la banalité en quelque sorte que de parler de leur inconduite. Au reste, je me suis promis de n'entrer dans aucuns détails à cet égard.

Cependant, je pourrais raconter plus d'une anecdote piquante, où j'ai figuré en compagnie de quelques bons *padres*, au Mexique, au Chili, au Pérou. La plupart de ces faits me sont restés très-présents, car ils ont porté dans le vif de ma naïveté, plus grande alors qu'aujourd'hui. Moi, vieux routier californien, qui avais fait ma partie avec ce qu'il y avait de plus dessalé dans le monde, j'étais encore capable de rougir pour ceux qui ne rougissaient pas quand ils l'auraient dû.

Tous les voyageurs sont d'accord sur le chapitre de la corruption du clergé hispano-américain. C'est un fait acquis. M. Ampère affirme qu'à l'époque de son passage à Mexico, il y avait là un légat du pape qui perdait son latin à tenter une réforme des couvents, c'est-à-dire à chercher l'impossible.

A mon retour d'Amérique, et à l'époque où le légat était ainsi occupé, j'eus de longs entretiens à ce sujet avec un prêtre français qui, m'ayant connu enfant, s'intéressait à mes aventures. Il me parla avec douleur de cette corruption comme d'une chose bien avérée, et m'assura que le clergé hispano-américain, comme l'ancien clergé français, ne pouvait se régénérer (je cite textuellement) que par le *baptême de sang de* 93. Et il le recevra! ajouta-t-il. Cet homme apostolique allait ainsi de lui-même au delà de ma propre pensée qui s'arrête toujours à la Terreur, car je ne ne crois pas plus à l'efficacité du supplice en politique qu'à celle de l'enfer en morale. Foin du sang! Ce ne serait vraiment pas la peine d'être libéral si l'on ne devait différer en cela aussi de ceux qui ne le sont pas. D'ailleurs tout le clergé mexicain n'est pas corrompu au même degré, et beaucoup de prêtres, qui fraudent la chasteté, n'encourent pas pour cela le reproche de corruption. Plus d'un élève honnêtement une famille souvent nombreuse, fruit d'un concubinage très-régulier. Ceux-là ne méritent pas la mort, ils sont respectables, ils protestent simplement contre l'immoralité d'un système qui viole une des plus saintes lois de la nature, celle de la famille. — *Il n'est pas bon que l'homme soit seul!*

Le prêtre qui me parlait ainsi n'était point le premier venu, un pauvre d'esprit; il occupe aujourd'hui des postes élevés et dans l'Église et dans l'État. Parlerait-il encore de même après l'allocution au consistoire du mois de mars 1861, dans laquelle le pape déplora si amèrement les maux que l'Église mexicaine endurait de la part de la Révolution? Elle n'en était pas au baptême de sang cependant, cette pauvre Église. On lui avait dit seulement :

Vous êtes maigre entrée, il faut maigre sortir.

Peut-être qu'aujourd'hui mon interlocuteur me dirait, comme tant d'autres me l'ont dit, en baissant la voix : « Il n'est pas bon de s'occuper de cela. » — Malepeste ! pour ne pas s'occuper de pareils désordres quand on en a été témoin, il faudrait penser comme M. Th. Gautier (qui *n'a, Dieu merci, aucune idée voltairienne*) que l'Espagne a *perdu son caractère pittoresque avec la suppression des moines, sans qu'on puisse découvrir ce qu'elle a gagné sous d'autres rapports*. — Ou bien trouver *grand jusqu'au sublime*, avec M. V. Hugo, chez les Religieuses Bernardines Bénédictines de l'obédience de Martin Vega, des pratiques empruntées aux fakirs indiens. — Quand on écrit comme ces Messieurs, on peut se permettre de ces plaisanteries ; leur style les dispense de bien des choses. Mais moi, qui n'ai pas leur palette, je suis obligé d'être conséquent avec moi-même pour faire passer ma prose.

J'en ai trop vu au Mexique, non-seulement pour pouvoir douter de l'immoralité du clergé, mais encore pour être disposé à l'indulgence. Si je n'entre, du reste, ainsi que je l'ai promis, dans aucuns détails, c'est que l'expérience m'a prouvé qu'il y aurait du danger à le faire.

Dans le courant de janvier, un Irlandais, qui arrivait de San-Francisco et se rendait à Mexico, où il allait chercher l'autorisation de fonder une colonie en Basse-Californie, s'arrêta à Guadalajara. Comme il ne disait pas un traître mot d'espagnol et que j'étais à peu près le seul qui parlât anglais en ville, il se hâta de se faire présenter chez MM. Tarel et Lyon, m'accabla de prévenances, m'invita à dîner et s'arrangea pour faire de moi un *cicerone* officieux. Il se trouvait que nous avions des relations communes en Californie, ce qui nous aida beaucoup à faire connaissance. Notre liaison dura deux jours, que nous employâmes à parcourir les églises, car mon compagnon était singulièrement dévot et tenait à faire provision d'indulgences; son visage avait un vernis de componction très-accusé et *son œil pénitent ne pleurait qu'eau bénite*. Dans la rue, j'avais à subir des catilinaires qui mettaient ma patience à de rudes épreuves. Il avait le Mexique en horreur; tout ce qui concernait le peuple mexicain était odieux, révoltant, scandaleux; habitudes honteuses, mœurs dégoûtantes, types matériels, esprits abrutis; les femmes étaient ci et çà, les hommes autre chose. Le clergé seul était excepté de ces anathèmes; il le trouvait fort à plaindre d'avoir à diriger un pareil troupeau. Cet homme, issu lui-même d'une race dégradée qui a tant à se plaindre de l'oppression, ne cessait de maudire un peuple abâtardi aussi, sans trouver la loyauté suffisante pour maudire les oppresseurs de ce peuple.

Le second jour que nous passâmes ensemble était un dimanche. Il y avait eu combat de coqs le matin: homélie! il y avait combat de taureaux le soir: homélie! bals publics: homélie! cabarets: homélie! profanation complète du jour du Seigneur! Là-dessus, nous entrions dans un temple, il s'agenouillait avec force signes de croix à côté du bénitier d'abord, puis devant le maître autel, puis devant celui de la Vierge. Après ces trois longues stations, il admirait les pompes du culte, et le luxe de la mise en scène lui arrachait des pleurs d'attendrissement, des éjaculations de foi.

A midi je compris que je n'avais pas en moi les grâces nécessaires pour soutenir plus longtemps une pareille intimité, mais avant de rompre en visière à mon Hibernois, je résolus de me venger un peu de ce qu'il m'avait fait souffrir. Il parlait d'aller entendre vêpres et recevoir la bénédiction à la cathédrale, je commençai par lui dire que mon intention, à moi, était d'aller aux *toros*. Aye! il tourna à l'aigre-doux et se tut. Alors, je lui contai en retour de ses homélies sur la corruption du peuple, une foule d'anecdotes scandaleuses sur le clergé du lieu. Mensonges! mensonges! c'est l'argument ordinaire. Je le mis au pied du mur en lui disant d'un air serré que j'avais vu, de mes yeux vu, ce qui s'appelle vu. Il faillit avoir un coup de sang, car il était pléthorique, et je crus qu'il allait me donner un démenti, mais c'était encore de la naïveté de ma part; à peine remis, il me désarçonna à son tour en me répondant : que tous les torts étaient de mon côté, car, si j'avais été un bon jeune homme, si je n'avais pas été chercher les *padres* ailleurs qu'au cloître ou à la sacristie, je n'aurais pas pu constater leurs irrégularités et il n'y aurait pas eu scandale. Le scandale étant toute l'offense, et moi portant tout le poids du scandale, j'étais, en effet, le seul coupable. — Nous nous séparâmes là-dessus très-froidement en apparence.

La crainte que d'autres ne me jettent le même argument à la face fait que je m'abstiens de dire ici ce que j'ai vu.

CHAPITRE IX.

Distractions. — Tauromachie. — Les trois plaies de Guadalajara. — Le suffrage universel et Santa-Anna. — La foire de San-Juan. — Amnistie. — Motifs apparents et motifs secrets. — Indécisions. — Départ pour Mexico.

L'existence que nous menions était douce et paisible. Ce calme avait quelque chose de particulièrement enchanteur pour moi, c'était une réaction favorable; après les émotions des mois précédents, mon hygiène générale réclamait ce repos et m'en faisait une volupté. J'étais heureux de me replier sur moi-même, de me faire ermite quelques jours au fond de notre délicieuse thébaïde. Aussi me sentais-je disposé à pardonner aux gens du pays une inactivité dont bénéficiait mon penchant du moment; j'aimais à voir le travail se suspendre, les magasins et comptoirs se fermer de midi à trois heures pour la sieste et le soir dès l'*Oracion*, bien que ma raison, imbue de plus saines notions sur l'emploi du temps, condamnât en secret cette indolence préméditée. Mais, comment se gendarmer contre une jouissance!

La fabrique recevait quelques visiteurs, en petit nombre, mais gens de choix : le docteur Clément, M. Aguerre, M. Jones, Américain du nord fixé depuis longues années dans ces parages, les familles Llanoz et Celayeta, etc. MM. Llanoz et Celayeta sont Mexicains tous deux et, à eux seuls, ils suffiraient pour me faire penser tout le bien possible de leur race et me donner la plus grande confiance en son avenir. Chaque matin, l'arrivée des journaux de Mexico, le *Diario official*, le *Trait d'union*, créait une petite diversion; les feuilles avaient cinq à six jours de date, les nouvelles beaucoup plus, mais enfin c'étaient des nouvelles.

J'avais peu le goût des distractions extérieures, qui, du reste, ne sont pas nombreuses dans la bonne ville de Guadalajara. Les cafés ne sont guère d'usage, les tavernes sont abandonnées au populaire; les gens aisés, les négociants surtout, vont à la *lonja*, le cercle du commerce. En dehors de là il y avait le théâtre, qui était assez mauvais pour ne pas m'attirer. Les courses de taureaux avaient seules le privilége de me faire sortir de temps en temps de ma réserve. Je ne me donnerai pas le genre de faire, après M. Th. Gautier, le tableau d'un de ces tournois, car, en admettant même que je trouvasse les mêmes couleurs que lui, je devrais forcément rester inférieur pour le trait, attendu que, les taureaux du Mexique étant notoirement plus bénins que ceux de la vieille Espagne, l'effet général d'un combat doit être moins saisissant, moins complet. Mais, comme l'auteur de *Tras os montes*, j'avouerai que j'aime ce spectacle et répéterai avec lui qu'en somme, « il est plus sain pour l'esprit et pour le cœur de voir un homme de courage tuer une bête féroce à la face du ciel, que d'entendre un histrion sans talent débiter de la littérature frelatée. » Je préférerais aussi voir par tous pays combattre des taureaux dans un cirque, que de voir des hommes jeunes et vigoureux aller s'entre-tuer par milliers, sans savoir pourquoi, sur un champ de bataille, et je ne supporte guère les mercuriales sur la tauromachie, que dans la bouche des amis de la paix et du désarmement universel.

Je demeurai donc beaucoup à la maison, où la *huerta* m'offrait la plus ravissante de toutes les promenades. Le mois d'octobre avait clos la saison des pluies, le temps était radieux, le jardin nous fournissait tous les jours, au mois de janvier, des bouquets de roses et de fleurs d'oranger. A cette époque de l'année, c'est-à-dire au cœur de l'hiver, la température était celle des plus belles journées d'automne en France ; à la chute du jour on changeait ses vêtements de toile contre du drap, et l'on fermait les fenêtres pour causer, jouer ou lire, mais on ne songeait seulement pas à la nécessité de faire du feu.

Les nuits étaient splendides, et j'en ai passé plus d'une à errer sous les grands orangers sans avoir le courage de regagner ma chambre, alors que la lune, radieuse dans un ciel pur, inondait le paysage de clartés puissantes, inconnues dans nos régions. Guadalajara, avec son beau climat, est vraiment un séjour délicieux, malgré quelques inconvénients, car il y en a partout. Les plus sérieux sont au nombre de trois : l'ophthalmie, les puces, les cloches. J'ignore ce qu'on pourrait faire pour se débarrasser des deux premiers, quant au troisième, ce serait facile, je pense.

L'ophthalmie n'a rien de grave; elle consiste en une légère inflammation de la conjonctive et surtout des paupières, à laquelle l'étranger échappe rarement. C'est une affaire d'acclimatation. La cause de ce mal doit être attribuée vraisemblablement à la fine poussière du *tequesquite* qu'apportent certains vents. Je ne me suis pas aperçu qu'il y ait d'autres affections spéciales à redouter.

Les puces constituent un désagrément bien autrement sérieux. Ces folâtres insectes y sont à l'état de plaie d'Égypte, et, bien que la maison fût tenue avec une propreté toute hollandaise, nous n'en étions pas moins dévorés. Elles nous causaient de graves distractions le soir, autour de la table de jeu, où elles venaient s'attaquer à nos jambes avec une fureur inimaginable, et c'était comique que de voir nos luttes avec elles; nous en riions nous-mêmes le plus cordialement du monde. Les lits sont supportés par quatre pieds très-élevés à cause de cette engeance; on a soin de se déshabiller à l'autre extrémité de la chambre, on se brosse soigneusement les jambes et, quand on se trouve à peu près *inhabité*, on s'élance sur sa couche. Avec de la finesse on parvient ainsi à n'en avoir que trois ou quatre pour sa nuit. Les gens du peuple couchent à terre, sur des *petates*, et dorment très-bien; je ne les ai jamais vus s'inquiéter beaucoup non plus des punaises, qui prospèrent admirablement sur tout le territoire de la République, partout du moins où la propreté n'est pas excessive.

Les poudres insecticides n'avaient pas encore pénétré jusque-là à cette époque, et c'était à beaux coups d'ongles qu'il fallait faire justice des puces; je faisais chaque matin un massacre de rigueur. En m'éveillant je courais tout d'abord au pantalon que j'avais quitté la veille, je le retournais avec tous les ménagements voulus, et, dans les plus profonds replis des coutures, j'y trouvais, engourdies par la fraîcheur du matin et la digestion de mon sang un certain nombre de ces maraudeuses, grasses, maflues et rebondies. Pendant que je réglais leur compte, celles qui habitaient le carrelage de la chambre arrivaient peu à peu, affamées et maigres comme chats de gouttières; une à une elles sautaient bravement à mes jambes nues où, d'un doigt mouillé, je les happais dès qu'elles se posaient. Cette chasse me donnait assez régulièrement une vingtaine de victimes, quelquefois plus, rarement moins. Si je passais un jour sans la faire, le nombre était plus que doublé le lendemain.

Après ce tableau, on se demandera de quel inconvénient peuvent être les cloches, dont il me reste à parler.

Les cloches, oui-da! mais elles n'en ont qu'un, c'est celui d'être perpétuellement en branle. Je me trompe, elles en ont un autre, celui d'être effroyablement nombreuses. Le soir surtout, c'est à vous rendre fou et fou furieux.

Tin, tin, tin, dig din don, tintement, carillon ou grande volée, tin, tin, tin, c'est chaque jour vigile, commémoration, lendemain un octave de quelque bonne fête. On a constaté que le nombre des jours ouvrables, dit fort proprement *dias utiles*, n'était que de cent soixante-quinze au Mexique. Pauvre Jacques Bonhomme!

> Le mal est que dans l'an s'entremêlent des jours
> Qu'il faut chômer, on nous ruine en fêtes;
> L'une fait tort à l'autre et Monsieur le curé,
> De quelque nouveau saint charge toujours son prône.

Or, les jours *utiles* rapportent très-peu et les jours fériés coûtent beaucoup; il faut faire des offrandes et tirer des fusées, des *cohetes*. Chaque soir on en voit une masse partir du pied de quelque clocher bruyant. Les pauvres diables qui se dévotionnent ainsi ont le ventre creux.

Chaque coup de cloche que l'on entend éveille invinciblement quelque réflexion de ce genre, et pour trouver encore quelque poésie à ce bruit régulier et monotone après un séjour dans ces pays, il faudrait avoir le système nerveux aussi peu développé que la faculté de raisonner. Un soir, dans ces dispositions, j'ouvris le Faust machinalement, au hasard, et tombai sur ces paroles de Mephisto : « Je comprends l'ennui capital qui empoisonne ta vie. Comment le nier? A toute noble oreille la sonnerie des cloches répugne. Et ce damné bim, baum, boum, qui charge l'atmosphère sereine du soir, se mêle à tout événement, depuis le premier bain jusqu'à l'enterrement, comme si entre bim et baum la vie n'était qu'un vain songe. » Je fermai le livre et m'allai coucher.

Le 1er décembre de cette année fut signalé par un événement politique mémorable. Le mandat dictatorial de Santa-Anna expirait, et le peuple mexicain avait été invité quelques semaines auparavant, par une circulaire officielle, à donner ce jour-là son avis sur les questions suivantes, au moyen du vote universel.

1° Le président actuel de la République doit-il conserver le pouvoir suprême avec les mêmes amples facultés dont il est investi maintenant?

2° Dans le cas où il ne continuerait pas à exercer ces mêmes amples facultés, à qui doit-il remettre immédiatement le pouvoir?

Manière aussi jésuitique qu'insolente de dire à un peuple : si je ne suis dictateur, je ne veux rien être. Santa-Anna eût mérité pour cela seul de perdre le pouvoir, et nul doute qu'il ne l'eût perdu si les choses s'étaient passées honnêtement, c'est-à-dire si le Mexique avait été libre de ses allures; mais Santa-Anna avait sous la main sa bonne armée, composée de Mexicains et payée par les Mexicains, il est vrai, mais enfin soumise à la discipline, la première des vertus militaires. L'armée fut mise sur le pied de guerre.

Durant les quelques jours qui s'écoulèrent entre la publication de la circulaire et les élections, personne ne parut s'occuper des questions importantes qu'on allait avoir à résoudre, si ce n'est les agents du gouvernement, qui décourageaient l'opposition et réchauffaient le zèle conservateur, à la manière dont s'y prennent les planteurs pour combattre la paresse chez le nègre et stimuler son ardeur au travail, c'est-à-dire en lui montrant le nerf de bœuf. Je vis faire de la corruption, de l'intimidation, je vis distribuer aux troupes des cartouches et un arriéré de solde, mais je ne lus aucun article de journal, je ne vis aucun meeting où l'on discutât ce qu'il y avait à faire dans d'aussi graves conjonctures, où l'on s'éclairât sur le point de savoir si le Mexique avait encore besoin d'une dictature ou pouvait s'en passer, où l'on cherchât quel était l'homme le plus capable de succéder à Santa-Anna, s'il se retirait. Aucun candidat ne fit sa profession de foi, personne ne parut convoiter cette succession qui n'était pas ouverte; on comprenait qu'il ne s'agissait pas précisément, pour le peuple mexicain, de déclarer s'il lui convenait ou non de maintenir Santa-Anna et la dictature, mais seulement d'accepter l'un et l'autre de gré pour ne pas se les voir imposer de force. Il fallait accepter ou se mettre en insurrection, et le moment n'était pas venu. On attendit le 1er décembre dans une indifférence apathique.

Le vote eut lieu, et tout se passa très-bien; pas de bruit, pas de ces désordres qui signalent les élections chez ces sauvages yankees, pas un coup de poing, pas un cri, pas une insulte, pas une récrimination politique! Les âmes charitables qui demandent la paix ici-bas pour les hommes de bonne volonté eurent, ce jour-là, un bien grand triomphe au Mexique. On avait supprimé les bulletins et les urnes, méthode embarrassante, et on les avait remplacés par de grands registres en blanc; en tête d'une page il y avait le mot Oui, en regard sur l'autre le mot Non; chacun pouvait en approcher librement, et avec la même liberté signer sur l'une ou l'autre; personne n'y était contraint du reste, et beaucoup s'abstinrent. Les soldats toutefois votèrent obligatoirement entre les mains de leurs colonels, les moines entre les mains de leurs supérieurs, les Indiens des *pueblos* entre les mains de leurs curés, les *peones* ou serfs des haciendas entre les mains de leurs seigneurs, les employés entre les mains des directeurs d'administration; les gens de rien seuls usèrent du registre. Parmi ces derniers il s'en trouva quelques-uns qui, ambitionnant la palme du martyre, s'avisèrent de souiller de leurs noms la blancheur immaculée de la page négative. Ceux-là furent enlevés de leur domicile, la nuit suivante, par des soldats. Internés dans les provinces du sud, ils furent incorporés en qualité de volontaires dans des régiments de discipline, où on leur inculqua les principes de l'obéissance passive. Le 2 décembre de l'an de grâce 1854, don Antonio Lopez de Santa-Anna se réveilla plus dictateur que jamais, en attendant que la liberté prît sur lui sa revanche.

Ah! qu'il faut user de patience quelquefois pour en conserver un peu! Je venais d'assister à une manifestation du suffrage universel. Était-ce possible? Santa-Anna n'avait pour lui, je le savais, que le parti clérical et l'armée, et le suffrage universel venait de le maintenir au pouvoir contre la volonté de l'immense majorité de la nation! Quel dilemme paradoxal était-ce là? Le peuple mexicain en masse était-il en démence, ou bien avais-je perdu l'esprit? Ni ceci, ni cela; de suffrage universel pas davantage, mais une mystification nationale, une escobarderie politique des plus consciencieuses, une parodie sans pudeur, infâme de la part des gouvernants, ridicule pour les gouvernés, honteuse pour les uns et les autres, la machination perverse de l'adultère faisant intervenir activement le mari dans la comédie qu'il joue pour posséder la femme. Le Mexique, à ce moment-là, me parut dans le rôle du Cocu battu et content.

Santa-Anna aurait pu se maintenir au pouvoir, effrontément mais énergiquement, sans vote, de sa propre autorité, en annonçant au peuple que la raison d'État le voulait ainsi, et le droit du plus fort aussi. Il eût été lion alors. Au lieu de cela il avait calculé dans sa bassesse de singe qu'il valait mieux se donner le masque de la légalité; à l'aide d'un subterfuge, tromper l'opinion au dehors, et, à l'intérieur, séduire les consciences timides, rallier ce parti que Sismondi accusait d'être *ivre d'ordre et furieux de tranquillité*. Avec ce subterfuge, il espérait faire croire à l'existence d'une démocratie ne fonctionnant que pour se détruire elle-même; acquérir le droit de se proclamer tyran élu du suffrage universel. Santa-Anna est une de ces natures personnelles pour lesquelles l'expérience n'a pas de leçons. Chassé vingt fois du pouvoir, il y revint vingt fois tel qu'il en était parti, à cela près pourtant que ses vices politiques et privés avaient pris du développement avec l'âge. Mettre à profit l'épuisement de la nation pour s'imposer brutalement à elle fut le but unique vers lequel il concentra sans cesse toute son habileté.

La petite surexcitation que provoqua cet incident se perdit bientôt dans les préoccupations d'un fait autrement important, la grande foire annuelle de San-Juan de los Lagos, dans l'État d'Aguas-Calientes.

Le pays entier est en mouvement à cette occasion. La *feria* commence le 5 et dure huit jours, pendant lesquels il se traite des affaires considérables. Là arrivent les produits du monde entier, les étoffes de soie et de laine, les velours, les satins de l'Europe, les toiles des États-

Unis, et la production indigène avec son cachet pittoresque : les draps de Querétaro, les mantas de Tepic et de Salamanca, les beaux sarapes del Saltillo, les vestes et calzoneras de *gamuza* (peau de daim) de Chihuahua; les rebozos, la sellerie, les chapeaux *jaranos* de Guadalajara, la poterie commune de San-Pedro et la petite poterie fine en terre de senteur de Tonala; les mors de bride, les étriers massifs, les longs éperons à gigantesques molettes, en acier richement travaillé et damasquiné; les *lazos* et *reatas* en cuir cru tressé de la Tierra fria, et les lazos de crin de la Tierra caliente. Là, Celaya envoie ses savons, Tequila son mescal, Pachuca son pulque, Mexico sa bijouterie fine ou fausse, dans le goût arabe, où la monnaie d'or et d'argent figure comme ornement. De longues files de chariots, d'interminables caravanes de mules arrivent et partent. San-Juan, qui compte quatre ou cinq mille habitants l'année durant, en compte cinquante mille pendant ces huit jours. Les boutiques se louent un prix fou.

M. Lyon s'y rendit avec les produits de la fabrique. Il avait été arrêté que je l'accompagnerais, car il est nécessaire d'être en nombre et bien armés pour se lancer avec des valeurs au milieu de ce pandémonium, mais au dernier moment, le gouverneur retira son autorisation. Faute d'avoir vu, j'emprunterai donc à Gabriel Ferry les détails suivants :

« L'origine de cette foire fut d'abord toute religieuse. Notre-Dame de Saint-Jean des Lacs était en grande renommée pour les miracles de toute espèce qu'elle opérait, soit pour la guérison des infirmités les plus incurables, soit pour l'apaisement des consciences les plus désespérées. Un pèlerinage à San-Juan, accompagné de riches offrandes, ne suffisait pas, dans le dernier cas, pour obtenir le résultat désiré; le pénitent devait, en outre, descendre à genoux la côte rapide qui mène à la place, traverser celle-ci, monter les douze degrés de la cathédrale. Là il attendait sur le parvis, les genoux en sang, que le prêtre reçût l'offrande et lui donnât l'absolution. Aujourd'hui, bien que le caractère religieux de cette foire se soit en partie effacé, on voit encore plusieurs fois par jour des malheureux acheter ainsi le pardon des crimes dont ils sont souillés. Cette pénitence doit, comme on le comprend sans peine, rendre à la longue la conscience aussi caleuse que les genoux.

« Les marchands ne tardèrent pas à venir exploiter les pénitents, dont le nombre était grand; les joueurs vinrent exploiter les marchands; les pauvres Indiens vinrent faire bénir leurs poules, leurs ânes et leurs chiens. Les voleurs vinrent mettre à contribution à leur tour les pénitents, les marchands, les joueurs, les Indiens, et une nuée de courtisanes s'abattit comme des sauterelles dévorantes sur cette mêlée de dupes et de fripons. Telle fut l'origine de la foire actuelle.

« La *villa* de San-Juan de los Lagos est bâtie au fond d'un bassin circulaire si profond, qu'à peine aperçoit-on de loin le sommet des deux tours de sa cathédrale. Quant à la ville, on ne la devine que du sommet du talus escarpé qui l'entoure de tous côtés. »

Nous ne tardâmes pas à savoir pourquoi l'autorité avait jugé à propos de me retenir. Un décret de Santa-Anna, en date du 29 novembre, nous amnistiait, et les prisonniers de Perote étaient déjà à la Vera-Cruz, attendant un navire de guerre français qui devait les transporter hors du territoire mexicain. Il était présumable que d'un moment à l'autre je pouvais être appelé à Mexico. La communication officielle du ministre de la guerre au ministre des affaires étrangères, à l'occasion du décret, portait que Santa-Anna désirait nous mettre à la disposition de notre gouvernement, en preuve de sa considération toute spéciale pour l'empereur des Français.

C'était bien une amnistie, mais ce n'était pas précisément la liberté, et ce nouvel incident me jeta dans un grand embarras. Qu'allais-je faire? M'embarquer avec les autres sur un navire français? J'avoue candidement que je m'y sentais fort peu disposé. La conduite de notre gouvernement à notre égard jusqu'à ce moment ne m'inspirait aucune confiance pour l'avenir. Je désirais retourner immédiatement en Californie sans faire le tour du monde auparavant, ou bien je préférais le séjour du Mexique à toute autre éventualité. D'un autre côté, j'étais obsédé du désir de voir Mexico. Je pris conseil, et l'on m'engagea unanimement à demeurer coi jusqu'à ce que le gouvernement décidât du sort de ceux abandonnés, comme moi, dans les hôpitaux de la république; nous étions quinze dans ce cas à Guadalajara. Il y avait de grandes chances pour que nous fussions oubliés, ce qui me laissait libre dans les meilleures conditions. Si, au contraire, on nous réclamait pour nous adjoindre aux autres, alors je songerais à la fuite et les moyens en seraient à ma disposition.

Les jours se passèrent sans apporter de solution. Le 12 janvier, je reçus une lettre de M. Guilhot datée du 25 décembre. Il me racontait, entre autres choses, quelques particularités de leur séjour à Perote, qui me firent ouvrir de grands yeux, et me donnèrent l'explication du bon mouvement de Son Altesse Sérénissime à notre égard. Cette amnistie avait, il faut le dire, étonné tout le monde, car du moment où l'on nous avait vus abandonnés de notre gouvernement, on avait pensé que nous demeurerions à Perote aussi longtemps que Santa-Anna demeurerait au pouvoir. Le décret venait démentir cette supposition, mais comme il ne pouvait entrer dans l'esprit de personne de prêter un sentiment généreux à Santa-Anna, on s'était dit en riant que, trouvant trop onéreux de nous nourrir à rien faire, il s'était mis en frais de générosité par économie. Il y avait une autre raison et la voici.

Le colonel d'artillerie du château de Perote était un homme intelligent, élevé en France, fort bien disposé pour les prisonniers, et en particulier pour M. Guilhot. Un jour il prit celui-ci à part et lui confia un secret important : il s'agissait d'un plan d'insurrection et le colonel avait jeté les yeux sur ses prisonniers. — « Si vous voulez appuyer notre premier coup de main avec une soixantaine de vos hommes, dit-il à Guilhot, vous n'aurez pas eu affaire à un ingrat, et c'est, en tout cas, un sûr moyen de reconquérir votre liberté. » Il mit à sa disposition de l'argent, du canon, des armes excellentes, des munitions ; il s'agissait seulement de l'aider à prendre Puebla. M. Guilhot s'engagea séance tenante. En attendant le moment d'agir, ils convinrent de mettre la plus grande réserve apparente et jusqu'à de la froideur dans leurs relations, surtout en face du gouverneur. M. Guilhot crut voir, en effet, que le colonel était en suspicion. Peu de temps après cet entretien, il se retira à Jalapa en congé temporaire.

Le décret d'amnistie arriva; en passant à Jalapa, M. Guilhot demanda à voir le colonel. On fit d'abord quelques difficultés, puis un officier l'y conduisit et demeura présent à leur entrevue. Le colonel put seulement lui dire à mots couverts que le moment n'était pas venu, qu'il était étroitement surveillé, et qu'en tout cas il comptait aveuglément sur sa discrétion.

Il était évident que Santa-Anna avait eu vent du complot, et son plus cher désir avait été dès lors de se débarrasser d'hommes qui pouvaient devenir très-dangereux entre les mains de ses ennemis. Les faire fusiller n'étant plus possible, il songea à en faire une galanterie à l'empereur des Français, couleur qui en valait bien une autre.

Dans cette lettre, comme dans la précédente, M. Guilhot ne tarissait pas en éloges sur les officiers mexicains à qui ils avaient eu affaire ; les uns après les autres, ils avaient montré une considération bienveillante toujours, affectueuse quelquefois, pour leurs prisonniers. Partout, au reste, ceux-ci n'avaient recueilli que marques de sympathie de la part de la population et de la part de nos compatriotes établis dans le pays. Quant à leur sort ou plutôt à notre sort à venir, il m'annonçait que nous allions être transportés à la Martinique et que notre ministre à Mexico avait reçu l'ordre de ne laisser rentrer aucun de nous en France.

Je fus pris d'un désir immodéré de ne pas voir la Martinique. On me conseilla de gagner la côte du Pacifique, afin de m'embarquer pour San-Francisco ; mais pour cela il fallait qu'il vînt à San-Blas, à Mazatlan ou à Manzanillo un navire à destination de ce port. Il était inutile de songer à Acapulco, où touche le steamer qui fait le service de Panama à San-Francisco, attendu que le vieil Alvarez tenait tout le pays d'alentour, et coupait sans pitié les communications. On ne pouvait plus correspondre avec la Californie par cette voie, ou du moins si difficilement que les lettres revenaient à cinq, dix, quinze et jusqu'à cinquante piastres, quand elles arrivaient. Un courrier, qui s'était tiré heureusement d'une de ces expéditions, me dit à cette époque avoir rencontré sur sa route trois de ses prédécesseurs : l'un était pendu, l'autre en prison ; le dernier, attaché à un poteau à la porte du général Alvarez, attendait qu'on l'envoyât rejoindre le second ou le premier. Faute de la recommandation du pauvre commissaire de Belen, Alvarez pouvait bien allonger encore indéfiniment mon voyage, en y ajoutant quelques péripéties dramatiques de pure surérogation.

On me tenait donc au courant des arrivages à Manzanillo, à San-Blas et à Mazatlan, mais comme il ne se présentait pas de navire à ma convenance, je demeurais fort embarrassé quand, le 20 janvier, je fus mandé à la préfecture avec mes quatorze compagnons. On nous annonça que nous allions partir pour Mexico, et comme on ne jugeait pas à propos de déranger un détachement de troupes pour nous conduire, on pensait s'en remettre à notre bonne foi et à un passe-port commun. Ce passe-port commun, qui créait entre nous une sorte de solidarité, ne nous souriait pas du tout ; en somme, c'était une pièce parfaitement inutile. Les autres ne paraissaient pas plus disposés que moi à aller à la Martinique, ceux-ci voulaient rester dans le pays, ceux-là s'embarquer pour tel ou tel port du Pacifique ; bref, nous devions rayonner dans quinze directions différentes, il nous fallait donc autant de passe-ports. Je courus chez don Manuel Esquerro, qui pouvait beaucoup dans cette affaire ; il venait d'être nommé général et comptait à Guadalajara. Je lui représentai que nous ne pouvions pas voyager tous ensemble, les uns se proposant d'aller à pied, les autres à cheval, en voiture, en charrette, chacun selon ses moyens et suivant les occasions ; forcés de ne pas nous séparer, nous étions en quelque sorte forcés aussi d'aller tous à pied, ce qui était cruel.

Le digne général comprit fort bien tout ce que je lui dis, et peut-être aussi tout ce que je ne lui dis pas ; il s'employa du meilleur cœur à résoudre cette difficulté, et fit si bien que nous obtînmes ce que nous voulions. Le 21, on remit à chacun de nous un passe-port avec une indemnité de route ; on nous recommanda expressément de partir de suite et de faire diligence, de peur d'arriver après le départ de nos camarades.

Cette dernière éventualité, à laquelle j'avais déjà réfléchi malgré moi, devint, sous l'influence du désir que j'avais de voir la capitale, une idée fixe, une conviction. Du côté du Pacifique les occasions de départ pour la Californie continuaient à faire défaut, et j'avais la perspective de passer plusieurs mois dans une triste et ennuyeuse attente à l'un des ports susmentionnés. Mexico ! Mexico ! ce nom tintait sans cesse à mes oreilles, et j'avais des visions magiques. Qui pouvait m'empêcher d'y aller et d'y demeurer caché jusque après le départ de la troupe pour la Martinique? Alors je me présenterais hardiment à la légation française, où ma qualité d'exception unique ne pouvait manquer de me valoir un traitement exceptionnel ; je ferais régulariser ma position de manière à pouvoir demeurer dans le pays ou, au pis aller, j'obtiendrais un passe-port pour les États-Unis. Sur ces calculs de probabilités, je me laissai aller à un désir bien naturel, et mon voyage à Mexico fut chose arrêtée.

Le 22, je fis mes visites d'adieu; le lendemain, dans la matinée, je pris congé d'une famille qui m'était devenue chère, et, montant à cheval, je m'éloignai le cœur gros de cette oasis où ma bonne étoile m'avait conduit comme pour me récompenser de tous les maux passés et à venir. Quitter ceux que l'on aime est toujours une dure nécessité, et, si la raison ne venait sagement tempérer le sentiment, voyager serait le plus cruel de tous les supplices, tandis que c'est au contraire le plus sain de tous les exercices. Non-seulement il y a profit pour le corps et l'intelligence, mais encore pour le cœur; il apprend que le nombre des gens dignes d'être aimés est plus grand qu'on ne le croit sur ce pauvre globe dont on a tant médit, au sein de cette pauvre humanité que l'on a tant calomniée ; il apprend à aimer de loin, excellente recette pour aimer beaucoup, excellent préservatif contre le chauvinisme, ce sauvage besoin de détester tout ce qui ne nous touche pas immédiatement. Voyager développe la faculté d'aimer.

CHAPITRE X.

Le désert et les regrets. — Costume et harnais mexicains. — Zapotlanejo. — Un couple de moines. — Un domestique d'occasion et un cheval *campero*. — Tepatitlan. — Les *chinches*. — Le *cerrito*. — San-Miguel. — Don Blas Roblero. — Chevaux de *sobrepaso*. — Combats de coqs. — Un *abrazo*.

23 janvier. — Je traversai San-Pedro; on n'y voyait plus ni soldats ni prisonniers, et tout était bien calme autour du lieu où nous avions été enfermés. Quatre lieues plus loin, je passai le rio Santiago sur un beau pont de pierre d'un grand développement, orné de pyramides, d'obélisques et de niches; le lit du fleuve est très-large en cet endroit, mais il est peu profond, surtout à cette époque de l'année.

Au delà des collines qui le bordent, j'entre dans une belle vallée et suis frappé de la physionomie nouvelle qu'a prise le pays depuis cinq mois. Les pluies sont terminées, la moisson est faite, le sol est nu, et ce parage, renommé pour sa fertilité, a l'air d'une terre stérile. La verdure des buissons a jauni sous les feux du soleil, il n'y a plus de nuages au ciel, plus d'*atascaderos* sur la route, mais, en revanche, des flots d'une poussière tellement fine qu'elle semble échapper aux lois de la pesanteur; soulevée par le pied des animaux, elle demeure en suspension dans l'air comme une vapeur. Les habitations sont rares et perdues dans la distance au pied de montagnes rousses et hardies.

A mesure que j'avançais dans cette solitude agreste, m'éloignant d'une ville d'où je n'étais sorti qu'au prix d'un déchirement, je sentais un trouble indéfinissable s'emparer de moi. J'étais heureux et malheureux à la fois. Une lutte s'établit dans mon cœur entre la tristesse que j'emporte et l'enivrement qui m'envahit peu à peu. Ce vide qu'une séparation douloureuse crée autour de l'homme s'élargit pour moi jusqu'aux limites de l'horizon, mais il se peuple en même temps de sentiments nouveaux; une joie étrange, tressaillement des sens que le voyageur connaît seul, menace d'étouffer la tristesse, de la réduire aux proportions d'un doux regret, métamorphose qui s'opère dans une confusion inexprimable. C'est une oscillation constante, un va-et-vient qui porte au cerveau. Au comble de l'exaltation, une sorte de remords vient me prendre à la gorge, froisse de son aile noire mon cœur où saigne une plaie, un nuage passe devant mes yeux, je retombe dans un abîme creusé en quelques heures et qui a déjà la profondeur d'un passé. Puis le nuage se déchire à quelque frasque de mon ardente monture, la réalité du présent me frappe, m'absorbe et me transporte : au milieu de ce paysage sévère et grandiose, il me semble que je m'enfonce dans le désert.

Pourquoi le cœur se dilate-t-il au désert? pourquoi se sent-on heureux et fier de vivre? C'est que l'organisme entier s'y retrempe dans une atmosphère riche, libre et pure; c'est que là, plus que partout ailleurs, on est en communication directe avec la nature, dont la vie se révèle alors dans son étrange complexité à l'observateur le moins attentif. Seul, en face de quelque beauté secrète de cette reine mère, il semble que l'on ne puisse manquer d'attirer son attention. Si ce n'est pas pour vous seul que le soleil éclaire, que le vent souffle, que la source jaillit, du moins ce rayon qui tombe sur la solitude, ce souffle caressant qui y cherchait en vain un homme, cette eau murmurante où se désaltérait l'animal peu soucieux de la bénir, et le palmier et la fleur qui se balançaient mélancoliquement à la brise, prodiguant en vain, l'un son ombre, l'autre son parfum, toutes ces merveilles sans témoins doivent tressaillir de joie au bruit des pas du roi de cet univers, comme à la venue d'un nouvel Adam, et s'apprêter à lui faire fête en reconnaissance de son admiration. Car la nature a des coquetteries infinies et irrésistibles; pour qu'elle n'en eût pas, il faudrait que l'homme ne fût qu'un parasite odieux sur ses flancs, et que le travail incessant de l'humanité fût un combat de vie ou de mort avec elle.

L'homme est fait pour vivre avec les hommes et ne peut sans péril se soustraire à cette loi; mais, de même qu'il partage son temps entre le sommeil et la veille, l'activité et le repos, peut-être devrait-il le partager entre les champs et la ville. Tous ceux qui le peuvent le font instinctivement, et ils ont raison. Peut-être s'apercevra-t-on un jour que l'atmosphère des villes, trop riche en principes intellectuels aux dépens des principes organiques, celle des champs, trop pauvre au contraire des premiers, sont, au long aller, d'un séjour également malsain. Peut-être s'apercevra-t-on un jour qu'il n'est pas bon de mourir en ville, au milieu de ces pierres qui parlent sans cesse de sépulcre à l'œil du valétudinaire. Les Indiens d'Amérique attendent cette dernière péripétie de l'existence étendus tout le jour devant la porte de leur wigwam. Mourir dans un chaud rayon de soleil, au murmure d'une eau courante, près d'un chêne majestueux qui a vu passer des générations et en attend d'autres, avec une montagne altière pour horizon, s'éteindre ainsi au milieu de l'activité éternelle, ce n'est plus mourir mais se fondre dans la vie; c'est un rêve d'or en face des froids et désespérants mystères d'une alcôve fermée.

Vivre en ville est indispensable au développement du cerveau, vivre aux champs est indispensable à l'hygiène générale. La lutte est rude au sein de ces ruchers humains pour qui ne consent pas à végéter sur place, comme un rosier maladif sur la fenêtre d'une mansarde, avec la maigre part d'humus, d'eau, d'air et de soleil que les circonstances lui auront faite. Dans cette lutte, le cerveau s'épuise par la surexcitation, les forces s'usent et, à mesure qu'elles s'en vont, les difficultés grandissent, montent, s'accumulent. Heureux qui peut aller calmer sa fièvre dans la contemplation d'une belle nature. Ce sentiment vivifiant est pour lui ce qu'est pour le fer rouge le bain de la cémentation. Les cajoleries du grand tout lui rendent, avec l'élasticité de la pensée, la conscience de sa force, de sa valeur, de sa dignité; homme il se retrouve, mais homme nouveau. A l'époque actuelle, période critique d'un siècle critique, nous nous surmenons tous par la pensée, nous ne voyageons pas assez et pas assez loin.

Voyager est une si belle chose! Il n'est pas de jouissance sur laquelle il soit plus difficile de se blaser, parce qu'il n'en est pas d'aussi variée : l'immortalité suffirait à peine à un voyageur pour cesser de voir du nouveau sur notre chétive planète. Depuis que je m'étais embarqué jadis à Pauillac sur Gironde, passager délicat d'une dunette confortable, j'en étais à la vingtième phase de ma vie aventureuse; depuis mon départ de San-Francisco c'était la troisième que je voyais s'ouvrir. La première, la vie du marin commensal de *la Belle*, s'était terminée à Guaymas; la seconde, la vie du militaire prisonnier, promené tumultueusement de brigade en brigade, s'était terminée à l'hospice de Belen; maintenant, libre et seul, muni d'un passe-port en règle et monté comme un saint Georges, j'abordais une nouvelle existence. J'avais déjà voyagé dans ces conditions, mais dans un autre milieu, et que de choses sont changées autour de moi! Je suis au Mexique et je suis Mexicain, je parle la langue et porte le costume du pays, je suis mon maître, je suis heureux !

J'ai déjà parlé du costume : chapeau *jarano* aux vastes rebords galonnés, à *toquilla* volumineuse, veste ronde et sarape, voilà le fond. En qualité de cavalier je porte les *chaparreras*, sorte de pantalons ou plutôt de jambières de peau garnie de son poil, boutonnées sur le côté et montant, par devant seulement, jusqu'à la taille pour s'y fixer au moyen d'un ceinturon; les plus communes sont en peau de veau à boutons de cuivre ; les plus riches, celles des élégants citadins, en peau d'ocelot à boutons d'argent ou d'or. Cette armure, qui est un perfectionnement des *armas de agua*, sert surtout, ainsi que l'indique son nom, à protéger les jambes dans les fourrés épineux des *chaparrales*.

A l'arçon de ma selle est fixé un sabre de cavalerie, l'arme la plus en usage dans ce pays et que les militaires seuls portent au côté. Enfin le harnachement de ma bête est strictement national aussi.

Le harnais mexicain rappelle celui de l'Arabe avec plus d'élégance et de fini. La selle est sans contredit admirable, et je n'en connais pas qui la surpassent ni en commodité ni en grâce. Quoique lourde, inévitablement, pour pouvoir résister aux terribles secousses auxquelles on la soumet, elle est admirablement conçue pour ne pas blesser l'animal. Le pommeau à tête de champignon est très-élevé, beaucoup plus que le troussequin, de manière à laisser le garrot entièrement libre tout en le protégeant. La sangle dépend de l'arçon de devant, ainsi que cela doit être, puisque c'est au pommeau que s'attache le lazo quand on s'en sert, et que c'est cette partie qui supporte les plus grands efforts. L'étrivière, au contraire, pend au milieu. Cette disposition, qui ramène le cavalier aux principes de notre ancienne équitation, est indispensable pour des gens qui se livrent sur leurs chevaux à des exercices aussi violents et aussi excentriques ; elle leur permet surtout de se rejeter en toute confiance en arrière sans s'exposer à perdre l'équilibre ; arc-bouté sur les étriers, le corps ne chute pas, il plie, et son élasticité le redresse tout naturellement. La sangle n'est point un tissu, mais une simple réunion de cordelettes disposées parallèlement et ne blessant jamais le cheval. Les boucles sont chose à peu près inconnue dans cette sellerie, des anneaux de fer et des lanières de cuir y suppléent.

La bride est simple et légère ; elle n'a le plus souvent qu'une simple gorgerette, rarement de muserolle et jamais de frontail, mais deux ouvertures longitudinales dans le haut de la têtière servent à passer les oreilles. Cette têtière est souvent garnie de bouffettes de cuir et d'ornements d'argent placés, non sur les tempes, mais sur les joues et près du mors. Le mors est celui des Arabes ; un anneau fixé au sommet de la porte, au milieu de l'embouchure, prend la mâchoire inférieure et sert de gourmette ; les branches, longues et recourbées, offrent un levier puissant. L'action de cet engin est irrésistible. L'éperon est formidable ; lourd et massif, il se termine par une molette de dix à quinze centimètres de diamètre.

Ces moyens coercitifs se retrouvent chez tous les peuples hippiques et l'on aurait grand tort, à mon avis, de les considérer comme un reliquat de barbarie ; il existe à cet égard une contradiction flagrante dans notre civilisation dont le cheval a fort à se plaindre, en vérité. Dans toute l'Amérique, du nord au sud, le cheval est bien traité. Ce monstrueux éperon, habituellement émoussé du reste, ne le touche jamais que lorsqu'on veut obtenir de lui tout ce qu'il peut donner d'effort dans un cas extrême, ou bien lorsque, par caprice, il demeure sourd à toute autre sollicitation. L'action du mors est réservée pour les mêmes cas. Hors de là, la simple pression de la bride sur le cou, celle de la jambe sur le flanc servent à le diriger. Au Pérou, le cavalier n'a qu'à écarter brusquement les jambes pour que le cheval prenne le galop, une certaine compression du genou le calme; dans la plupart des autres colonies espagnoles, un simple mouvement du corps en avant ou en arrière est considéré par lui comme une invitation à partir ou à s'arrêter. Aux États-Unis, où l'on adopte volontiers les mors puissants, on ne voit guère maltraiter les animaux. Nulle part, du reste, là où le cheval est ainsi bridé, on ne voit, comme en Europe, des cavaliers à la merci de leur monture dont la bouche s'est échauffée, lui scier impitoyablement les barres ou les lui briser brutalement par des coups secs; et cela à la barbe de la loi Grammont qui ne peut, après tout, empêcher un homme de se rendre maître de sa bête, sur laquelle retombent ainsi les conséquences de l'inefficacité du mors. Ces scènes, trop fréquentes chez nous, font regretter le mors mexicain et maudire ces stupides inventions d'une humanité puérilement entendue, dont l'homme est quelquefois la victime et dont l'animal est toujours la dupe.

Aussi le nombre des chevaux vicieux est-il effrayant et augmente-t-il toujours en Europe, car le cheval est un être trop intelligent pour que la brutalité ne le vicie pas. Notre cheval, malheureusement, est un esclave; ailleurs, en Afrique, en Amérique, c'est un serviteur. L'absence de lien moral, de sympathie, d'intimité entre lui et son maître est la première cause de son insubordination. Son vrai maître, ici, c'est le palefrenier qui le panse, le nourrit, l'abreuve, lui parle, et non l'homme auquel on le conduit de temps en temps sellé et bridé, et qui s'impose à lui du droit de la cravache, de l'éperon et d'un mors trop faible pour n'être pas cruel. À ces causes, je ne crois pas que l'affaiblissement des moyens de répression de l'homme vis-à-vis de l'animal soit un progrès.

Je fis halte ce jour-là à Zapotlanejo, à dix lieues environ de Guadalajara; c'était assez pour une première étape. Zapotlanejo est situé au pied des montagnes et sur leur déclivité; l'eau y est abondante, aussi la verdure fraîche et touffue de ses jardins repose-t-elle l'œil. Ce pueblo se trouve dans l'État d'Aguas-Calientes détaché, ainsi que je l'ai dit, de l'intendance de Jalisco ou Nouvelle-Galice. C'est un des plus petits de la confédération, et cependant il est plus grand que la Belgique; il a environ 32 000 kil. carrés.

Je mis pied à terre dans la cour d'un *meson* d'assez bonne apparence. L'hôte arrive; il est mal mis et peu avenant. Il porte un trousseau de clefs monstrueuses et, après plusieurs essais infructueux, il en trouve une qui ouvre la porte de la chambre qu'il me destine. Au fond du *patio* il me montre l'entrée du *corral* et des écuries, m'annonce qu'il ne vend pas de fourrage, et s'en va.

Le *cuarto*, la chambre, est inévitablement une vaste pièce aux murailles blanchies à la chaux, sans fenêtres le plus souvent; les vantaux de la porte, trop courts d'ordinaire et retenus ensemble par le pêne de la serrure seulement, ont un jeu fantaisiste et laissent passer suffisamment d'air : s'il faisait froid on en aurait trop. Dans un coin, un lit de camp en bois ou en maçonnerie; les plus meublées contiennent en outre une table et un banc. C'est là, avec une mince chandelle de suif d'un *tlaco*, sans chandelier, et une écurie à râteliers vides, tout ce que le *mesonero* mexicain, qui loge à pied et à cheval comme l'aubergiste du bon vieux temps, se croit obligé de fournir au voyageur, auquel il laisse le soin de sa bête; après l'avoir mis en possession de son domaine, il n'a plus à s'occuper de lui jusqu'à l'heure où il lui ouvrira la porte extérieure le lendemain matin et recevra son dû. En échange de cette fastueuse hospitalité, il perçoit deux réaux par nuit, prix universellement consacré par l'usage. La *fonda*, le restaurant, est toujours une affaire à part, même quand elle se trouve, ainsi que cela arrive, dans l'enceinte même du *meson*.

Celui de Zapotlanejo avait pour annexe un cabaret avec un billard. Le bruit des billes fêlées et des queues sans procédé ayant frappé mes oreilles, je m'y rendis et trouvai deux jeunes carmes en belle humeur,

> Garçons carrés, garçons courus des filles,

abattant des quilles par-dessus le marché, car la partie espagnole se joue avec de petites quilles placées au centre du billard et dont les accidents se combinent avec les carambolages. Les petits saints faisaient carrousse, buvant, fumant, chantant, riant et paraphrasant le cantique de Salomon aux maritornes. Ils étaient en habit de voyage; le froc, relevé par devant jusqu'à la ceinture, laissait voir des calzoneras de drap gris, garnies intérieurement et dans le bas de peau de daim; de fort bonnes bottes remplaçaient les sandales de l'ordre. Ces messieurs changeaient de couvent, j'allais dire de garnison.

Je passai une nuit complètement blanche et fort agitée, ce que je crus devoir attribuer à la transition d'une vie de sybaritisme à une vie de soldat en campagne. Ma pensée eut tout loisir de se reporter en arrière alors, vers ceux que je venais de quitter et que je regrettais. En voyage, la nuit est pour le passé, le jour pour le présent; l'avenir a peu de place, on le repousse, car, ainsi que l'a dit M. Théophile Gautier, « le plaisir est d'aller, non d'arriver. »

J'étais fatigué. Mon cheval m'avait donné beaucoup d'occupation pendant cette journée; c'était un jeune animal, ardent et vigoureux, mais qui paraissait ignorer totalement qu'il y eût des allures intermédiaires entre le galop et le pas. Je ne pouvais raisonnablement songer à me rendre à Mexico, c'est-à-dire à faire cent cinquante lieues environ, sur une de ces deux allures, et, à défaut du *sobrepaso*, l'amble, que vont tous les chevaux de main au Mexique, je voulus du moins lui inculquer les principes du trot; il en résulta une lutte pénible pour le cavalier comme pour la monture, et sans grand profit pour aucun.

Le lendemain, je me mis en route à l'aube. Mon cheval, ayant un peu perdu de son ardeur, consentit à trotter, mais d'une façon fort déplaisante, sans plus s'allonger que s'il eût été au pas. Les sollicitations de la jambe et des rênes n'aboutissaient qu'à des réactions plus énergiques, au moindre contact de l'éperon il partait au galop.

Sur ces entrefaites, je fis la rencontre d'un garçon de vingt ans, monté sur une mule et pauvrement vêtu. Il venait derrière moi et me rejoignit. Nous liâmes conversation et il m'apprit que j'avais un cheval *campero*, ce qui me laissa aussi instruit qu'auparavant, attendu que j'ignorais la signification de cette expression locale, et que Miguel, c'était le nom de mon interlocuteur, était parfaitement incapable de me fournir la moindre lumière à cet égard; le développement de son intelligence par l'éducation ne lui permettait pas de s'élever jusqu'à l'exégèse.

Miguel était de Zacatecas; il avait accompagné un convoi de mules de charge jusqu'à Guadalajara, en qualité de *mozo*, et s'en retournait chez lui avec un petit denier. Quand il m'eut appris tout cela, il chercha à avoir sa revanche, mais je demeurai boutonné et me contentai de lui dire que j'allais à Mexico. A Mexico! j'étais bien heureux! Il n'avait jamais vu la capitale, lui. Là-dessus il se perdit dans ses réflexions.

« Señor, me dit-il au bout d'un moment, je suis fort étonné qu'un homme de votre qualité voyage sans domestique. »

Je ne pus m'empêcher de sourire à ces paroles, tout en le regardant d'un air à lui faire baisser les yeux, mais il ne sourcilla point, me développa sa thèse jusqu'au bout, et finalement s'offrit pour remplir ce poste de confiance. Je refusai d'abord ; il insista, m'assurant qu'il était avantageusement connu à Zacatecas, où tout le monde me dirait du bien de lui. Comme je ne demandais pas mieux que de me décharger sur quelqu'un des soins de l'écurie, j'engageai cet honnête homme *in partibus*, à condition qu'il me servirait pour sa nourriture et celle de sa bête, dépense que j'évaluais à quatre réaux par jour au maximum. Toutefois, j'ajoutai la promesse d'une gratification de deux piastres au moment de notre séparation, si jusque-là il ne m'avait donné aucun sujet de mécontentement. Ce fut marché conclu, et ma valise passa immédiatement de la croupe de mon cheval sur celle de sa mule.

Je voyageai ce jour-là à travers une belle plaine, fertile, bien arrosée et suffisamment ombragée. De Zapatlanejo à Tepatitlan, où je me rendais, on compte dix à douze lieues.

Tepatitlan est un *pueblo ranchero* ; on appelle ainsi les villages habités par des agriculteurs ou des pasteurs qu'un intérêt quelconque pousse à se réunir ainsi au lieu de vivre disséminés dans des *ranchos*. Située sur une éminence au pied de laquelle coule un ruisseau qu'ombragent des cyprès, des saules et des trembles, cette petite ville est riante ; la place qui s'étend devant l'église est ornée d'arbres, et de nombreux jardins étalent la verdure des orangers, des zapotes, des anones et des bananiers.

J'étais horriblement fatigué et me retirai de bonne

heure, dans l'espérance de dormir cette nuit-là pour deux. A mon grand désappointement, il n'y avait pas même de lit de camp dans le *cuarto*, mais seulement un banc et une table. Mon séjour à Guadalajara m'avait rendu quelque peu délicat, et je répugnais à coucher par terre, du moins dans une auberge, car en plein air je n'y eusse vu aucun inconvénient. La table étant trop petite pour que je pusse m'y installer, je m'étendis sur le banc qui était fort étroit, mais le sommeil ne vint pas, et cette nuit s'écoula, comme la précédente, dans un état d'agitation et d'ardeur fébrile pour lequel je ne trouvais aucune explication plausible. Enfin, vers le matin, un éclair me traversa l'esprit : je venais de songer aux punaises, les terribles *chinches*!

J'allumai ma chandelle, je me dépouillai de mes vêtements et commençai une inspection qui me mit bientôt en face d'une armée de ces horribles bêtes; je pense que j'avais emporté toutes celles de Zapotlanejo. Je commençai sur-le-champ un massacre au souvenir duquel mon cœur se soulève encore, et, quand il fut terminé, j'éveillai Miguel; il était trois heures et je voulais me mettre en route.

Mon intention était d'aller coucher à la *Venta de Pejeros*, dépendance de l'hacienda de San-Antonio. On ne compte pas plus de dix lieues de Tepatitlan à la Venta, mais je désirais m'arrêter chemin faisant au pueblo de San-José pour aller reconnaître une pyramide ou montagne factice dans le genre de la pyramide de Cholula, qui se trouve dans le voisinage. On lui donne le nom de *Cerrito de Montezuma*. C'est, selon toutes probabilités, une des pierres milliaires de la migration aztèque, et, à ce titre, un monument curieux.

Nous nous égarâmes dans l'obscurité ; peut-être Miguel, qui n'aimait pas les crochets inutiles et se souciait aussi peu de la migration de ses ancêtres que du sort des vieilles lunes, y aida-t-il un peu. Le jour parut et nous n'avions pas encore rencontré le pueblo de San-José, qui n'est guère qu'à une lieue de Tepatitlan. Il fallut se renseigner, et j'appris, à mon grand désappointement, que j'étais sur le chemin de San-Miguel et non sur celui de la Venta, laissé par nous à gauche. Je tournais le dos au Cerrito et devais renoncer à le voir, à moins d'y consacrer ma journée et de revenir coucher à Tepatitlan. A part ce désagrément, du reste, je ne perdais rien au change, car si la Venta est moins éloignée de Tepatitlan que San-Miguel, elle l'est davantage de San-Juan de los Lagos, où je pensais arriver le lendemain 26.

Je poursuivis donc à travers de vastes plaines d'une nudité dont rien n'approche. Le sol de cette région est une croûte argileuse, rouge comme brique, durcie par la sécheresse et résonnant sous les pas des chevaux qui en pulvérisent la surface; il en résulte une poussière impalpable qui s'envole au moindre souffle, tourbillonne autour du voyageur, s'attache à lui, le pénètre et ne tarde pas à le fondre complétement dans la teinte générale; elle forme au loin sur la plaine comme une sorte de brouillard qui dérobe l'horizon et amortit la lumière. Il règne une chaleur insupportable dans ce désert, dont la physionomie austère a quelque chose de saisissant. Ces terrains sont d'une grande fécondité cependant, quand les pluies les ont humectés.

Je fis halte à midi dans un petit hameau dont le nom m'échappe, au milieu d'une contrée desséchée et rocheuse. Je voulais faire manger mon cheval, qui paraissait accablé et pouvait à peine se soutenir, ce qui ne contribuait pas peu à augmenter ma propre fatigue. Il refusa le fourrage vert que je lui offris, et je me remis en route, convaincu que le pauvre animal était malade.

Le cheval mexicain est d'excellente race, de taille moyenne, et, bien qu'il y en ait de fort beaux et de très-vites, on peut dire cependant qu'il brille surtout par ses qualités de résistance. Les Mexicains, qui ne sont pas romantiques, préfèrent le fond à la forme, et tel d'entre eux se pavane en plein paseo sur un bidet sans mine qu'il ne donnerait pas pour son pesant d'or et qu'on lui envie. C'est un vieil ami qui lui a rendu et lui rendra encore des services signalés. Il rivalise de vitesse à l'amble avec un trotteur de choix, mais dans un temps donné il le laisse en arrière et continue, sans broncher, bien des jours après que l'autre a demandé grâce. Avec cela, il est sobre et docile, demeure immobile à la place où son maître le laisse jusqu'à ce qu'il vienne l'y reprendre, est habitué à circuler parmi la foule, à entrer dans une maison, dans un cabaret, quand le cavalier veut, sans mettre pied à terre, serrer la main d'un ami, boire un verre de pulque ou allumer sa cigarette. Il vit au grand air, n'exige que peu de soins, n'est étrillé que bien rarement, quand il l'est. Un animal bien constitué, comme l'était le mien, doit faire de quinze à vingt lieues par jour pendant plusieurs semaines, sans fatigue extraordinaire, en ne prenant de nourriture que la nuit. Sa nourriture consiste en un *almúd* de maïs en grain et un *manojo*, une botte de *zacate* de maïs. L'*almúd* est une mesure de capacité qui représente cinq litres et demi environ.

Mon cheval n'avait pas été surmené; j'avais largement pourvu à sa provende, je ne pouvais donc expliquer que par la maladie son état de faiblesse croissante. Le malheureux trottait sur place, à la lettre, et finit par ne plus pouvoir aller qu'au pas. C'est ainsi que nous arrivâmes, après avoir fait quatorze pénibles lieues, au pueblo de San-Miguel. Ce village est situé au centre d'une région de l'Arabie Pétrée, collines écorchées, roches crayeuses, ravins desséchés; pas de gazon, pas de verdure, pas d'ombre.

Ma bonne étoile me guida à la *posada del Refugio*. L'hôte était un homme de cinquante ans, frais et vigoureux, honnête, intelligent, et bon enfant au possible. Don Blas Roblero, c'était son nom, se prit de belle affection pour moi; il me donna la meilleure chambre de sa *posada* et m'invita à souper avec lui. Il était négociant et avait une *tienda* fort bien assortie; de plus, il vendait des grains et du fourrage, et, tout en causant, il me donna des avis qui ne furent pas perdus. Il prit d'abord quelques informations sur mon domestique. Par qui m'avait-il été recommandé? Je lui racontai quand et comment j'avais fait la connaissance du drôle. Le brave homme hocha la tête, fit la moue, considéra mon cheval attentivement, et finit par me demander si j'étais bien sûr qu'il eût mangé la veille.

Quel trait de lumière! La veille, parbleu, j'avais donné de l'argent à Miguel pour aller à la provende pendant que j'étais à souper tranquillement. Après souper, j'étais allé faire un tour à l'écurie en fumant ma cigarette, et j'avais trouvé les animaux se disputant dans la mangeoire quatre grains de maïs. Miguel, avec un air singulier, moitié Gilles, moitié Scapin, et un sourire péniblement imité, m'avait dit :

« Señor, quel appétit ils ont aujourd'hui! *Ave Maria!* Voyez, ils ont tout mangé déjà. *Comen como fuego!* Ils dévorent comme le feu! (Une très-jolie image.)

— Et le *zacate*?

— Le *zacate*, señor, je vais aller le chercher. »

Sur ce j'étais rentré dans mon *cuarto* sans méfiance aucune; mais, au premier mot de don Blas, je venais de comprendre que les animaux n'avaient mangé la veille, selon toutes probabilités, que les glanes des râteliers voisins, l'argent de leur souper s'étant égaré dans la poche de mon digne serviteur. La mule, mieux traitée peut-être, et plus sobre en tout cas, avait résisté ; le cheval avait été malade.

Miguel prit soin lui-même de lever tous les doutes qui auraient pu me rester, en venant me dire un moment après :

« *Señor, de aqui p' adelante el almud de maïz vale doble.* »

Hum! ceci me parut une couleur, et je courus à don Blas.

« Que vous disais-je? s'écria celui-ci. Les animaux ne peuvent vivre sans manger; Miguel veut faire ses frais cependant, alors il veut vous faire payer double. »

J'avais affaire à un Ambroise de Lamela au petit pied, et je dus convenir vis-à-vis de moi-même que ma conduite de la veille méritait les qualificatifs les moins flatteurs. Quant à mon vaurien, comme je ne lui avais pas demandé de certificats en le prenant à mon service, je n'avais pas de reproches à lui faire : il fallait le congédier ou le surveiller dorénavant. Je m'en tins à ce dernier parti et m'en trouvai fort bien.

Tout était d'une propreté hollandaise dans la posada del Refugio, et mon hôte m'assura que je n'y trouverais pas une seule punaise. Je pus donc goûter en paix un sommeil dont j'avais grand besoin, après une veille forcée de soixante heures consécutives. Néanmoins, je me trouvai si fatigué, le lendemain, et mon cheval aussi, que je me déterminai à passer la journée là en compagnie du brave don Blas qui, de gré ou de force, me fit faire cinq repas et m'accabla de prévenances et d'amitiés.

J'appris de lui ce que c'était qu'un cheval *campero*. On appelle ainsi, dans les haciendas et les ranchos, des animaux que l'on tient sellés et bridés tout le jour, et que l'on enfourche lorsque l'on veut se transporter rapidement, au galop, dans quelque partie éloignée de la propriété, à travers champs, *en el campo*, d'où le nom de *campero*. Le galop est donc leur unique allure, et de longues traites ne sont point leur fait. Pour voyager, on a des animaux de *sobrepaso*, qui soutiennent admirablement la fatigue et en épargnent beaucoup au cavalier. L'amble est considéré, dans ces pays où l'on ne voyage qu'à cheval, comme la seule allure raisonnable pour la selle. Les anciens chevaliers, qui ne péchaient pas par efféminalion, chargeaient sur des destriers, c'est-à-dire des chevaux *camperos*, ils voyageaient et promenaient sur des mules ou des haquenées, des animaux de *sobrepaso*. Ils savaient ce qu'ils faisaient. Nous avons changé tout cela depuis. Nous nous dégoûtons progressivement de l'équitation en nous infligeant le supplice du trotteur, la bête de trait, et, par une inconséquence adorable, nous ne faisons de courses qu'au galop. Ainsi, non contents de nous éreinter sur des chevaux à réactions torturantes, au lieu de développer par le trot la vigueur des animaux reproducteurs, nous les éreintons par les efforts exagérés de la course; aussi le cheval de fond n'existe-t-il plus chez nous. La civilisation moderne n'entend rien au cheval. Il semble qu'elle tende à supprimer cet animal que l'hygiène, autant que le plaisir, recommande impérieusement; elle ne réussira jamais qu'à supprimer son utilité industrielle, et plût au ciel que cette époque arrivât bientôt. Le jour où la vapeur, ou tout autre moteur, aura, par son économie et sa puissance, inutilisé le cheval de trait, le jour où le marché ne sera plus épuisé par les achats d'un ministre de la guerre, ce jour-là, à titre d'agrément et au point de vue de l'hygiène, chacun aura, je pense, son cheval de selle, serviteur et ami qui vaut bien le chien.

Don Blas me conseilla de troquer le mien contre un de *sobrepaso*, je ne demandai pas mieux; j'avais eu la fièvre la veille et pensais que le pauvre animal y était pour beaucoup. Mon hôte, qui était du même avis, s'occupa de cet échange, mais tous les animaux qu'on nous présenta étaient inférieurs au mien, et aucun n'avait des allures franches. Don Blas m'enseigna à me méfier du *paso de memoria*. Le sens de ce mot est facile à définir : le pas de mémoire est quelque chose comme le républicanisme de certains hommes politiques de 1848, comme l'allure libérale de certains candidats avant les élections, ou celle que prennent à l'occasion certaines feuilles officieuses ; c'est enfin un mouvement dont on n'a pas l'habitude et que l'on ne peut continuer longtemps. Les chevaux qui n'ont qu'un *paso de memoria* le perdent au bout de quelques heures de marche.

Le soir, don Blas me présenta à tous les *compadres* et *comadres* qu'il avait à San-Miguel, et ils étaient nombreux, car le brave homme était de ceux qui se lient. Le *compadrazgo* est une sorte de compagnonnage affectueux. En principe, on n'était compère et commère qu'après avoir tenu un enfant sur les fonts baptismaux, puis le *compadrazgo* a réuni les parents de l'enfant à ses parrains, et enfin c'est devenu, de proche en proche, un lien d'affection que deux personnes de quelque sexe qu'elles soient peuvent contracter à volonté ; c'est l'amitié organisée, l'*amatelotage* des gens de mer, l'état de *copian* des écoliers. Je reçus partout le meilleur accueil et il ne tint qu'à moi de boire beaucoup ce soir-là ; ce ne fut pas sans peine que je m'en abstins. On causa politique et Dieu sait de quelle couleur ! Tout allait si mal, si mal sous Santa-Anna, excepté au dire de ceux pour qui tout allait très-bien, très-bien !

Avant de me coucher, je songeai à régler mes comptes avec mon hôte, pour ne pas le déranger trop tôt le lendemain matin, mais il ne voulait pas se séparer de moi ainsi et me promit d'être debout avant moi, ce qui ne manqua pas. A l'article des frais nous eûmes une longue discussion, tout amicale du reste, puisque j'offrais plus qu'il ne demandait. A son compte, je lui devais quatre réaux pour deux nuits d'*aposentamiento*, une somme très-modeste pour la nourriture des animaux à laquelle il avait pourvu consciencieusement, et rien de plus. Il n'était pas gargotier et ne consentirait jamais à recevoir un *tlaco* pour sa cuisine, que j'avais trouvée excellente; il m'avait invité de bonne amitié et entendait que j'acceptasse de même, ce que je dus faire à peine de le froisser. Je fus réveillé par lui à trois heures et, pendant que Miguel sellait les bêtes, il m'amena chez lui, où nous attendait le *chocolatito* qu'il avait eu l'attention de faire préparer. Enfin, au moment où j'allais mettre le pied à l'étrier, l'honnête don Blas, auquel je tendais bien affectueusement la main, me prit dans ses bras robustes et m'honora d'un cordial *abrazo*. L'*abrazo* est une accolade que l'on se donne entre hommes, mais entre hommes qui s'estiment seulement, dans les pays espagnols. Le mot implique une action distincte du *beso*, distinction qui existait jadis chez nous aussi entre l'embrassement et le baiser; je ne sais comment s'est opérée une confusion malencontreuse. Le fait est que les marquis de Molière s'accueillent tout justement comme nos contemporains de la langue d'Espagne. L'*abrazo* est un heureux terme moyen d'expansion amicale entre la froide poignée de main des gens du Nord et le facétieux baiser de nourrice dont les Français se font encore un devoir de se régaler à l'occasion, au grand déplaisir mutuel des parties.

CHAPITRE XI.

Ranchos et rancheros. — Une *recogida*. — Le lazo. — Haciendas. — Le *Baio*. — Souvenirs de la guerre de l'indépendance. — Mina et M. de Raousset-Boulbon.

27 janvier. — D'après le conseil de don Blas, j'avais modifié mon itinéraire ; au lieu de prendre la route du nord par San-Juan, Lagos, Leon et Silao, quatre étapes, je pris celle du sud qui devait me conduire à cette dernière ville en deux jours seulement, par les pueblos del Rincon. Cette économie de temps me permettait de faire halte à Guanajuato, que je désirais voir.

Cette traverse est peu fréquentée ; çà et là on rencontre un bout de chemin tracé, mais le plus souvent on voyage à travers champs. Quelques maisons me guident d'abord dans l'obscurité, puis je perds la piste après avoir passé une petite rivière à gué. Au point du jour, je me décide à frapper à la porte d'une habitation de pauvre apparence, isolée à l'entrée d'une jolie vallée. Un homme se lève à moitié endormi et, frissonnant sous son sarape, il vient, *motu proprio*, me conduire à un kilomètre environ ; là, il me donne quelques renseignements bienveillants en me désignant divers points de repère sur le flanc des montagnes opposées, et, me saluant d'un sincère *Vaya usted con Dios!* (que Dieu vous accompagne !), il s'en va sans attendre ni réclamer une récompense qu'il ne perdit pas pour cela. Après avoir gravi une côte pelée, je m'engageai bientôt dans un pays accidenté, rocailleux, sec et désert, morne paysage où quelques rares plantes grasses révélaient seules la vie de la nature, où de loin en loin un fragment de muraille en pierres sèches rappelait seul le passage de l'homme.

Pendant plusieurs heures je ne rencontrai pas une âme, et voyageai un peu au son du nez. Je fus enfin rejoint par un cavalier, *vaquero*, dans un rancho voisin, qui mit sa bête à l'allure de la mienne, afin de pouvoir causer avec moi. Les *vaqueros* préposés au soin et à la garde des troupeaux sont des centaures indépendants, hardis et adroits, qu'une vie aventureuse préserve de l'abrutissement, en dépit d'une ignorance prodigieuse. Celui-ci commence par me questionner, comme le capitaine Antillon, sur la géographie. Le Mexicain est porté à admirer beaucoup celui qui a parcouru le monde ; *andar mucha tierra* est un bonheur qu'il envie toujours et pour cause, car, sans avoir lu la Fontaine, il paraît convaincu que l'alouette elle-même doit apprendre quelque chose en voyageant. Or il veut apprendre. Son ignorance sur les notions élémentaires du planisphère lui pèse, et plus d'un m'a dit naïvement en la constatant : « *Somos muy brutos!* avec un accent qui me touchait. — Brutes, non, répondais-je, mais ignorants. — C'est vrai, mais pourquoi? » Grave question qui nous conduisait en pleine politique.— « C'est affaire à votre clergé, à vos chefs. Pourquoi n'êtes-vous pas libres? — Voilà bien le mal! » Aussi comprennent-ils que l'ignorance a été leur pierre d'achoppement, et ils ont soif de savoir. Savoir et liberté sont termes corrélatifs. C'est cet instinct salutaire qui, en se développant, a fait la force du parti libéral dans les dernières luttes ; il lui a permis de museler le fanatisme lui-même par l'appât de l'instruction offert au peuple. Aux yeux de ce peuple, la haine contre l'Espagne résumait autrefois tous les ressentiments du passé ; depuis, cette haine, sans s'amoindrir, s'est étendue jusqu'à un parti qui a maintenu sciemment et volontairement les vieux errements espagnols, et qui a dû périr par où il avait péché.

Tel fut le sens de l'entretien que j'eus avec mon ami

le vaquero ; il se prolongea jusqu'au rancho de Godornices, où nous nous rendions tous deux. Nous traversons de beaux plateaux onduleux, fertiles et verdoyants, malgré la sécheresse. Ces terrains sont consacrés au pâturage, car les bestiaux sont la principale richesse des propriétaires du canton. Des *presas* fournissent pendant l'été de l'eau aux animaux, que la soif décimerait infailliblement sans cela. On appelle *presa* un étang formé au moyen d'une chaussée élevée au pied d'une ravine, dans un pli de terrain humide, et retenant les eaux qui s'y amassent durant la saison pluvieuse. J'en rencontrai plusieurs sur le revers du plateau.

Il y avait grande affluence et grand mouvement à Godornices ; trois ou quatre cents cavaliers, rancheros du voisinage, étaient assemblés pour une *recogida*. Tous les troupeaux de Godornices étaient enfermés dans un corral afin d'y être triés. Libres dans des savanes immenses où nulle démarcation ne les arrête, les bestiaux se rencontrent forcément dans leurs pérégrinations capricieuses à la recherche de leur nourriture. Les animaux d'un rancho ou d'une hacienda restent réunis d'ordinaire, soit esprit de famille, soit esprit de corps; chaque troupeau a sa *querencia*, son pâturage préféré ; mais il y a souvent confusion autour de la même *presa*, sur le bord du même ruisseau ou sur la même pelouse, et il y a toujours des défections amenées tantôt par l'amour, tantôt par la fantaisie ou l'indifférence. Il est donc nécessaire, pour éviter toute fâcheuse discussion d'intérêt entre propriétaires, que chacun prenne le soin d'éliminer de temps en temps de son troupeau les animaux qui ne lui appartiennent pas. Ce triage se fait au moins une fois par an sur chaque domaine, rancho ou hacienda; celui des chevaux se fait un autre jour.

Reconnaître un animal au milieu de plusieurs milliers serait chose impraticable si chacun ne portait sur la croupe, comme les chevaux d'escadron, la marque du maître imprimée au fer chaud. Cette habitude, indispensable dans de pareilles conditions et sans importance en ce qui concerne les bêtes à cornes, est regrettable quant aux chevaux; non-seulement ils emportent au marché la marque originelle; mais, en changeant de maître, ils voient s'accumuler sur leur flanc ces cicatrices disgracieuses. Dans ce pays où l'on se sert peu de l'écriture, la marque est le meilleur titre de propriété que l'on connaisse. Aussi chaque année y a-t-il sur chaque domaine un *herradero*, c'est-à-dire une recogida à la suite de laquelle on sépare les *novillos*, les jeunes animaux, on les compte et on les marque au fer, *hierro*, d'où *herradero*.

Les jours de recogidas sont de véritables fêtes pour ces hommes; c'est un prétexte à réunion, chacun arrive monté sur son meilleur coursier avec le désir de donner carrière à son audace et de signaler son adresse, l'émulation surexcite ce désir, les prouesses grisent, on s'entraîne, on s'échauffe; c'est la *fantasia* des Arabes. Chacun aussi a revêtu ses habits de gala : vestes et calzoneras de velours, de cuir ou de peau de daim, couverte de broderies, de boutons, de passementeries et d'aiguillettes de métal, écharpes de soie, toquillas merveilleuses. La calzonera ouverte laisse voir des calzones blancs richement brodés souvent. La jambe est entourée de la *bota vaquera*, pièce de cuir soigneusement estampée que retient au-dessus du mollet un cordon de passementerie; le manche du couteau fixé dans la botte droite se présente à la hauteur du genou.

Dans le corral, le troupeau se masse avec une énergie qui tient de la démence. Veaux, vaches, bœufs et taureaux se pressent, se poussent, chevauchent les uns sur les autres; toutes les têtes se dirigent vers le centre, tous les efforts tendent à y arriver pour éviter les menaces du lazo que les vaqueros font tournoyer au-dessus de leur tête en poussant de grands cris et tourbillonnant sur les bords de cette mer vivante, furieuse, dont les mouvements désordonnés font trembler le sol, dont les sourds mugissements émeuvent l'air. Dans cette mêlée indescriptible où l'œil inexpérimenté ne saurait discerner un animal, le vaquero sait découvrir la marque étrangère et son lazo va s'abattre sur l'intrus. Dès que celui-ci est lacé, les autres vaqueros cherchent à l'isoler et à le chasser du corral ; ils poussent alors au milieu du troupeau leurs montures hennissantes qui, agitées des mêmes passions que l'homme et partageant l'ivresse générale, bondissent, secouent leur crinière, mordent leur frein et le couvrent d'écume. Là se révèle la nécessité du harnais massif, de ces lourdes pièces de cuir qui protègent les flancs du cheval et les jambes du cavalier, de ces pesants étriers qui protègent son pied.

A la vue de ces hommes disparaissant au milieu de cette tempête de forces vitales, on se sent pris de vertige, d'enivrement, on est entraîné, on est jaloux de l'adresse merveilleuse qui soutient leur audace. Leur habileté à lancer le *lazo* est un sujet perpétuel d'admiration. Au milieu d'un inextricable fouillis de cornes entrelacées, le nœud coulant va quelquefois chercher à huit ou dix mètres celles de l'animal désigné ; la main qui le dirige est sûre, car l'homme a une telle confiance en lui qu'il n'est jamais préoccupé par la crainte de manquer. Le lazo a été son premier, son seul jouet et l'habitude lui en a rendu l'usage aussi naturel que celui de la main.

Le lazo, que l'on appelle aussi *reata*, est une tresse ronde de quinze à dix-huit millimètres de diamètre environ sur une longueur de dix à douze mètres, en cuir cru dans la Terre froide, en crin dans la Terre chaude, terminée par un anneau d'épissure qui permet de former le nœud coulant. Cet engin peut, entre des mains exercées, devenir une arme de guerre redoutable, et les Espagnols en firent une dure expérience pendant l'insurrection. Les *guerilleros* de l'indépendance s'en servaient contre eux avec succès, et ceux du *Bajio* notamment, les aïeux des rancheros de Godornices, s'étaient rendus redoutables entre tous, sous les ordres d'Albino Garcia et de ses frères, par le parti qu'ils en tiraient.

Ces cavaliers intrépides, montés sur des chevaux rompus à tous ces exercices, arrivaient au galop devant les lignes espagnoles, choisissaient leur homme, un officier ordinairement, lui lançaient le nœud fatal, donnaient un tour de clef de l'autre extrémité du lazo au pommeau de la selle, et s'éloignaient à bride avalée entraînant la victime qui n'était bientôt qu'un cadavre défiguré. En face des pelotons détachés ils usaient d'un autre moyen. Les hommes les mieux montés se formaient par couples, chaque couple était muni d'une longue reata dont les extrémités étaient fixées aux pommeaux des deux selles; arrivés devant le peloton, les cavaliers piquaient des deux et se séparaient comme pour tourner l'ennemi, l'un par la droite, l'autre par la gauche. La corde tendue balayait les malheureux fantassins. A la moindre résistance de leur part, un coup de couteau tranchait la reata, et un autre couple succédait immédiatement au précédent jusqu'à ce que le peloton fût en déroute. Alors le gros de la troupe fondait dessus avec la lance et le sabre et en avait bon marché.

Au milieu de cette foule équestre réunie à Godornices, j'espérai un moment pouvoir échanger mon cheval, dont je tenais toujours à me défaire. Les bons soins qu'il avait reçus à la posada del Refugio lui avaient rendu une partie de sa vigueur, mais il était toujours aussi irrégulier dans ses allures, n'avançait pas et s'épuisait en efforts dont je souffrais autant que lui. Malheureusement je ne trouvai à traiter que moyennant *rivete*, c'est-à-dire en donnant du retour, ce qui n'était pas mon affaire, et je poursuivis ma route.

A quelques lieues de là se trouve l'hacienda del Comedero, où je me déterminai à faire halte pour laisser passer un accès de fièvre que je couvais depuis le matin. Un vieil Indien, qui fabriquait des chapeaux de paille, me donna asile sous son toit; c'était, avec de l'eau, tout ce qu'il pouvait m'offrir du reste. Je n'ai rien vu de plus misérable que l'intérieur de cette case meublée d'un *petate* et de quelques symboles religieux peints en rouge sur le mur.

Quelques autres cabanes non moins délabrées sont groupées autour de celle-ci. Là vivent les *peones* de l'hacienda dont les murs blancs se dressent à quelque distance. L'unique porte qui donne accès à cette demeure est fermée, le lieu semble désert; pas de verdure, pas d'ombrage aux alentours, c'est une solitude empreinte d'une morne tristesse. L'insolente hauteur de ces murailles de forteresse au pied desquelles végète le travailleur, l'absence d'ouvertures extérieures qui semble calculée pour éviter tout rapprochement entre lui et l'homme qui jouit de la vie à l'intérieur, tout rappelle à l'esprit le donjon féodal jetant l'ombre de ses créneaux altiers sur les huttes des serfs. Le *peon* mexicain est un serf, non de droit, mais de fait. *L'hacendero*, qui a sur lui droit de haute et basse justice, non content de lui octroyer des salaires insuffisants, s'adjuge encore le monopole du petit commerce qui lui fournit les choses les plus indispensables à la vie. Placé entre des besoins impérieux et des prix exorbitants, ce malheureux est conduit à dépasser, pour se procurer le strict nécessaire, la somme infime que lui rapporte un travail sans concurrence. Bientôt l'intermédiaire de l'argent devient inutile entre lui et son maître; il n'a plus à en toucher, ce n'est plus lui qu'on paye, mais c'est lui qui paye en travail des avances en fournitures. Tel est le système infaillible à l'aide duquel l'hacendero perpétue le servage d'un homme qu'il peut faire fouetter, emprisonner ou pendre aussi longtemps qu'il demeure à son service, et qui ne peut pas plus en sortir qu'il ne peut se soustraire à la misère par le travail.

L'hacienda est donc l'ancien domaine féodal quelque peu mitigé ; c'est *l'estate*, le *country-seat* du seigneur qui exploite, opposé au rancho, le *farm-house*, habitation du cultivateur indépendant.

Aussi le *peon* ne ressemble-t-il en rien au ranchero. A peine vêtu, indolent, amoindri au moral comme au physique, haineux et rampant, il porte tous les stygmates de la servitude. C'est lui qui fournit des recrues aux bandes de voleurs qui battent l'estrade sur les grands chemins, lui qui alimente de *leperos* les faubourgs des villes. Cela s'explique : voué à la misère, il veut du moins en avoir les bénéfices, et renonce au travail improductif et à l'obéissance passive.

Le ranchero au contraire tient au sol qui lui appartient, en lui est la vitalité de ce pays, en lui l'avenir de ses institutions, de son autonomie, parce qu'il est franchement républicain et patriote. En lui on trouve de la virilité et un bon sentiment d'indépendance égalitaire opposé à la turbulence inquiète et souvent despotique, à l'instinct de licence du citadin. C'est que le ranchero a échappé jusqu'à un certain point à l'influence cléricale. Perdu au milieu de vastes solitudes, vivant dans l'abondance des biens de la terre, mais sans argent le plus souvent, il a été négligé par ce clergé avide qui préférait les agglomérations d'hommes, vers lesquelles reflue l'argent et où le culte est d'un meilleur rapport. Grâce à cet abandon, l'homme des champs n'a pas été aveuglé par cette ferveur furieuse, cette foi de Louis XI, apanage de la populace corrompue des villes. Il n'est pas couvert de scapulaires, de médailles et de reliquaires, comme le *lepero*, mais il n'a pas perdu comme lui le sens moral, il n'est pas comme lui mendiant, voleur, assassin. Loin de là, il exerce l'hospitalité, il est loyal, il a l'amour de la famille. Avec un peu d'instruction, cette rude et vigoureuse race campagnarde, qui ne demande qu'à perdre ses préjugés, constituera un tempérament nouveau à la nation mexicaine.

Au delà du Comedero, on traverse une région sauvage, inhabitée; la route serpente dans des gorges rocheuses. Mon serviteur se rapprocha peu à peu de moi, et, d'un air assez confit, finit par me faire remarquer que ces lieux répondaient admirablement à l'idée qu'on se fait d'un coupe-gorge : c'était justement ce que je pensais. Nous demeurâmes en conversation sur ce sujet, et je me fis raconter une foule d'histoires de voleurs dignes de faire suite à celle d'Ali-Baba. Miguel, qui avait une mule et quelques réaux à lui, et qui d'ailleurs portait, comme on l'a vu, le plus grand intérêt à ma bourse, me parut mépriser souverainement les *salteadores*, qu'il qualifiait de *mala gente*, mauvaise race.

Vers quatre heures de l'après-midi, j'arrivai sur le bord d'une falaise du haut de laquelle mes yeux émerveillés embrassèrent un splendide panorama. A mes pieds se trouvaient les pueblos del Rincon, entourés de verdure, au milieu de champs fertiles qu'arrosaient de nombreux canaux sur lesquels se penchaient de beaux arbres. Au delà s'étendait le *Bajío*, la terre de Gessen du Mexique. Malgré cette qualification de *pays bas*, ce riche plateau, de trente et quelques lieues de long sur huit à dix de large, est encore à la hauteur du sommet du Puy-de-Dôme. Il est borné par un horizon de montagnes aux contours larges, nues et fauves; la transparence de l'air faisait merveilleusement ressortir la hardiesse de leurs cimes altières chaudement éclairées ; la franchise avec laquelle s'accusaient certains détails qu'aurait estompés sans rémission l'atmosphère brumeuse de nos climats, trompant mon œil, je me fis tout d'abord, ici comme dans la vallée de Jalisco, une très-fausse appréciation des distances. Je ne sortis de cette erreur qu'en ramenant mes regards vers leur base, pour y chercher des villes dont l'existence était un fait avéré pour moi. Je vis quelques points noirs : Lagos, Leon, Silao, villes de trois à quatre mille âmes, avec de beaux édifices, de majestueuses cathédrales ! Alors je compris et me recueillis devant cette grande scène resplendissante de lumière et riche de souvenirs historiques. Je venais d'entrer dans l'état de Guanajuato, un de ceux où la Révolution a trouvé le plus d'aliments. En face de moi s'élèvent les Alpes aux entrailles d'argent qui enserrent Guanajuato, la ville minière par excellence. Derrière ce rideau se cache le pueblo de Dolores, berceau de l'indépendance, et San-Miguel-el-Grande, où le cri d'affranchissement trouva le premier écho. A ma gauche, Penjamo, le Valle de Santiago, Salvatierra et le fort de los Remedios. A ma droite, dans les montagnes aussi, Comanja et le fort de Sombrero, l'hacienda de la Tlachiquera et le rancho del Venadito. Pas un de ces lieux qui n'ait à raconter son histoire de sang glorieuse ou repoussante ; les noms du curé Hidalgo, du padre Torres, du guerillero Albino Garcia, d'Iturbide, et surtout celui du fameux Mina, y sont attachés.

De toutes les figures curieuses que présente l'histoire de la guerre de l'indépendance au Mexique, aucune ne m'a frappé aussi vivement que celle de Mina, à cause de son étrange ressemblance avec M. de Raousset-Boulbon. Même brio, mêmes fautes, mêmes principes, même sort final. Comme M. de Raousset, Mina était arrivé au cri de : « Vive la République ! » avec le drapeau d'une monarchie à la poche ; comme lui il eut la témérité d'entreprendre et manqua d'audace pour réussir; comme lui il était plutôt un partisan qu'un chef de parti : ce sont deux sosies.

Xavier Mina, neveu du fameux guerillero Espoz y Mina, quitta l'Espagne à la suite d'une infructueuse tentative d'insurrection en faveur de la Constitution, et vint débarquer le 15 avril 1817 à Soto-la-Marina, en Tamaulipas, à la tête d'une poignée d'aventuriers. Il se dirigea vers le Bajio, où la guerre semblait alors concentrée, mais, malgré quelques victoires, il ne put relever le moral des créoles momentanément abattu. Fugitif après la prise du fort de los Remedios par les Espagnols, trahi par un moine, il fut pris dans la nuit du 26 au 27 octobre au rancho del Venadito, et fusillé le 11 novembre, à l'âge de vingt-huit ans, sous les murs de los Remedios.

On a beaucoup reproché aux Mexicains de n'avoir pas secondé Mina; il est bon de dire pour leur excuse que celui-ci avait bien mal choisi son moment. Il y avait épuisement dans le parti national à la suite de longs et puissants efforts. Ensuite Mina ne sut pas conquérir par sa franchise une confiance que son seul titre d'Espagnol devait glacer d'abord. Les chefs manquaient, Mina se présenta, mais se présenta mal. On apprit bientôt qu'il ne venait pas combattre en faveur de l'indépendance mexicaine, mais continuer au Mexique la guerre d'opposition constitutionnelle qu'il avait commencée en Espagne. Il venait attaquer l'absolutisme, non la domination espagnole. On raconte que, pendant le siége de Sombrero, un officier espagnol du nom de Pazos profita d'une trêve pour s'approcher des remparts, et demanda à parler à Mina. Celui-ci sortit; ils causèrent un moment à distance et de manière à être entendus de la forteresse. Pazos chercha à rappeler Mina à des sentiments plus espagnols: « Vous devriez avoir honte, lui dit-il, de vous trouver dans les rangs de ces misérables insurgés et de défendre une pareille cause ! » A quoi Mina répondit qu'il n'était point venu au Mexique pour favoriser la révolte ni pour servir les intérêts de gens qu'il n'aimait *ni mucho, ni poco,* c'est-à-dire dont il se souciait peu ; que son seul but était de mettre le gouvernement espagnol dans l'embarras (*estrecharlo*) en le privant, si faire se pouvait, des ressources qu'il recevait encore de Mexico, et, par là, de le forcer à rétablir la Constitution et les Cortès.

M. de Raousset, lui, écrivait à ses amis : « J'ai la conviction que mon œuvre, à moi, ne sera que le premier pas de la France vers l'occupation de ce magnifique pays.... Avec 20 000 hommes, je me charge de maintenir ces populations dans une obéissance passive, *alors même qu'elles seraient hostiles.* » — M. de Raousset n'aimait pas plus le Mexique que Mina, — *ni mucho, ni poco*. — Il n'est pas étonnant que l'un n'ait pas trouvé plus de concours que l'autre, et que tous deux aient eu le même sort. Ce fut la couleur incertaine de leur drapeau, bien plus que leur qualité d'étranger, qui leur valut la méfiance d'autrui et les empêcha d'avoir, eux-mêmes, en leurs propres forces, la confiance qu'il faut pour oser diriger un grand mouvement. On n'est réellement fort, en politique comme dans la vie ordinaire, que lorsqu'on suit à visage découvert une voie droite, sans forfanterie ni hésitation, de telle sorte que toute parole qui tombe de votre bouche ait la valeur du fait et l'autorité du serment aux yeux de tous. Le mot de Barnave est toujours vrai : « On ne se fait aimer du peuple qu'avec de la bonne foi ! »

Toutes les conversations que j'ai eues avec des hommes du peuple, au Mexique, ont pris le même tour, ont trahi le même esprit. Derrière des malédictions contre l'état de choses qui régnait alors, on retrouvait toujours : amour de la patrie, attachement à des institutions pleines d'avenir, sympathie et méfiance à la fois pour l'étranger.

Comment ne seraient-ils pas méfiants? Jamais encore un étranger n'est venu s'immiscer à leur politique avec des vues loyales et le cœur sur la main. Le besoin de s'améliorer, la soif du savoir, les poussent vers l'étranger, un sentiment jaloux et fier d'indépendance, de nationalité, sentiment honorable, les en éloigne. Ils comprennent qu'on leur demande des intérêts trop usuraires pour des bienfaits qui devraient être désintéressés. Ils voudraient, comme tout le monde, être aimés un peu pour eux-mêmes, et celui qui les aimerait ainsi ferait certainement une magnifique spéculation.

CHAPITRE XII.

El Rincon. — Silao. — *Huevos y blanquillos.* — Marfil. — Guanajuato. — Don Vicente. — Hacienda de Dolores. — La mine de Rayas. — La Veta-Madre. — Les mineurs.

Une rampe sinueuse me conduisit dans la plaine. Je n'ai rien vu de plus frais et de plus riant que le premier pueblo où j'arrivai; l'eau courait dans les rues protégées par de beaux ombrages. Les cases des Indiens, en joncs ou en adobes, étaient entourées de jardins, dont les longues colonnettes du cactus *organo* (tuyau d'orgue) formaient la clôture. Chacun de ces jardins était une corbeille de fleurs et de fruits. J'arrivai sur la place et fis halte au meson, en face de l'église. Mais, dans ce paradis, je trouvai la population en alarme; des hommes étaient en vedette sur le clocher, d'autres faisaient l'exercice sur la place avec de mauvais fusils dont ils ne connaissaient pas l'usage, et qui étaient, du reste, hors d'usage. Une bande nombreuse de voleurs battait, disait-on, le pays d'alentour, et l'on parut étonné de me voir arriver sans encombre.

Ce que je vis de plus curieux dans ce pueblo fut l'affiche suivante, peinte sur un grand mur, en lettres de cinquante centimètres de hauteur :

*Escuela nacional de niños
Religion, moral, civil y politica!*

Ce prospectus d'éducation, ambitieux jusqu'à la bonhomie, montagne dont l'enfantement perpétuel aboutissait à peine aux lumières de l'A, B, C, D, me fit songer invinciblement, je ne sais pourquoi, au pauvre commissaire de Belen, et je voulus m'imaginer qu'il était venu se réfugier là. Je reconnus, sur information immédiate, que mes suppositions étaient erronées.

De San-Miguel aux pueblos, je comptai douze lieues environ.

Le 28, je traversai la plaine pour me rendre à Silao ; elle est coupée de canaux qui en entretiennent la fécondité. C'est dans ces districts privilégiés que le froment donne de 40 à 60 pour un ; le maïs donne jusqu'à 800. Un caractère remarquable des campagnes mexicaines, c'est l'absence des habitations isolées et des barrières ; à l'époque de la sécheresse et quand la moisson est faite, on se croirait dans un désert. De loin en loin, je rencontre quelques animaux, chevaux et bœufs, broutant le chaume desséché de la moisson dernière. Il n'est pas rare de voir quelques-uns de ces petits vautours noirs et pattus, qu'on nomme zopilotes, perchés philosophiquement sur la croupe, le garot, et jusque sur la tête des paisibles quadrupèdes.

Je ne m'arrêtai pas en route ce jour-là, en dépit de la fièvre qui me reprit, mais moins violemment que la veille ; aussi arrivai-je à Silao de bonne heure, la distance à parcourir n'étant que d'une dizaine de lieues. Je trouve la grande rue coupée de *fortines* ou baricades, qui ne laissent libre que la place strictement nécessaire au passage d'une voiture. Ce sont des murs en maçonnerie, d'un mètre d'épaisseur sur deux de hauteur, percés de meurtrières. Je crus d'abord à une insurrection, mais je ne tardai pas à comprendre qu'il s'agissait simplement des voleurs, *los señores ladrones*. On parut non moins surpris là qu'au Rincon de mon heureuse arrivée; quelques-uns des oisifs qui rôdaient autour du *meson* allèrent, paraît-il, jusqu'à attribuer un bonheur aussi insolent à tout autre chose qu'à de la chance, et me mirent en suspicion. Ce fut, du moins, ce que me rapporta Miguel, et la chose me parut bouffonne, mais désagréable.

Silao est un pueblo *ranchero;* il est habité par les cultivateurs de ces terrains déserts que je viens de traverser; beaucoup d'entre eux ont plusieurs lieues à faire pour aller cultiver leur champ, mais tous vont à cheval, et peu leur importe la distance. Cette petite ville est riche et animée, mais sans physionomie du reste.

Je reçus à la fonda la plus verte leçon de langue imaginable. L'idiome castillan s'est modifié quelque peu en Amérique; et, non-seulement dans chacune des républiques, mais encore, souvent, dans chacune de leurs provinces, on trouve des expressions locales du genre de celles dont la langue française est enrichie dans certains départements. Les dialectes indiens ont grandement contribué à cette corruption; au Mexique surtout, un grand nombre de termes usuels leur sont empruntés, tel est le mot de *chiquihuite*, dont je me suis servi plusieurs fois, qui remplace celui de *canasta*, corbeille, corbillon. Il ne suffit donc pas de parler le pur castillan pour être chez soi partout dans les anciennes colonies de l'Espagne. Puis, la mièvrerie enfantine du caractère créole a conduit à l'abus des diminutifs. Le Mexicain en émaille profusément sa conversation; c'est plus musical. Un Espagnol en quête d'un verre d'eau pour se désaltérer pourra demander : *un tanto de agua, por vida suya*. Un Mexicain tournera la chose ainsi : *tantita aguita, por vida suyita*. *Aguita* est déjà bien joli, mais *suyita* est un chef-d'œuvre de la miniature orale.

Pour revenir à la fonda de Silao, où j'étais entré pour dîner, j'avouerai donc que, selon mon habitude, j'ordonnai tout d'abord *un par de huevos fritos*, une couple d'œufs frits. J'ignorais que je commettais là une faute de convenance des plus graves en appelant les œufs par leur nom dans ce canton, au lieu de les appeler *blanquillos*, le mot *huevo* étant relégué parmi les termes entachés du vulgarisme le plus abject. La *fondera* me lança un coup d'œil de travers, bientôt suivi d'une réponse si prodigieusement anacréontique que je n'ai garde de me la remémorer. Je sais seulement que Panurge à ma place se serait pendu sans rémission.

Soit que la chère femme fût de mauvaise humeur en ce moment-là, soit que ce fût un état normal chez elle, soit enfin qu'elle me prît pour un affilié des voleurs, elle me servit de si mauvaise grâce que je me bornai à manger mes *blanquillos* et sortis dans l'intention de m'adresser ailleurs. Chemin faisant, je réfléchis qu'il était trois heures à peine, que j'allais m'ennuyer royalement à Silao où il n'y avait pas grand'chose à voir, que je ferais aussi bien de brûler cette étape et de me rendre à Guanajuato, dont je n'étais qu'à cinq ou six lieues au plus, et où je pourrais me reposer le lendemain tout le jour. Sur ce, je me rendis à la *posada* et fis seller les animaux. Un quart d'heure après, nous étions sur le chemin de cette ville célèbre.

Nous ne tardâmes pas à nous rapprocher des montagnes. Guanajuato est située au cœur d'une région alpestre et l'on y arrive par une gorge sinueuse de deux lieues de parcours environ, qui porte le nom de *cañada de Marfil*. A droite et à gauche, des croupes desséchées, parées de cactus et de quelques plantes grasses, intersectées de profondes ravines, dominent la *cañada*. Le chemin est jonché de fragments d'obsidienne, dont quelques-uns très-volumineux. Cet émail volcanique, noir et d'un grain merveilleux, présente dans ses cassures de grandes analogies avec le verre. C'est l'iztli des Astèques, qui en faisaient des armes, faciles à s'émousser, mais dangereuses ; il est très-commun au Mexique.

La route est large et bien entretenue, quelquefois taillée dans le roc vif ; on sent qu'on approche d'un centre d'opulence et d'activité. Une foule de gens, cavaliers et piétons, se croisent avec moi, me suivent ou me précèdent.

Je m'arrête au sommet d'une hauteur pour laisser souffler ma bête et contempler le pays que je domine, scène merveilleuse et d'un effet surprenant, mais qui n'échappe à la tristesse qu'à force de majesté.

Le caractère général de cette région est celui-ci : des croupes à versants assez roides, séparées par de profondes *cañadas*, qui toutes convergent vers le centre ; au-dessus de ces croupes s'élèvent, à 3 ou 400 mètres de hauteur, de sombres murailles de porphyre, de basalte ou de grès, dont quelques-unes affectent de loin des airs de ruines. On donne à ces masses le nom de *buffas*.

A mes pieds est la petite ville de *Marfil* ; plus loin, au fond d'une gorge, point central auquel viennent aboutir tous les ravins d'alentour, Guanajuato, à demi cachée dans la brume du soir comme sous un voile de gaze. Au fond des replis comme sur les croupes de ces montagnes se montrent de blancs villages, semblables à des forteresses ; en haut, ces nids d'aigle sont les *reales* et les *tiros* ou puits de mines, la Serena, Rayas, Mellado, Cata, Valenciana ; en bas, ce sont les *haciendas de beneficio*, les bâtiments où l'on exploite le minerai. A droite, le cerro San-Miguel domine la ville ; à gauche, le cerro de Santa-Rosa ferme l'horizon. Toutes ces pentes sont pelées et rocheuses ; en quelques endroits cependant, vers leur pied, se montrent des bouquets de chênes rabougris, de sapins, d'arbousiers. C'est une nature sévère, mais les lignes ont une grande hardiesse et leurs proportions sont grandioses.

Au fond de la cañada de Marfil coule un ruisseau qui devient un torrent furieux à certaines époques. La route le longe et le traverse en maints endroits, supportée aux flancs de la montagne, tantôt à droite, tantôt à gauche, par un mur élevé. Après avoir passé Marfil, on domine du haut de ce quai quelques *haciendas de beneficio*. Dans de vastes *patios* des troupeaux de mules, dont le poil humide décompose la lumière, piétinent dans d'immenses flaques d'une boue grise qui n'est autre que le précieux minerai.

On franchit encore plusieurs fois le ruisseau avant d'arriver à Guanajuato. La fondation de cette ville remonte à l'an 1554 ; ce fut vers cette époque vraisemblablement que furent découverts les premiers minerais d'argent par des *arrieros*, dit-on. Jusque-là, et bien que les Indiens eussent ramassé quelques pépites d'or dans la cañada de Marfil avant la conquête, ces montagnes arides étaient demeurées un désert. En 1560, on parvint au filon connu sous le nom de *Veta-Madre;* Guanajuato prit le titre de *villa*, ville de deuxième classe, en 1619, et celui de *ciudad*, cité, en 1741.

En 1760 seulement, un certain Obregon commença à Valenciana une exploitation sérieuse du grand filon qui n'avait été que très-superficiellement exploré jusqu'alors. Quelques années plus tard, cet homme, créé comte de Valenciana, était un des plus riches particuliers du monde entier, et la prospérité de Guanajuato était fondée. Sa population augmenta rapidement. En 1803, on comptait, d'après Humboldt, 41 000 habitants dans la ville, et 29 500, dont 4500 Indiens, dans les mines d'alentour. La guerre de l'indépendance, qui a si rudement pesé sur ce canton riche, fertile et peuplé, a réduit sensiblement ces chiffres. Les travaux, longtemps interrompus, n'ont été repris que sur une moindre échelle. On n'évalue pas la population aujourd'hui à plus de 30 000 âmes pour la ville, et 20 000 pour les mines. Celle de l'État est de 700 000 habitants (dont 50 000 Indiens) sur une superficie égale à celle d'Aguas-Calientes, ce qui donne environ 22 individus par kilomètre carré. Ce sont les districts les plus peuplés et les plus riches de la république; aussi n'y compte-t-on pas moins de trois *ciudades*, Guanajuato, Celaya et Salvatierra, et une foule de *villas* et pueblos d'importance, tels que San-Felipe, Leon, San-Miguel el Grande, Salamanca, San-Juan, Lagos, Silao, Irapuato, Penjamo, la Barca.

Les rues de Guanajuato sont étroites, tortueuses, souvent en pente ou coupées de degrés. Les maisons, échelonnées au pied des hauteurs, ont parfois un étage de plus d'un côté que de l'autre. Les places sont petites, irrégulières, mais assez jolies. Les Mexicains, qui ne comprennent une ville que largement étalée au milieu d'une plaine, se complaisent par trop à affirmer que celle-ci est fort laide; c'est une erreur. J'y ai admiré de belles maisons de pierre de taille, à plusieurs étages, étalant tout le luxe moderne de la serrurerie et de la menuiserie, et de mine vraiment princière; de très-beaux magasins, des églises monumentales, trop resserrées il est vrai, en général, pour qu'on puisse les admirer dans leur ensemble. Le monde se presse dans les rues, et beaucoup de gens ont l'air effaré, circonstance qui suffirait à elle seule pour donner un cachet d'originalité à cette ville, au centre du Mexique. Il y a un grand nombre de *vinoterias*, de cabarets, où se débitent le mescal et le pulque; les mineurs sont partout très-altérés. La physionomie de ces tavernes rappelle invinciblement celle du cabaret de *Ramponneau* ou du *Trou de la Pomme de pin*. Même luxe intérieur, mêmes types. Les murs sont couverts de fresques au charbon et à l'ocre, d'un art très-primitif, représentant des scènes d'amour et de meurtre, jouées par des personnages fantastiques et entremêlées de devises naïves ou plaisantes dans le goût des sentences de ma mère-l'oie ou de Sancho Pansa.

Le meson où je descendis avait aussi son caractère. Costumes à part, on se croirait dans une auberge de Wouwermans ou de Cuyp; car c'est dans les tableaux de ces réalistes d'un autre âge, dans les intérieurs de Terburg ou de Téniers, que l'on retrouve, sous une couleur locale différente, les impressions d'une existence où l'amour, le cheval, la guitare, les cartes, le tabac, le piot et la rapière jouent un rôle que la civilisation a singulièrement modifié chez nous.

La cour est étroite, entourée d'écuries, encombrée de charrettes, de bâts, de harnais. Les chambres sont au-dessus, donnant sur une galerie qui fait le tour des bâtiments. De temps en temps résonnent sur le pavé de la galerie les grands éperons d'un homme bizarrement vêtu, enveloppé d'un sarape; de temps en temps aussi passe et repasse sournoisement, sans bruit, une vieille qui murmure à votre porte entre-bâillée quelques mots de la cabalistique de Cupidon, en les accompagnant d'un jeu de physionomie mirifiquement expressif; dans l'ombre d'un pilier se tient la *tapatia*, la grisette légère, fumant sa cigarette en attendant que sa *comadre* ait réussi. Elle est svelte et accorte, ses noires tresses se terminent par de beaux nœuds de rubans, son rebozo richement frangé est drapé avec grâce, sa chemise est brodée et agrémentée de soies de couleur, une écharpe rouge soutient ses *enaguas* de mousseline à volants, son pied est nu dans un petit soulier de satin, un collier et des pendants de corail rouge ornent son cou et ses oreilles ; il y a du flou dans cet ajustement. Je m'endors au milieu de ces visions qui me rejettent par la pensée bien en deçà du dix-neuvième siècle.

Je me levai tard le lendemain. Je me rendis d'abord au bain et de là au restaurant, où je fis en déjeunant la connaissance d'un jeune homme employé à l'hacienda de Dolores, dépendance de la mine de Rayas. Je l'avais vu le matin à la *posada*. Sa mule mange au même râtelier que mon cheval. Il est en bordée de plaisir à Guanajuato et fait sonner ses piastres. Bientôt s'établit entre nous une liaison que je cimente de mon mieux avec du pulque, et je finis par conquérir son amitié au point de le débaucher, non pour aller, comme il s'en faisait une fête, courir les ruelles et les cabarets, mais bien pour aller visiter les galeries souterraines de Rayas et les bâtiments d'exploitation de Dolores. L'idée de préférer cet emploi de mon temps à l'autre lui paraît saugrenue, mais enfin il selle sa mule, me fait monter en croupe et nous voilà partis.

A l'extrémité de la ville et sur notre route se trouve un grand bâtiment de teinte rouge, célèbre dans les annales de l'indépendance : c'est l'*alhóndiga de Granaditas*, entrepôt et marché de céréales. L'hacienda de Dolores est située derrière. Là se sont livrés de terribles combats et se sont accomplis d'atroces massacres au début de l'insurrection ; c'était la position forte de la ville. On voit encore dans le mur de Granaditas de grands crochets de fer qui, pendant dix ans, de 1811 à 1821, ont supporté les têtes des premiers chefs de l'insurrection, le prêtre Hidalgo, Gimenez, Aldama, Allende.

Nous tournâmes l'*Alhóndiga* pour venir passer devant

l'hacienda; un troupeau de mules chargées de minerai y arrivait au même instant, et mon ami don Vicente voulut absolument y entrer pour assister à la réception de la riche cargaison, et suivre après toutes les opérations du traitement. C'était prendre le roman par la queue, et je préférais, pour ma part, aller d'abord visiter les galeries de la mine. Mais don Vicente qui commençait à avoir trop de vent pour sa voilure, n'entendait pas de cette oreille-là. Il calculait vraisemblablement dans sa tête qu'après avoir vu l'hacienda je me tiendrais pour satisfait, ne comprenant pas l'intérêt que je pouvais prendre à ce qui l'intéressait si peu, lui. — *Esta mejor asi, esta mejor asi!* cela vaut mieux, répétait-il à chaque objection que je faisais. Nous entrâmes donc.

Dolores est une *hacienda de beneficio;* ce mot de *beneficio*, qui implique l'idée de traitement du minerai par les procédés dits métalliques, distingue ces fabriques des *haciendas del campo* ou des champs. La mine de Rayas occupe deux haciendas, celle de Barreras et celle de Dolores.

Le minerai reçu par l'*administrador* est bocardé dans les *morteros;* le socle des *mazos*, ou pilons du bocard, est en basalte ou en porphyre, et l'arbre de couche qui les soulève est mis en mouvement par des mulets faute de courant d'eau suffisant. La poussière des *morteros* est portée aux *arastres* pour y être réduite à l'état de porphyrisation le plus complet. L'*arastre* consiste en une cuvette circulaire en granit, de deux à trois varas de diamètre, dans laquelle tournent plusieurs cylindres de granit également; c'est une grossière ébauche de nos machines à chocolat. Ces moulins sont mus par des mulets aussi, car cet animal précieux est la cheville ouvrière des travaux des mines; on n'en compte pas moins de douze à quinze mille dans les différentes *reales* du district de Guanajuato. Les *arastres* sont réunis dans une vaste grange nommée *galera :* il y en a une trentaine à Dolores et le double environ à Barreras.

De l'eau qui coule dans l'auge de l'*arastre* active ce broiement. Quand la poudre est réduite à l'état de farine, *harina,* selon le terme technique, elle est portée en boue dans les *lameros,* réservoirs en maçonnerie où elle prend, par suite de l'évaporation de l'eau, une consistance qui permet de juger de la valeur du minerai et du degré d'amalgamation qu'il réclame. La farine est alors détrempée dans le *patio* où l'on en forme des *tortas* de 400 à 600 quintaux et de 20 à 40 mètres de diamètre sur des aires dallées. On y ajoute alors du sel, du *magistral* et enfin de l'*azogue* ou mercure. Le sel entre dans la proportion de deux pour cent si c'est du sel marin, de cinq pour cent et même davantage si c'est du sel gemme. Le *magistral* est une pyrite de cuivre grillée, qui donne comme principe actif du sulfate de cuivre à l'aide duquel l'argent sulfuré est ramené à l'état natif par une suite de combinaisons chimiques, et s'amalgame avec le mercure; on met d'un demi à un pour cent de magistral. Quant au mercure, la proportion est approximativement six fois la quantité d'argent que l'on attend; c'est à l'*almagator* que revient le soin de cette appréciation. Il est important qu'il y en ait assez pour que l'amalgame demeure à l'état pâteux.

On fait alors promener une vingtaine de mules dans ce bourbier, à diverses reprises, pendant un temps qui varie, suivant la saison, de trente à soixante jours. Ces pauvres animaux, sans cesse éclaboussés et humides, ont des chatoiements métalliques et semblent descendre de l'arc-en-ciel. Chose étrange! les *repasadores,* qui les guident pieds nus à travers la *torta,* ne sont pas sujets aux affections du système nerveux que l'on pourrait redouter d'une résorption d'hydrargire; les mulets mangent de l'amalgame, affriandés qu'ils sont par le chlorure de sodium;

on ne manque pas, dit-on, de les ouvrir après leur mort, et l'auteur des *Notes on Mexico* affirme avoir vu extraire du cadavre de l'une d'elles un morceau d'amalgame pesant 5 kilos. — *Mettendolo Turpin mettolo anch'io.* — Je n'affirme rien à cet égard.

La pâte arrivée à terme prend le nom de *limadora*. On la porte dans les *lavaderos*, réservoirs en maçonnerie où passe un courant d'eau qui emporte les matières étrangères, tandis que l'amalgame se précipite au fond. Il ne s'agit plus alors que de séparer l'argent du mercure. La pâte est mise dans des chausses de forte toile qui laisse filtrer la partie non amalgamée du mercure. Le reste est comprimé et façonné en pains triangulaires nommés *bollos* que l'on porte au *quemadero*. On en forme là une pile circulaire sur une plaque de cuivre dite *el vaso*, percée au centre d'un trou au-dessous duquel se trouve un réservoir plein d'eau. Cette pile est recouverte d'une cloche en bronze autour de laquelle, à certaine distance, on élève un mur, et l'intervalle est rempli de charbon; on entretient le feu dix à douze heures. Le mercure se volatilise et vient prendre corps de nouveau dans l'eau du réservoir. Néanmoins il s'en perd, dans tout le cours de l'opération, près de quarante pour cent, c'est-à-dire une fois et demie environ la quantité d'argent obtenue.

Ceci vu à la hâte et comme dans un songe, car don Vicente, hélas! était très-pressé, il s'agissait d'aller à la mine, et ce n'était pas chose facile que de l'y décider. Ainsi que je l'avais prévu, il prétendait que j'en avais bien assez vu maintenant et que la *Veta-Madre* tout entière ne valait pas certaines *muchachas* dont il voulait me faire faire la connaissance. Je ne dis rien de peur d'empirer la situation, mais je l'emmène au prochain cabaret et l'arrose de pulque. Il boit, il s'égaye, moi je demeure grave, très-grave, je bois à peine et tourne au morose. Il finit par s'en inquiéter.—«*Vamos, amigo, que tiene usted?* Qu'avez-vous? — Amigo est bien dit. Je croyais en effet que vous étiez mon ami, et voici que vous ne voulez pas me conduire à Rayas! Eh bien, buvons, amusons-nous. »

Ces mots prononcés d'un ton lugubre lui vont au cœur. Il se lève et me donne un *abrazo;* il fera tout ce que je voudrai, à condition que je lui laisserai payer à son tour la consommation que j'ai toujours réglée jusqu'alors. J'y consens et nous voilà en route.

On arrive à Rayas par la cañada de ce nom, que le cerro de Guadalupe, à droite, sépare des cañadas de la Serena et de la Hoya. Au sommet de ce mamelon se trouve une église consacrée à Nuestra Señora de Guadalupe, patronne du Mexique. Au delà se dressent les hauteurs de la Cruz de Serena.

Au-dessus de la mine de Rayas est celle de Mellado. Les deux villages se touchent et n'en forment qu'un seul d'une certaine importance; on y voit un beau couvent de moines de la Merci. La route que nous suivons est bonne et monte à peine, la différence du niveau entre la mine, à l'embouchure du puits principal (*tiro general*), et la plaza mayor de Guanajuato, n'est que de 75 mètres environ; il est vrai que cette place est elle-même à 2084 mètres au-dessus de la mer. Le *tiro* de Rayas est un des plus larges du district : il a environ 13 *varas* de diamètre c'est-à-dire environ 11 mètres. Sa profondeur est de 445 varas, celle de la mine est de 475. Au-dessus de ce gouffre est établi un *malacate*, sorte de treuil gigantesque que font mouvoir des mules ou des chevaux, qui sert à hisser le minerai dans des sacs de fil de *pita* et l'eau dans d'énormes seaux de cuir.

Nous descendîmes par la galerie inclinée de San-Cayetano, magnifique rampe dans laquelle on a taillé des degrés de 7 à 8 mètres de large. A mesure que nous pénétrons plus avant dans les entrailles de la terre, l'ombre devient plus opaque devant et derrière nous; la température s'élève aussi sensiblement : Humboldt a constaté 34 degrés centigrades au fond de la Valenciana. De temps en temps une lueur pointe au-dessous de nous, elle s'avance, c'est un *tenatero* dont le torse bronzé ruisselle de sueur ; un simple caleçon forme tout son costume, une mèche brûle sur sa tête courbée vers la terre, car son front soutient, au moyen d'une lanière de cuir, le sac de minerai sous le poids duquel ses jambes nerveuses fléchissent. Son pied nu se pose sans bruit sur le sol humide; il passe comme une vision surnaturelle.

Les *malacates* ne suffisant pas à l'extraction de tout le minerai, une partie est ainsi emportée à dos d'homme ; ces dignes fils des *tamenes* de Montezuma sont encore de terribles porteurs. Ils ont un real par cinq *arrobas* de minerai (l'*arroba* équivaut à 12 kilos et demi). Six heures durant, ils descendent et montent ces longues rampes, courbés sous un poids qui varie de huit à douze arrobas ; quelques-uns en portent jusqu'à quatorze (cent soixante-quinze kilos).

Un spectacle saisissant m'attendait au fond. Nous étions au cœur du filon; de longues galeries vaguement éclairées de loin en loin par une torche fixée au mur, des recoins sombres et mystérieux, des puits communiquant avec les galeries supérieures ou inférieures au moyen de poutres entaillées servant d'échelles, des poutres de soutènement surmontées de madriers en croix, de l'eau qui suinte des parois avec des reflets de diamant, ou qui tombe en mince filet dans quelque bassin secret avec un susurrement monotone, attristant comme les plaintes d'une âme en peine, pour s'écouler ensuite sans bruit par les couloirs.

Cette scène calme se change en un décor infernal à l'endroit où le filon est en exploitation. Mille bruits divers, auxquels l'inexpérience prête une étrangeté sans égale, trahissent de loin la présence du mineur ; puis on aperçoit des hommes nus armés de pinces nommées *baretas* ou de marteaux taillants à manche court, qui, à la clarté du suif, font sauter des éclats de roche métallique. Les uns entassent du minerai, d'autres préparent des fourneaux de mine. Le retentissement de l'acier contre la pierre, les cris rauques et les éclats de rire des mineurs, la simplicité de leur costume, cette chaleur suffocante, cette eau qui coule, ces ombres qui s'allongent et viennent se briser fantastiquement sur les parois inégales du mur, et enfin cette lumière rouge et sombre divisée en autant de zones qu'il y a de torches, tout cela forme un ensemble saisissant, pour peu surtout que l'on s'avise de réfléchir à la valeur que les hommes ont donnée au métal dont cette roche est veinée.

J'étais au cœur de la *Veta-Madre*, ce merveilleux filon, un des plus riches du globe sans contredit, qui depuis un siècle a donné d'inappréciables richesses sans que rien fasse prévoir encore son épuisement. En 1803, Humboldt calcula qu'il avait déjà été travaillé par fragments sur 12 000 mètres de longueur.

Le minerai est extrait aux frais de l'administration. En sortant du *tiro* il est remis aux *pepenadores*, qui le brisent à coups de marteau, le trient, jettent les fragments de gangue pure, et divisent le reste en trois catégories : *apolvillados buenos*, première classe, *apolvillados ordinarios*, et *azogues* ou minerai inférieur. On en forme alors des sacs de 150 livres, pour être porté à l'hacienda.

Le mineur n'a point de paye, mais un intérêt, de moitié ordinairement, sur le minerai qu'il exploite, plus une allocation de 50 à 150 piastres par *vara* d'exploitation, selon la nature plus ou moins revêche du roc. On leur fournit les outils et la poudre, qui joue un grand rôle dans cette exploitation et donne lieu à des scènes asez dramatiques. Au moment de faire jouer la mine on évacue les galeries; un homme seul demeure pour mettre le feu aux mèches : on l'appelle le *pegador*. Il se tient près du puits principal, et la seule chance de salut qu'il ait est d'être enlevé avec assez de promptitude pour se trouver à l'abri des éclaboussures quand l'explosion a lieu. On a choisi à cet effet le *malacate* le plus léger, et des chevaux d'une agilité éprouvée y sont attachés. Tout le monde s'assemble à l'embouchure du tiro dans un silence religieux; on attend avec une anxiété inexprimable le signal que donnera le *pegador* en tirant un cordeau dont un des *administradores* tient l'extrémité. Le cordeau a parlé, les chevaux s'élancent, le malacate tourne, la détonation ne tarde pas à se faire entendre et à ébranler le sol; le *pegador* paraît enfin et l'on respire. Cependant il arrive quelquefois blessé par quelque éclat. Ward, qui rapporte au long ces détails dont je n'ai pu être témoin, cite le trait suivant qui fait honneur à la présence d'esprit d'un *pegador*. L'administrateur, troublé sans doute, avait pris un mouvement du cordeau pour le signal, et le malacate avait été mis en mouvement au moment même où le *pegador* achevait de mettre le feu à la septième mèche. Dans une circonstance aussi critique, celui-ci ne perdit pas la tête, il s'élança sur les fatales étoupes et eut le bonheur de les couper toutes à temps.

Il était nuit quand je rentrai en ville, après m'être séparé à Dolores de mon ami don Vicente, qui n'avait rien de mieux à faire que d'aller se coucher. Quant à moi, bien que je n'eusse, Dieu merci, aucun symptôme du mal qui le tourmentait, je n'en étais pas moins ahuri, harassé, rompu; j'avais des éblouissements et, aussitôt après souper, je gagnai mon lit de camp, où le sommeil ne se fit pas attendre.

CHAPITRE XIII.

Irapuato. — Échange de chevaux. — Salamanca. — Celaya. — Le savon-monnaie. — Apaseo et les *magueyales* à pulque. — Queretaro. — Steppes. — San-Juan del rio. — Une fée dans le désert. — Arroyo Zarco.

30 janvier. — Je m'éveillai fort tard, mais assez dispos et résolu à me remettre en route. Je m'en repentis bientôt, car, à peine à cheval, le malaise précurseur de la fièvre se fit sentir, mais j'étais parti et n'ai jamais aimé à revenir sur mes pas.

Je traversai Marfil de nouveau et, prenant la direction du sud, je m'engageai dans les plaines de l'hacienda de *Burras*, qui descendent vers Irapuato. A 3 ou 4 lieues de Marfil, je fais halte au hameau de *Puerto-Molinero*. Les frissons et la fièvre me secouent de la tête aux pieds. Un bon vieillard, auquel je demande un verre d'eau, me fait entrer chez lui et me force d'accepter un verre de pulque. Il m'engage à me défaire de mon cheval, dans lequel il voit la cause de mon indisposition. Le pauvre animal semble avoir perdu la faculté de locomotion, il s'agite péniblement sur place. Aussi cette journée fut-elle rude, et je ne prêtai pas grande attention aux beautés du paysage, assez monotone du reste.

Enfin j'atteignis Irapuato, pueblo ranchero de 2 à 3000 âmes, situé à 10 lieues environ de Guanajuato. La rue par laquelle j'arrive est barricadée; comme à Silao on me demande des nouvelles des voleurs.

La cour et surtout le corral du meson sont immenses; il y a plus de cent chevaux aux râteliers. Leurs maîtres sont des hommes des champs au visage bronzé, à la mine énergique. Ils remplissent la fonda, le patio, le corral;

ils causent de leurs chevaux surtout, en racontent maintes prouesses, et bientôt des marchés s'engagent, des échanges se concluent : j'ai l'espérance de faire affaire ici.

En effet, parmi cette foule se trouvait un piquet de milice provinciale, espèce de gendarmerie qui a remplacé l'ancienne *acordada,* et Miguel vient m'annoncer qu'un des miliciens me propose un échange au pair. Sa bête vaut moins que la mienne, mais elle a un *sobrepaso* très-franc; avec une bonne nourriture elle prendra de la mine, et je m'empresse de conclure le marché.

Une tournée que je fis par la ville me permit d'admirer dans l'ombre la silhouette de quelques monuments qui me parurent imposants, notamment le couvent de la *Enseñanza.*

J'étais à cheval au point du jour, le 31, et vins déjeuner à Salamanca, jolie petite ville de 4 à 5000 âmes. Encore des *fortines.* On me montre le couvent des Augustins, qui est fort beau ; l'église surtout est d'une richesse extrême. On fabrique à Salamanca des *mantas* ou toile de coton. Le district environnant est très-fertile et la plaine est couverte de ranchos et d'haciendas.

Je voyageai fort agréablement ce jour-là et demeurai enchanté de mon échange. Nous fîmes une seconde halte au pueblo *del Aguaje* ou de l'Aiguade, composé de quelques maisons basses entourant une place carrée grande comme le champ de Mars, ou tout au moins l'esplanade des Invalides; c'est un relais des diligences. De là à Celaya, on compte 6 lieues. J'en avais déjà fait 10 à 12 depuis le matin et ma journée eût été remplie, à la rigueur; mais, comme j'étais sans fatigue ni fièvre, et que j'avais la perspective d'une triste soirée dans ce bienheureux pueblo, je résolus de faire encore ces 6 lieues. Mon bidet se conduisait admirablement, je lui offris un *manojo* de maïs, et après lui avoir soigneusement frotté les pieds de citron, ainsi que je l'avais vu pratiquer maintes fois par des cavaliers mexicains dans de longues traites, je me dirigeai vers Celaya à travers une contrée assez sauvage, mais fertile et partiellement cultivée, où je rencontrai plus de lièvres que de voyageurs.

Les rues étroites de Celaya étaient soigneusement barricadées, et les sentinelles me demandèrent beaucoup de renseignements sur *los ladrones*. C'était à me faire croire à la réalité de leur existence. Toujours est-il qu'ils n'ont en rien inquiété la mienne, et je peux dire d'eux ce qu'a dit M. Th. Gautier des brigands espagnols : « Ils ont été pour moi des êtres purement chimériques, des abstractions; une simple poésie. » Aussi j'avoue que, sans aller jusqu'à nier leur existence, ce qui serait nier l'évidence et me déjuger, je n'en demeure pas moins porté à douter de la grande moitié des histoires que l'on raconte sur eux.

Celaya fut fondée en 1570 par le vice-roi don Martin Enriquez de Almanza, sous le nom de *Concepcion de Celaya*. Le plateau sur lequel elle est assise est élevé de 1835 mètres au-dessus de la mer, suivant Humboldt. La population est de 8 à 10 000 âmes; on y fabrique principalement des objets de harnachement et en général tous les articles de cuir, dont la nomenclature est longue au Mexique, et enfin des savons. L'abondance du *tequesquite* dans les environs de Queretaro, jointe à celle des graisses dans ces cantons très-riches en bétail, permet de donner ce dernier article à très-bas prix. L'usage en fait un objet d'échange en lui attribuant une valeur monétaire, ce qui peut être fort commode pour les habitants de l'endroit, mais ce qui est à coup sûr fort ennuyeux pour les voyageurs, attendu que, grâce à de sottes rivalités, le savon qui porte l'estampille d'une ville n'a pas cours dans une autre et encore moins hors du district. La valeur de ces petits pains est d'un *tlaco* ou d'un *cuartillo* au maximum. Je ne pus éviter d'en emporter quelques échantillons que je consacrai à leur usage le plus normal, celui de me débarrasser de la poussière des routes.

Les quartiers intérieurs de Celaya sont jolis, les maisons coquettement peintes. Aucune autre ville du Mexique ne m'a paru porter aussi complétement le cachet du moyen âge, ce qui tient vraisemblablement au peu de largeur des rues mal alignées. J'ai admiré une place qu'entourent en partie les couvents des carmes et des franciscains; ce dernier renferme un collége. L'église des Carmes, construite pendant la guerre de l'indépendance par un créole de Celaya nommé Tresguerras, est une construction de la Renaissance fort imposante, quoique le style n'en soit pas très-pur. Elle a un clocher et une coupole dont la hardiesse n'est pas sans majesté; l'intérieur, trop resserré, est sombre malgré un luxe inouï d'ornementation. Toutes les cloches de la ville étaient en branle, probablement en l'honneur de la vigile de San-Ignacio, et ce fut toute la soirée un carillon assourdissant; les Mexicains m'ont rendu les cloches odieuses, et depuis ce voyage j'ai toujours pensé que cette manière de se mettre en communauté d'idées avec une fraction de la population, cette fraction fût-elle la majorité, devrait être considérée chez les nations civilisées comme une de ces choses que les Anglais qualifient de *public nuisance*.

Le lendemain était le 1ᵉʳ février. A une lieue de Celaya, je passe, au petit jour, un fort beau pont de pierre orné de colonnes et d'obélisques; on paye un medio pour s'en servir. La rivière qui fait semblant de couler dessous est la *Laja*, qui a une importance réelle, à ce qu'il paraît, à l'époque des pluies. Elle va se joindre au rio Lerma pour former le rio Santiago. Au delà, la route suit une chaussée élevée au travers d'un marécage. Puis le sol change d'aspect, il devient sec, et bientôt je vois s'étendre devant moi de vastes champs de maguey au milieu desquels on rencontre, à 6 ou 7 lieues de Celaya, le pueblo d'Apaseo, où je m'arrête pour déjeuner, dans l'espoir, qui ne fut pas déçu, de boire de bon pulque.

Ces *magueyales* sont en effet les vignes qui fournissent cette boisson. La plante est plus grande que celle du mescal ; le vert en est glauque. Le pulque n'est autre chose que la séve destinée à alimenter la tige qui porte les fleurs, si on la laissait se développer, mais c'est précisément au moment où la hampe est sur le point de jaillir du corazon qu'on creuse au centre de celui-ci un trou énorme, au-dessus duquel on réunit en faisceau les feuilles centrales. C'est à une certaine tendance à se rapprocher qui se manifeste dans ces feuilles que les cultivateurs indiens reconnaissent le moment où ce phénomène est sur le point de se produire. Il faut une observation intelligente et une habileté que donne seule une longue habitude pour ne pas porter prématurément le fer dans la plante et causer par là sa mort. L'âge de la maturité varie, selon les districts, de douze à vingt et même vingt-cinq ans ; à Cholula, exceptionnellement, la plante est mûre à huit ans.

Ce trou se remplit d'un liquide incolore qui prend le nom d'*aguamiel* ; on le vide deux et trois fois par jour. La quantité qu'un pied fournit en vingt-quatre heures varie également selon les districts, aussi bien que la durée de la période productive. En moyenne, cette production est de 18 à 20 *cuartillas* par jour pendant cinq mois : la *cuartilla* représente un demi-litre environ. La plante meurt quand la séve est ainsi épuisée.

La récolte se fait de la manière la plus primitive. Les hommes qui en sont chargés portent sur leur dos, retenue à leur front par un filet de corde, une outre dont l'ouverture est fixée au-dessus de leur tête. A la main ils tiennent une longue calebasse légèrement recourbée et terminée à son extrémité la plus étroite par une corne de bœuf; cet instrument s'appelle *acojote*. Ils sont en outre munis d'une large cuillère à manche court qui leur sert à nettoyer et agrandir le trou.

Quelques feuilles ont été abattues pour faciliter d'un côté l'approche de la menaçante liliacée. L'opérateur arrive; il plonge dans le liquide l'extrémité garnie de la corne, appuie ses lèvres à l'ouverture opposée, fait le vide, l'*acojote* se remplit et le contenu passe dans l'outre.

L'*aguamiel* est très-doux, ainsi que l'indique son nom; on le met dans de grandes jarres en y ajoutant de la *madre de pulque*, c'est-à-dire du pulque légèrement aigri qui doit provoquer chez le nouveau une fermentation indispensable. Dès le deuxième jour, le liquide prend une teinte laiteuse qu'il conserve ; au bout de trois ou quatre jours, il a perdu une partie de sa douceur et peut se boire; avant ce temps, il est agréable au goût, mais peu sain.

Pour l'expédier on le met dans des outres auxquelles il emprunte à la longue un bouquet désagréable, qui justifie en partie la mauvaise réputation que beaucoup de voyageurs lui ont faite. Pour moi le pulque a été un régal. Humboldt assure que, prise avec modération, cette boisson est salutaire. En fortifiant l'estomac, elle favorise les fonctions du système gastrique.

La consommation du pulque au Mexique est incalculable; la capitale seule en absorbe de 40 à 50 millions de litres annuellement. Aussi les *magueyales* sont-ils une source de richesse pour certains cantons; il y a des Indiens qui en possèdent jusqu'à cinquante mille pieds. Le pulque le plus renommé est celui de Cholula, près de Puebla; celui des *Llanos de Apam* vient en seconde ligne.

Les magueyales à pulque ont la même physionomie

sévère que ceux à mescal. De loin en loin seulement, on voit s'élever sur quelques perches un petit échafaud : c'est un poste du haut duquel un veilleur armé d'un fusil éloigne les maraudeurs à l'époque de la récolte.

Au delà du district d'Apaseo, à l'extrémité du *Bajio*, une plaine fertile conduit jusqu'à Queretaro. De tous côtés, au milieu de champs cultivés et bien arrosés, surgissent des touffes de verdure encadrant les bâtiments d'un rancho ou d'une hacienda, le clocher d'un village indien. Ces pueblos ont un air riant; des clôtures de cactus *organo* entourent les jardins.

Cette plaine s'étend jusqu'au pied du mamelon sur lequel est situé Queretaro, capitale de l'État de ce nom, dont j'avais franchi les limites quelque part, entre Celaya et Apaseo. C'est la province la moins étendue de l'Union; son area est de 6300 et quelques kilomètres carrés seulement, c'est-à-dire l'équivalent du duché d'Oldenbourg ou de l'ancien duché de Parme. La population est de 132 000 habitants environ, adonnés principalement à l'élève des bestiaux et surtout des moutons. Les montagnes ont donné beaucoup de métaux précieux autrefois, mais l'exploitation des *reales* del Palmar, de Guasquiluco, Escalonas, Juchitlan, etc., arrêtée par l'insurrection, n'a repris que faiblement depuis.

On compte 5 à 6 lieues d'Apaseo à Queretaro où j'arrivai vers trois heures de l'après-midi. Cette ville date de la fin du xvie siècle, et porte le cachet de son époque: l'aspect en est sombre au premier abord, mais on est frappé de l'air de noblesse imposante de ses constructions de briques à encadrements de grès, sur lesquelles la peinture et le lait de chaux ne sont pas venus effacer périodiquement le travail du temps. On remarque leurs grandes proportions, l'élévation des étages, au nombre de deux souvent, et les belles serrureries anciennes des balcons, des grilles et des portes. Les églises et les couvents sont nombreux et d'aspect monumental. Les rues sont bien percées, bien pavées et bordées de trottoirs *enlozados*, c'est-à-dire, formés de dalles de grès (*lozero*). Le grès est commun à Queretaro ; il y a dans le voisinage des carrières qui en fournissent de fort beau ; celui de Guivilpa et de Caretas notamment est très-estimé. Ce *lozero* est d'un bel incarnat, qui s'altère malheureusement en peu de temps au contact de l'air, et disparaît sous une nuance cendrée.

Un aqueduc supporté par des piliers élancés et des voûtes hardies fournit à la ville de l'eau des montagnes voisines ; il vient aboutir dans les magnifiques jardins du couvent des franciscains, auxquels il donne ses prémices. Cette eau vient ensuite alimenter les nombreuses fontaines qui ornent les places et les carrefours, arrose les rues et porte la fertilité dans une foule de *huertas* verdoyantes, cachées derrière ces murailles bistrées.

On fabrique à Queretaro des savons, du pulque, des cigares qui ont la forme de ceux de Manille. Le tabac, quoique inférieur à ceux de Tepic et de Vera-Cruz, en est bon, et cette industrie prendrait du développement, n'étaient les entraves de la régie. Mais la principale industrie du lieu est la fabrication des draps, serges, bayettes et autres lainages. Les laines du district sont renommées, et la tribu indienne des Otomites, qui habitait cette région, fournit des bras pour les mettre en œuvre ; on compte encore dix à douze mille Indiens sur le chiffre de la population qui est de trente à trente-cinq mille âmes.

Au sud de Queretaro s'élève la côte de la Noria, qu'il faut franchir pour aller à Mexico. Les pâles lueurs de l'aurore du jour suivant me surprirent au sommet, à l'endroit où la route s'engage dans la montagne ; je me retournai pour jeter un dernier coup d'œil sur cette ville qui dormait à mes pieds, et qui, avec ses clochers, ses coupoles et son aqueduc qui coupe la vallée, présente un coup d'œil merveilleux.

Du revers méridional de la cuesta de la Noria jusqu'à San-Juan del rio s'étendent des plaines immenses d'une nudité naissante. Jusqu'à l'hacienda del Cazadero on rencontre encore quelques arbres, quelques champs cultivés; au delà, ce sont des steppes légèrement onduleux, dont rien ne rompt la monotonie : pas un arbre, pas une clôture, pas une pierre, pas une maison; çà et là une faible nuance verte indique un maigre gazon; rien n'y trace la route à suivre, si ce n'est les nombreuses, mais bien légères empreintes de roues qui se croisent sur le *tepetate*. L'air ambiant flamboie en s'élevant du sol échauffé comme au-dessus d'un poêle, et produit à l'horizon des effets de mirage. Bien que l'atmosphère soit parfaitement calme, de petites trombes de poussière, que l'on prendrait volontiers de loin pour de minces colonnettes de fumée trahissant un campement, s'élèvent verticalement, et demeurent quelques instants en suspension dans l'air avant de se dissoudre soudain comme par magie. C'est là un phénomène particulier aux plateaux des deux Amériques, et Humboldt, qui l'a observé sur les bords de l'Orénoque, comme je l'avais observé sur ceux du Sacramento, l'explique par des courants d'air qui naissent, à la superficie du sol, des différences de températures entre le sable nu et les espaces gazonnés.

Une autre particularité de ces steppes mexicains, c'est la soudaine apparition de bandes innombrables de petits oiseaux, dont le nom doit être Légion, mais que je ne connais pas du reste. Ils partent, s'élèvent, plongent et viennent raser le sol sur lequel leur troupe serrée projette l'ombre d'un nuage, s'élèvent de nouveau, rompent leur vol, se posent, tout cela avec une vivacité, une précision dont rien ne peut donner l'idée, si ce n'est l'observation de ces armées d'insectes ailés que l'on voit par les beaux soirs d'été jouer au-dessus des étangs et des marécages.

Je me croise à distance avec une caravane qui vient ajouter son contingent de couleur locale à la scène, longue file de charrettes à roues pleines grossièrement façonnées à la hache, traînées par plusieurs paires de bœufs ou de mules, chargées comme des montagnes, conduites par des hommes à cheval vêtus de cuir.

Ces scènes laissent de grandes impressions : c'est le désert, mais le désert participe trop de l'immensité, pour qu'aucune image sombre et navrante puisse le définir ; au sein de cette nature grave, la poitrine se dilate, et l'homme se sent heureux d'avoir à la disposition de ses poumons une si glorieuse somme d'air libre.

L'hacienda del Sauce s'élève au milieu de ces plaines que fertilisent les pluies de l'hivernage ; avec ses grands murs blancs et les roues de ses *norias*, elle ressemble à un caravansérail de l'Orient. De là à San-Juan del rio il n'y a que trois lieues ou trois lieues et demie.

La plaine devient onduleuse et l'horizon se rétrécit singulièrement ; les illusions s'envolent et font place à l'ennui, qui allonge tant les chemins. Mais les pays accidentés ont des réserves inattendues et merveilleuses : je me trouve tout à coup en vue de San-Juan, au moment où, maudissant cette monotone succession de montées et de descentes, de vallons arides et de hauteurs desséchées, je me doutais le moins qu'il pût y avoir, entre la colline que je gravissais et celle dont je voyais se profiler au delà le sommet rayé par la route, une ville de six à huit âmes, tapie au fond d'une riche vallée.

Cette vallée est un Éden ; une jolie petite rivière y entretient une verdure perpétuelle, et les beaux vergers dont la ville est entourée sont renommés pour la qualité de leurs fruits. Je traverse le rio sur un pont de pierre d'assez bonne mine ; au-dessous de moi, des enfants se baignent; de jeunes femmes, dont le torse bronzé n'est protégé que par un simple foulard, lavent du linge; plus loin, la *recua* d'un arriero vient s'abreuver.

La ville a une assiette irrégulière, mais elle est bien bâtie; les maisons sont peintes de couleurs tendres et fraîches, relevées d'encadrements blancs. Une chapelle qui s'élève sur une hauteur voisine est d'un bon effet dans l'ensemble. Rien de remarquable, du reste; il me souvient seulement de quelques *cherimoyas* que Miguel me fit manger et qui étaient exquises. Ce fruit délicat et parfumé de l'*anone chérimolier* est pour moi le chef-d'œuvre de la Pomone équatoriale. On compte douze à treize lieues de Queretaro à San-Juan.

J'étais en route avant le jour le lendemain. En sortant de San-Juan se présente une côte assez rébarbative au delà de laquelle s'étend une plaine partiellement cultivée, mais où l'on ne rencontre aucune habitation jusqu'à l'hacienda qui porte le nom significatif de la *Soledad*, la Solitude. A peine le crépuscule permettait-il de discerner les objets, je m'arrêtai pour rompre le jeûne à mon habitude devant un buffet des plus primitifs établi sous un arbre, au pied d'un vieux mur, sur le bord du chemin. Quelques petits pots entourant un maigre feu de menus branchages, deux tasses, un *cantarito* à deux becs, une serviette blanche et quelques tortillas dessus, telle était la vue d'ensemble. Une femme était agenouillée près du foyer, attendant la pratique. Je ne sais pourquoi, au lieu de me faire servir en selle ainsi que j'en usais d'ordinaire en pareil cas, j'eus l'idée de mettre pied à terre.

Il faisait frais; déjà s'élevait ce léger souffle, précurseur du premier rayon de soleil dans ces climats. Je m'approchai du feu machinalement, promenant mes regards sur la campagne environnante. Cette belle vallée, avec son cadre de montagnes hardies, sauvage dans ses décors, me séduisait à cette heure de mystère émouvant où la nuit perd ses ombres, où le jour n'en a pas encore. Le crépuscule est court sous la zone intertropicale, mais il a, comme partout, des effets surprenants. Les objets, vus à travers une atmosphère qu'a purifiée la fraîcheur des nuits, baignés d'une lumière neutre, se rapprochent à l'œil, qui perd en quelque sorte le sentiment de la perspective dans une perception merveilleuse des détails les plus éloignés. Le lever du jour a toujours été pour moi une des joies intimes du voyage.

Au milieu de ces jouissances dans lesquelles j'étais absorbé, une voix s'éleva pour me rappeler que mon *atole* refroidissait. Cette voix me parut tellement fraîche et mélodieuse que je ne remarquai point ce que l'observation avait de prosaïque, et, pour la première fois, mes regards s'abaissèrent vers la femme qui me servait. Disposé comme je l'étais à l'admiration, je tombai soudain en extase devant un visage à l'ovale raphaélesque, aux traits purs jusqu'à l'idéal. Ce n'était pas la beauté mâle, fière, provocante, de Concepcion, la tortillera de la Magdalena; c'était celle d'une vierge de quinze ans, aux grands yeux humides chastement baissés, au long regard intelligent, pensif, allongé par d'interminables franges noires. A demi nue aussi sous des haillons qu'ennoblissait une propreté éclatante, elle laissait deviner cette grâce vraiment angélique de la créature qui n'est plus une enfant, qui n'est pas encore une femme, splendeur fugitive comme celle du bouton de rose en éclosion, que le pinceau de M. Ingres a su fixer sur la toile adorable de *la Source*.

Je renonce volontiers à trouver des mots pour rendre ce que je sentis à cette apparition éblouissante. Seule, seule, la nuit, au milieu de ce désert! Je regrettai presque de n'avoir pas cette naïveté antique qui m'eût permis de voir en elle un être surnaturel, incarné pour me faire fête et me préparer de l'*atole*. J'étais émerveillé, ravi. J'aurai voulu dresser en ce lieu trois tentes, trois tentes l'une dans l'autre, toutes de soie, de brocart, de velours, de drap d'or, cacher cette mignonne dans la plus secrète, m'y renfermer avec elle, et laisser à la porte, dans une éternelle faction, Miguel, l'animal dont la voix triviale troublait comme un accord faux l'harmonie de cette brune poésie; Miguel mangeant son ragoût de canard, et lançant des plaisanteries de faubourg à la petite fée qui ne lui répondait pas.

Elle s'aperçut bien de l'intérêt qu'elle m'inspirait et s'en montra heureuse, sans modestie fausse comme sans coquetterie, seulement le plaisir d'être admirée ajouta un rayonnement de plus à sa beauté, délia sa langue et lui inspira les plus aimables naïvetés. Je connus son histoire qui n'était ni assez romanesque, ni assez brillante pour que je la rapporte. Elle allait se marier, et me demanda si je ne connaissais pas son futur, José Maria, dont elle me dit beaucoup de bien. Puis elle s'enquit de mon passé et me donna de bons conseils pour mon avenir.

Quelle bonne femme que la Mexicaine! On est obligé de n'en parler qu'avec une extrême réserve pour éviter de tomber dans un enthousiasme déplacé, mais est-il un voyageur consciencieux qui n'ait fait son éloge? Quels trésors de bonté, de soumission, de compatissance, de dévouement dans ce cœur intelligent! Quel mélange incompréhensible au premier abord de faiblesse et d'énergie, dans lequel on démêle, avec un peu d'observation, un fonds inépuisable d'attachement à exploiter. S'attacher, devenir le complément d'une nature virile, voilà ce que demande cette femme de la nature, voilà la cause de toutes ses faiblesses, car elle souffre et dévoie quand elle s'attache à faux. Elle veut de l'amour, mais de l'amour de bon aloi et non cette passion quintessenciée, menteuse, désespérée, qui *vit d'inanition et meurt de nourriture;* succédané vénéneux que tant de petites filles rêvent encore sur la foi d'une pléiade de pâles satellites de Werther qui jettent sur notre siècle leurs dernières lueurs maladives. Ce platonisme de la débauche ne peut séduire une femme née sous le soleil aphrodisiaque des tropiques, qui ne se méprend pas sur le sentiment au point de ne pas savoir où le bât la blesse, et n'aspire point à mourir poitrinaire. Ce qu'elle demande c'est l'attachement d'un homme fort et juste, aussi fort qu'elle est douce et aimante, aussi juste qu'elle est dévouée. La Mexicaine est la perle des Amériques espagnoles.

Le premier rayon du soleil vint enfin illuminer le visage de ma charmante hôtesse et m'avertir que j'avais déjà perdu trop de temps. J'aurais volontiers passé là bail à vie. Il fallut remonter à cheval et s'éloigner.

Des bouquets d'arbres disséminés tant sur le plateau que sur les revers des montagnes environnantes, donnent une physionomie particulière au pays; la végétation arborescente est toujours saluée avec joie par le voyageur étranger au Mexique, et il ne peut moins faire que d'en mentionner l'existence toutes les fois qu'il la constate. Les Espagnols ont poussé très-loin la manie du déboisement. « Ce dépouillement du terrain plaisait, dit-on, à l'imagination espagnole; il lui rappelait les plaines de la Castille, ces plateaux de l'Europe où la nudité du paysage est un texte de lamentations pour tous les voyageurs. » Cette explication de Prescott a sa valeur, mais on allègue une autre raison qui me paraît plus concluante et plus d'accord avec le caractère des conquérants, c'est que là où il y avait des arbres dans les champs, les Indiens se couchaient volontiers à l'ombre au lieu de travailler.

Cette plaine porte le nom de Llano del Cazadero, ou plateau des Chasseurs, en mémoire d'une chasse pantagruélique dont le premier vice-roi, don Antonio de Mendoza, se passa la fantaisie vers le milieu du seizième siècle ; quinze cents Indiens furent employés à rabattre le gibier qui tomba par hécatombes.

Au delà de l'hacienda de la Soledad, la contrée est irrégulière ; de loin en loin on traverse un pauvre pueblo, dont les huttes d'adobes menacent ruine.

A douze lieues de San-Juan del rio environ, un bâtiment carré à un étage, de nobles dimensions, se dresse inopinément à l'œil du voyageur au milieu d'une contrée sauvage, et rappelle ces palais enchantés que les chevaliers errants ne manquaient pas de rencontrer au milieu des plus âpres solitudes. C'est un hôtel de la Compagnie des diligences nationales. En face, de l'autre côté de la route et du ruisseau turbulent qui donne son nom à l'endroit, apparaissent les murs de clôture de l'hacienda d'Arroyo Zarco. Des rochers, quelques mornes couronnés d'aloès, quelques frênes et quelques sapins complètent le décor.

La cour de l'hôtel est vaste, entourée de cloîtres soutenant au premier une galerie également couverte. L'étage supérieur est consacré aux voyageurs des diligences, le rez-de-chaussée au commun des martyrs ; en bas, les cuartos n'offrent que l'ameublement primitif des posadas ordinaires ; en haut, ils étalent un confortable qui me donne à réfléchir et je me fais la fête de passer la nuit dans des draps blancs, quoi qu'il dût m'en coûter. J'avais compté sans mon hôte : le majordome m'apprit, à mon grand désappointement, que pour mériter la faveur que je sollicitais il fallait avoir passé par le purgatoire de la diligence.

A quelques milles au sud d'Arroyo Zarco se trouve le village d'Aculco, auprès duquel se livra, le 7 novembre 1810, la célèbre bataille de ce nom, entre les insurgés commandés par le curé Hidalgo et les Espagnols sous les ordres de Calleja, dans laquelle ces derniers demeurèrent vainqueurs.

Les nuits sont fraîches à Arroyo Zarco; on y sent l'influence de l'air subtil des montagnes. Le plateau est élevé; depuis Salamanca on monte sans cesse. Salamanca est à 1757 mètres; Celaya, 1835; Queretaro, 1940; San-Juan del rio, 1978; Arroyo Zarco, 2200 environ. La vallée de Mexico est plus élevée encore (2277 mètres). On peut se faire une idée de ce que serait le séjour de ces plateaux sous nos latitudes, en songeant que le Plomb du Cantal, le point le plus élevé de l'Auvergne, n'a que 1856 mètres. Dans la zone torride, cette élévation est le gage d'un printemps perpétuel.

Arroyo Zarco se trouve dans l'État de Mexico, vaste territoire de 51 000 kilomètres carrés environ, ce qui est approximativement la superficie de la presqu'île du Danemark. Sa population est de douze cent et quelques mille habitants. Il a pour chef-lieu Tezcuco et non Mexico qui, en sa qualité de capitale de l'Union, forme avec sa banlieue un district indépendant, jouissant d'une vie administrative particulière : c'est le *distrito* ou *partido federal*. L'État est divisé en huit districts : Acapulco, Tasco, Cuernavaca, Toluca, Mexico, Tula, Tulancingo et Huejutla.

Cette province est excessivement montagneuse; aussi les différences de niveau des plateaux et des vallées y créent-elles de grandes différences de température, et l'on y rencontre successivement tous les climats et les produits des trois zones. Une foule de cours d'eau, grands et petits, sortent des flancs de ces hauteurs et portent la fertilité dans les vallées.

Un grand nombre de volcans éteints, la configuration du sol, l'abondance des basaltes, de l'obsidienne et autres produits éruptifs, enfin les richesses métalliques répandues dans le sous-sol, attestent que cette région a été particulièrement tourmentée jadis par l'action du feu intérieur. On ne compte pas moins de dix anciens cratères dans le périmètre de la vallée de Mexico seulement. Le Popocatepelt, la Montagne qui fume, et l'Istaccihualt, la femme blanche, sont, il va sans dire, les plus beaux fleurons de cette redoutable couronne. Le premier mesure 5422 mètres : c'est, jusqu'à présent du moins, le roi de la Cordillère mexicaine. Le second n'a que 5081 mètres, et cède le pas à l'Orizava (province de Vera-Cruz).

CHAPITRE XIV.

Los Organos de Actopan.— Les *arrieros*. — La Cañada. — Tepeje. — Huehuetoca et le *Desague*. — Topographie de la vallée de Mexico. — Guadalupe. — Vierge miraculeuse. — Sa rivalité avec la Vierge de los Remedios. — Mexico.

En sortant d'Arroyo Zarco, on suit un chemin pierreux et malaisé qui traverse une région accidentée, couverte de bouquets de chênes rabougris et clair-semés. Ce doit être un lieu de prédilection pour les voleurs, et comme on m'avait prédit à la fonda une mauvaise rencontre dans la sierra de Calpulalpan, — c'est le nom de cette petite chaîne, — je voyageai là *con la barba al hombro*. J'en fus encore pour mes frais de vigilance.

D'Arroyo Zarco à Mexico, la route carrossable fait un crochet par la vallée de Tula ; je pris le chemin plus direct des montagnes par Tepeje del rio. Une plaine assez sauvage succède à la sierra ; de loin en loin on y rencontre un triste village entouré de quelques terres travaillées ; les habitants ont l'air peu avenants. Enfin, je m'engage dans les montagnes au delà desquelles se trouve la vallée de Mexico.

Ces montagnes sont nues et désertes, très-tourmentées,

mais l'horizon est parfois grandiose quand la route gravit quelque sommet; les lignes ont de la majesté et le pittoresque est poussé jusqu'à l'audace. Je fis halte malgré moi sur un de ces points élevés pour savourer un peu mon enchantement : cette région pétrifiée au milieu d'efforts convulsifs, sur laquelle le soleil, déjà penché sur l'horizon, jetait une lumière oblique dont les splendeurs étaient relevées de grandes ombres, ces gorges où se formait l'obscurité et d'où s'exhalaient des vapeurs nacrées, ces sommets dorés, ce torrent qui lamait d'argent le flanc abrupt et sombre d'une croupe voisine, tout cela valait bien un acte muet d'adoration à mère nature, si belle quand elle n'est pas frelatée, si généreuse surtout pour qui ose aller l'admirer là où elle ne l'est pas.

La route s'engouffre dans un entonnoir profond à mes pieds, sans que je puisse voir encore par quels capricieux méandres elle va m'amener jusqu'en bas. Dans le lointain, au nord-est, une cime bizarre se dresse brusquement, comme un fer de lance, au-dessus des lignes bleues de l'horizon. Un brave muletier, dont le troupeau me précède et qui se vante d'avoir parcouru en tous sens le vaste territoire de la république, me fait reconnaître dans cette fine pointe le cerro de los Organos ou de *Mamanchota*, une des curiosités de ce pays si curieux. C'est une aiguille de rochers qui n'a pas moins de cent mètres d'élévation, à laquelle sert de base une montagne de sept mille deux cent soixante-dix mètres environ : elle domine le pueblo d'Actopan.

L'hacienda de la Cañada est située au fond de la gorge; on y descend par une rampe en zigzag assez hardie, étayée çà et là par des muraillements. J'ai fait une douzaine de lieues depuis le matin; mon intention était de pousser jusqu'à Tepeje, à cinq ou six lieues de là, mais l'heure avancée m'arrête à l'hacienda, immense bâtiment carré qui renferme un meson et une fonda. D'ailleurs,

Miguel a retrouvé parmi les *mozos de mulas*, les garçons muletiers, un ami, un *compadre* qu'il n'a pas vu depuis longtemps et avec lequel il serait heureux de passer la soirée, car l'*atajo* campe là. Rien ne s'y opposant de mon côté, la chose se fit.

Quelques instants après, pendant que je causais dans le *patio* de l'hacienda avec le maître arriero, Miguel s'approcha en compagnie du susdit compère et me le présenta comme un garant de son honorabilité. Aussitôt l'autre bon apôtre de me complimenter sur le bonheur que j'avais eu de tomber si bien, m'assurant que j'aurais pu chercher longtemps un domestique aussi estimable. Je regardai l'arriero qui cligna de l'œil en souriant d'une façon très-significative, et, quand nos fidèles mozos eurent tourné les talons, nous nous édifiâmes mutuellement du récit de leurs prouesses : les deux faisaient la paire. Sur ce nous allâmes souper ensemble et ne nous séparâmes qu'à l'heure de la retraite.

C'était un fort brave homme, comme tous ses pareils, qui constituent une famille à part, très-intéressante, très-estimable. Le muletier est renommé à bon droit pour son honnêteté et son énergie au travail. Sur ces vastes territoires où les routes sont à l'état primitif comme l'art du charronnage, de magnifiques et vigoureuses mules font tous les services de transport; aussi, après la vie du marin, n'en est-il pas de plus accidentée, de plus active et de plus nomade que celle du muletier. Sobre et vigilant, vivant toujours au grand air, à cheval, et passant plus d'une nuit à la belle étoile, l'arriero est dégagé de la plupart des préjugés qui tendent leurs imperceptibles toiles d'araignées autour de toutes les existences stagnantes. Nature fruste en diable, mais bonne âme au fond, il est gai, serviable, loyal, quelque peu viveur seulement.

Au jeu d'amour le muletier fait rage.

En route, le travail l'absorbe; à destination, il s'abandonne, comme le marin, à une réaction complète, et se repose en se ruant dans le plaisir.

Le métier a des couleurs très-vives et prête aux études de mœurs. C'est toujours une rencontre pleine d'intérêt que celle d'un de ces immenses troupeaux qu'on appelle *recuas* ou *atajos*. En tête s'avance gravement l'*atajadora*, pleine du sentiment de son importance. L'*atajadora* est une jument; elle ne porte rien, si ce n'est une clochette au cou; son rôle est de guider la *recua*, d'en faire un tout, un *atajo*. Les sons de sa clochette rallient les mules que retient autour d'elle une affection inexplicable mais bien constatée. Une chose plus inexplicable encore que cette affection, c'est ce fait qu'une jument seule a le privilége de l'inspirer; une autre mule ne ferait point l'affaire fût-elle couverte de clochettes, et c'est bien rarement qu'on voit un cheval jouir de la même considération. Sans elle le troupeau irait à la débandade en route et s'éparpillerait la nuit en campagne. On a plus de mal à conduire dix animaux sans *atajadora* que cent avec ce chef de file. Les mules, qui ont peu de sympathie et peu d'égards les unes pour les autres, ce qu'elles se démontrent parfois très-énergiquement, en ont beaucoup pour la *yegua*, qui est la reine véritablement. L'honorable privilége de marcher sur ses pas ou de brouter à côté d'elle est très-envié et amène des combats violents.

Sur les flancs de la *recua* en marche vont et viennent les mozos, surveillant le chargement, qui se dérange quelquefois, surtout dans les montagnes. Au moindre symptôme de désorganisation dans une charge, deux hommes mettent pied à terre et s'emparent de l'animal qui la porte, afin de remédier au mal. Leur premier soin est de lui passer le *tapaojo*, la bossette, bandeau de cuir qui sert à lui cacher les yeux et sans lequel il serait radicalement impossible de le tenir en repos. En dehors de cet usage le *tapaojo* devient un fouet. Au milieu du bandeau, à l'endroit où il se double, il y a un anneau de cuir qui sert à passer la main, et les cordons qui en relient les extrémités sont assez longs pour faire martinet. A peine délivrée de la bossette, la mule prend une allure rageuse pour rejoindre l'*atajo*, et si, par malheur, c'est une de celles qui ont l'habitude d'escorter l'*atajadora*, la frénésie avec laquelle elle se précipite au milieu de la bande et s'y fraye passage est souvent cause de dégâts. On sait que lorsqu'un mulet se sent heurté, au lieu de céder il résiste, de sorte que, quand deux animaux chargés entrent en lutte, il y a grand danger pour les chargements; ils s'arc-boutent l'un contre l'autre, poussent ou tirent, pivotent sur place et lancent des coups de pieds et des coups de dents jusqu'à ce que le hasard ou le fouet des mozos les sépare. La rencontre de deux *atajos* dans un sentier étroit amène fatalement des scènes de tumulte et de confusion inexprimables, si l'on n'a pas le soin de faire arrêter l'un des deux jusqu'à ce que l'autre ait passé.

A l'étape, les mozos se divisent par couples et commencent le déchargement. L'animal, débarrassé de son fardeau, n'a rien de plus pressé que de se rouler voluptueusement sur le sol pour soulager par la friction ses reins fatigués et humides; quand il y en a une cinquantaine ainsi occupés, c'est fort drôle. Les charges sont déposées en tas dans le plus grand ordre. Les *aparejos*, les bâts, sont rangés côte à côte sur une ligne brisée en retour d'équerre; dans le pays indien, on en forme, par prudence, un carré au centre duquel on établit le camp. Il faut dire que l'*aparejo* debout n'a pas moins de 60 à 75 centimètres de hauteur, ce qui, joint à son poids, en fait un élément de fortification qui vaut bien les fascines. C'est une lourde machine, en effet, composée de deux énormes coussins bourrés de paille, recouverts d'une pièce de cuir très-épais qui soutient le tout sans charpente ni ferrures, et qui forme une voûte protectrice sur laquelle on peut déposer toute espèce de colis sans crainte de blesser l'animal. La croupière est la partie élégante de ce harnais ; elle est large de 15 à 20 centimètres, bordée de chenille de couleur et recouverte d'une étoffe sur laquelle est brodé le nom de la mule.

Au point du jour les arrieros sont sur pied et ont déjeuné ; on selle les bêtes de main, puis on réunit les autres. Elles arrivent turbulemment dans des nuages de poussière, ruant et se bousculant ; au cri de *junta mula!* que poussent les mozos en jouant du *tapaojo*, elles se rangent militairement en ligne, la tête tournée vers les *aparejos* et chacune devant le sien. Rien n'est plus curieux que de voir une étourdie ou une retardataire cherchant sa place, reçue à beaux coups de pieds par ses camarades jusqu'à ce qu'elle l'ait retrouvée.

L'opération du chargement, comme celle du déchargement, se fait avec une rapidité qui tient du prodige, de la prestidigitation ; il y a une précision, un ensemble merveilleux dans les mouvements de ces hommes qui déploient là une agilité et une vigueur peu communes. Après un paquet, un autre, après une mule, une autre, sans trêve ni merci. Protégés par un pectoral et des cuissards de cuir, ils soulèvent les plus lourds fardeaux avec la dextérité de l'arrimeur.

Chaque mule reçoit chaque matin la même charge dans le même ordre, condition importante d'où dépendent la promptitude du chargement, la célérité du voyage, la santé des animaux et l'intégrité des marchandises. En effet, l'arrimage préparatoire d'un lot de marchandise, c'est-à-dire le pesage et l'assemblage des colis, la formation des charges et leur distribution aux animaux, ont souvent coûté deux et trois jours de travail avant le départ ; il est indispensable que cet arrangement soit scrupuleusement maintenu. Toutes les mules ne portent pas également, n'ont pas le pied également sûr, ni le même caractère, les charges varient donc de 12 à 20 arrobas, soit 150 à 250 kilos, en moyenne. Les colis, en outre, sont loin d'avoir le même poids et le même volume, au moins s'il s'agit de marchandises d'importation étrangère, car les produits du pays s'exportent en sacs ou dans des enveloppes de cuir cru d'un volume et d'un poids calculés de manière à ce que trois colis fassent le chargement moyen d'un animal. Un train qui va à la côte et un qui en revient ont une physionomie bien différente. Le premier a cet air dégagé que donnent l'uniformité et une ordonnance symétrique ; le second choque l'œil le plus souvent par l'irrégularité des charges dont la solidité paraît très-problématique. Les marchandises d'Europe présentent souvent de grandes difficultés de transport, qui ne rebutent point les arrieros cependant. J'ai vu se dresser sur une mule, comme un défi d'équilibre, une barrique de vin, reposant un seul point de son ventre arrondi sur la voûte de l'*aparejo* et très-solide, néanmoins, grâce à l'ingénieux amarrage de la *reata*.

Le 5, je me dirigeai sur Tepeje en suivant la ravine qu'embarrasse une végétation touffue favorisée par une grande humidité ; quelques hameaux où tout dort encore, car il est jour à peine, se rencontrent sur ma route. Au milieu d'un fourré obscur où la voie se divise en dix sentiers qui s'entre-croisent, où le sol détrempé cède sans bruit sous le pied des chevaux, je me trouve tout à coup au milieu de cinq à six cavaliers armés de lances, de sabres, de mousquetons, qui arrivaient à fond de train dans la direction opposée à celle que je suivais ; ils passèrent comme les ombres d'une ballade allemande, sans s'arrêter, sans mot dire, enveloppés jusqu'au nez dans leurs sarapes et leurs grands chapeaux rabattus sur les yeux. Étaient-ce enfin les *ladrones* tant prédits, suivant une piste trop importante pour daigner faire attention à un pauvre voyageur comme moi, où bien étaient-ce simplement des vaqueros d'une hacienda voisine? Je n'ai jamais éclairci la chose.

Je franchis le rio Tepeje sur un petit pont de pierre de quelques arches; la contrée environnante est un désert. La rivière coule entre deux collines rousses et pierreuses, relevées pour tout ornement de quelques cactus clairs-semés. Dans le parapet du pont est une petite niche grillée; derrière la grille il y a une peinture, devant la grille un Indien agenouillé, d'où je conclus naturellement que la peinture a un caractère religieux. Cette petite scène, encadrée d'un décor de l'Arabie pétrée, ne manque pas d'originalité.

Le rio Tepeje est un affluent du rio Tula, peut-être même en est-il le principe.

Au delà de ces collines, la scène change et le pueblo de Tepeje m'apparaît entouré de verdure et d'eau courante. Je m'arrête pour y déjeuner. La fonda est desservie par un vieux couple que je trouve beaucoup plus préoccupé de ses affaires de famille que de celles du fourneau, et j'ai grand mal à obtenir mes œufs et mon chocolat. Ces bonnes gens, qui ont l'air d'être aussi unis que Philémon et Baucis, ont l'air aussi d'avoir perdu la tête; ils entrent, sortent, s'asseyent, se lèvent, négligent mon déjeuner, ou bien s'en occupent tous deux en même temps de manière à s'entraver réciproquement et à faire des malheurs; leur trouble, que je devine fort bien, est caché sous le flegme ou mieux l'apathie la plus grande. Il y a débordement d'activité chez eux, mais cette activité est concentrée dans le cerveau. Pourtant il s'agit de leur fille; je comprends que la *niña* est absente, qu'elle devrait être là, qu'elle a de seize à vingt ans, et qu'à leur place le souci de sa vertu me rendrait un peu plus alerte.

De Tepeje à Huehuetoca la contrée est irrégulière, très-arrosée, verdoyante, ombragée. Toutefois, ce riant aspect s'arrête au pueblo de Santiago, au pied de la *loma* (colline) de Nochistongo; la loma, et le cerro voisin de Sincogue, sur le versant opposé duquel se trouve Huehuetoca, présentent des sommets désolés, avec quelques *magueyales* sur leurs revers. La colline est un bloc de craie dont la blancheur n'a rien de récréatif; le petit plateau que forme le sommet, tourmenté comme une mer agitée, est un réchaud sur lequel le soleil réverbère cruellement. Au milieu de cet Éden, que je franchis à la hâte de peur de voir entrer en fusion les métaux que je porte, un vieil Indien est agenouillé, tête nue. Son visage bronzé, sur lequel les années ont amoncelé les rides, était tourné vers le soleil, et ses yeux, extatiquement renversés, ne montraient que le blanc de la conjonctive. Je le pris d'abord de loin pour un mendiant, mais Miguel m'apprit que c'était un pénitent en prières. Il priait en effet, à haute voix, un rosaire à la main, un scapulaire sur la poitrine. La sueur ruisselait à flots de son front à ses pieds.

La vue de ce vieillard, s'exposant ainsi, dans son ignorance, à tous les maux qui peuvent résulter d'une pareille insolation, m'attrista profondément; il était là, narguant l'apoplexie, et caressant je ne sais quel monstrueux espoir de pardon et d'expiation. Comme il faut rire de beaucoup de choses pour ne pas s'exposer à pleurer toute sa vie, je me consolai en pensant qu'après quelques heures de ce métier d'alcarazas sentimental, un homme devait arriver par évaporation à une soif gargantuesque, que l'ivresse seule pourrait éteindre dans une jarre de pulque.

Le pueblo de Huehuetoca, où j'arrivai bientôt, est assis au pied du mont Sincogue, à l'extrémité nord-ouest de la vallée de Mexico, et à une dizaine de lieues de la capitale. Ce village est célèbre par un gigantesque travail hydraulique, connu sous le nom de *Desague de Huehuetoca*. Pour comprendre l'importance et même l'action du Desague, il est nécessaire de se rendre compte de la topographie de ce beau bassin de Mexico.

La vallée au milieu de laquelle s'élève l'ancienne Venise astèque forme un ovale de dix-huit lieues de long sur douze de large environ, enveloppé d'une ceinture de montagnes porphyriques dont les sommets inégaux présentent une ligne d'horizon des plus pittoresques. La Femme blanche et la Montagne qui fume, avec leurs neiges éternelles, se dressent au sud-est et semblent les fermoirs de diamants de cette noble parure. Le second de ces volcans justifie encore son nom, bien qu'il y mette de la retenue. Du sein même de la vallée, s'élèvent en divers endroits quelques cônes isolés, volcans éteints la plupart.

Six grands lacs, sans mentionner quelques étangs, occupent une large portion du plateau. En face de Huehuetoca se trouve le lac de Zumpango au-dessous de celui de Jaltocan; puis, toujours vers le sud, celui de San-Cristoval, le grand lac de Tescuco, près duquel est assise la capitale jadis environnée de ses eaux, et enfin ceux de Jochimilco et de Chalco, qui n'en font à proprement parler qu'un, divisé par une chaussée. L'eau de ces lacs est douce, sauf celle du Tescuco, qui est salée, phénomène dont la bizarrerie apparente s'explique par ce fait qu'étant le plus bas, il a recueilli, avec le trop plein des autres, les lavages de potasse et de soude que les affluents apportaient des montagnes, où les eaux thermales décomposaient le feldspath.

Ces nappes se sont considérablement rétrécies depuis la conquête, les sources voisines ne suffisant pas à entretenir l'équilibre de leur niveau sous un climat où il pleut rarement, et à une hauteur barométrique où l'évaporation est grande. Le lac de Tescuco surtout, très-peu profond, a laissé un vide immense, d'autant plus regrettable que les efflorescences salines inutilisent en partie le terrain qu'occupaient les eaux.

Mais cette inquiétante disparition de l'élément fertilisateur ne prévient pas complétement les inquiétudes d'une nature opposée que font naître les crues subites de ces mêmes eaux. Dans ce dernier cas, le lac de Tescuco, enrichi du superflu des autres, gonfle et cause parfois de graves dégâts. Les chroniques indiennes mentionnent une grande inondation sous le règne de Montezuma 1er, vers le milieu du quinzième siècle, et depuis la conquête, il y en a eu plusieurs. Les digues ne remédiant à rien, on songea à une galerie d'écoulement qui jetterait l'excédant des eaux de la vallée de Mexico dans celle de Tula, plus basse de 222 mètres. Telle fut l'origine du Desague. Un canal de 8600 mètres, creusé en grande partie au travers de la colline de Nochistongo, conduisit dans le rio Tula les eaux du rio Cuautitlan, principal affluent du lac Zumpango et cause première de la plupart des débordements. Un second canal à écluses devait également porter dans le premier le trop-plein du Zumpango.

On fit d'abord un tunnel ou *socabon*; mais l'insuffisance des notions que possédaient les ingénieurs du temps sur le muraillement convenable à ces sortes d'ouvrages, amena des détériorations incessantes, et l'on se décida à transformer le socabon en une gigantesque tranchée à ciel ouvert.

Ces travaux, inaugurés en 1607, après la troisième inondation, par le vice-roi D. Luis de Velasco II, ne furent achevés qu'en 1789. Il va sans dire que grâce à la déplorable administration coloniale de l'Espagne, l'entreprise était devenue une bonne vache à lait. Des millions y furent engloutis, 15 000 Indiens, traités comme des nègres marrons, y furent presque constamment employés, et le résultat le plus net de ce déploiement de forces irrésistibles, fut, pendant bien des années, l'enrichissement d'une foule d'Espagnols, clercs ou laïques (les moines ne dédaignèrent pas de mettre la main à cette bonne œuvre), et la mort d'une armée de travailleurs; ces pauvres diables, surchargés de travail et de coups, à peine nourris, décimés par les maladies, étaient en outre fréquemment ensevelis par des éboulements que l'on ne savait pas prévenir. Il en périt, dit-on, un million dans les vingt premières années seulement. Ce chiffre, que rapporte Thomas Gage, est exagéré peut-être, mais cette exagération même démontre à quel point l'opinion publique était émue du sort fait à ces malheureux.

Le Desague, qui ne détournait après tout que les eaux du rio Cuautitlan, ne pouvait être qu'un palliatif, et l'on comprit bientôt, en face de la triste réalité, que pour mettre Mexico complétement à l'abri du fléau, il fallait donner un écoulement direct au lac de Tescuco. En 1804, pendant le séjour de Humboldt à Mexico, et peut-être à son instigation, le vice-roi Iturrigaray ordonna la construction d'un canal destiné à conduire au Desague le trop-plein des lacs de Tescuco, San-Cristoval et Jaltocan. L'entreprise n'était pas sans difficultés, car l'inclinaison du sol de la vallée est précisément en sens inverse, et Huehuetoca est de 20 mètres plus élevé que Mexico; mais ce n'était là qu'une question de coups de pioche qui ne pouvait arrêter personne, et, moins que d'autres encore, des Espagnols à qui les Indiens coûtaient si peu. Ce canal fut commencé, mais ne fut pas mené à fin. On en voit un tronçon à l'ouest du Zumpango.

Le Desague est donc une œuvre colossale mais incomplète à tous égards, comme toutes les œuvres des administrations irresponsables envers la nation dont elles tiennent les intérêts en main. Pour qu'elle fût parfaite, il faudrait non-seulement que tous les lacs eussent un écoulement au moment des crues extraordinaires, mais aussi qu'aux époques de pénurie ils pussent recevoir toutes les eaux que la nature leur destinait. Problème hydraulique qui est loin d'être insoluble, et dont la solution serait d'une haute importance pour Mexico menacé par la sécheresse. Le lac de Tescuco, notamment, se retire de plus en plus ; il serait déjà à sec probablement si ceux de Jochimilco et de Chalco ne lui fournissaient régulièrement 130 pieds cubes d'eau par seconde au moyen du canal de la Viga, qui les réunit.

Je m'étais amusé sur les bords du Desague, aussi dus-je renoncer à me rendre le soir à Mexico. Le soleil allait disparaître derrière les montagnes quand j'arrivai au petit pueblo de Cuautitlan. Je n'étais plus qu'à sept ou huit lieues de la capitale, mais j'en avais fait douze depuis le matin, sans compter les détours à Huehuetoca; je pris donc mes quartiers de nuitée à Cuautitlan, dans une posada de la plus noble apparence. Ce pueblo fut donné en *repartimiento*, en fief, après la conquête, au capitaine Alonzo de Avila, et cette auberge était peut-être le palais de sa descendance. Le *patio* est royal; de belles arcades de pierres et des constructions majestueuses l'environnent; tout cela est vaste, imposant, mais délabré, silencieux, désert; le bruit de mes pas résonne au loin sous les galeries et trouble seul le calme de cette solitude, au milieu de laquelle Miguel et le *huesped*, avec leurs sandales, glissent comme des ombres.

J'eus la fantaisie de monter sur l'une des terrasses pour jouir du coup d'œil de la vallée. Les lacs de Jaltocan et de San-Cristoval miroitaient à l'horizon sous les derniers feux du couchant; sur leurs rives, quelques clochers entourés de touffes de verdure, disséminés à longues distances les uns des autres, me désignaient les pueblos de Tultepec, de San-Pablo, de San-Lorenzo, de Huacalco, de Teutitlan. Leur ombre s'allongeait sur des champs soigneusement cultivés mais dépouillés à cette heure de leurs moissons, et dont nul accident, arbre, buisson ou barrière, figure ou fabrique, ne rompait l'uniformité. A mes pieds, le village, muet aussi à l'heure du souper, et les cloîtres solitaires de la posada où le crépuscule jetait déjà du mystère. Cette scène était empreinte d'une mélancolie douce et pénétrante.

Le lendemain 6, je quittai Cuautitlan à trois heures du matin; un clair de lune magnifique prêtait au paysage de nouvelles splendeurs. Des bouquets d'ormeaux, de chênes, de sycomores et de frênes s'élèvent çà et là dans les champs voisins et sur les talus de la route, des peupliers, des ormes, bordent les canaux d'irrigation qui divisent les cultures. Autour de l'hacienda Lecheria, ils forment avec les arbres fruitiers des *huertas* un véritable bocage.

Au pueblo de Tanepantla où j'arrivai à l'aube, je pris le chocolat obligé dans une fonda où tout était sens dessus dessous; à la voix de la fondera, un essaim de jeunes servantes au teint bronzé, aux grands yeux noirs, aux brunes tresses, aux formes bien accentuées, s'évertuait à laver, balayer, frotter, épousseter. Une chemise brodée leur tient lieu de corsage; la plupart portent un jupon coupé de deux couleurs éclatantes, jaune, bleu, rouge, la teinte la plus claire placée en haut, de la taille au bas de la hanche. Le bord du jupon est orné de dessins en soie dans le goût étrusque.

Plusieurs chaussées, bordées de nobles ombrages, se croisent à Tanepantla; j'en prends une qui longe le rio de ce nom. Réuni au rio Ascapusalco, ce cours d'eau va se jeter dans le lac de Tescuco, en passant par la ville de

Guadalupe vers laquelle je me dirige, car je veux suivre l'itinéraire de mes camarades, en souvenir des émotions qu'ils ont éprouvées en cet endroit. Quelques types originaux se présentent : ce sont des Indiens qui portent à Mexico du charbon, du bois, de la volaille, des légumes, des fleurs; hommes et femmes, gens de tout âge, passent courbés sous leur fardeau; sacs de charbon, fagots, cages où gloussent les poules, paquets de *verduras*, et jusqu'aux marmots trop jeunes pour aller à pied, sont soutenus par une lanière de cuir ou une pièce d'étoffe fixée sur le front ou sur la poitrine du porteur : la poitrine et le front, comme chez les bœufs, dont ces gens ont la force aussi bien que la placide indolence.

Chose étrange, à mesure qu'on approche de la capitale du Mexique, le mépris superbe des conquérants pour la race conquise éclate de mieux en mieux. Les Indiens de la vallée de Mexico ont d'autant moins profité de la civilisation nouvelle qu'ils étaient plus près du centre d'où elle devait émaner. Ils ont conservé à peu près intactes la physionomie et les mœurs de leurs ancêtres. Ils se drapent encore des mêmes étoffes tissées de leurs mains par les mêmes procédés primitifs, teintes des mêmes nuances disposées en bandes alternées. Le bleu, le blanc et le marron paraissent être leurs couleurs favorites. Quelques-uns cependant adoptent les vêtements de la race créole, les *calzones* de cotonnade blanche ou de cuir, les *enaguas* d'indienne; mais la chemise fait souvent défaut, et l'ampleur fantastique du pantalon et l'habitude de le relever fréquemment jusqu'au pli de la cuisse témoignent d'une prédisposition constante à la plus grande liberté d'allure.

En approchant de Guadalupe la solitude se fait plus grande. Les verts rideaux d'ormes, de peupliers, de trembles, qui bordent les chaussées, me cachent et cette ville et la capitale dont je pourrais me croire bien loin. Devant moi s'étendent des prairies marécageuses coupées de canaux et de frais bouquets d'arbres ; çà et là paissent quelques animaux.

Le soleil était déjà levé quand je gagnai le pied des montagnes de Tepeyacac, dont les flancs desséchés nourrissent à peine quelques plantes grasses. Au milieu de ce désert la tradition veut que la mère du Christ ait apparu, en l'an de grâce 1531, à un Indien converti nommé Juan Diego. Elle chargea le pauvre plébéien d'obtenir des puissants de la terre qu'un temple lui fût érigé en ce lieu, et, comme lettres de créance, après avoir fait sortir de terre une source d'eau thermale, elle lui donna des fleurs qu'elle fit naître sur place, et son portrait peint par elle-même, avec du jus de roses, sur un lambeau d'étoffe de fabrication indienne. Telle est sur cette affaire l'opinion des plus graves canonistes espagnols et mexicains. Il n'y a rien à dire, à moins de répéter avec Théophile :

> Ces contes sont fascheux à des esprit hardis
> Qui sentent autrement qu'on ne faisoit jadis.
> Sur ce propos, un jour, j'espère bien d'écrire.

Pour plus ample informé du miracle on peut lire la très-intéressante et très-naïve relation de Florencio Cabrera, qui se trouve tout au long dans Beltrami.

Quoi qu'il en soit, cette apparition fut un coup de maître. Il y avait déjà au Mexique une Vierge fort en renom, celle de los Remedios. Le sanctuaire de los Remedios s'élève à deux lieues environ à l'ouest de Mexico, près de Tacuba, sur les premières hauteurs qui enserrent la vallée; cet endroit est celui où les Espagnols, chassés de Mexico après le désastre de la *Noche triste*, la triste nuit du 1er juillet 1520, trouvèrent un asile inespéré dans un *teocalli* ou temple indien, sur une colline qui portait le nom de cerro d'Otoncalpolco ou de Montezuma. Après la conquête, on transforma le teocalli en une chapelle, sous l'invocation de Nuestra Señora de los Remedios ou des Remèdes, afin, dit Solis, de perpétuer dans la mémoire des hommes l'importance du secours que les Espagnols avaient trouvé dans ce temple. La grossière petite statuette qu'on y adore serait, d'après Lorenzana, celle que Cortez avait apportée, circonstance plus que douteuse. Ce qu'il y a de certain c'est qu'elle est fort ancienne. Petite, noire, mutilée et sans nez, elle est telle enfin que Mme Calderon de la Barca ne peut s'empêcher de s'écrier : « Jamais peuplade sauvage n'adora une idole plus horriblement laide ! » Il y a matière à réflexion dans cette observation féminine qui éclaire un peu les rapports du fétichisme et de l'art.

La Vierge de los Remedios, vierge belliqueuse et *gachupina*, qui avait puissamment aidé les Espagnols à soumettre les Indiens, était peu propre à se concilier l'affection des vaincus et à les conquérir à la foi catholique. Pour les amadouer il fallait une vierge indigène, et Juan Diego la rencontra à point nommé sur le cerro de Tepeyacac. Si l'on considère l'esprit des missionnaires espagnols, aux yeux desquels la fin justifiait toujours les moyens, si l'on songe que la crosse pastorale était alors entre les mains du très-vénérable Juan de Zumarraga, premier archevêque de Mexico, farouche ennemi du paganisme, émule d'Omar, qui, voyant dans les manuscrits astèques les symboles d'une croyance à extirper, venait de détruire par le feu toutes les archives nationales du pays, il est permis de voir dans l'histoire de la Vierge de Guadalupe un acte de politique religieuse fort habile. L'affaire eut d'heureux résultats en effet. La Señora de Guadalupe devint la Vierge créole et les Mexicains n'eurent plus de raison pour ne pas se convertir. On construisit sur le lieu de l'apparition un petit oratoire où l'image miraculeuse fut installée en pompe, et dont Juan Diego, le bon apôtre, demeura le gardien jusqu'à sa mort. Quatre-vingt-dix ans plus tard, un temple magnifique s'éleva au pied de la colline; plus tard encore, une chapelle convenable remplaça l'oratoire *del Cerrito*; une autre fut construite sur la source miraculeuse. Une ville se forma à l'entour du grand temple, qui fut érigé en abbaye canonicale en 1750; un *sagrario* lui fut adjoint.

Mais cette dualité matérielle d'un type mystique, basée sur un antagonisme d'instincts, une antipathie de race, engendra entre les deux Vierges une rivalité qui dura aussi longtemps que la domination espagnole. L'histoire de cette rivalité est instructive; née de passions politiques, elle contribua singulièrement à les fomenter et à entretenir la haine entre les castes. Jusqu'à l'expulsion des Espagnols, la Vierge de los Remedios eut le pas sur l'autre; c'était assez que les indigènes eussent une Vierge protectrice, c'eût été trop si elle n'avait été soumise à celle qui protégeait les conquérants. Lors donc qu'on voulait recourir à l'intervention de la mère du Christ dans quelque calamité publique, on s'adressait d'abord officiellement à l'image de los Remedios et ce n'était qu'en désespoir de cause que l'on allait à celle de Guadalupe. Cette taquinerie, empreinte d'un ridicule profond, jetait les naturels et les créoles dans l'exaspération. Le cri de l'indépendance retentit et les deux Vierges entrèrent en campagne, l'une avec les insurgés, l'autre avec les dominateurs. Ceux-ci furent chassés et la Señora de Guadalupe triomphante prit à son tour le pas et devint la patronne du pays. — Ne serait-ce pas le cas de dire ici avec Bacon : *Certainly superstition is the reproach of deity!*

L'anniversaire de l'apparition donne lieu, le 12 décembre de chaque année, à une fête où les Indiens accourent par milliers de plusieurs lieues à la ronde; ils portent leurs costumes traditionnels, se couronnent de fleurs, et, comme ceux de Guadalajara à la fête de Notre-Dame de Zapopan, ils donnent le spectacle d'une saturnale antique.

La ville de Guadalupe Hidalgo, bien percée et bien bâtie, n'est pas laide ; on y compte de dix à douze mille habitants. Le nom de Hidalgo lui fut donné après l'affranchissement du pays en l'honneur du vieux curé de Dolores, qui avait eu l'idée de mettre l'image vénérée sur son étendard. L'empereur Iturbide y institua solennellement, en 1821, un ordre de chevalerie mexicaine qui prit le nom de Guadalupe. Aboli à la chute de l'empire, il fut rétabli en 1852 par Santa-Anna.

Je me dirigeai tout d'abord vers la cathédrale. C'est un parallélogramme ayant un clocher à chacun de ses angles, et au centre une coupole octogonale ainsi que les tours. Tout cela est d'un effet moscovite assez original, mais imposant. A l'est et en retrait, se trouve le *sagrario*, et, derrière, les bâtiments du canonicat. Ce massif est adossé à la montagne et dominé par la chapelle del Cerrito. A l'ouest, s'étend une place carrée, plantée d'arbres, dont le centre est occupé par une fort belle fontaine. Au milieu d'une immense vasque en pierres de tailles, s'élève, sur un rocher, un socle supportant un fût de colonne cannelée, au pied duquel sont disposés quatre personnages religieux, pères ou dignitaires de l'Église. Le chapiteau sert lui-même de soubassement à quatre figures allégoriques entourant un autre fût de diamètre moindre. Au-dessus se dresse enfin, sur des nuées, la statue de la Vierge encadrée de rayons. La hauteur du monument est de huit à dix mètres et les proportions en sont flatteuses à l'œil.

Je mis pied à terre sur cette place et, laissant Miguel avec les animaux à la porte d'une *vinoteria*, j'entrai dans le temple. L'intérieur est remarquable surtout par l'absence de cette lourde ornementation espagnole, surchargée de couleurs, que j'avais rencontrée jusqu'alors dans toutes les églises; la maçonnerie disparaît ici sous un revêtement de stuc blanc liseré d'or. Le maître autel est de marbre, la grille qui l'entoure d'argent, ainsi que le tabernacle. Peu d'églises sont aussi riches que celle-ci. Lors de l'inauguration, soixante lampes furent suspendues à la voûte, et le service entier, qui était de même métal, pesait plus de cinq mille marcs. Il est douteux que toutes ces richesses s'y trouvent encore intégralement, mais les apparences d'un grand luxe y sont.

L'image de la Vierge est peinte sur une étoffe grossière de fil de pita ou d'écorce de palmier. On la distingue d'autant mieux qu'on en est éloigné, elle devient confuse à mesure qu'on s'en rapproche, phénomène que l'on a exploité comme miraculeux et qui tient tout simplement à la nature du tissu qui est très-lâche. La Vierge a le teint brun et le vêtement des nobles filles astèques, ainsi qu'il convenait; elle est debout sur un croissant que supporte un affreux chérub.

Deux voies conduisent à la chapelle del Cerrito; l'une, à l'ouest, est une rampe en pente douce, l'autre, à l'est, un escalier assez roide. A mi-côte, à peu près, on rencontre la chapelle édifiée sur la source d'eau bouillante que vit sourdre Juan Diego. On ne saurait dire de ce petit monument rien de plus ni de mieux que ce qu'en dit M. Ampère : « — Ce que j'ai vu, en fait d'architecture, de plus ravissant pendant tout mon voyage en Amérique, c'est la chapelle construite au-dessus de la source miraculeuse de Notre-Dame de Guadalupe. Cette architecture est très-originale; elle ne ressemble à rien. C'est bien une sorte de Renaissance, mais d'un goût particulier, arabe et mexicain, très-élégant et très-étrange. des zigzags blancs et noirs surmontent des fenêtres en étoile, autour desquelles des anges déroulent des légendes empruntées aux litanies, en langue espagnole. Les colonnes sont à demi grecques, mais d'un grec de fantaisie ; la porte est moresque, il y a des fenêtres moresques. Tout cela semble devoir être très-incohérent et ne l'est point. La disposition de l'ensemble fait de ce caprice architectural un caprice harmonieux. »

L'eau de cette source passe pour avoir des vertus miraculeuses qui en font la panacée universelle. Elle a toujours celle de se vendre beaucoup plus cher que l'eau de la source voisine du *Peñon de los baños*, bien qu'ayant les mêmes propriétés ; toutes deux contiennent, avec du chlorure de sodium, de l'acide carbonique et des sulfates de chaux et de soude.

La chapelle du Cerrito est lourde, carrée, sans caractère ni grâce ; mais le panorama que l'on embrasse du haut de sa plate-forme vaut bien l'ascension. Une partie de la vallée se développe aux yeux étonnés et ravis avec ses lacs, ses villes aux toits plats hérissées de clochers et de coupoles, ses villages encadrés de verdure, ses chaussées ombragées, ses mornes volcaniques, sa ceinture de montagnes bleues que dominent les cimes du Popocatepetl, de l'Istaccihuatl et du Cerro de Ajusco. Alors on se sent pris de cet enivrement sous l'empire duquel les soldats de Cortez descendirent de la sierra d'Ahualco vers ce paradis terrestre. L'émotion, mais une émotion expansive et douce, dilate le cœur. Pas un voyageur n'a échappé à ces impressions, pas un peut-être n'a échappé à un désir momentané, fugitif comme l'éclair, de planter là sa tente et d'achever ses jours dans les jouissances ineffables que procure la contemplation d'une belle nature.

Je retrouvai Miguel où je l'avais laissé et me remis en selle. Deux chaussées relient Guadalupe à Mexico, elles sont parallèles et très-rapprochées. L'une est en pierre : c'est la plus ancienne et la plus étroite ; l'autre est un remblai bordé d'allées d'arbres. A droite et à gauche s'étendent des *potreros*, pâturages inondés en partie pendant la saison pluvieuse.

Cette route que je suis est assez animée; il est dix heures, les fournisseurs des marchés de la capitale s'en retournent aux champs. Un troupeau de mules chargées, une voiture un peu plus moderne et confortable que toutes celles que j'ai rencontrées jusqu'à présent, un moine à cheval, un lancier dépêché quelque part en estafette, se croisent avec moi successivement. Le pauvre défenseur de la patrie est mal monté, mal équipé, tandis que derrière lui s'avancent, entourés de nuages de poussière que soulève le galop de leurs nobles montures, quelques jeunes rancheros étalant tout le faste du costume national.

Enfin j'arrive à la porte ou *garita* de Peralbillo : je suis à Mexico.

CHAPITRE XV.

Garita de Peralbillo. — *Leperos.* — *Evangelistas.* — Bains publics. — *Plaza Mayor.* — Cathédrale et Sagrario. — Zodiaque astèque. — Le *Palacio.* — Je trouve des amis. — Conseils. — Embarquement des prisonniers français à la Vera-Cruz.

6 *février*. — De la *garita* de Peralbillo, par laquelle on entre à Mexico en venant de Guadalupe, une voie qui change plusieurs fois de nom conduit directement à la *plaza Mayor*, place d'Armes ou place de la Constitution. Cette rue traverse les *barrios* de Santiago-Tlatelolco et de Santa-Anna.

Ces faubourgs ont triste mine, comme ceux de Guadalajara. La population n'en est pas plus attrayante. Je rencontre des types à la Callot, qui n'ont rien à envier à ceux de la capitale de Jalisco; seulement les physionomies ont ici, en général, quelque chose de plus famélique et de plus accentué, la corruption y a laissé plus de traces. Le *lepero* de Mexico, appelé aussi *zaragate* ou *guachinango*, a sur ses congénères de la république la supériorité du lazzarone de Naples, auquel il ressemble tant, sur ses pareils des autres villes d'Italie. Il leur dame le pion. Il est plus malin, plus subtil, plus audacieux, plus effronté, plus narquois, plus spirituel; son intelligence et son imagination ont un rayon plus vaste, et les tangentes à sa circonférence sont en nombre immense : il est plus complet, en un mot. Il a au service de son humeur gouailleuse un répertoire de gueulées aussi riche et aussi dessalé que le gamin de Paris lui-même. Au bout de vingt-quatre heures de séjour à Mexico, mon fidèle Miguel, avec ses vices mous, me parut à côté des bandits que je rencontrais un bien sot animal; lui-même, qui visitait pour la première fois sa capitale, demeura abasourdi pendant deux ou trois jours, non point du luxe qu'elle lui révélait, mais des études de mœurs populaires qu'il y fit.

La rue que je suivais me conduisit à la plazuela de Santo-Domingo, ornée d'une petite fontaine d'assez mauvais goût, surmontée d'un aigle de convention, et que l'on n'a pas réussi à mettre au centre de la place. Ce recoin de la capitale a le mérite d'être avoisiné par l'ancien palais de l'Inquisition, le couvent des dominicains et la douane. Le premier de ces monuments, après avoir été successivement une prison et un séminaire, est devenu une école de médecine. « Aujourd'hui, remarque un auteur mexicain, on se sert du scalpel pour le bien de l'humanité, là où le fanatisme torturait le corps pour tuer la pensée. » Le couvent de Santo-Domingo est un des plus beaux de la capitale; la façade de l'église, d'ordre ionique, sobre et sévère, est cachée en partie par une muraille festonnée qui ferme le parvis. La douane est un vaste édifice fort laid et fort mal entretenu, mais à la porte duquel il y a beaucoup de mouvement; des *recuas* de muletiers, des charrettes pesamment chargées, tirées par quatre, six et huit mules, en sortent ou y entrent à chaque instant. En face de la douane, il y a des portales bas, sombres, vieux et sales, occupés par quelques *evangelistas* ou écrivains publics. La naïveté castillane a donné le nom d'évangélistes à ces hommes qui écrivent complaisamment tout ce qu'on leur dicte sans rien contrôler. Ils jouent un grand rôle dans ce pays où l'instruction primaire est négligée. Je m'adressai à l'un d'entre eux pour avoir des renseignements sur la route à suivre; c'était un vieux bonhomme à la mine ratatinée, au visage parcheminé, ayant en tout le physique de l'emploi. Il portait un pantalon de lasting vert, des bottes de daim, une veste de toile blanche, sans gilet ni cravate, des lunettes, une plume derrière l'oreille droite, une autre à la main, une cigarette derrière l'oreille gauche, une autre à la bouche; cet ensemble grêle et desséché servait de support à un chapeau prodigieux dont les bords avaient certainement plus d'un mètre d'envergure.

Il se dérangea fort complaisamment pour me mettre dans la bonne voie. Je me rendais sur la foi d'un des officiers de la garnison de Guadalajara au meson du théâtre de Vergara; mais, au lieu d'une humble posada, je trouvai là un hôtel beaucoup trop important pour un homme qui désirait, comme moi, tant par économie que par prudence, s'effacer modestement dans les rangs du peuple; je pensai même que mon ami l'officier avait voulu se donner des gants en me le recommandant.

Je rebroussai chemin en quête d'un autre gîte, et rencontrai ce que je cherchais au meson de San-Vicente, calle de Manrique : le nom de cette rue est celui d'un architecte mexicain d'un certain mérite. Là on me remit la clef d'un *cuarto* où figuraient un lit de camp, une table et un banc, on me donna la classique chandelle, mon cheval eut sa place au râtelier, et personne ne s'inquiéta plus de moi : c'était ce qu'il me fallait.

Mon premier soin fut de me rendre aux bains. Moyennant deux réaux, valeur équivalente à la moitié de cette somme en France, je pris un bain que l'on payerait 5 francs à Paris. Deux petits pains de savon parfaitement vierges, savon ponce et savon fin, brosses à friction, brosses de toute espèce, instruments et articles de toilette, sur un plateau deux petits flacons lilliputiens contenant, l'un quelques gouttes d'eau de senteur, l'autre autant d'huile antique, du linge en abondance, un crachoir, et même, qu'on me pardonne la vulgarité du détail, dans un coin de l'appartement, un meuble, un certain meuble dont l'absence dans nos thermes fait frissonner involontairement les gens les moins délicats, tout cela sans aucun *extra-fare!*

Au reste, si je fais l'éloge des bains de Mexico, ce n'est pas parce qu'ils m'ont exceptionnellement séduit, c'est, au contraire, pour arriver à dire que, dans toute l'Amérique, les établissements de bains ont une supériorité incontestable sur ceux de l'Europe. Partout, avec des garanties de propreté remarquables et pour un prix relativement infime, on vous fournit un comfort complet, que l'on peut se procurer, il est vrai, dans nos grandes villes, mais dont les quatre-vingt-dix-neuf centièmes des baigneurs se passent, parce qu'il faut l'acheter pièce à pièce et qu'il revient à un prix ridiculement élevé. Enfin, qu'il me soit permis de soulager ici mon cœur et de dire que nulle part, en Amérique, je n'ai retrouvé certain vestige odieux et humiliant d'une barbarie antédiluvienne, que l'on conserve soigneusement dans ce malin pays de France où fut créé le vaudeville et inventé l'uniforme : je parle de l'emprisonnement du baigneur. J'ai la prison en horreur, et n'ai jamais pu m'habituer à un système qui, si les moyens de locomotion étaient suffisamment perfectionnés, me pousserait à aller prendre tous mes bains à l'étranger. En prison! mais c'est à rendre hydrophobe! Aussi longtemps que je suis dans une baignoire française, mon cerveau est assiégé de mille idées confuses, irritantes, qui, condensées, reviendraient à peu près aux questions suivantes : — « Mon ami, pourrais-tu me dire sous quelle prévention infamante te voilà verrouillé ici ? Dans quelle catégorie d'êtres malfaisants te range-t-on ? Te prend-on pour un voleur ou pour un lunatique ? » — Il faut beaucoup de vertu, après cela, pour ne pas casser la tête au geôlier qui vient en souriant vous ouvrir la porte de votre cabanon. Les Français font mieux, ils lui donnent un pourboire !

Au sortir du bain, je songeai prudemment à déjeuner. Une fonda de la rue de Manrique me reçut, et je constatai, à ma grande surprise, que la vie était moins chère dans la capitale que dans les provinces, car je fis là, pour la somme de *real y cuartillo*, un repas que j'eus payé partout ailleurs trois ou quatre réaux.

Ainsi précautionné, je me mis en campagne, la cigarette à la bouche, résolu à flâner le reste du jour. Je montai la rue de Tacuba qui me conduisit à l'Empedradillo, c'est-à-dire à la cathédrale, à la plaza Mayor.

Il est impossible à un homme quelque peu favorisé par le goût, la mémoire et le cœur, de demeurer froid en mettant le pied pour la première fois sur cette magnifique place, si riche en monuments et en souvenirs, peuplée d'une foule bigarrée, assez vaste pour que les constructions voisines ne dérobent pas à l'œil la brillante ceinture de montagnes qui étreint la vallée, cimes blanchissantes et vaporeuses perdues dans un azur dont la pureté est un ravissement de plus.

Au nord s'élève la cathédrale, sur l'emplacement même du grand temple de l'ancienne Mexico, et placée sous l'invocation de san Ypolito, en mémoire du jour où la ville tomba au pouvoir des conquérants. Dans la base de la tour occidentale est encastré le célèbre monolithe de porphyre noir sur lequel est gravé le zodiaque ou calendrier des Astèques, sombre masse que son poids, en la condamnant à l'immobilité, a sauvée de l'oubli pour qu'elle nous transmît un des plus intelligents éclairs d'une civilisation bizarre mais avancée.

L'église actuelle a succédé à une autre beaucoup plus modeste, bâtie par Cortez et démolie par ordre de Philippe II, en 1573, pour être réédifiée sur de plus vastes plans. Ce travail ne fut achevé qu'en 1657, sous Charles II. Quatre rois y ont successivement contribué pour une somme de dix à douze millions de francs.

Il me semble que personne encore n'a suffisamment rendu justice à ce beau morceau d'architecture, le chef-d'œuvre de la renaissance espagnole peut-être.

Il est vrai que de tous les produits de l'architecture de la Renaissance que j'aie vus jusqu'ici, c'est le seul qui m'ait frappé aussi vivement. Il est vrai aussi que les Castillans, comme les autres peuples du Midi, ont su tirer un grand parti de ce genre, que la froide imagination des hommes du Nord a ravalé parfois jusqu'au ridicule. Ici l'ampleur des dimensions a servi les Espagnols, autant que leur goût pour l'ornementation. Le portail de façade est divisé en trois corps. Celui du milieu, plus élevé que les autres d'un étage, est encore surmonté d'une tourelle couronnée de statues, comme la tour Saint-Jacques. Cette habile disposition sauve très-heureusement le malencontreux effet d'une ligne droite terminée par deux tours, effet dont on peut se rendre trop facilement compte en se plaçant en face de Saint-Sulpice ou de Saint-Vincent de Paule, encore que les clochers de ces églises ne soient pas à beaucoup près aussi distants que ceux de la cathédrale de Mexico. Ces derniers, ceints d'une double rangée de balustres supportant des statues, et très-agréablement coiffés d'une coupole en forme de cloche, sont fort beaux. Leur soubassement est de construction massive, en pierres de taille, sans autres ornements que de gros contre-forts couronnés de consoles renversées, entre lesquels sont percées quelques ouvertures carrées qui contribuent à leur donner cet air de forteresse des anciennes églises romanes. Ces tours contiennent quarante-huit cloches, chiffre que je livre sans commentaire aux réflexions du lecteur, quelles qu'elles puissent être. Le dôme rappelle, mais pour l'écraser de sa supériorité, celui du Val-de-Grâce ; il s'élève majestueusement à l'extrémité opposée de l'édifice, dominant les terrasses des cinq nefs qui étagent leurs interminables couronnes de balustrades, ornées de vases et de cassolettes, et forment des deux côtés un noble amphithéâtre.

Le tout relevé de l'ornementation de la Renaissance, oves et médaillons, écussons et cartouches, guirlandes et festons, volutes et astragales, statues et bas-reliefs allégoriques. Une sobriété qui n'a rien de mesquin ni de froid, et une grande entente de l'harmonie ont présidé à la distribution de ces ornements, dont les belles proportions et le puissant relief donnent au monument un caractère vraiment fastueux.

A l'orient de la cathédrale se trouve le *sagrario*, singulier bâtiment dont le plus grand tort, à mon avis, est d'être accolé au premier. Un incendie ayant dévoré l'ancienne église paroissiale dans le courant du dix-huitième siècle, la nouvelle fut reconstruite sur des données architecturales toutes différentes, et, il faut l'avouer, d'un goût moins pur. L'architecte espagnol Churriguerra a eu l'honneur de donner son nom à ce genre fantaisiste, qui rappelle le baroco et le pompadour dont il était contemporain. Le churriguerresque est un style de décadence, une sorte de parti pris de bouleverser toutes les lois établies en architecture, un romantisme échevelé dont les principaux caractères sont l'absence presque complète de lignes droites, la bizarrerie, la multiplicité et l'incohérence des ornements. Dans le sagrario, les parements sont construits en *tezontle*, amygdaloïde poreuse et légère, de teinte rouge, très-commune dans le bassin de Mexico, tandis que les chambranles, les contre-forts, les chaînes, les corniches, les statues, colonnes et moulures de tout genre, sont en pierre, et blanchis au lait de chaux. De ce débordement d'excentricité, il résulte un ensemble qui plaît à l'œil où l'on découvre d'ailleurs de grandes hardiesses d'imagination et des beautés de détail réelles.

J'entrai dans la cathédrale et demeurai saisi du luxe de la décoration qui absorbe impérieusement l'attention au premier abord ; il faut aller à Rome pour trouver une plus grande prodigalité de marbres, de métaux, de pierres précieuses. Les voûtes sont hardies ; chacune des trois portes de façade correspond à une nef ; à droite et à gauche s'ouvrent encore les chapelles latérales. Le maître autel placé sous le dôme forme, avec le chœur qui obstrue la nef principale, une seconde église dans l'église ; c'est là que se trouvent les tribunes et les orgues. Une balustrade d'airain tombac, dont les portes surtout sont remarquables, les relie. Soixante et quelques statues de même métal, portant des torches, se dressent sur la balustrade. Les boiseries du chœur paraissent d'un assez bon travail.

Je ne laisserai point ma plume entreprendre un voyage que mon regard n'a pas eu le temps de faire dans le détail de l'ornementation de ce temple. Tout ce que l'imagination castillane a conçu en ce genre est réuni là, et il faut bien convenir que tout n'est pas d'un goût parfaitement sain.

Les églises espagnoles ainsi décorées, baignées de chaudes demi-teintes qui ménagent dans les retraits des ombres voluptueuses, n'exhalent nullement cette humidité sépulcrale des cathédrales du Nord, aux murailles pelées, où les sens glacés restent sous l'empire d'un mystère de désolation et de mort. Ici le mystère est tout d'amour : *en tout bien, tout honneur au moins*. On comprend que les heureux desservants de ces sanctuaires entendent le célibat de la bonne manière. L'absence de chaises, de bancs, de siéges d'aucune sorte, donne à ces intérieurs un air de distinction qui frappe l'étranger, qu'une série de douces sensations conduit, de rêverie en rêverie, jusqu'au fond des bosquets sacrés de Paphos et d'Amathonte. L'œil, quelque peu enivré, contemple avec ravissement la mignone señorita aux brunes tresses, abîmée dans ses dévotions au point que son corps s'est mollement affaissé peu à peu sur le tapis où reposaient ses genoux; sa tête extatiquement renversée s'appuye contre le pilier dont l'ombre l'enveloppe, et quand, au bruit d'un pas viril, son regard embrasé, descendant des splendeurs de la voûte et cherchant toujours la divinité, vient sous l'éventail se croiser avec celui de l'honnête homme qui passe, alors celui-ci incendié jusqu'à la moelle, se demande : Qui trompe-t-on ici ?

Un parvis immense s'étend devant les deux temples. Il est environné de bornes colonnes que relient des chaînes de fer, et au delà desquelles s'étend une allée de frênes, promenade favorite de la classe moyenne les soirs de clair de lune : c'est le *paseo de las cadenas*. Le chevet de la cathédrale s'appuie sur les bâtiments du canonicat qui renferment les sacristies, le séminaire, une bibliothèque publique, le bureau des dîmes, etc.

En regard du zodiaque astèque, sur l'Empedradillo, se

trouve la *casa del Estado* ou dépôt des archives, ancien domaine des marquis del Valle et des ducs de Monteleone. Cortez lui-même y a peut-être demeuré. Cet édifice couvre une partie de l'emplacement du palais de Montezuma.

La rue de Plateros sépare l'Empedradillo des *portales de mercaderes*, sous lesquels se trouvent quelques cafés, restaurants et magasins de luxe.

Au sud de la place, en face de la cathédrale, on remarque la *casa de Cabildo, diputacion ou palacio municipal*, siége du gouvernement du district, qui renferme aussi une prison de dépôt et le cercle de la Lonja. C'était primitivement une *alhóndiga* qui fut incendiée en 1692.

Le *palacio del Gobierno* occupe à lui seul le côté oriental de la place, c'est-à-dire deux cents mètres d'étendue environ. Il n'a d'autre mérite que sa masse, ses terrasses sont crénelées et les pavillons des angles sont de véritables forts. Il renferme, outre le logement du chef de l'État, les ministères, une prison, une caserne, la Monnaie, etc. Ce bâtiment date de 1693. Il fut construit sur l'emplacement d'un palais élevé par Cortez, acheté à sa famille après sa mort pour devenir le séjour des vice-rois et incendié en 1692, en même temps que la *alhóndiga*, pendant une émeute que provoqua la famine.

Telle est la vue d'ensemble de cette place qui est le cœur de la capitale mexicaine comme celle-ci est le cœur du pays. Tout s'y concentre pour en rayonner après, et la foule des passants, aussi bien que la diversité des costumes, lui donnent une physionomie animée et d'une mobilité surprenante. Soldats, prêtres, moines, mendiants, leperos, Indiens, créoles, étrangers, femmes de toutes conditions, cavaliers, voitures, charrettes, animaux de bât, s'y croisent sans cesse. Devant la municipalité stationne une file de *coches de alquiler*, fiacres tirés par des mules le plus ordinairement. Au milieu de la place s'établissent des débits d'*aguas frescas* et de *helados*, de rafraîchissements et de glaces, et des cuisines où le canard et le piment jouent leur rôle ordinaire. Le soir cette physionomie se modifie naturellement aux clartés que projettent les fanaux des marchands, les feux des cuisinières et les lumignons des évangelistas logés sous les portales. Des musiciens ambulants, harpistes et *guitareros*, parcourent les cafés et glorietas. La foule augmente, mais elle est oisive et tourbillonne paisiblement autour des étalages qui l'affriandent. Ici une gracieuse fillette, à la jupe rouge et jaune, à la chemise brodée, entourée de *jaros, cantaros* et *cantaritos*, invite aux douceurs du *refresco*. Son étalage est engageant. Sur un tréteau couvert d'un linge blanc, orné d'arceaux, de trophées, de festons de verdure, de guirlandes de fleurs, sont rangés des verres gargantuesques, contenant des liquides teintés de bleu ou de carmin, et recouverts de calebasses aux vives couleurs. Plus loin, autour d'un fourneau d'où émanent des parfums gastronomiques et dont les rougeâtres lueurs font rêver au sabbat, un groupe de vieilles aux cheveux gris épars mais touffus encore, aux dents usées mais saines, à l'œil étrangement vif, replètes ou desséchées mais toujours trop peu vêtues, sont accroupies et marmottent quelque paraphrase espagnole de Mathurin :

> Ainsi le bon temps regrettons,
> Entre nous, pauvres vieilles sottes,
> Assises bas à croppetons,
> Autour d'un feu de chènevottes.

Si la lune est dehors, l'animation est plus grande. Sur le trottoir de las Cadenas des ombres s'agitent sans bruit dans l'ombre des arbres ; là d'autres intérêts sont en jeu ; là règne l'amour. A chaque extrémité de la promenade s'élève un massif de maçonnerie circulaire et cannelé, surmonté d'une croix gigantesque au pied de laquelle s'enroule le serpent des Astèques avec des *calaveras*, des têtes de mort, pour accessoires. Un banc de pierre fait le tour du massif, des femmes voilées l'occupent et les *calaveras* grimaçantes président à la galanterie.

Après avoir épuisé ma curiosité sur ce point important de la capitale, je pris machinalement la rue de Plateros, qui est celle où s'est réfugiée l'aristocratie du commerce de détail. Comme je m'en allais, bayant aux étalages des modistes, parfumeurs, orfèvres et marchands d'estampes, relevant çà et là un type ou un nom français, j'aperçus sur le trottoir opposé un homme, un compatriote, que j'avais rencontré autrefois en Californie. J'allai droit à lui sans hésitation, car je savais ne point me compromettre en ce faisant. M. Pommier, qui était à cent lieues de me croire à Mexico, ne me reconnut point tout d'abord sous mon costume de cavalier que j'avais jugé à propos de conserver, ou du moins il doutait du témoignage de ses yeux et je dus y ajouter celui de ses oreilles. Cette heureuse rencontre m'assura immédiatement un ami dans cette ville où j'en avais besoin. Revenu de sa première surprise, M. Pommier n'en restait pas moins très-intrigué de me trouver rue de Plateros, à Mexico, et pour satisfaire sa curiosité je lui expliquai en deux mots le pourquoi et le comment de la chose. Il me ferma aussitôt la bouche et me conduisit pour causer plus à l'aise chez M. Limantour, le propriétaire de l'île Cedros, qui logeait à quatre pas, rue de los Tlapaleros.

Là aussi je me trouvai en pays de connaissance et fus parfaitement accueilli. Sur le récit de mes aventures, ces deux messieurs s'accordèrent à me dire que le mieux était de conserver l'incognito le plus profond jusqu'après le départ de nos camarades, qui étaient encore à la Vera-Cruz, et, après, de quitter moi-même le pays le plus tôt possible. Santa-Anna, m'assurèrent-ils, était furieux de ce que le général Ortega eût donné la clef des champs aux prisonniers de Guadalajara, et le ministre de la guerre, M. Blanco, avait expédié l'ordre de nous faire rechercher. Comme on supposait naturellement qu'aucun de nous ne se rendrait à Mexico, je me trouvais le plus en sûreté de tous, mais ce n'était qu'une sûreté éventuelle ; on m'engagea notamment à éviter avec le plus grand soin la rencontre des officiers de la compagnie allemande de Guaymas, qui se trouvaient dans la ville, avaient repris du service auprès du dictateur et passaient généralement pour avoir trahi notre cause.

Il me fallait donc de la prudence. Le décret d'amnistie ne mentionnait que les 162 prisonniers du château de Perote et point les autres qui pouvaient au besoin demeurer sous le coup de l'arrêt du 19 août 1854 ; j'étais un de ceux que cet arrêt condamnait à la mort, j'étais un des deux officiers que Santa-Anna avait voulu faire fusiller à Tepic ; il pourrait être malsain de tenter de nouveau le diable boiteux. Arrêté avant le départ des autres, je serais probablement envoyé à la Vera-Cruz pour les rejoindre, mais arrêté après j'avais une mauvaise affaire. Dans une pareille éventualité, M. Dano était le seul homme influent sur l'appui duquel il me fût permis de compter, non pas en tant que chargé d'affaires de France bien entendu, mais en tant qu'homme de cœur et de dévouement, et M. Dano était sur le point de quitter le Mexique pour retourner en France.

La conclusion de tout ceci fut que ces messieurs me présenteraient à lui le plus tôt possible, c'est-à-dire aussitôt après le départ de la compagnie et pas avant, pour ne pas mettre cet excellent homme dans l'alternative de me traiter comme les autres ou de se compromettre en me faisant une faveur. En attendant, ces messieurs m'ouvrirent leurs maisons avec une cordialité qui ne se démentit pas un seul instant, et dont je leur fus assez reconnaissant pour que l'impression n'en soit pas encore effacée. J'eus de la famille à Mexico, comme j'en avais eu à Guadalajara.

Le 9 seulement on apprit que l'aviso à vapeur *Achéron*, capitaine Bonna Christave, avait mis en mer, emportant les prisonniers français à la Martinique, où, je m'empresse de le dire, ils furent très-bien traités et recouvrèrent leur liberté. Ce jour-là je fus présenté à M. Dano. J'abordai avec plaisir cet homme auquel nous devions tant et que j'étais heureux de remercier. Nous causâmes longuement des événements de Guaymas, sans parvenir toutefois à nous mettre bien d'accord sur certaines appréciations : il y avait entre nous l'abîme de la diplomatie européenne. M. Dano me manifesta beaucoup de sympathie. Il me promit un passe-port pour la Nouvelle-Orléans où je désirais aller, et m'engagea ainsi que MM. Pommier et Limantour à profiter du prochain steamer; sans entrer dans de grands commentaires sur les dangers que je courais en demeurant, il me dit néanmoins d'un ton aussi significatif qu'affectueux qu'il ne me laisserait derrière lui qu'avec regret.

CHAPITRE XVI.

Maisons et monuments. — Mendiants. — *Presidarios*. — *Serenos*. — Couvents. — Promenades publiques. — L'arbre de la nuit triste. — Chapultepec. — Marchés. — L'*Aguador*. — Préparatifs de départ. — Adieux de Miguel. — Un mot sur Santa-Anna. — Mauvaises rencontres.

Mexico est sans contredit la plus belle ville de la république. Les maisons ont en général deux étages, au moins dans le centre ; elles sont taillées en plein drap et dans chaque étage un propriétaire parisien à larges idées en trouverait deux, dans chaque pièce il taillerait un appartement complet. Les façades sont chargées de couleurs souvent assez crues; le jaune m'a paru très en faveur. Les encadrements sont blancs invariablement. Les toits sont des *azoteas*, et la galerie qui couronne l'entablement est d'ordinaire crénelée ou festonnée. Des gouttières en pierre, véritables gargouilles du moyen âge, allongent leur museau effilé au-dessus des corniches. De belles serrureries ouvrées ornent les balcons et les fenêtres des rez-de-chaussées. Ces constructions, d'une élévation moyenne et à toits plats, font admirablement ressortir la grandeur des monuments, tandis que chez nous ceux-ci sont écrasés, avilis, par la masse autant que par l'architecture positive des demeures privées. Là-bas, ils dominent la ville avec une majesté qui détourne souvent l'œil de leurs défauts; ici ils se cachent honteux dans des gouffres de pierres. Comme une honnête fille que l'on jetterait à Saint-Lazare, ils ont l'air de se replier douloureusement sur eux-mêmes sous les malédictions, les outrages à l'art, cette vertu des œuvres de l'homme, que vomissent les habitations voisines par les milliers de trous dont elles sont criblées.

L'intérieur des maisons étale plus de luxe à Mexico qu'en aucune autre ville du territoire. La fortune s'y loge princièrement. Des peintures de bon goût décorent les murs; des marbres forment le pavage, de riches stores arrêtent les rayons du soleil, de beaux vases suspendus ou montés sur piédouche nourrissent de luxueuses plantes grasses, de magnifiques lanternes éclairent et parent les corridors et les galeries qui entourent le *patio* ombragé d'orangers en fleurs et de lauriers-roses. La vie est douce dans ces palais.

Mexico conserve encore quelques curieux échantillons du luxe architectural des siècles passés, adorables mais capricieuses constructions où l'influence arabe se fait encore sentir derrière la fantaisie espagnole. Telles sont : *la casa de los mascarones*, avec sa merveilleuse façade churriguerresque, plusieurs maisons dites *casas de Cortez*, sans qu'il soit bien avéré qu'elles aient appartenu au conquérant, et le gracieux édifice, annexe de l'hôtel des diligences, qui porte le nom d'Iturbide parce que ce soldat y demeurait au moment de son usurpation.

Les rues de Mexico sont bien pavées, bordées de trottoirs, percées à angles droits. Une population bizarrement mélangée s'y meut incessamment, mais sans tumulte. Suivant un dicton qui avait cours à Paris, il y a quelque cent ans, on ne pouvait s'arrêter un quart d'heure sur le Pont-Neuf sans voir passer un cheval blanc, un soldat, un moine et une fille de joie, on peut en dire autant de chaque carrefour de cette capitale ; puis viennent les marchands ambulants de toute espèce dont plusieurs ont une certaine originalité, notamment ceux qui promènent sur leur tête un fourneau allumé, surmonté d'un four où cuisent diverses friandises à l'usage du peuple, telles que têtes de mouton, *tamales*, etc. Enfin, on ne saurait omettre de parler des *pordioseros*.

Le *pordiosero* est le mendiant ; l'habitude de demander au nom de Dieu, *por Dios*, lui a valu ce nom que l'usage a consacré. Une des choses qui donna à Cortez une haute idée de la civilisation astèque à son arrivée à Mexico, fut le nombre des mendiants : il y en avait autant, dit-il, qu'en aucun pays *civilisé*. Cette observation était de bonne logique chez un homme qui ne pouvait concevoir la société autrement que divisée en clergé, noblesse et tiers état, et qui comprenait cependant que, pour qu'il y eût quelques individus fort riches avec une pareille organisation, il fallait qu'il y en eût beaucoup de fort pauvres. Si Cortez revenait, il jugerait très-favorablement du développement moral du Mexique en voyant la quantité de pordioseros de la capitale, sauf à aller rectifier ses idées aux États-Unis. A moins qu'il ne revînt libéral de l'autre monde, et prêt à soutenir Juarez dans l'œuvre de la réforme, ce qui pourrait, ma foi, bien être.

Jamais les cours des miracles n'ont vu, je crois, de types plus vigoureusement accentués, plus sévères et plus navrants que ceux de quelques mendiants de Mexico, demi-nus sous des lambeaux de guenilles. L'opinion publique, dans les pays chauds, n'a pas de ces pudeurs qui s'effarouchent devant un torse nu, et, sans descendre jusqu'aux mendiants, il n'est pas rare de rencontrer un marchand de vieux oing, par exemple, portant sur sa tête sa dégoûtante marchandise, et n'ayant d'autre vêtement qu'un petit caleçon de cuir.

Parmi les figures attristantes de la scène mexicaine, il faut mentionner les *presidarios* ou galériens que l'on emploie au balayage des rues et promenades, et même à certains travaux de terrassements, nettoyage d'égouts, etc. Ils vont enchaînés deux à deux et escortés d'un piquet d'infanterie; les soldats se montrent fort tolérants envers eux, du reste, et les laissent assez volontiers s'échapper, s'ils peuvent le faire sans trop se compromettre. J'assistai un matin, au paseo de Bucareli, à un drame de ce genre qui eut cependant un dénoûment tragique; le fugitif reçut un coup de baïonnette dans les reins qui l'étendit roide mort. Peut-être était-ce une vengeance particulière.

Ce mélange de tolérance et d'arbitraire se retrouve dans toutes les branches de la police, qui est très-mal faite à Mexico; au fond de tout cela, on démêle facilement une sorte de solidarité entre les agents et les bandits, un besoin de se ménager réciproquement. Le *sereno*, qui s'avance gravement le soir avec sa vieille capote bleue à petit collet, à parements et col jaunes ainsi que la bande de son pantalon et le galon de son chapeau, armé de sa lanterne, de son porte-voix, de son coupe-chou, un sifflet pendu à son cou, est très-disposé à tourner le dos à tous les bruits suspects qu'il pourra entendre.

Pendant quelques jours je parcourus ainsi, successivement, tous les quartiers de la capitale, et de près ou de loin, à la hâte, hélas, je vis ses monuments. Ils sont nombreux, mais tous, à quelques rares exceptions près, appartiennent à l'art religieux. Dans cette ville de deux cent mille âmes à peine, où cinquante mille lazzaroni attendent sur le pavé que la liberté et la paix leur apportent du travail et du bien-être en favorisant le commerce, l'industrie, le mouvement normal des capitaux, il y a, ou du moins, il y avait alors quarante-huit maisons de profession des deux sexes, soixante-huit églises ou chapelles, une vingtaine d'autres établissements religieux, hospices ou institutions. Tout cela appartenait au clergé, sans préjudice d'un grand nombre de constructions bourgeoises. Cet immense domaine de mainmorte pesait lourdement sur la fortune publique dont il était distrait, si lourdement que la plupart de ces propriétés, avilies elles-mêmes par suite de l'appauvrissement général, ne pouvaient plus nourrir la moitié des individus qu'elles nourrissaient autrefois, et le nombre des profès allait diminuant de jour en jour avec la valeur et, par conséquent, le rapport des immeubles. Aujourd'hui la nation a demandé à vivre, et pour cela il a fallu lui rendre les principes de vie qu'un esprit de domination coupable lui avait ravis peu à peu. Ces biens ont été sécularisés. Beaucoup de couvents ont été frappés par le marteau d'une nouvelle idée. Je ne regrette point de ne les avoir pas vus en détail ; peut-être au souvenir de quelques chefs-d'œuvre d'architecture ciselée, de quelques merveilles de pierre brodée et dentelée, irai-je jusqu'à maudire la civilisation moderne, qui *ne comprend rien à l'œuvre de Dieu*, au dire de certain fougueux romantique de retour d'Espagne. Ce culte de l'art pour l'art m'a toujours paru la quintessence du fanatisme et même la négation de l'art, ce phénix qui renaît sans cesse de ses cendres.

Je ne regrette point le grand couvent des Franciscains avec ses dépendances et ses bâtiments immenses, ses longs cloîtres décorés de peintures, ses cours ornées de fontaines de jaspe, ses immenses jardins embaumés, ses trois cents cellules, ses dortoirs, ses réfectoires à peu près déserts depuis longtemps, les dômes de faïence de ses cinq églises et de ses sept chapelles, car on ne comptait pas moins de douze temples grands ou petits dans son enceinte. Les couvents des Dominicains, des Augustins, des Jésuites en renfermaient tous plusieurs également. Pour comprendre cette manie, inexplicable au premier abord, il faut avoir quelque teinture d'économie politique. Les économistes croient avoir inventé la concurrence, ils se trompent, c'est de la présomption de leur part; leur seul mérite est de vouloir la vulgariser, mais les moines mexicains l'avaient inventée avant eux, seulement ils la monopolisaient. En distribuant habilement la dévotion entre les différents sanctuaires d'un même couvent, en faisant de la suprématie de chacun sur les autres une affaire d'amour-propre, on obtenait un sentiment de rivalité irrésistible qui enrichissait l'ordre. Le fidèle qui prenait ce jeu à cœur se ruinait pour mettre son église favorite sur un pied de luxe écrasant, absolument comme d'autres se ruinent pour des chevaux ou des lorettes. L'argent venait s'engouffrer dans les coffres saints où il demeurait stagnant, improductif, et la société, qui ne recevait en retour que des absolutions et des indulgences, s'enfonçait graduellement dans la misère.

Aujourd'hui le grand San-Francisco n'existe plus, il est remplacé par des constructions civiles. Il s'était établi lui-même sur les ruines d'une maison de plaisance de l'empereur Montezuma. La première pierre fut posée en 1524 et l'église principale passe pour être la plus ancienne de Mexico. Il se trouvait alors sur les bords du lac dont les eaux venaient jusqu'au pied des constructions de la rue actuelle de San-Juan de Latran.

En face du couvent, à l'angle de la rue San-Francisco et de la plazuela de Guardiola, on remarque forcément une maison à fond bleu relevé de moulures blanches et jaunes, excessivement curieuse, que l'on désigne sous le nom de *casa de Azulejos;* elle fut bâtie par un des comtes del Valle, arrière-neveu de Cortez. Une ruelle qui la longe relie la place de Guardiola à la rue San-Andres, où elle vient aboutir à côté de la *Mineria,* l'hôtel des Mines, magnifique édifice dont les fondations ont manqué malheureusement en quelques endroits au détriment de la façade; il fut construit par le célèbre architecte et sculpteur Tolsa. Cette ruelle, qui s'appelle le *Callejon de la Condesa,* est fort étroite. La légende raconte qu'au bon vieux temps deux hidalgos de la vieille roche, arrivant un jour dans leurs carrosses par ses extrémités opposées, se rencontrèrent au beau milieu, ce qui les obligea à s'arrêter là, vu l'exiguïté de la voie. Que faire en pareil cas? Reculer? Le point d'honneur castillan, ce beau point d'honneur que M. Vacquerie a si bien fait d'enterrer définitivement, s'y opposait. Nos hommes, qui étaient gens calmes et rassis, discutèrent froidement la chose et s'accordèrent sur ce point que, s'il n'y avait pas lieu à se couper la gorge, il y avait cependant impossibilité radicale à céder de part et d'autre. En conséquence de quoi ils s'installèrent à poste fixe dans leurs carrosses, se firent porter à manger ainsi qu'à leurs mules, qui durent être bien fières de leurs maîtres, et s'arrangèrent pour passer la nuit le plus confortablement possible. Ils étaient là depuis trois jours déjà quand le vice-roi, pressé de rétablir la circulation, se décida à trancher d'autorité ce singulier différend. Le jugement qu'il rendit était digne de Salomon. Il décréta que les deux cochers reculeraient en même temps, l'un vers la rue San-Andres, l'autre vers la plazuela, ce qui permit aux deux hidalgos de sortir de ce mauvais pas l'honneur sauf.

En suivant le prolongement de la rue de San-Francisco, dans la direction de l'ouest, on arrive à l'Alamedad, charmant jardin public planté de frênes, d'ormes et de trembles, orné de fontaines, de bassins et de fleurs, entouré de murailles et fermé aux quatre angles de belles portes de fer. Ces portes ont figuré jadis sur la plaza Mayor; elles faisaient partie d'une balustrade qui entourait une statue équestre de Carlos IV, œuvre de Tolsa, enlevée après l'expulsion des Espagnols. L'Alamedad est un rendez-vous fashionable à certaines heures.

L'Alamedad est entourée de couvents, d'églises, d'édifices publics. Au nord, sur les rues de la Mariscala et de San-Juan de Dios, l'église de Santa-Vera-Cruz, les couvents de San-Ypolyto, de San-Fernando et de San-Juan de Dios; à l'ouest, celui de San-Diego et la chapelle de l'Ecce-Homo; à l'est, celui de Santa-Isabel, et, au sud, ceux de Santa-Brigida et de Corpus-Christi, l'orphelinat ou *hospicio de pobres*, et enfin la prison de l'Acordada.

La rue del Calvario, sur laquelle se trouve l'Acordada, conduit au paseo de Bucareli ou paseo Nuevo, que hantent le soir les équipages de luxe et les cavaliers. A l'endroit où la rue rejoint le paseo se trouve un rond-point au milieu duquel s'élève la statue de Carlos IV, qui, chassée de la place de la Constitution en 1822, a été rétablie là en 1852, après vingt ans d'exil dans la cour du Musée de l'université. Près de là est le Cirque des taureaux. Le paseo, jolie avenue dans le genre de celle des Champs-Élysées, s'étend jusqu'à la garita de Belen.

Le 10, je montai à cheval dans la matinée avec l'intention de visiter les environs et surtout Chapultepec. La rue de San-Andres me conduisit à l'Alamedad, que je longeai. Au delà du couvent de San-Ypolyto, en face de San-Fernando, vient se terminer l'aqueduc qui porte à la capitale l'eau de Santa-Fé, l'eau des gens riches, qualifiée de *delgada* à cause de sa pureté, par opposition à l'*agua gorda* de Chapultepec, chargée de matières étrangères en dissolution et abandonnée comme peu saine aux classes inférieures.

Un peu plus loin, on passe l'*acequia* del Salto de Alvarado sur un pont qui porte également le nom du héros; c'est à ce point que, si l'on s'en rapporte à la légende, le blond capitaine espagnol, le *tonaliuh* ou fils du soleil, aurait franchi d'un seul bond et tout armé la tranchée alors plus large, pendant la fatale retraite de la *nuit triste*.

Après avoir traversé l'aristocratique et silencieux faubourg de San-Cosme, je sortis de la ville par la garita du même nom et suivis une chaussée ombragée que l'aqueduc divise dans toute sa longueur.

Il y avait quatre jours à peine que j'étais citadin, et cependant j'éprouvai une vague émotion en me retrouvant à cheval, en campagne, aux premiers rayons du soleil qui se brisaient capricieusement dans le feuillage des chênes; cette lumière rasante, chaude mais timide encore, dorait un côté des grands peupliers dont les ombres parallèles, nettement accusées, s'allongeaient démesurément en travers du chemin jusque sur les murs de l'aqueduc. J'aspirais avec joie et à pleins poumons cet air limpide encore empreint de la fraîcheur des nuits, et m'enivrais du calme de la scène. A deux pas de Mexico, on en est soudain à dix lieues, on ne soupçonne plus la grande ville. Quelques Indiens, fournisseurs de ses marchés, me croisaient et me saluaient en passant, courbés sous leurs sacs de charbon, leurs cages à volailles, poussant devant eux un philosophe à longues oreilles chargé de *verduras* ou de lait. Plus loin, c'était une femme avec un enfant sur le dos, ou bien un vieux mendiant, trop heureux de commencer sitôt sa journée et me tendant, *por Dios*, un chapeau effondré.

L'aqueduc, supporté par des arches de briques fort basses, est lourd, sans grâce et en mauvais état. Non loin de la garita, une fontaine du churriguerresque le plus pur est encadrée dans le flanc même de l'ouvrage : on l'appelle la fontaine de la Tlaxpana.

J'arrivai bientôt au petit pueblo de Popotla, où la tradition veut que Cortez ait mis pied à terre pour voir défiler son armée en déroute, à l'aube de l'effroyable *noche triste*. Dans la cour ou parvis de l'église, bâtie par le conquérant en souvenir de cette heure d'angoisse, s'élève un vénérable cyprès *ahuehuete*, dont le tronc noueux et colossal nourrit encore quelques-unes des branches qui couvrirent de leur ombre le héros castillan brisé de lassitude et de douleur. L'église est très-simple mais paraît en effet fort ancienne. Popotla se trouvait à cette époque sur la marge même du lac, à l'extrémité de la chaussée de Tlacopan ou Tacuba, et la route que je parcourais était celle que suivirent les Espagnols en se retirant.

Je traversai Tacuba, petit village qui cache son délabrement sous des arbres séculaires, et, laissant à ma droite le sanctuaire de Nuestra-Señora de los Remedios que j'apercevais sur une colline voisine, je coupai dans la direction de Chapultepec, à travers les champs fertiles et bien arrosés des haciendas de Joaquin et de Morales.

Chapultepec, le mont aux cigales, était le séjour favori de Montezuma avant la conquête, et le lieu de repos des rois de sa dynastie qui l'avaient précédé. Il y possédait un palais magnifique sur le sommet de la colline, au pied de laquelle s'étendaient des jardins féeriques : « Leur emplacement, dit Prescott, est encore aujourd'hui ombragé par de gigantesques cyprès de plus de cinquante pieds de circonférence, déjà vieux de plusieurs siècles à l'époque de la conquête ; ce n'est plus qu'un informe désert, qu'un épais fourré d'arbustes sauvages, où le myrte mêle ses feuilles d'un vert sombre et lustré aux baies rouges et au feuillage délicat du poivrier. »

Sur le terrain qu'occupait le palais du monarque astèque, le jeune et ambitieux vice-roi don Bernardo de Galvez fit construire, en 1785, le château actuel, auquel il donna l'apparence d'un séjour de plaisance, mais dont il fit en réalité une forteresse. Il mourut l'année suivante, trop tôt pour le voir achevé et pour laisser deviner auquel de ces deux usages il avait l'intention de le consacrer. C'est maintenant une école militaire. Du haut de sa plate-forme on découvre un panorama surprenant de beauté, de calme et de grandeur.

Je passai de longues heures à l'ombre des *ahuehuetes* du *bosque* de Montezuma. L'*ahuehuete* est un cyprès qui a le port du sapin au bois rouge: son nom signifie *seigneur des eaux*, parce qu'il se plaît dans les lieux humides. Ces nobles arbres qui ont vu surgir et disparaître plus d'une race et plus d'une dynastie, m'ont rappelé les étonnantes splendeurs des forêts du Klamat et du Redwoodcreeck en Californie. Leurs branches robustes, bizarrement frangées des longues soies vert pâle de la mousse espagnole, s'entrelacent et forment, à une grande hauteur, une voûte verdoyante d'un merveilleux travail, que les rayons du soleil ne peuvent percer. La voix humaine y résonne comme sous les voûtes d'un temple dont leurs troncs, droits et vigoureux, semblent être les colonnes. Mais quel chef-d'œuvre d'architecture, quel entassement de pierres, si audacieux qu'il soit, frapperait aussi vivement l'imagination? L'enthousiasme légitime inspiré par les grandes œuvres de l'homme nuit toujours aux sensations douces ou graves que devrait provoquer l'œuvre elle-même; en face des merveilles de la nature on ne s'exalte pas, on jouit ; l'enthousiasme viendra plus tard, avec le souvenir, et durera autant que lui.

Je revins à Mexico en longeant l'aqueduc de Chapultepec ; il est moins lourd, moins écrasé que celui de Santa-Fé, mais tout aussi décrépit. Il pénètre dans la ville par la garita de Belen et se termine dans le barrio de San-Juan par la fontaine du Salto de Agua, petit monument à colonne torse, d'un chirrugueresque mitigé, qui n'est pas absolument dépourvu de grâce. A côté s'élève l'église paroissiale de la Concepcion ; tout auprès, le marché de San-Juan et l'hospice de la Caridad, plus loin, le marché d'Iturbide, à côté du couvent de femmes de San-Juan de la Penitencia et de l'église de San-José.

Il y a de nombreux marchés à Mexico ; le principal est celui de Santa-Anna, construit sur la place del Volador qu'entourent le palacio, l'université, les couvents de Balvanera et de Porta-Cœli ; mais le plus curieux, sans contredit, est celui qui se tient le matin dans la rue de Roldan, au pied du sombre couvent de la Merci, sur les quais qui bordent le canal de la Viga ; là, au moyen de ce canal, des bateaux plats, couverts de nattes, chargés de fruits, de légumes, de volailles et de fleurs, arrivent de Tescuco, de Jochimilco et de Chalco, et les revendeurs viennent s'y pourvoir.

C'est dans le voisinage et au cœur même de ces centres gastronomiques qu'il faut venir étudier la vie populaire. Porte-guenilles et riches bourgeois, redingotes noires, vestes de peau brodées, uniformes usés, cargadores, soldats, muletiers, serenos, moines de toutes nuances, franciscains, dominicains, mercedarios, augustins, carmes chaussés ou déchaux, s'y coudoient fraternellement. Le fantastique chapeau de Basile allonge son ombre démesurée sur le mur de l'église voisine. De jolies marchandes de fruits ou de fleurs attendent le chaland sous leur *tendaje* ou *sombrajo*, vaste cadre de toile qui s'oriente au soleil; de fraîches servantes de bonne maison, d'agaçantes *chinas*, l'œil petillant, l'oreille ouverte aux doux propos et la langue prompte à la riposte, passent et repassent, drapées dans leur rebozo. Sur la paume de la main gauche renversée à la hauteur de l'épaule, elles portent, de la manière la plus gracieuse, la corbeille pleine de verdure ou le cantaro, peint et vernissé, rempli d'eau.

L'*aguador*, vêtu de cuir, fend à petits pas cette foule turbulente. Ici comme à Guaymas, c'est un personnage original. Il porte sur son dos le *chochocol*, énorme jarre de terre rouge parfaitement ronde, qu'une large bande de cuir fixe, au moyen de deux anses, à son front protégé par une petite casquette de cuir également; une autre lanière, qui passe sur le sinciput, soutient le *cantaro*, seconde cruche beaucoup plus petite. Celle-ci pend devant lui, à la hauteur de ses genoux. Elle est destinée à contre-balancer par son poids celui du chochocol, et à conserver au porteur un centre de gravité normal. On raconte qu'un Anglais, désireux de vérifier ce problème d'équilibre, se donna le plaisir de briser d'un coup de canne le petit cantaro; le pauvre aguador de rouler par terre, sur le dos, ou plutôt sur les débris de son chochocol. L'Anglais satisfait paya la casse. On ne dit pas s'il donna quelque chose pour l'outrage fait à la dignité humaine.

Je ne songeai point à faire une pareille épreuve, mais j'en fis une autre, infiniment moins aristocratique il est vrai. Je m'assurai par expérience que l'eau contenue dans le cantaro cassé par l'Anglais était charitablement à la disposition de tout homme altéré, et cela sans rétribution aucune; l'usage a fait une loi de cette habitude patriarcale. L'aguador auquel je m'adressai, voyant que je n'appartenais pas à sa clientèle ordinaire, qui est assez peu vêtue, se crut en droit de me demander, fort honnêtement du reste, une cigarette que je n'eus pas le cœur de lui refuser.

J'eus le bonheur de ne faire aucune fâcheuse rencontre pendant ces longues promenades. Un matin seulement, en arrivant chez M. Limantour, je l'aperçus de loin causant sur sa porte avec un certain don Mateo Ramirez que j'avais vu à Guadalajara, où il était en relation avec mon pieux Irlandais. Ce rapprochement n'étant pas de nature à m'inspirer de la confiance, je tournai tête sur queue et fus prendre l'air d'un autre quartier.

Au reste, je vécus isolé, ne voyant que MM. Dano, Pommier et Limantour. Une légère indisposition me mit également en rapport avec un homme intelligent et aimable, doublement aimable à mes yeux pour avoir trouvé quelque chose à aimer dans le Mexicain et avoir su le dire récemment en fort bons termes, le docteur Jourdanet.

Cependant j'avais reçu mon passe-port et l'heure du départ sonnait. Le steamer de la Nouvelle-Orléans part le 20. Ces messieurs m'engagèrent instamment à ne pas continuer ma route à cheval, à cause de la rigueur du climat, et, puisque je voulais voyager économiquement, à prendre passage sur des chariots qui font le service de roulage accéléré entre Mexico et la Vera-Cruz. Ces voitures à quatre roues, construites aux États-Unis, sont couvertes et fort bien suspendues; comme elles s'en vont à vide généralement de la capitale à la côte, l'administration prend alors des voyageurs moyennant la somme modeste de 15 piastres. Le trajet se fait en huit jours, soit dix lieues par jour à peu près; on vit pendant ce temps à ses frais dans les posadas et fondas de halte, comme j'avais vécu jusqu'alors. La diligence ne met que trois jours et une nuit à franchir la même distance, mais un *asiento*, une place dans la diligence revient, avec les faux frais qu'elle entraîne inévitablement, à une vingtaine de piastres par jour.

J'eus la faiblesse de me laisser, sinon convaincre, du moins influencer, et, le 11, je vendis mon pauvre animal, ce dont j'eus lieu de me repentir amèrement par la suite; c'est une folie de voyager autrement qu'à cheval dans ces contrées.

Il me fallut aussi congédier Miguel, auquel je ne rabattis rien de ce que je lui avais promis, bien que les privautés qu'il s'était permises avec ma bourse m'en donnassent le droit. Je lui laissai même, en souvenir de moi, mes chappareras et jusqu'à mon sabre; il me revint après, mais trop tard, que, en ce faisant, je venais probablement de doter la république d'un salteador de plus. Au moment de monter en selle, il me demanda la permission de me donner un abrazo et me serra dans ses bras, les larmes aux yeux, avec une effusion des plus touchantes. Sur cette accolade, il fut armé par moi chevalier de grandes routes dans toutes les règles. Malgré son désespoir, et surtout malgré ma surveillance, le digne lepero trouva moyen d'emporter, comme fiche de consolation sans doute et faute de mieux, une couple de chandelles de suif d'un *tlaco* que je lui avais envoyé acheter le matin par provision.

Le lendemain 12 était un dimanche. En arrivant le matin sur la place d'Armes, je ne fus pas peu surpris de trouver le régiment de la garde de S. A. S. don Antonio rangé en bataille devant le palais. Je me mêlai à la foule, qui faisait cercle. Un groupe d'officiers à cheval parcourait les lignes, et je n'eus pas de peine à reconnaître en tête la jambe de bois de Santa-Anna. Le désir de le voir de plus près s'empara de moi, et, pour y arriver, j'allai me placer aux abords de la porte du palais. La revue finie, le dictateur se rabattit de ce côté-là, précédé de quelques lanciers; il passa à quelques pas de l'endroit où je me tenais, et son regard errant s'arrêta machinalement sur moi. A ce moment, j'éprouvai je ne sais quelle sensation de jouissance intime et bouffonne en pensant que cet homme, s'il avait eu l'honneur de me connaître comme je le connaissais, se serait probablement fait un vrai plaisir de me faire fusiller. Mais pour lui qu'étais-je, perdu dans la foule? Rien. Que savait-il de moi? Rien. J'étais un honnête zéro dans la somme des badauds, et, tout zéro que j'étais, je connaissais son histoire! Si je devenais jamais tyran, cette infériorité de tous les instants vis-à-vis de mes ennemis les plus infimes m'humilierait au point d'empoisonner mon existence et de m'interdire de me montrer en public.

Cet homme, que l'on a justement appelé le mauvais génie du Mexique, est un de ceux pour lesquels l'histoire devra être le plus sévère; car, malgré le peu d'intérêt qu'il inspire et son peu de capacité, il n'en faudra pas moins que l'histoire s'occupe de lui. Depuis 1811, époque à laquelle on le rencontre faisant ses premières armes, sous le général Arredondo, contre les indépendants du Tamaulipas, jusqu'à son dernier exil en 1856, son nom est attaché à tous les événements politiques du Mexique; son histoire est celle des malheurs et des désordres de cette république, dont il a occupé plusieurs fois les premiers emplois. C'est un soldat de fortune, ignorant et orgueilleux, aussi despotique qu'indiscipliné, aussi lâche qu'impudent, un intrigant sans conscience ni délicatesse, aussi vénal que corrupteur. Luxurieux comme presque tous les despotes, il a dû beaucoup aux femmes, c'est-à-dire à sa taille, à son maintien, à son tempérament lascif. Capable de tout, excepté de se ruiner, pour saisir le pouvoir, insouciant de tout, excepté du soin de sa fortune, quand il le tient, en d'autres termes, ambitieux sans autre objet que la satisfaction de ses vices et intelligent jusque-là seulement, il a servi toutes les causes ou, mieux, il s'est servi de tous les principes pour arriver à ses fins. Incapable de laisser un instant de repos à son pays sous le gouvernement d'un autre, créant le désordre jusqu'à ce qu'il fût appelé à le comprimer, le comprimant militairement et y substituant la léthargie politique, ce désordre de l'immobilité plus dangereux cent fois pour une nation que celui du mouvement, il n'a jamais en réalité, malgré ou plutôt à cause de ses instincts de rebelle, représenté que la réaction, la réaction ingouvernable, rapace, émeutière, contre le principe honnête de la Révolution, qu'il a sans cesse travaillé à étouffer.

C'est l'incarnation vivante, complète, de ce régime, qualifié de clérical, dont le Mexique vient de se débarrasser.

Durant ses absences du fauteuil présidentiel, il aurait pu, et sa fortune le lui permettait si elle ne lui en faisait un devoir, parcourir les États-Unis et l'Europe, et s'instruire dans l'art de diriger un peuple vers la liberté, le progrès, le bien-être, le bonheur. Point. Il complotait, il préparait des *pronunciamentos;* à moins qu'il ne fût exilé, dans lequel cas il allait continuer à l'étranger, entre les femmes, la table, les cartes, les chevaux et les coqs de combat, l'existence peu digne qu'il menait quand il était chef de l'État.

Lorsque je le vis, il était démonétisé. Son *statu quo* militaire lassait des hommes qui commençaient à comprendre la nécessité de progresser. Malgré la faiblesse morale de son pouvoir, il songeait, disait-on, à changer son titre de dictateur pour un autre plus dynastique, sinon plus solide; c'était assez probable, en effet, à en juger par ses allures, et, s'il hésita, l'ombre sanglante d'Iturbide y fut peut-être pour quelque chose. En attendant, après avoir pris le titre d'*Altesse Sérénissime*, il avait rétabli l'ordre de Guadalupe, pensant que ce qui

n'était pas bon pour des républicains devait faire l'affaire
d'un despote; et puis il passait des revues !

Tel était le personnage que j'avais sous les yeux. Au
physique, Santa-Anna est un bel homme dans l'acception la plus vulgaire du mot, car sa tête d'un volume trop
faible, son front étroit et déprimé, son regard faux, ses
traits, qui ont à la fois la dureté et le manque d'énergie
de ceux d'un vieux procureur au Châtelet, tout le détail
enfin est en opposition avec les notions de beauté intelligente que nous donne la civilisation. Il pouvait avoir
alors soixante-cinq ans. Vigoureux par constitution, gri-
sonnant à peine, cet épicurien de basse catégorie porte
légèrement le fardeau du temps, et l'on comprend en le
voyant qu'il n'ait pas encore divorcé avec les mauvaises
passions dont sa physionomie est le miroir.

Comme je m'éloignais avec la foule, je me trouvai
tout à coup à côté des officiers de la compagnie allemande. Je fis une demi-volte et tirai d'un autre côté.
J'arrivai, tout effarouché encore de cette vision, sous les
portales de Mercaderes, et là, quelle ne fut pas ma stupéfaction en me voyant en face d'une autre ancienne connaissance non moins compromettante, le señor Arnau,
capitaine du port de San-Blas, ni plus ni moins. L'éviter
était impossible, et faisant contre fortune bon cœur, je
me croisai fièrement avec lui sans avoir l'air de le remarquer. Peut-être ne me remit-il point lui-même. En
tous cas, ces deux rencontres me mirent fort la puce à
l'oreille, et je pensai qu'il était temps d'abréger mon
séjour à Mexico.

La journée du lundi fut consacrée aux adieux, c'est-à-
dire que je passai la matinée avec M. Pommier, l'après-
midi avec M. Limantour, et la soirée avec M. Dano, chez
lequel je demeurai jusqu'à minuit. Je revins alors au
meson de San-Vicente pour faire mes préparatifs. J'avais
reçu avis du majordome des voitures de me trouver à trois

heures du matin sans faute, le 14, au corral d'où elles partent. La crainte de manquer le coche m'empêcha de chercher le sommeil. Je m'occupai à prendre quelques notes sur mon journal; à deux heures j'étais dans les rues, enveloppé dans mon sarape et ma valise à la main.

CHAPITRE XVII.

Excursion nocturne. — Un tour de majordome. — Promenade forcée. — Le coche de Puebla. — Rio-Frio. — Les mérites d'un *sota*. — Puebla. — La diligence. — Perote. — Jalapa. — Jarochos et Indiens de la *terre chaude*.

Le corral était situé dans une ruelle assez louche, dite le *callejon de la Viña*, à l'entrée du faubourg mal famé de Santa-Anna; j'y arrivai en quelques minutes, la distance n'étant pas d'un demi-kilomètre. Le silence profond qui régnait aux alentours me parut de bon augure: on n'avait pas encore attelé. Je frappe, je frappe encore, j'appelle, je fais vacarme, les aboiements furieux d'un chien de garde sont la seule réponse que j'obtiens; enfin, au bout d'un quart d'heure, un homme à moitié endormi se décide à venir s'enquérir de ce que je veux. — « Les voitures, parbleu ! — Les voitures, señor ! elles sont parties. » J'entrai, comme bien on le pense, dans une noble colère. — « Il n'y a pas dix minutes de cela, me dit le portier pour m'apaiser, et vous avez grande chance de les rejoindre à la garita de San-Lazaro si vous faites force de jambes. En tous cas la première halte est à Ayotla, où l'on déjeune, et vous êtes toujours sûr de les rattraper là. »

Sur ce, me saluant d'un *vaya usted con Dios* plein d'un intérêt hypocrite, le cerbère me ferma la porte au nez, me laissant le garçon le plus perplexe de toutes les Espagnes.

Je ne connaissais pas assez Mexico pour pouvoir gagner la porte de San-Lazaro directement, sans indications. Les ténèbres trônaient dans les rues dont les réverbères étaient éteints sous prétexte de clair de lune, bien que Phœbé ne fût pas encore levée. J'avais à craindre les voleurs, alléchés par la vue de mon bagage, et les serenos aux yeux desquels un paquet, entre les mains d'un homme aussi pressé, devait paraître suspect à cette heure. Néanmoins je me mis en route, repassant involontairement dans ma tête toutes les histoires de brigands qui jettent une teinte si lugubre sur les faubourgs de cette capitale, mais confiant en mon étoile pour me guider heureusement entre ces deux écueils : être pris par un voleur ou être pris pour un voleur.

Mexico était une annexe du palais de la Belle au bois dormant. Serenos et leperos dormaient au coin des bornes. Je trébuchai dans l'obscurité au milieu d'une patrouille d'infanterie qui ronflait sur un trottoir avec un ensemble, une précision, qu'on eût en vain cherché dans ses manœuvres militaires. Je n'en rencontrai pas moins de trois ainsi occupées. Dans la rue de l'Arsobispado, devant la prison du palais, un factionnaire, réveillé en sursaut sans doute par le bruit de mes pas, me lança un *quien vive* farouche, dont l'énergie me rappela les grands jours de Guaymas : je ne l'avais pas aperçu, perdu qu'il était dans l'ombre de la porte, aussi me causa-t-il un véritable émoi. Après le dialogue d'usage en pareil cas, je pus continuer ma route, et lui reprendre son somme. Enfin, après avoir questionné gardes de nuit, sergents de ronde et sentinelles, après avoir distribué un paquet de cigarettes corruptrices qui furent pour moi la meilleure de toutes les recommandations, je parvins à la garita de San-Lazaro.

Un bruit de voitures et de grelots frappe mon oreille; j'arrivais à temps. Je cours; un portail à claire-voie me barre le passage. J'appelle, le gardien se présente à la fenêtre d'un pavillon situé *extra muros;* nous entrons en pourparlers et, en somme, il me déclare qu'il ne peut pas m'ouvrir la porte. Le majordome des voitures après lesquelles je prétendais courir ne l'avait pas prévenu, me dit-il, ce qu'il ne manquait pas de faire quand il y avait un voyageur en arrière. J'eus beau lui parler de mon passe-port, de mon billet, qui étaient parfaitement en règle, le menacer de le rendre responsable du préjudice qu'il allait me causer, le gredin se renferma dans le *non possumus* de la consigne : — « Je sortirai comme les autres quand les portes s'ouvriront au jour, et, avec de bonnes jambes, je pourrai rattraper les chariots à Ayotla, etc., etc.... » Même antienne que le premier. Le bruit des grelots se perdait insensiblement dans le silence de la campagne et ma fureur croissait en raison inverse. Le gardien referma sa fenêtre en me souhaitant une bonne nuit, non sans me menacer toutefois, si je faisais du bruit, de me lâcher son chien aux jambes; c'était un mâtin d'imposante stature, qui rôdait de l'autre côté de la claire-voie en grondant de la manière la moins caressante du monde.

La mauvaise volonté de cet employé était trop évidente pour ne pas m'éclairer sur l'état exact de la situation : le majordome lui avait graissé la patte afin qu'il ne me laissât pas passer, comptant spéculer chemin faisant sur ma place vide dans ses voitures, tandis que mon nom figurait sur sa feuille de route. L'administration ne recevant pas les plaintes de voyageurs qui se trouvent dans le même cas que moi, attendu que sous aucun prétexte elle ne leur rend leur argent ou ne leur reconnaît de droits postérieurs, il était parfaitement tranquille de ce côté-là. Il m'avait mal renseigné sur l'heure du départ ou bien était parti plus tôt dans l'intention de me duper. Tout avait réussi à son gré et j'étais pris au piége. Le portail n'était pas un obstacle sérieux et je pouvais facilement l'escalader, mais derrière il y avait Azor, et j'avoue que je renonçai sans hésitation à l'idée de le braver. Il me restait la ressource très-problématique de rejoindre le convoi à Ayotla. Ce pueblo est à vingt-six kilomètres, au moins, de la garita de San-Lazaro, les voitures allaient prendre deux heures d'avance sur moi, néanmoins comme il n'est rien qui me touche davantage que d'être pris pour dupe, je résolus de suivre ma pointe, poussé bien moins par le désir de sauver mon argent que par celui d'arquepincer mon coquin de majordome, et de me venger de lui en jouissant de son désappointement.

En attendant le jour, je m'étendis sur le gazon et me faisant un oreiller de ma valise, j'essayai de dormir; la fraîcheur du matin et, surtout, l'humidité du sol, m'en empêchèrent. Je me levai et me promenai pour me réchauffer. La lune vint m'égayer de sa douce clarté qui veloutait les grandes plaines marécageuses ou salines de San-Lorenzo; devant moi se déroulait le canal de la Viga, qui sort en cet endroit de la ville pour aller se jeter dans le lac de Tezcuco; à quelque distance, les grandes murailles blanches et le dôme de l'hospice de San-Lazaro consacré spécialement aux lépreux, se dressaient mélancoliquement au milieu de cette solitude.

Sur les bords du canal, j'avisai un tas de sacs de grains qui, recouverts d'une forte toile, semblaient m'offrir une hospitalité dont je n'eus garde de faire fi et je me glissai doucement entre la toile et les sacs; je me disposais déjà au sommeil, quand des grognements sourds et des grouillements indescriptibles m'apprirent que le lieu était habité. Cette découverte ne laissa pas que de me causer une certaine sensation; mais l'ordre s'étant rétabli immédiatement, je m'endormis sans me préoccuper davantage de mes voisins, quels qu'ils fussent, ce que j'ignore encore.

A cinq heures et demie la porte s'ouvrit enfin ; j'enveloppai ma valise dans mon sarape, dont je nouai les deux extrémités sur ma poitrine à la manière des Indiens, et me mis en marche. Une chaussée droite et fort bien entretenue conduit jusqu'au *Peñon del marques* ou *Peñon viejo*, morne volcanique qui s'élève dans la plaine à douze ou treize kilomètres de Mexico ; un bras du lac de Tezcuco, que traverse la chaussée, l'entoure encore en partie ; c'était autrefois une île dont Cortez s'empara après un combat sanglant, au commencement du siége, avec l'aide de ses brigantins. Je m'arrêtai là dix minutes pour prendre haleine et manger un biscuit arrosé de madère. La chaussée continue pendant quelques kilomètres, puis, au pied du volcan d'Ayotla, on rencontre un terrain sablonneux où la marche devient pénible. Je suais, je soufflais, je tirais la langue, et l'hacienda de San-Isidro se présenta fort à point pour m'offrir un verre de pulque dont j'avais grand besoin. A neuf heures et demie j'étais à Ayotla ; j'avais fait mes vingt-six kilomètres en quatre heures, avec un poids d'une quarantaine de livres sur le dos.

Le mesonero chez lequel je pris langue m'apprit que les voitures ne s'étaient pas arrêtées ce jour-là au pueblo et qu'il y avait une heure environ qu'elles étaient passées. Il ne me restait d'espoir de les rejoindre qu'à l'étape, et la tentative dépassait la mesure de mes forces que je venais d'excéder ; je m'étais assis en arrivant, quand je voulus me lever, je trouvai que mes jambes ankylosées refusaient le service ; il fallut les frictionner avec du mescal pour leur rendre un peu d'élasticité, après avoir coupé mes chaussures pour en extraire mes pieds gonflés.

Le majordome avait gagné la partie ; j'étais pic, repic et capot, et ne savais trop que faire de moi. Mon hôte me conseille d'attendre au lendemain et de prendre le coche de Puebla. Dans cette ville j'en trouverai un autre qui me conduira à Jalapa ; là, je monterai, s'il le faut, dans la diligence. Je me couchai après avoir déjeuné et dormis d'une traite jusqu'au dîner. Ayotla est un joli petit village assis sur les bords du lac de Chalco et encadré d'une riche verdure, mais il ne présente au demeurant rien de curieux, et je m'y ennuyai assez le reste de la soirée pour reprendre au plus tôt mon sommeil.

Le coche arriva le lendemain vers neuf heures. C'était une de ces vieilles calèches dont on ne retrouve l'échantillon en France qu'au fond de nos provinces méridionales, là où l'attrait du progrès n'a pas encore vaincu l'amour du gros sou ; elle était doublée d'une perse en lambeaux, dont les ramages s'étaient depuis longtemps fondus dans la crasse ; des vitres trapézoïdales, indépendantes des portières, s'ouvraient au dehors en tournant sur des gonds. En un mot, c'était le classique coche espagnol, moins l'élégance du *mayoral* et la fougue de ces mules que M. Th. Gautier peint sortant de l'écurie debout sur leurs pieds de derrière, avec une grappe de postillons pendue à leur licol. Les nôtres me parurent moins bouillantes, quoique aussi maigres, différence qui s'explique par ce fait que les pauvres bêtes, n'étant jamais relayées, font un service très-pénible. Elles étaient au nombre de six en trois volées ; leur harnachement répondait dignement aux splendeurs de la voiture : on y voyait plus de cordes que de cuir, plus de nœuds que de boucles. Le mayoral monte une des timonières, un jeune homme, le *sota*, une des mules de tête ; tous deux sont vêtus de calzoneras et de vestes de cuir sans autres ornements que des taches et des trous, aussi vieilles, en un mot, que le coche, les harnais et les mules.

Il n'y a qu'un voyageur dans la voiture ; je prends

place à ses côtés moyennant la faible somme de quatre piastres, une fois payées, et nous partons au trot.

A quelques kilomètres d'Ayotla, la route gravit les revers de la montagne et s'engage dans les gorges boisées de Rio-Frio. De temps en temps, on gravit une croupe du haut de laquelle on domine le pays environnant, dont la physionomie générale rappelle beaucoup celle de la forêt de Fontainebleau; les accidents du sol et la végétation sont les mêmes. Ce lieu jouit de la réputation traditionnelle, aujourd'hui perdue, de la forêt de Bondy. Mon compagnon me paraît préoccupé et mal à son aise, il me lance à la dérobée des coups d'œil obliques et soupçonneux, se tient sur une grande réserve, et quand il ouvre la bouche, après avoir promené un regard inquiet sur le paysage, ce n'est point pour en vanter les beautés, mais bien pour parler des voleurs. Sa méfiance me gagne peu à peu et, en prévision d'événements fâcheux, je juge à propos de cacher ma bourse, sans qu'il s'en aperçoive, dans une des nombreuses solutions de continuité que présente la doublure du coche, ne gardant sur moi qu'une somme suffisante pour détourner de moi la fureur des bandits désappointés.

La rencontre d'un piquet de milice à cheval qui revenait d'escorter les diligences du sud rendit un peu de sérénité à mon voisin, mais ce ne fut qu'un feu de paille, et son trouble alla toujours croissant jusqu'au pueblo de Rio-Frio, où nous arrivâmes vers trois heures après midi. Ce village est situé à peu près au sommet de la montagne, au milieu des bois; un petit ruisseau limpide, bordé de gazon, traverse la grande place ou plutôt le vacant autour duquel sont disséminées sans ordre quelques maisons de bois à soubassement de pierres sèches, et une vieille église d'un bon effet malgré sa simplicité; quelques hauteurs abruptes et sauvages se dressent aux derniers plans.

A partir de Rio-Frio, on redescend vers les plaines et nous ne tardons pas à sortir de la forêt. Mon compagnon se redresse, il renaît, il s'épanouit, il devient expansif et m'embrasserait, je crois, si je le laissais faire. Il m'apprend qu'il s'appelle don José Hernandez, qu'il est tailleur à Puebla, et de plus, loueur de costumes et travestissements. A l'occasion d'un bal masqué qui doit clore le carnaval, il est venu faire des emplettes à Mexico; il rapporte une foule d'articles de valeur tels que masques et loups, gants, cravates, ceintures, foulards, rubans, etc.... et pas mal d'argent qu'il n'a pas employé; les voleurs pouvaient le ruiner en un instant.

Les belles plaines de San-Martin de Tesmeluca, que nous traversons, sont bien arrosées et d'une grande fertilité; elles s'étendent jusqu'à Cholula, au sud, jusqu'à Puebla, à l'est, et, bien loin au nord, jusqu'au pied des montagnes de Tlascala. A notre droite, les cimes altières du Popocatepetl et de l'Istaccihualt terminent l'horizon, tandis qu'à notre gauche l'Orizava ou *Citlatepetl* (la montagne de l'Étoile), découpe sur l'azur sa pâle silhouette.

Le coche fait étape à San-Martin. Le meson est neuf et très-propre, ainsi que la fonda; on nous y sert un excellent souper, et don José, pour célébrer notre délivrance, fait couler à flot le pulque renommé de Cholula, ce qui ne tarde pas à faire de nous les meilleurs amis du monde. Nous eûmes encore le temps d'aller visiter avant la nuit l'église du lieu, cachée derrière de hautes murailles qui entourent le parvis, et ombragée d'une belle futaie. La façade est une page de la Renaissance ornée, dans le goût des *retablos* espagnols, de moulures et d'ornements relevés de couleurs vives, et de plaques de faïence peinte et vernie d'un effet fort original.

Nous quittâmes San-Martin le 16, à six heures du matin. Le pays au delà est assez beau, mais la route est affreuse. Une poussière d'une ténuité rare, dans laquelle les roues s'embourbent jusqu'aux moyeux et les mules jusqu'aux jarrets, se soulève à notre passage en nuages épais qui enveloppent l'équipage entier ; en dépit d'une chaleur intense, il fallut tenir les vitres fermées, mais la clôture n'étant rien moins qu'hermétique, nous pensâmes être suffoqués. Quant à nos conducteurs, ils avaient l'air de fantômes de quakers, uniformément gris de la tête aux pieds, à la seule exception des dents et de la cornée de l'œil. Cette poussière, délayée par une transpiration abondante et cuite par le soleil après, avait formé à la longue sur leurs mains, rarement ou négligemment lavées (si tant est qu'elles l'eussent jamais été), une croûte assez semblable au cuir des pachydermes les mieux protégés. Il y avait quinze ans que notre mayoral trottait ainsi sur cette route, dans ces conditions, et il ne s'en portait pas plus mal.

De plus, la dite couche de poussière recouvrait et dissimulait parfaitement, comme une eau bourbeuse, les irrégularités d'une voie aussi primitive que possible : là éclatait dans toute sa gloire l'habileté du *sota*. Un bon sota doit connaître la carte d'une route comme un pilote connaît le chenal d'une rivière ou d'une baie hérissée de hauts-fonds, de manière à pouvoir louvoyer les yeux fermés entre les trous et les pierres. Le nôtre était fort expert, et son mérite me parut d'autant plus transcendant que la poussière l'aveuglait complétement et que, sous prétexte de plaines, nous allions un train d'enfer. C'était un voyage en zigzags. Mais la perspicacité et l'expérience du jeune postillon ne pouvaient aller néanmoins jusqu'à deviner les écueils nouvellement formés, et de cette éventualité assez fréquente, il résultait des cahots à nous arracher l'âme.

Un pont sur une petite rivière nous annonça l'approche de Puebla, où nous entrâmes vers midi.

On compte vingt-huit lieues environ de Mexico à Puebla. Cette ville fut fondée en 1530, sous les auspices du vice-roi don Antonio de Mendoza et de l'évêque don Sebastian Ramirez de Fuenleal, président de l'audiencia de Mexico après Nuño de Guzman. L'emplacement, distant de quelque six à sept lieues de la célèbre ville astèque de Cholula, portait alors le nom de *Cuetlaxcoapan* (couleuvre dans l'eau). Le climat en est sain; le plateau, élevé de 2196 mètres, est très-fertile.

Cholula était la ville sainte de l'Anahuac. La tradition voulait que Quetzalcoatl s'y fût arrêté pour initier les Mexicains à la civilisation. Un teocali célèbre, situé au sommet d'une pyramide dont la masse dégradée par le temps subsiste encore, consacrait cette légende merveilleuse. La nouvelle ville espagnole hérita des mêmes priviléges religieux et prit bientôt le pas sur l'ancienne; le sanctuaire de Notre-Dame de los Remedios remplaça celui de Quetzalcoatl sur la pyramide sacrée de Cholula, on combattit la foi par la foi, le miracle par le miracle. La cathédrale de Puebla s'élevait, les anges prirent la peine d'y travailler et de continuer la nuit l'œuvre que les pauvres mortels préparaient le jour : de là le nom de *Puebla de los Angeles*. Un grand nombre d'églises et de maisons de profession des deux sexes s'élevèrent autour du temple miraculeux; les fidèles y accoururent en foule les mains pleines d'offrandes et le cœur plein de foi, et, pour conserver dans sa pureté primitive cette foi qui enrichissait l'église et faisait de la ville entière une propriété des corporations religieuses, les prêtres jugèrent à propos de la nationaliser. Puebla devint la rivale de la Mecque; l'étranger, à quelque religion qu'il appartînt, y était en danger, la foi catholique ne le protégeait pas. C'était une hérésie suffisante que de n'être pas Mexicain, et l'hérésie était alors considérée comme une lèpre morale qui exigeait le même traitement que celle du corps. Aujourd'hui les temps sont bien changés, l'étranger est en sûreté à Puebla. Toutefois, là comme partout où le clergé domine, il est encore prudent à lui de se souvenir qu'on ne doit pas médire des loups à Lycopolis.

En somme, l'intolérance mexicaine, dont on a fait grand bruit, est moins tyrannique que celle de gens beaucoup plus civilisés, parce que le croyant qui pratique naïvement est toujours plus indulgent que le dévot qui soutient la religion et fait barbe de paille à la divinité. Nous n'avons jamais été inquiétés pour nos croyances religieuses pendant notre captivité, on n'a jamais essayé sur nous de propagande, on ne nous a violentés en rien, on nous a laissés entrer dans les temples à notre caprice et comme curieux, mais on ne nous a imposé ni la messe ni aucune autre pratique. Pour des ignorants fanatiques et superstitieux c'est bien du bon sens, et je serais heureux de voir certaines populations européennes aussi libres vis-à-vis du préjugé religieux que nous l'étions, nous, prisonniers de guerre, au Mexique.

La ville est belle. Une centaine de dômes ou de clochers dominent majestueusement les azoteas en mosaïque des constructions particulières. Les rues sont larges et droites, propres, soigneusement pavées de cailloux ronds disposés symétriquement et bordées de trottoirs. Les maisons sont élevées, bien bâties; beaucoup de façades, tant d'habitations particulières que de monuments publics ou religieux, sont ornées de plaques de faïence peinte et vernissée. On fabrique beaucoup d'objets de terre cuite à Puebla ainsi que du verre et des savons. La population de la ville est de soixante-dix à soixante-quinze mille âmes.

Mon premier soin fut de m'enquérir du coche de Jalapa; il ne devait partir que le lundi suivant, 19, et je n'y songeai plus. J'allai en conséquence arrêter ma place au bureau des diligences nationales en maudissant l'heure où j'avais vendu mon cheval. Ces mesures prises, je me dirigeai vers la cathédrale, curieux de voir ce dont les anges étaient capables quand ils s'en mêlaient.

Ce temple occupe un des côtés de la plaza Mayor; en face est la *casa de cabildo*, la municipalité, à droite et à gauche, des portales sous lesquels il y a de beaux magasins. C'est un monument remarquable sans contredit, mais j'étais trop près de Mexico encore pour que mon admiration ne fût pas contenue. Une plate-forme de deux à trois mètres d'élévation lui sert de soubassement. L'intérieur est d'une richesse fabuleuse ; la pierre y disparaît partout sous un revêtement de marbres de diverses couleurs. Les nombreuses chapelles latérales étalent un luxe inouï qui s'éclipse devant les splendeurs du maître autel, où les marbres fouillés par le ciseau, l'or, l'argent et le cuivre repoussés forment un ensemble surprenant, aux détails duquel le bon goût n'a pas toujours présidé, il est vrai. Le tabernacle est fermé d'une feuille de *tecali*, beau carbonate de chaux blanc et translucide que Humboldt assimile à l'albâtre gypseux connu des anciens sous le nom de phengite. Il est très-abondant aux environs de Puebla, et emprunte son nom aux carrières qui le fournissent. Dans plusieurs des riches couvents de Puebla, on voit des fenêtres fermées d'une seule lame de ce tecali qui tamise une lumière suave.

Ma visite à la cathédrale et une promenade dans la ville me conduisirent à l'heure du souper; je m'étais engagé formellement à aller prendre ce repas chez mon compagnon de voyage, et je m'y rendis. Je fus reçu comme un vieil ami par sa famille qui était nombreuse. Le pauvre tailleur était si heureux d'avoir échappé aux salteadores, qu'il me faisait presque un mérite de n'avoir pas été leur complice. Chacun me fit fête, et l'on travailla à me persuader que je devais m'établir à Puebla.

Le repas fut simple comme ceux auxquels j'avais déjà

assisté dans des conditions analogues, soit à Mochitilte, soit ailleurs.

Le soir, notre cercle s'agrandit de quelques amis ; les guitares furent décrochées de la muraille, et l'on chanta quelques romances naïves sur des airs dolents ; on dansa aussi, mais sur le même rhythme et avec le calme de gens qui ont bu de l'eau à souper. On s'amuse très-discrètement dans les réunions mexicaines ; ces natures ardentes ne connaissent pas de milieu entre des emportements sans réserve ou une réserve compassée, indispensable toutes les fois qu'il leur faut conserver de l'empire sur elles-mêmes.

Parmi les moyens que don José pensait mettre en œuvre pour me retenir dans le pays, un mariage devait entrer, je crois, en première ligne. Une petite belle-sœur de mon digne hôte, âgée de seize ans environ, et répondant au doux nom de Pepita, fut avec moi l'objet des attentions générales ; on l'obligea à faire entendre souvent sa voix qui était jolie, et à chanter ce qu'il y avait de plus langoureux dans son romancero ; on m'obligea aussi à danser avec elle, sinon aussi souvent que je l'aurais désiré, du moins plus souvent que je ne l'eusse fait, par convenance, si je n'y avais été invité : tout cela était significatif. J'échappai à cet écueil matrimonial, qui était, j'en conviens, aussi séduisant que brin de fleur d'oranger puisse l'être, et vers dix heures je pris congé, non sans regret de ces bonnes gens. Si l'on veut connaître le Mexique, c'est dans le peuple qu'il faut aller faire des études, ce peuple si bon malgré ses malheurs, si avide de savoir malgré son ignorance et ses préjugés, si plein de séve malgré son long servage, ce peuple en qui repose l'avenir du pays. Il serait à propos, au contraire, de se méfier beaucoup des hautes classes, infime minorité où la même ignorance se trouve doublée d'une vanité insoutenable, de la haine du progrès et d'un égoïsme qui la porterait à vendre au premier enchérisseur étranger et sa patrie et ses institutions politiques, pour s'assurer le maintien d'odieux priviléges et l'impunité d'un passé qui crie vengeance.

Je me rendis à l'hôtel des diligences où je comptais passer la nuit : on m'installa dans une chambre des plus confortables, et, pour la première fois depuis vingt-cinq jours, je goûtai l'ineffable jouissance de m'étendre sur un bon lit, entre deux draps bien blancs, dans un négligé antique.

A trois heures du matin il fallut s'arracher à ces douceurs pour aller prendre le chocolat, dont la fourniture est comprise dans le prix de la nuitée ; ceci fait, on monte en voiture. Les diligences mexicaines ne ressemblent en rien aux nôtres ; construites aux États-Unis, elles sont taillées sur le modèle des *stages* anglais et américains. Ce sont de gros coffres ronds, peints de couleurs vives, suspendus entre quatre grandes roues rouges, et d'une solidité qui inspire parfois une véritable admiration. Les bagages sont entassés derrière, sur la plate-forme où se tiennent ordinairement les laquais. Il y a trois places sur l'impériale ; à l'intérieur, on est neuf sur trois bancs ; les voyageurs auxquels leur numéro d'inscription assigne celui du milieu, et j'étais dans ce cas, ont l'avantage d'être plus rapprochés des portières, mais ils ont le désagrément d'être sur un siége fort étroit, et de n'avoir d'autre soutien qu'une large bande de cuir qui traverse les reins ; en somme, ils sont très-mal.

Six beaux chevaux, fort bien harnachés, conduits par un cocher très-habile et surtout très-audacieux, un yankee généralement, emportent la voiture au milieu d'un tourbillon de poussière, à travers des chemins qui mettent l'élasticité des ressorts à de rudes épreuves.

Nous n'étions que huit, savoir : un Anglais, un Américain, deux Mexicains et quatre Français. Sur les deux

Mexicains, il y en avait un qui ne disait rien; l'autre ne s'exprimait qu'en français et ne parlait que de Paris, où il avait habité longtemps. C'était un ami intime de Santa-Anna, et il se rendait à la Vera-Cruz avec la mission ostensible de jeter un coup d'œil sur les comptes de l'administration des Douanes, mais, en réalité, pensait-on, dans le but de préparer le coup d'État du dictateur ou sa fuite dans le cas d'insuccès. Nous étions donc tous étrangers en quelque sorte, et je n'étais plus au Mexique, que j'allais entrevoir de loin seulement désormais, par la portière d'un stage américain.

Un de mes compatriotes, M. F. Toscan, chef d'une maison honorable de Paris et de Mexico, se rendait comme moi à la Nouvelle-Orléans, et cette conformité de destination amena entre nous un rapprochement dont je sais gré au hasard.

Nous traversons comme dans un songe les pueblos d'Amozoque et d'Acajete, la montagne del Pinal boisée de sapins, les champs de maguey de Nopaluca et la plaine aride où s'élèvent les hameaux de las Ventillas et de Vireyes, entre la venta del Ojo de Agua et le pueblo de Tepeacoalco.

En approchant de Perote ces plaines prennent un aspect désolé. Les habitations deviennent aussi rares que les arbres; le cactus, l'aloès et le palmier nain hérissent des mornes pierreux de formation volcanique; des montagnes pelées, au profil sévère, forment un sombre horizon sur lequel se détachent bizarrement ces pâles petites trombes de poussière qui ressemblent à de la fumée. Au loin, sur la plaine où le tequesquite se mêle au sable, le mirage nous fait voir un lac étincelant qui n'existe pas plus que les arbres qui paraissent ombrager ses bords. Il fait une chaleur atroce.

A notre droite, vers l'orient, se dresse le Coffre de Perote, montagne de porphyre balsatique, couronnée d'un rocher taillé par la nature en forme de coffre ou de tout autre objet analogue. Les Astèques le nommaient *Nauhcampatepetl*, du mot *nauhcampa*, qui désigne toute chose carrée, joint à celui de *tepetl*, montagne. Le Coffre mesure 4089 mètres, d'après Humboldt. Bien qu'il n'y ait pas trace de cratère à son sommet, on croit que c'est un ancien volcan. Le pays environnant, aride en général, est couvert en certains endroits de fragments de laves, de matières vitrifiées et de scories volcaniques.

Nous nous arrêtâmes à Perote où nous devions passer la nuit. Cette ville, située à peu de distance et au nord-ouest du Coffre, à 2354 mètres d'élévation, passe au Mexique pour jouir du climat de la Sibérie ; le fait est que l'air y est piquant par moment et la température moyenne assez basse.

L'hôtel des diligences est mal installé : c'est, comme la plupart des maisons de la ville, une construction basse et lourde. L'église, située sur la place qu'orne médiocrement une petite fontaine, est très-simple ; le parvis est entouré d'un mur à faîte découpé dont les dentelures supportent de loin en loin une grosse boule.

L'unique curiosité du lieu est le château, vers lequel je dirigeai mes pas avant le souper, en compagnie d'un des voyageurs de la diligence : je tenais à voir le lieu où j'avais dû être enfermé. Malheureusement il est à un kilomètre et demi environ de la ville, et il était trop tard quand nous y arrivâmes pour songer à le visiter. C'est un vaste paraléllogramme, flanqué de quatre bastions et ceint d'un fossé, assis le plus maladroitement du monde au milieu d'une plaine entourée de hauteurs qui commandent la place. Cette citadelle sert de *presidio* et renferme en outre un arsenal, un dépôt de munitions, une fonderie de canons et une manufacture d'armes. Les prisonniers français étaient logés dans les casemates, de même que les *presidarios*, dont ils étaient séparés du reste.

Le lendemain, 18, nous nous mettons en route à la même heure que la veille. Las Vigas est le premier relais, le jour commence à poindre quand nous y arrivons. C'est un joli hameau, dont les maisons, construites en planches ou en madriers sur un soubassement en pierres, sont hérissées de chevilles en bois à grosses têtes qui relient leur membrure et leur donnent un aspect fort original. On se croirait en Suisse, d'autant plus que la contrée voisine est montagneuse, tourmentée, coupée de ravins et couverte de forêts où dominent le sapin et le chêne ; en outre, la brise du matin est très-incisive sur ces hauteurs.

Une escorte de quelques miliciens à cheval nous suit depuis je ne sais où. La vue de ces cosaques qui, majestueusement drapés dans leurs sarapes effiloqués, montés sur de maigres bidets, trottent aux portières la lance au bras, produit au crépuscule un effet saisissant. La contrée est déserte, mal famée, le bois clair-semé et tout à fait propre à un guet-apens.

Nous commençons à descendre le versant qui conduit à la terre chaude et aux rivages du golfe. Le chemin est exécrable ; il a été pavé autrefois, en grande partie du moins, depuis le hameau de la Cruz-Blanca jusqu'au pied du versant. Cet ouvrage fut exécuté au commencement de ce siècle aux frais du commerce de la Vera-Cruz ; mais en 1815, les insurgés le détruisirent partiellement pour embarrasser les mouvements des troupes espagnoles, et depuis le mal n'a jamais été réparé, de telle sorte que les meilleurs morceaux de la route aujourd'hui sont, sans contredit, ceux où il n'existe pas vestige de pavage. Partout ailleurs c'est un véritable casse-cou.

A quelque distance de San-Miguel el Soldado l'escorte se débarrassa de nous. Un vieux chapeau de feutre noir, galonné d'une bande de calicot blanc, s'introduisit dans la voiture, une tête de Bachi-bozouk se présenta à la portière, une voix recommanda à notre générosité les anges gardiens des diligences nationales. Quelques réaux tombèrent dans le chapeau. C'était là pour ces pauvres diables un revenu beaucoup plus clair que la paye du gouvernement.

Jalapa n'est qu'à douze lieues de Perote; nous y entrâmes à neuf heures du matin pour n'en sortir de nouveau que vers la fin du jour. Par considération pour l'existence des voyageurs, la diligence ne marche que de nuit dans la *terre chaude*.

Jalapa a conservé son nom indien en devenant espagnole; elle l'a donné en outre au beau liseron originaire de ce district, et célèbre par ses vertus médicinales. Entourée de collines et d'une assiette irrégulière, au sein d'une région fertile et sous une zone de transition, à une élévation (1321 mètres) qui la met à l'abri des miasmes délétères de la *tierra caliente* et de la sécheresse atmosphérique de la *tierra fria*, cette ville a un caractère particulier. Les nuages qui se forment sur le golfe ne dépassent guère son niveau; ils y viennent faire élection de domicile et lui procurent transitoirement, avec une atmosphère brumeuse, une humidité qui tempère les ardeurs du soleil et favorise puissamment la végétation. Les riches habitants des basses terres s'y réfugient pendant la saison sèche; les convalescents du grand plateau viennent y chercher une température plus généreuse. L'oranger, le bananier, le palmier ombragent ses huertas; le poivrier et l'olivier se mêlent au chêne et au liquidambar dans les bois voisins. La canne, le tabac, la cannelle, le jalap, la salsepareille croissent dans ses champs à côté des légumineuses d'Europe et du blé, qui ne monte pas en épi, il est vrai, mais qu'on cultive pour son chaume et son fourrage.

Du sommet des hauteurs voisines Jalapa présente le plus charmant coup d'œil. A l'intérieur, la physionomie n'est pas moins typique. Cette petite ville, qui compte de huit à dix mille âmes en temps ordinaire, est une des plus jolies et surtout des plus propres de la république. Les rues cependant sont étroites et parfois irrégulières; les maisons ont peu d'élévation mais elles sont soigneusement entretenues et peintes, à l'intérieur comme à l'extérieur, de couleurs fraîches et vives toujours relevées d'encadrements blancs. Les fenêtres du rez-de-chaussée sont gigantesques et descendent presque au niveau du trottoir, comme pour laisser passer le plus d'air possible à travers leurs grillages de fer, tandis que des stores intérieurs amortissent les ardeurs du soleil en adoucissant sa lumière. Il y a dans tout cela une saveur andalouse très-accentuée. Derrière le store, on voit briller dans l'ombre de pâles mais piquants minois. Les Jalapeñas ont une réputation de beauté, et surtout de grâce, universellement reconnue au Mexique et qui ne m'a pas paru usurpée. Leur teint est mat, mais d'une grande blancheur, et cette absence d'éclat et de transparence dans la carnation a, là-bas, un charme inexprimable, de même que la crudité des tons dans la décoration des bâtiments emprunte souvent à la chaude et généreuse lumière des tropiques une harmonie réjouissante, dont on ne saurait se faire une idée à la pâle clarté de notre soleil.

La plaza *Mayor* est peu remarquable et ne m'eût laissé, je crois, que de tristes souvenirs si elle n'avait été animée par un marché. Une petite fontaine des plus bourgeoises s'élève au centre; d'un côté, une église à laquelle on a réellement trop prodigué le jaune, le blanc, le chocolat ou lie de vin, et autres teintes que revendique d'ordinaire la devanture des perruquiers de village; sur les autres faces, des maisons à portales écrasés.

Le spectacle du marché distrait, heureusement ; on y rencontre quelques figures nouvelles. L'Indien de la terre chaude vient y porter les fruits de son jardin. Il n'a d'autres vêtements qu'une chemise, dont les pans flottent par-dessus un caleçon blanc ; quelques-uns portent le petit chapeau de paille à forme ronde des bergers d'Arcadie. Les femmes voilent les richesses de leur torse bronzé sous une pièce d'étoffe, blanche le plus souvent, ayant comme le sarape une ouverture au centre pour passer la tête, et dont les plis retombent sur une jupe bleue, rouge ou jaune ; une bordure d'un dessin grec et d'une couleur éclatante, orne le bord du manteau comme celui de la jupe. Ce costume a du caractère, et quand il est porté par quelque jeune créature bien campée, fière et gracieuse à la fois dans sa démarche, quand elle s'avance soutenant sur sa tête, de son bras élégamment arrondi, une corbeille de fruits ou de fleurs de serre chaude, ou bien une poterie de forme antique, on croirait voir s'animer une fresque de Pompéi.

Près de là passent quelques *Jarochos* en fine chemise de batiste brodée, calzoneras de velours, ceinture de soie rouge qui soutient le *machete*, sorte de dague ou de couteau de chasse, chapeau de paille, sous lequel pend un foulard qui protége le cou des ardeurs du soleil. Le Jarocho est le campagnard de la province de Vera-Cruz ; c'est le plus souvent un produit des trois races connues, et de ce croisement fantaisiste est résulté, sous les feux du Cancer, un sang de lave en ébullition dans un corps que soutiennent des muscles d'acier. Le Jarocho est pasteur et récolte en outre ce que dame nature veut bien faire venir, sans trop d'aide, dans l'enclos qui entoure sa cabane de bambous ; car le Jarocho n'est pas très-enclin au travail, mais cette indolence créole est doublée chez lui de l'énergie dans le plaisir qui appartient au sang nègre. Jouir avec fureur est, pour lui, le dernier mot de la vie : le jeu, la boisson, la musique, la danse, la toilette, l'amour, absorbent ses loisirs. Indépendant et hardi, chatouilleux à l'extrême sur le point d'honneur, il est prompt à en appeler à l'arbitrage de son *machete* dont il ne se sépare jamais. Franc et loyal du reste, hospitalier, probe, c'est un bon enfant, en somme. Il est de taille moyenne, bien pris, mais, en général, maigre et d'une teinte plombée tirant sur le jaune:

Jalapa est un chef-lieu de district. L'État de Vera-Cruz en compte neuf, et les huit autres sont : Tampico, Papantla, Misantla, Vera-Cruz, Jalacingo, Orizava, Cordova et Cosamalhuapan. Les districts méridionaux de Tuxtla, Acayucan et Huimanguillo, qui forment aujourd'hui l'État de Guerrero, en faisaient partie avant l'expulsion des Espagnols.

CHAPITRE XVIII.

El Lencero et le marquis de Carabas. — Puente nacional. — La Antigua. — Une fête de nuit en terre chaude. — Chemin de fer. — *El norte*. — Un duplicata d'Adrienne de Cardoville. — Les Zopilotes. — San-Juan de Ulloa. — Réflexions finales.

A quatre heures de l'après-midi nous fûmes invités à remonter en diligence. Nous nous y trouvâmes au complet cette fois, ce qui ne constituait précisément pas un agrément sous un climat comme celui que nous allions affronter.

Le premier relai est à la venta del Lencero, établissement fondé peu de temps après la conquête, par un aventurier espagnol connu sous ce sobriquet; Bernal Diaz nous apprend qu'il avait été bon soldat et qu'il termina ses jours sous le froc de l'ordre de la Merci.

Non loin de la venta on nous montre une maison de campagne qui appartient à Santa-Anna. Cet homme d'État avait su devenir le marquis de Carabas de sa province natale, et, de Jalapa à la Vera-Cruz, il était presque superflu, à cette époque, de demander le nom du propriétaire des domaines ruraux que l'on traversait : c'était toujours le *diable boiteux*. Ces biens, impudemment acquis avec de l'argent puisé dans les coffres publics pendant que les services les plus urgents chômaient, compris dans les mesures de confiscation prises par Commonfort, ont été rendus à la nation; on devait équitablement cette satisfaction au clergé, qui aurait eu sans cela le droit de se plaindre.

La contrée est découverte et assez monotone; à l'horizon de l'ouest, le blanc piton de l'Orizava resplendit au soleil. Ce roi de la Cordillère a 5295 mètres d'élévation. A ses pieds, du côté du golfe, se trouvent les villes d'Orizava et Cordova, célèbres par leur tabac.

Il était nuit quand nous passâmes à Plan del rio. De là au Puente nacional, la route descend continuellement, et Dieu sait en quel état elle est. Mes souvenirs de voyage ne me représentent rien d'aussi fantastique que le traitement auquel nous fûmes soumis là pendant quelques heures; je ne sais quelle maladie il pourrait donner ou pourrait guérir à la longue, mais je sens qu'il devrait provoquer quelque grave révolution dans l'économie animale. Les exercices du malheureux Ragotin sur son cheval rétif ne donneraient qu'une intelligence bien imparfaite de la chose, et la meilleure image que je trouve pour peindre notre manière d'être à ce moment-là, est de nous comparer aux grains de plomb dans une bouteille que l'on rince. La voiture allait prudemment au pas et, néanmoins, elle avait un mouvement oscillatoire de haut en bas, irrégulier mais constant, à donner le mal de mer, le vertige, que sais-je? De temps en temps, assez souvent même, un écueil plus sérieux détruisait cette funeste harmonie et, du coup, chacun prenait son essor; celui-ci allait toucher de la tête le plafond de la voiture, celui-là se précipitait dans les bras d'un voisin qui venait au-devant de lui, et tous deux tombaient sur un troisième.... Si l'on joint à cela une chaleur insensée, une poussière absurde, une transpiration générale des plus consciencieuses, et une soif sans mesure, on pourra se faire une idée des charmes de ce voyage. Nous nous fîmes un devoir de protester par des chants extravagants contre le ridicule de notre situation.

Je comprends, jusqu'à un certain point toutefois, que, dans un pays où la dévotion est si coûteuse, on n'ait pu faire réparer ce malencontreux pavage, mais au moins aurait-on pu, ce me semble, le faire supprimer entièrement!

A minuit nous fîmes un mauvais souper au Puente nacional. Ce village est assis sur le bord d'une ravine emprisonnée entre des hauteurs boisées, au fond de laquelle coule le rio de la Antigua, le rio *de Canoas* des conquérants, à l'embouchure duquel la *Villa rica de la Vera-Cruz*, fit une de ses stations avant de se fixer au lieu actuel. Cet établissement fut d'abord un être de raison, représenté par un ayuntamiento que Cortez nomma lui-même, afin de lui rendre solennellement les pouvoirs qu'il tenait de Velasquez et de les recevoir de nouveau de lui au nom du roi d'Espagne, petite rouerie sans laquelle le grand homme n'eût pu faire la conquête du Mexique. Le nom de Vera-Cruz fut destiné à la première ville que fonderait cet ayuntamiento en raison d'une coïncidence religieuse, le 22 avril 1519, jour du débarquement de Cortez sur la plage de *Chalchiuhcuecan* ou de San-Juan de Ulloa, se trouvant le vendredi saint.

L'ayuntamiento s'arrêta d'abord à douze lieues au nord de ce point, près de Quiabistlan. Quelques années après, cet emplacement fut abandonné pour l'embouchure du rio de *Canoas*. Plus tard encore on vit s'élever, à l'endroit où Cortez avait pris terre, la ville actuelle qui prit le nom de Vera-Cruz nueva, laissant à l'ancien établissement déshérité le nom de la Antigua, qu'a pris aussi la rivière.

Le pont National, dont la ligne courbe relie les parois abruptes de la ravine, est une œuvre aussi hardie que bizarre.

Les cahots recommencèrent de plus belle au delà du Puente. La chaleur allait croissant, et le coche était une véritable étuve où nous nous dissolvions graduellement. Cependant le pavage s'étant quelque peu amendé d'une manière ou d'une autre aux environs de Paso de Ovejas, je profitai de ce répit pour m'endormir. Les exclamations bruyantes de mes compagnons me réveillèrent bientôt. La voiture était arrêtée, et un spectacle merveilleux comme une féerie se déroulait à la portière.

Nous étions en pleine forêt; les cimes touffues d'arbres gigantesques, les gracieux éventails des palmiers enguirlandés de lianes, se découpaient sur le ciel étoilé, au-dessus de quelques cabanes en bambous et en bois, au toit pointu. L'une d'elles était illuminée; sous sa varangue, trois individus montés sur une estrade raclaient énergiquement de la guitare en chantant, et quelques jeunes gens des deux sexes, à demi couverts de soie, de velours, de fine mousseline ou de batiste brodée, la chevelure en désordre, l'œil pétillant, dansaient avec une passion vraiment entraînante. Une population enthousiasmée se pressait autour; les uns à pied, d'autres sur des mules ou des chevaux richement harnachés, qui soufflaient et piaffaient comme si l'ivresse générale leur devint communicative. A l'intérieur de la case, le *guarapo* et les *chichas* coulaient pour entretenir le feu sacré.

Il y a au musée du Luxembourg un tableau de M. Giraud qui représente des paysans espagnols dans le feu de la *Jota aragonese*, du *Jaleo de Xérès* ou du *Zapateado de Cadiz*. A cette pantomime ardente si l'on ajoutait, en élargissant le cadre, un décor de forêt vierge et les effets prestigieux de la lumière des torches au milieu de la nuit, on aurait une esquisse précieuse d'une des scènes les plus animées et les plus chaudes dont j'aie été le témoin. Combien je regrettais alors plus que jamais d'avoir vendu ma bête et d'être cloué dans cette galère ! Monter en diligence dans ces régions neuves, c'est dire adieu à tout ce qui, pour moi, constitue le charme du voyage, c'est renoncer à surprendre les secrets de la couleur locale, c'est s'endormir, comme je l'avais fait, en s'en remettant pour s'éveiller à propos à l'intelligence du hasard, et quand il vous aura envoyé, bien rarement, quelque rêve splendide tel que celui-là, le fouet du cocher le fera évanouir à l'instant comme une illusion menteuse.

Le jour nous trouva près du relai de Paso de Zopilotes, au milieu des bois qui retentissaient du cri des perroquets. De loin en loin s'ouvre une clairière, champ de cannes ou pâturage; nous traversons quelques hameaux, Manantial, el Lagarto, composés d'un petit nombre de cabanes à jour ou *jacales*, au toit de feuilles de palmier, entourées d'un jardin. A travers les interstices des bambous, le regard sonde sans peine le mystère du domicile privé; un hamac est suspendu aux poteaux angulaires, une femme est à sa toilette, une autre, courbée sur le metate, prépare les tortillas de la journée. A la porte, des enfants jouent en costume du paradis terrestre, des Jarochos, immobiles et sérieux, tournent vers nous leurs grands yeux noirs étincelants dans un cercle de bistre. Quelques-uns sont vêtus de fine peau de daim brodée, ornée de franges et de boutons de métal; le pantalon, soutenu par la ceinture rouge, est large et fermé à la cheville comme celui des mamelucks, pour prévenir les indiscrétions des moustiques et des insectes venimeux.

C'est dans ce canton que se trouve la célèbre hacienda de Manga de Clavo, résidence favorite de Santa-Anna quand il n'est pas exilé; dans ce dernier cas, il se réfugie assez habituellement à Cartagena, sur la côte de la Nouvelle-Grenade.

A quatre lieues de Vera-Cruz, on rencontre le chemin de fer. Un wagon plate-forme s'approcha, on y installa la diligence, telle quelle, *con todo y caballos*, et deux mules nous emportèrent sans la moindre fougue. La vapeur n'avait pas encore jeté aux échos de ces solitudes ses notes stridentes qui semblent proclamer le triomphe du progrès. Duflot de Mofras rapporte que ce chemin de fer avait été projeté dès 1842, et qu'un traité avait même été passé pour les cinq premières lieues. Il devait traverser les terres de Mango de Clavo, et son principal objet était, en réalité, d'augmenter considérablement la valeur des propriétés de Santa-Anna, qui s'était assis sur le fauteuil présidentiel le 7 octobre de l'année précédente, après en avoir chassé le général Bustamente. Parmi les voyageurs pris à Jalapa se trouvait un jeune ingénieur mexicain qui nous donna de curieux détails sur cet embryon de voie ferrée. On avait dépensé deux ans et huit cent mille piastres (plus de 4 millions de francs!) pour venir à bout de ces quatre lieues, sur une plaine qui ne présente aucun obstacle sérieux. Cette affaire, il est vrai, avait enrichi un ou deux administrateurs par mois depuis le début.

Les blanches murailles, les dômes et les clochers de Vera-Cruz se dessinaient déjà au-dessus de ces collines sablonneuses que l'on désigne sous le nom de *medanos*. Çà et là quelques maisons blanches à toitures plates, ombragées de bananiers et de palmiers, marquaient une oasis au milieu de ce désert aride et marécageux qui s'étend autour de la Vera-Cruz nueva. A l'horizon miroite la mer. Bientôt se développe devant nous la ligne de remparts avec leurs bastions et leurs redans. Nous franchissons vers sept heures cette enceinte peu formidable en dépit de ses grands canons, et mettons pied à terre enfin devant la *Casa de Diligencias*.

Cet hôtel est un véritable palais. Une double rangée de cloîtres superposés, à colonnes de marbre, environne la cour; les appartements sont dallés, vastes et très-élevés, très-propres aussi.

La ville est sous l'influence d'un *norte*, c'est-à-dire d'une bourrasque de vent du nord. Quand Borée se déchaîne, Vera-Cruz est frappée de stupeur. Ce souffle est un simoun humide et froid qui paralyse tout dans la place et rend le port dangereux; la mer frémit, moutonne et se tord sous le poids de la tempête. Cette crise retarde le départ du steamer. L'hôtel est encombré de voyageurs qui l'attendent comme moi et l'on nous installe sans façon trois dans la même chambre. J'ai pour compagnons M. Toscan et l'ingénieur mexicain.

Je passai là trois jours, les plus tristes certainement de mon séjour au Mexique, en exceptant toutefois ceux de Guaymas. On déjeune entre neuf et dix heures à l'hôtel, on dîne entre quatre et cinq, voilà les grandes péripéties de cette existence. Les us et coutumes du pays veulent que l'on fasse la sieste au milieu du jour, pendant le fort de la chaleur, et l'on ne rencontre guère à ce moment-là dans les rues que quelques portefaix nègres en chemise de batiste, pantalon blanc, chapeau de Panama, le tout d'une propreté éblouissante.

M. Toscan avait des affaires qui absorbaient son temps, et nous ne nous rencontrions guère que le soir. Il en était de même de notre ingénieur. L'agent consulaire français, M. Lemonnier, auprès duquel m'avait introduit une lettre de M. Dano, me reçut d'autant mieux que nous n'étions pas complétement étrangers l'un à l'autre, nos familles ayant été en relations amicales, mais il était lui-même fort occupé. Heureusement pour moi, j'étais recommandé par M. Pommier à un compatriote, le docteur Castagné, dans la conversation duquel je trouvai les seules distractions que Vera-Cruz m'ait offertes.

J'eus l'avantage de rencontrer chez lui une incarnation vivante, authentique, sérieuse, d'Adrienne de Cardoville; le sexe seul était différent, il s'agissait d'un Adrien. C'était un Mexicain, homme de quarante-cinq ans environ, de bonne éducation, paraissant jouir de la plénitude de ses facultés intellectuelles, et n'en ayant pas moins été conduit violemment de Guanajuato à Vera-Cruz par quelques Espagnols qui le faisaient passer pour fou. Sa bonne étoile voulut qu'au débotté il fût rencontré par le docteur dont il était connu. Celui-ci, qui est un homme de cœur, avait été au fond de l'affaire et, y trouvant les traces d'un guet-apens, s'était adressé aux autorités. En dépit d'influences secrètes très-puissantes, il avait obtenu une enquête médicale à la suite de laquelle la victime venait de recouvrer sa liberté.

Or, voici quel était le dessous des cartes. Cet homme avait la tutelle d'un neveu mineur, garçon fort riche déjà du chef de son père mort, et qui attendait encore de sa mère et de son oncle, dont il était l'unique héritier, des sommes qui devaient faire monter un jour sa fortune à plusieurs millions de piastres. Un jeune homme donnant de si belles espérances ne pouvait manquer d'être recherché, et il le fut par des gens qui travaillèrent à faire naître en lui une vocation irrésistible pour la vie claustrale et la règle de Loyola. La mère était persuadée, lui ébranlé, l'oncle seul s'opposait au développement de cette vocation. Il gênait. On l'enleva un beau jour comme fou, et, sans le bienheureux hasard qui conduisit le docteur sur sa route, il partait pour l'Espagne, d'où il serait revenu Dieu sait quand.

Emprisonnée dans son corsage bastionné et entourée d'un désert malsain, Vera-Cruz n'a pris que peu de développement, mais il y règne un certain air d'opulence qui contraste singulièrement, par parenthèse, avec le peu d'animation qu'on y remarque. Les maisons sont vastes, élégantes, bien alignées ; j'en ai vu quelques-unes fort richement ornementées, balcons couverts de légères galeries cintrées, soutenues par de gracieuses colonnettes, gargouilles gigantesques, curieusement travaillées ainsi que les consoles, pendentifs et reliefs de toute espèce. Les rues sont larges et bien pavées. Le soin de leur propreté, qui ne laisse rien à désirer, est commis exclusivement aux zopilotes. L'inviolabilité la plus absolue et la tolérance la plus illimitée récompensent leur zèle. La nuit ils perchent le plus singulièrement du monde sur les corniches des maisons et surtout des monuments publics. Des fenêtres de l'hôtel nous prenions plaisir chaque soir à les voir s'installer en foule, avec le cérémonial et la gravité bouffonne d'un congrès de Diafoirus et de Purgon, sur la coupole de la cathédrale et la tour du *Palacio*, deux vieux monuments à physionomie mauresque qui se trouvent sur la place. Je pense qu'il y aurait beaucoup d'à-propos à acclimater les zopilotes en France ; non pas au jardin administratif du bois de Boulogne, mais en liberté sur les rives de la Seine, afin de nous délivrer, si faire se pouvait, des *machabées* qui les déshonorent et dont le nombre va toujours croissant.

La place du Môle n'est pas laide et a l'avantage d'être assez animée, la porte qui ouvre sur la jetée étant le seul défilé par lequel la ville communique avec la rade. Ce monument qui, vu de la mer, fait un certain effet au milieu de la ligne des fortifications, relie les bâtiments de la douane à ceux de la trésorerie. C'est une sorte d'arc de triomphe dont le portique principal est flanqué de quatre portes basses, rectangulaires, surmontées d'écussons ou bas-reliefs et séparées par des pilastres qui supportent l'entablement.

En face du môle, à quelques huit cents mètres au large, le château de San-Juan de Ulloa est assis sur un îlot à base de madrépores. C'est un parallélogramme irrégulier à quatre bastions dont l'un supporte un phare, un autre les ruines d'une tour ou *cavalier* que détruisit en partie l'explosion d'un magasin à poudre pendant le bombardement du fort par les Français en 1838.

Les Espagnols, bien que chassés de la colonie en 1821, conservèrent néanmoins ce fort jusqu'en 1825, époque à laquelle l'indépendance du Mexique dut être officiellement reconnue. C'était une taquinerie d'enfant vindicatif, une protestation mesquine des droits prétendus de la couronne d'Espagne, plutôt qu'une mesure militaire. La garnison du château vivait en trêve permanente avec celle de la ville ; les communications étaient libres et amiables pendant le jour, et c'était à peine si la nuit on se tenait sur la défensive dans la crainte d'une surprise. La troupe royale se contentait d'extorquer un droit de huit et demi pour cent *ad valorem* sur les marchandises d'importation. Ces petits détails peignent mieux que tous les raisonnements le caractère de la domination espagnole en Amérique.

La Vera-Cruz fut fondée par le vice-roi comte de Monterey vers la fin du seizième siècle. Jusqu'à l'affranchissement de la colonie, ce port eut le privilége d'être, sur l'Atlantique, le seul ouvert au commerce extérieur monopolisé exclusivement par Cadiz ; Acapulco, sur le Pacifique, jouissait de la même prérogative. Cette restriction anti-économique, ruineuse pour la colonie et la métropole, était une source de fortune pour les ports privilégiés, aussi Vera-Cruz a-t-elle été une ville opulente aussi longtemps que rois, vice-rois, soldats, moines et monopoleurs ont laissé assez d'argent au peuple mexicain pour faire aller le commerce.

Le 22 février, dans la matinée, je me dirigeai vers la porte de la mer, et là je pris un canot qui me transporta à bord du vapeur *Orizava*, mouillé au sud du fort de San-Juan de Ulloa ; j'allais enfin dire adieu à la Vera-Cruz. Nous ne tardâmes pas à lever l'ancre. Ce ne fut pas sans regrets toutefois que je vis s'effacer peu à peu dans un lointain vaporeux les rivages du Mexique, et, tant que la noble cime du Citlaltepetl fut visible à l'horizon, mon regard y demeura attaché, entraînant ma pensée vers cette belle terre astèque à laquelle je souhaitais de toute mon âme le repos et la prospérité dans l'indépendance.

J'aime le Mexique, où j'ai trouvé assez de jouissances de toutes natures pour que les douces impressions aient effacé à jamais, dans mon souvenir, l'impression amère de certaines heures d'angoisses ; je l'aime et voudrais que chacun s'associât à ma passion. Je voudrais que nos peintres, las eux-mêmes des turbans, des chameaux, des minarets dont ils nous ont rassasiés, allassent y chercher sous un soleil qui vaut bien celui de l'Orient, des scènes neuves et attrayantes. J'ai parcouru bien des pays et passé à travers bien des événements bizarres, mais le roman de ma vie, c'est ce voyage. Quand mon imagination m'emporte au delà de l'Océan, c'est toujours là d'abord que je vais atterrir. Je me vois encore montant à cheval avant l'aube, à la clarté des étoiles, au milieu du sommeil universel. Un *mozo* voleur me suit. Pas un bruit n'émeut l'air, si ce n'est peut-être le piaffement sourd, le souffle sonore de quelques animaux qui broutent en traînant leur lazo, tandis que dans l'ombre opaque d'un chêne centenaire leurs maîtres dorment sur leur harnachement, la tête dans le creux de leur selle.

Puis un zéphyr se lève et passe comme un frisson sur la nature qui s'éveille; il m'annonce le lever du roi et m'oblige à serrer autour de moi les plis de mon sarape. A peine le premier rayon a-t-il dardé jusqu'à moi, la scène change, tout renaît, la plante et l'insecte, tout s'échauffe et s'éclaire, l'arbre et le rocher, tout semble reconnaître l'influence du grand dipensateur de vie.

Bientôt les routes s'animent. De loin en loin le sol poudroie : c'est un ranchero couvert de cuir et d'argent, un moine sur une magnifique mule, l'*atajo* d'un arriero, un coche antique qu'emportent au galop six bêtes fougueuses et qu'entourent des cavaliers armés, de petites princesses à cheval, la tête enveloppée d'un foulard éclatant qui ne laisse voir de la femme

Que deux trous dans le front, qui lui vont jusqu'à l'âme,

sous les vastes ailes d'un chapeau d'homme; un fin sarape les enveloppe, un Quentin Durward d'occasion les escorte. Toutes ces scènes resplendissent de couleur locale, et si l'on vient à songer que quelque Rolando bat peut-être la campagne environnante à la tête de sa compagnie, on est tenté de se croire aux premiers chapitres de Gil Blas.

Puis j'entre dans un pueblo au pas relevé de ma monture, j'arrache un mesonero indolent aux jouissances contemplatives de sa cigarette, j'échange quelques gaillardises rabelaisiennes avec la vieille fondera, et quelques œillades avec les muchachas au minois agaçant qui pétrissent la tortilla.

Voici une noce, et l'on m'y prie sans façon. Oh! le bon pulque! oh! les belles filles! oh! les bonnes gens, qui ne savent pas vivre, hélas! parce que personne n'a daigné prendre la peine de leur donner des leçons! Chez eux Espagnols et étrangers sont venus tour à tour déposer les instincts hostiles et jaloux de la rapacité et les aigreurs de la rancune, pendant que le clergé maintenait la soumission par l'ignorance et l'ignorance par le désordre. Espagnols et étrangers ont fait de grandes fortunes, le clergé, lui, était parvenu à accaparer les deux tiers de la propriété foncière : ce fut toute son œuvre. Apprendre à lire, jamais! c'est se préparer de dures nécessités, témoin la lettre de Morillo au roi d'Espagne : — « Toute personne sachant lire et écrire a été « traitée comme rebelle. En *détruisant* tous ceux qui « ont ce savoir, j'espère couper à la racine l'esprit de « rébellion. »

J'aime le Mexicain, il y a en lui un fond de bonté inépuisable. Il aime l'étranger, non l'étranger gouvernemental qui veut l'asservir, mais l'étranger peuple qui veut lui être utile; il aime l'étranger qui ne le méprise pas. Malheureusement un coupable instinct aristocratique pousse souvent le voyageur à traiter avec mépris les malheureux rejetons des races dégénérées, sans songer que pour être supérieur à eux parce qu'il appartient à une race affinée, ce hasard de naissance ne lui constitue pas plus de mérite intrinsèque, de supériorité absolue, que n'en a le fils de famille, né dans l'abondance de tous les biens, sur l'enfant du chiffonnier, né dans la hotte de sa mère.

En passant brusquement du centre de la civilisation aux profondeurs du Mexique, plus d'un voyageur a été choqué du contraste au point de rejeter la cause du mal sur de malheureuses victimes, qui, en plein dix-neuvième siècle, se débattent péniblement sous un haillon rapporté du seizième. Pour juger ce pays il faut connaître à fond notre vieille société et savoir comme quoi

>Necessité faict gens mesprendre
>Et faim saillir le loup du boys.

Le Mexique tel que je l'ai vu, c'était le moyen âge, avec ses moines et ses mendiants, ses pauvres escholiers, ses officiers de fortune, ses routiers indisciplinés, ses Cartouches et ses Mandrins, ses lépreux, ses gourgandines, bonnes filles pas trop mal vues, prenant autant de plaisir qu'elles en donnent et bien différentes en cela de notre fille soumise qui n'en donne pas plus qu'elle n'en prend. Le moyen âge de la spoliation théocratique et féodale, du servage du corps et de la pensée, des haines patriotiques et religieuses, de la guerre et de la férocité, et non le moyen âge béatifié par les plumes cléricales. Le moyen âge de la misère et de l'oisiveté, de la hart et de la roue, du vol, de la débauche et du mal de Naples, le moyen âge de Panurge enfin, et non celui dont le romantisme s'est plu à idéaliser les pittoresques laideurs à l'aide d'une poésie sentimentale et désespérée qui n'existe que de ce qui n'existe pas ; bacchante avinée qui, dans les hallucinations de sa fièvre, croit tirer un nectar mystique de grappes desséchées auxquelles son imagination en délire prête encore la verdeur et la fécondité. Jamais inventeur ne se grisa mieux de ses propres illusions, jamais amoureux en démence ne s'abîma plus profondément dans l'admiration des charmes équivoques de sa Dulcinée, que le romantisme devant le moyen âge. Aujourd'hui même les derniers prêtres de ce culte, en extase devant leur autel déserté, voudraient encore nous imposer la friperie du passé comme la seule manifestation possible du beau et du bien. — Infortunés poëtes d'une génération éteinte ! le sentiment de la robuste nature, ne les a jamais distraits du sentimentalisme d'un art faux. Aucun d'eux n'a encore senti tressaillir sa fibre harmonieuse à l'aspect de la gigantesque et pesante locomotive aux entrailles de feu, sphinx, chimère ou griffon dompté, franchissant au vol l'abîme et perçant la montagne, ne paraissant que pour disparaître, soufflant, sifflant et déroulant au loin son noir panache de fumée en glissant comme le vent d'orage à travers les campagnes! Le cornac de ce monstre aurait bien quelques droits à l'admiration s'il ne sentait autant le vin, la nicotine et la sueur; mais le moine fainéant, la nonne à qui les bains sont interdits, le mousquetaire à qui tout est permis, costumes pittoresques, mœurs originales, types précieux, poésie! poésie!

Ah! non. Le romantisme nous a donné un idéal de moyen âge qui n'est pas le vrai, et le vrai est la seule source du bien et du beau. Si c'est chez les grands représentants de cette école qu'il faut aller chercher, pour le bénéfice de nos croyances, à nous, l'énergie et l'audace de l'affirmation, ce n'est pas chez eux qu'il faut prendre nos impressions sur le passé : ils nous ont menti en jeunes amoureux qu'ils étaient. Je m'en suis aperçu au Mexique.

Le Mexique était hier en plein moyen âge. Du fond de ce gouffre où il étouffait il s'est dressé tout à coup pour pouvoir respirer l'air du progrès moderne. Il a compris alors de combien il était en retard sur 89; et regardant de haut son clergé ignorant, accroupi dans l'oisiveté, alourdi par la débauche et la digestion de biens mal acquis, il lui a dit : Assez. Rends à César ce qui est à César et à Dieu ce qui est à Dieu. Liberté! liberté!

Si jamais peuple fut digne de tout l'intérêt des hommes de cœur, c'est le Mexique aujourd'hui, dans ses efforts pour se relever au rang des affranchis.

Peu de temps après mon départ Santa-Anna fut chassé; il emporta cette fois avec lui, et pour toujours sans doute, ce principe morbide d'aristagogie clérico-militaire que l'Espagne avait laissé là. Le parti libéral s'affirma enfin sérieusement en la personne de Commonfort. Alors commença entre celui-ci et Zuloaga, le champion clérical, une lutte, lutte de vie ou de mort pour la nation, lutte suprême qui devait durer aussi longtemps que les cléricaux auraient de l'argent, les libéraux de l'énergie : là était toute la question. Le libéralisme l'emporta, mais après des péripéties diverses. Durant ces fluctuations, Commonfort et Zuloaga disparurent de la scène, et furent remplacés, le premier par Juarez, le second par Miramon.

Miramon triompha un instant. Les extravagances de ce sectateur de l'arbitraire eurent pour conséquences d'attirer sur le Mexique les armes de l'Europe, et cela au moment même où Juarez, vainqueur à son tour, travaillait à calmer les dernières agitations que fomentaient avec ses derniers sous un parti antipopulaire. Car, usant des armes dont il a si bien l'habitude, ce parti, soulevait et soudoyait encore les mauvaises passions, attachait au service de sa cause ces bandes de brigands dont, grâce à lui et à son système politique, le pays était infesté de temps immémorial. Il faisait plus, loup habilement déguisé en agneau, il allait chercher l'étranger abusé. Sous le couvert de ses armes, il a pu réchauffer la réaction, maintenir la discorde, raviver le feu de la guerre civile, remettre la liberté en danger et l'avenir en question. Ainsi le Mexique devait expier jusqu'au bout l'égoïste et rapace ambition de cette caste.

Il fallait un homme à sa tête pour l'aider à traverser cette dernière crise d'où dépend son avenir; Juarez s'est trouvé là. Juarez, un Indien, élevé par l'éducation et l'intelligence au niveau de la civilisation moderne, protestation vivante de la vieille race asservie qui s'arrache tout à coup à un lourd sommeil de trois siècles pour venir proclamer, avec le principe de la fusion des races, ses droits à la liberté et à l'autonomie. Il est impossible à tout esprit indépendant, qui a vu de près le Mexique et ses hommes politiques, de ne pas reconnaître que celui-là est, jusqu'à cette heure du moins et toutes réserves faites pour demain, l'homme de la situation. Peut-on en douter, d'ailleurs, quand on voit comment il a été soutenu par le peuple contre la réaction au milieu de circonstances extraordinairement critiques?

Juarez a un grand rôle, que M. de Raousset a laissé échapper. Juarez peut beaucoup pour le bonheur de son pays. Il réussira, s'il réussit à se faire comprendre et respecter au dehors et si, au dedans, il sait conserver la confiance publique, s'il ne songe pas à faire une affaire personnelle, s'il demeure honnête et prend Washington pour modèle, s'il est de *bonne foi* enfin. Il ne s'agit pas seulement de la destruction des couvents, en effet, mais surtout de celle de l'ignorance, du vice et de la misère; il importe d'ouvrir les frontières du pays au savoir, au livre, à l'industrie. Il ne s'agit pas seulement d'arriver à ce que le Mexicain ne soit plus *priest-ridden*, il importe qu'il soit libre. Il faut donc que Juarez ait le courage de regarder en face la liberté, cette déesse jalouse qui, en affranchissant la conscience, l'enseignement, la presse, la tribune, le travail, le laissera, il est vrai, un homme entre des hommes, mais lui assurera un nom grand et honorable, profondément gravé dans le cœur d'une nation libre et heureuse. Celui qui désire davantage est un bien piètre ambitieux.

Le 25 *février* je débarquai à la Nouvelle-Orléans. Mon intention était de retourner en Californie, ce pays de mes premières amours, où j'avais adoré la nature en sa sublime virginité, terre splendide où le monde entier avait jeté sa crème et son écume, ses enfants les plus entreprenants dans le bien comme dans le mal, pour qu'en quelques années d'une lutte opiniâtre ils fondassent un grand État; ce pays d'énergie, d'activité, d'indépendance, le seul recoin du globe où il me semblait que l'on vécût. A la suite de circonstances dont le détail serait déplacé ici, ma volonté dut en disposer autrement, et je revins en France où, après sept années de la vie du *guérillero* littéraire, j'ai enfin trouvé un éditeur pour mes souvenirs.

TABLE

DES MATIÈRES.

Introduction..................................... 3

PREMIÈRE PARTIE.

Chap.		Pages.
I.	San-Francisco. — Comment je fis la connaissance de M. Raousset-Boulbon et ce qu'il en advint. — Notions préliminaires. — Le colonel Walker. — Le *Challenge*. — Procès du consul mexicain. — Le *Porter*. — *L'Alerta*. — *La Belle*...................	17
II.	Rincon-Point. — Panorama de la baie de San-Francisco. — Appareillage. — Le Golden gate. — Moment critique. — Retraite. — Le mal de mer. — Une journée à terre. — Inquiétudes. — Renforts. — Départ..	27
III.	Discorde. — L'existence à bord de *la Belle*. — Caractère et portraits — L'île Cedros et M. Limantour. — Ile Guadalupe. — San-Benito. — Émotion. — Un souper et une nuit à terre...........................	36
IV.	Les œufs de goëlands. — Un merveilleux *aquarium*. — Perspective d'un festin de Lucullus. — Désappointement. — Incartades et punition d'Albert et de Tom. — Les phoques. — Départ. — Atterrage de Santa-Margarita. — Encore des querelles et du désenchantement.	50
V.	Perte d'une ancre. — La baie de Almejas. — Les deux passages et les deux cartes marines. — Indécisions. — Le dîner à la mer. — Hauts-fonds. — Angoisses. —	

TABLE DES MATIÈRES.

Chap.		Pages.
	Naufrage. — Sauvetage. — Comment on fait du feu. — Un souper au champagne..................	62
VI.	Pas d'eau. — Sauvetage. — Les huîtres. — A la ration. — Insignes du sommelier. — Perspectives futures. — *La Belle* à flot. — Excentricités de Tom. — Inquiétudes et discordes. — Sacrifice du cognac. — Halage de *la Belle*............................	74
VII.	Déménagement. — Le chant des tourterelles. — Orgie. — La rivière de Simon. — Un puits dans le désert. — Fatigue et découragement. — Tom court de grands dangers. — Aspect général de l'île. — Départ................................	90
VIII.	Todos Santos. — La Palmilla. — Les oignons d'Égypte. Notions rétrospectives sur l'île Cedros. — Une nuit sur l'Océan des tropiques. — Débarquement scabreux. — Don Miguel l'alcade de San-José. — Perspective de jeûne............................	103
IX.	Philippe Montreuil. — Souvenirs de Walker. — Nouvelles de Guaymas. — Promenade en ville. — Appréhensions. — Gentillesses de don Miguel. — La mère de Reyes. — Le voltigeur José. — Le douanier de la Palmilla............................	114
X.	Golfe de Cortez. — La Paz et les pêcheries de perles. — Loreto. — Morro-Colorado. — Un fâcheux augure. — Les Tetas de Cabra. — Chemin de Guaymas. — Un ranchero hospitalier. — Quatre hommes et un caporal. — Sous les verrous...............	126
XI.	Un *calabozo* mexicain. — Effet que nous y produisons. — Physionomies. — Arrivée de M. Guilhot et de quelques officiers français. — Interrogatoire. — Le colonel Campusano. — Une nuit orageuse. — La diane. — Le général Yañez. — Don José Calvo. — Liberté............................	146
XII.	Instructions de M. de Raousset à ses délégués. — Embarras du général Yañez à l'arrivée du *Challenge*. — Formation du bataillon. — Conduite des officiers. — Mécontentement. — Terreur. — Guaymas. — Types. — L'*aguador*. — Entrevue de M. Raousset-Boulbon avec le général Yañez...............	160
XIII.	Les aventuriers et la Sonora. — Walker. — De Pindray. — De Raousset-Boulbon. — Leur caractère et leur œuvre............................	174

TABLE DES MATIÈRES.

Chap.		Pages.
XIV.	Projets de M. de Raousset-Boulbon. — La *Restauradora* et le placer d'Arizona. — Rivalités. — La diplomatie et l'amour. — Hermosillo. — M. Dillon.— Santa-Anna et Raousset. — Nouveaux projets. — Éléments divers et influences opposées..........	192
XV.	Éléments de succès de M. de Raousset-Boulbon. — Sa faiblesse devant la grandeur de l'œuvre. — Gages d'insuccès. — Ce qu'il fallait qu'il fît et ce qu'il voulut faire. — Monarchie et république.........	206
XVI.	Rupture des négociations. — Politique du gouverneur. — Hésitations de M. de Raousset. — Influence désastreuse des officiers. — L'ennemi reçoit des renforts. — Plan d'attaque des Français.— État des forces respectives. — Ultimatum. — En avant!....	213
XVII.	Combat. — Retraite à la maison consulaire. — *La Belle.* — Capitulation et prison.—Alarmes. — Tom et Bowen. — Le major Roman. — Pertes des deux armées. — M. Calvo. — Le général Yañez.........	228
XVIII.	Séparation et pressentiments.— *L'Inez* et le capitaine Randall. — San-Blas. — Mauvaises nouvelles. — Aspect de la côte. — Triste concordance de date.— Mort de notre chef. — M. de Raousset et Cortez. — Aventurier et aventurier il y a.— Influence du sentiment......................................	247

SECONDE PARTIE.

I.	Débarquement. — Les ruses du capitaine de Port-Arnau. — En route pour Tepic.—Marécages et forêts. —La *conducta de plata.* — Tisontla. — Les canards. — Nuit d'orage.............................	261
II.	Guaynamote. — Mœurs et costumes. — Réquisitions. — Lodelamedo. — Entrée à Tepic. — Le colonel Yañez. — Désenchantement. — Perspective d'un voyage à Guadalajara. — Décret et intentions de Santa-Anna à notre égard....................	273
III.	Monnaies mexicaines. — Digression indispensable. — Les pièces *lisas.* — Tepic. — Aspect général. — Marchés. — Manufactures. — Constructions des pays chauds.— Une nuit tragique. — Le *venadito.*	290
IV.	Les *salteadores.*— Existence des prisonniers français. — Le colonel Esquerro. — Départ pour Guadala-	

Chap.		Pages.
	jara. — San-Leonel. — Le Monte de los Cuartos. — *Armas de agua.* — Teticlan. — *Indios pintos.* — Aguacatlan. — Istlan. — Les porcs..............	306
V.	Le plan de Barranca. — Venta de Mochitilte. — Un souper de noces. — La Magdalena. — Son crucifix et son curé. — Doña Concepcion la Tortillera. — Les champs de maguey et le mescal. — Tequila. — Mutineries................................	323
VI.	Amatitan. — Une église *muy bonita.* — La science du capitaine Antillon. — Guadalajara. — Les *pelados.*— San-Pedro.— Visites et fâcheuses nouvelles. — Depart prochain. — La *cuerda.* — J'entre à l'hospice de Belen. — Séjour et distractions. — *Exeat*...	343
VII.	Une fabrique à Guadalajara. — Quelques mots de reconnaissance. — Une fête nationale. — Iturbide et l'armée *trigarante.* — Une fête religieuse. — Nuestra-Señora de Zapopan. — Contraste. — Nouvelles de Guaymas et de Mexico. — Un caprice de Santa-Anna................................	363
VIII.	Visites — Le *tequesquite.* — Guadalajara. — Aspects divers. — Le coche de Nuestro Amo. — Intérieurs mexicains. — Existence des officiers. — Belen. — Églises et couvents. — Mœurs du clergé.........	377
IX.	Distractions. — Tauromachie. — Les trois plaies de Guadalajara.— Le suffrage universel et Santa-Anna. — La foire de San-Juan. — Amnistie. — Motifs apparents et motifs secrets. — Indécisions. — Départ pour Mexico................................	391
X.	Le désert et les regrets. — Costume et harnais mexicains. — Zapotlanejo. — Un couple de moines. — Un domestique d'occasion et un cheval *campero.*— Tepatitlan. — Les *chinches.* — Le *cerrito.* — San-Miguel. — Don Blas Roblero. — Chevaux de *sobrepaso.* — Un *abrazo*......................	407
XI.	Ranchos et Rancheros. — Une *recogida.* — Le lazo. — Haciendas. — Le *Bajio.* — Souvenirs de la guerre de l'indépendance. — Mina et M. de Raousset-Boulbon................................	426
XII.	El Rincon. — Silao. — *Huevos y blanquillos.* — Marfil. — Guanajuato. — Don Vicente. — Hacienda de Dolores. — La mine de Rayas. — La Veta-madre.— Les mineurs................................	438

TABLE DES MATIÈRES. 565

Chap.		Pages.
XIII.	Irapuato. — Échange de chevaux. — Salamanca. — Celaya. — Le savon-monnaie. — Apaseo et les *magueyales* à pulque.— Queretaro.— Steppes. — San-Juan del rio. — Une fée dans le désert. — Arroyo Zarco...	454
XIV.	Los Organos de Actopan. — Les *arrieros*. — La Cañada. — Tepeje. — Huehuetoca et le *Desague*. — Topographie de la vallée de Mexico. — Guadalupe. — Vierge miraculeuse.— Sa rivalité avec la Vierge de los Remedios. — Mexico.....................	470
XV.	Garita de Peralbillo. — *Leperos*. — *Evangelistas*. — Bains publics. — Plaza Mayor. — Cathédrale et sagrario. — Zodiaque astèque. — Le Palacio. — Je trouve des amis. — Conseils.— Embarquement des prisonniers français à la Vera-Cruz..............	491
XVI.	Maisons et monuments. — Mendiants.— *Presidiarios*. — *Serenos*. — Couvents. — Promenades publiques. — L'arbre de la nuit triste. — Chapultepec.— Marchés. — L'*Aguador*. — Préparatifs de départ. — Adieux de Miguel. — Un mot sur Santa-Anna. — Mauvaises rencontres............................	504
XVII.	Excursion nocturne. — Un tour de majordome. — Promenade forcée. — Le coche de Puebla. — Rio-Frio.— Les mérites d'un *sota*. — Puebla. — La diligence. — Perote. — Jalapa. — Jarochos et Indiens de la terre chaude............................	522
XVIII.	El Lencero et le marquis de Carabas. — Puente nacional. — La Antigua. — Une fête de nuit en Terre chaude. — Chemin de fer. — *El norte*. — Un duplicata d'Adrienne de Cardoville. — Les Zopilotes. —San-Juan de Ulloa. — Réflexions finales.......	542

FIN DE LA TABLE.